Karsten Falkenau

Die „Concordantz Alt vnd News Testament" von 1550

Ein Hauptwerk biblischer Typologie des 16. Jahrhunderts
illustriert von Augustin Hirschvogel

STUDIEN ZUR CHRISTLICHEN KUNST
BAND 2

Herausgegeben
von
Frank Büttner und Hans Ramisch

SCHNELL + STEINER

Karsten Falkenau

Die „Concordantz Alt vnd News Testament" von 1550

Ein Hauptwerk biblischer Typologie des 16. Jahrhunderts
illustriert von Augustin Hirschvogel

SCHNELL + STEINER

Abbildung der vorderen Umschlagseite:
Augustin Hirschvogel:
Die Typologiengruppe «Gethsemane» Nr. 39 a + b
und Nr. 40 a + b

Der vorliegende Text wurde 1994 von dem Fachbereich Geisteswissenschaften der Freien Universität Berlin unter gleichem Titel als Dissertation angenommen; als Referenten fungierten Herr Prof. Dr. Hellmut Lorenz, das Korreferat übernahm Herr Dr. habil. Bernd W. Lindemann

Diese Arbeit wurde gefördert durch ein Stipendium
Der Druck erfolgt mit Unterstützung meiner Eltern

Die Deutsche Bibliothek – CIP-Einheitsaufnahme

Falkenau Karsten:
Die «Concordantz alt und news Testaments» von 1550: ein Hauptwerk biblischer Typologie des 16. Jahrhunderts illustriert von Augustin Hirschvogel / Karsten Falkenau. Hrsg. von Gregor Lechner. - 1. Aufl. - Regensburg : Schnell und Steiner, 1999
  Zugl.: Berlin, Freie Univ., Diss., 1994
ISBN3-7954-1205-6

---

1. Auflage 1999
© 1999 by Verlag Schnell und Steiner GmbH, Regensburg
Satz, Lithoherstellung: Visuelle Medientechnik GmbH, Regensburg
Druck: Erhardi Druck GmbH, Regensburg
Printed in Germany – ISBN 3-7954-1205-6

Alle Rechte vorbehalten. Ohne ausdrückliche Genehmigung des Verlages ist es nicht gestattet, dieses Buch oder Teile daraus auf phototechnischem oder elektronischem Weg zu vervielfältigen

in memoriam
Werner Falkenau
1940–1999

Vorwort

Augustin Hirschvogels „Concordantz Alt vnd News Testament", gedruckt 1550 in Wien, ist auf dem Sektor Typologie ein ikonographischer Nachzügler und zeigt folglich sämtliche Eigenschaften eines Spätwerkes und Auslaufmodells. Gerade das Interkonfessionelle bezüglich der Exegese läßt Hirschvogels Bibelzyklus eine außergewöhnliche Sichtweise zuwachsen. Diese wird anhand von beachtlichen 238 Episoden aus der Hl. Schrift demonstriert und in teils seltenen und außergewöhnlichen typologischen Kombinationen vorgeführt, für die es bislang nur eine geringe bis gar keine Bildtradition gab. Dieser Umstand war für die monographische Untersuchung Karsten Falkenaus einerseits besonders schwierig, andererseits läßt sich an diesem ausgefallenen Zyklus programmatisch aufzeigen, daß das typologische Denken durch reformatorisches Gedankengut eine unvorhergesehene Bereicherung und Ausweitung erfahren hat, nachdem sich diese Interpretationsart zum endenden 15. Jahrhundert hin eher totgelaufen hatte. Solche neuen Impulse zu erkennen, war bislang dadurch erschwert gewesen, daß der umfangreiche Radierzyklus unvollständig und in einer der typologischen Denkweise abträglichen oder unverständlichen Kombination publiziert gewesen war, aber auch hierbei diverse Themen unzureichend oder unkorrekt identifiziert waren.

Das Verdienst Karsten Falkenaus war es, die Illustrationen diverser Folgen konkordiert und eine gültige Abfolge derselben gebracht zu haben. Erst danach war es möglich geworden, eine gültige Deutung der einzelnen Themen und der anagogischen Bezüge unter- und miteinander zu erstellen.

Die Imperfekt-Form der obigen Angaben ist eine beabsichtigte, denn die Drucklegung dieser Berliner Dissertation bei Prof. Dr. Hellmut Lorenz und Dr. Bernd W. Lindemann von 1994 ist eine postume. Herrn Falkenau war es ein besonderes Anliegen, seine Dissertation mit „summa cum laude" schnell in Druck zu bringen. Die baldige Anstellung als befristeter Volontär am Berliner Kupferstichkabinett, welche vor allem auch im Thema seiner Dissertation begründet lag, beeinträchtigte natürlich seinen Zeitplan. Ein Brief vom 22. April 1996 an seinen „Nachlaßwalter" berichtet von der „absoluten", wenn auch zeitlich eingeschränkten „Traumposition" am Kupferstichkabinett und von der Sorge um die dadurch verzögerte Drucklegung seiner Dissertation. Sie sollte bald nicht mehr seine Sorge sein, denn ab 2. Mai blieb sein Telefon verstummt, bis eine lapidare Todesanzeige Karstens unvorhergesehenes Ableben im 32. Lebensjahr vermeldete, herausgerissen aus einem für ihn euphorischen Lebens- und Berufsabschnitt am Beginn einer vielversprechenden Kunsthistorikerlaufbahn.

Die Sorge um die Drucklegung verblieb somit Karstens Eltern, denen neben allen Bemühungen die Finanzierung zu danken ist und die sich mit Unterzeichnetem als Betreuer der Publikation einverstanden erklärten, zumal Falkenaus Wiener Studienjahr 1987/88 im Aby Warburg – Seminar den Beginn einer langjährigen wissenschaftlichen Zusammenarbeit legte. Umso tragischer ist es, daß auch Falkenaus Vater Werner durch sein Ableben am 30. März 1999 die Herausgabe der Dissertation seines Sohnes nicht mehr erleben konnte. Das Buch erhält damit neben der Bedeutung als Gedächtnis auch das eines Vermächtnisses. Demzufolge war es das Anliegen des Redakteurs, als getreuer Nachlaßverwalter die Edition im Sinne des Autors zu tradieren und nur behutsam in den Text einzugreifen, wobei inzwischen neu angefallene Literatur mit eingebracht werden mußte, Vergleichsbeispiele im Abbildungsteil zu eliminieren waren und Kürzung sowie Harmonisierung der drei Bände angestrebt wurden. Daß dabei der Ausfall der persönlichen und direkten Hilfe des Autors verkraftet werden mußte, ist bedauerlich, aber verständlich.

Die Übergabe der „Concordantz" Hirschvogels an die kunsthistorische Öffentlichkeit erfolgt ganz im Sinn ihres Autors und seiner Mutter Renate Falkenau. Aufrichtiger Dank gilt vor allem den Eltern, Mag. Michael Grünwald für die technische Erschließung und Aufbereitung der Disketten, den Herausgebern der Reihe und dem Verlag Schnell & Steiner für die Übernahme der Dissertation in das Verlagsprogramm. Für Karsten Falkenau ist sein Buch soviel wie fortdauernder Gedenkstein und postumer Dank für ihm vielfältig gewährte Hilfen, für den Redakteur selbstverständlicher kollegialer Freundschaftsdienst.

Göttweig, den 3. September 1999*Gregor M. Lechner*

INHALT

Einleitung · *11*

I. **Erster Teil: Quellen** · *15*

    1. Künstler und Auftraggeber · *15*

    2. Die verschiedenen Ausgaben der „Concordantz" · *19*

        A. Die Textausgabe · *20*

        B. Die Folioausgabe · *21*

        C. Die Ausgabe ohne Verse · *26*

        D. Die Handschriftversion · *27*

    3. Der Vollständige Zyklus · *27*

        A. Die Kindheit Christi:
            1. Verkündigung an Maria –
            11. Rückkehr der Hl. Familie aus Ägypten · *28*

        B. Das Wirken Christi:
            12. Taufe Christi – 34. Abendmahl · *40*

        C. Gericht über Christus:
            35. Der Verrat des Judas – 49. Verleugnung Petri · *59*

        D. Die Passion Christi:
            50. Geißelung Christi – 62. Öffnung der Seite Christi · *75*

        E. Die ersten drei Tage nach dem Kreuzestod:
            63. Christus in der Vorhölle – 70. Die Frauen am Grabe · *91*

        F. Die Erscheinungen des Auferstandenen:
            71. Der Auferstandene erscheint Maria Magdalena –
            74. Himmelfahrt Christi · *97*

        G. Die Gründung der Kirche und das Wirken der Apostel:
            75. Ausgießung des Hl. Geistes – 84. Die Vision des Petrus · *100*

        H. Das Weltgericht:
            85. Judas Makkabäus siegt über Nikanor – 90. Der Jüngste Tag · *111*

II. Zweiter Teil: Auswertung · *119*

1. Verhältnis der „Concordantz" zu typologischen Zyklen des Spätmittelalters · *119*

   A. Biblia pauperum, Speculum und Concordantia Caritatis · *119*

   B. Hirschvogels typologische Zeichnungen von ca. 1533 · *125*

2. Verhältnis der „Concordantz" zu Büchern des 16. Jahrhunderts mit biblischen Illustrationen · *129*

3. Wechselbeziehungen zwischen Bild und Text · *138*

4. Religionsgeschichtliche Einordnung der „Concordantz" · *140*

5. Augustin Hirschvogel und seine künstlerischen Quellen · *146*

   A. Die Landschaftsdarstellung · *146*

   B. Stil der Figuren · *149*

   C. Die Architekturdarstellungen · *151*

6. Wirkung der „Concordantz" und Ausblick · *154*

7. Zusammenfassung · *157*

III. Dritter Teil: Anhang · *163*

1. Vorrede (Variante A) zur Textausgabe · *163*

2. Vorrede (Variante B) zur Folioausgabe · *165*

3. Vorrede (Variante C) zur Ausgabe ohne Verse · *166*

4. Index zur Folioausgabe und zur Ausgabe ohne Verse · *167*

5. Erläuterte Edition der Textausgabe der „Concordantz" · *170*

6. Alphabetisches Verzeichnis der biblischen Themen · *182*

7. Verzeichnis der Bibelstellen · *185*

8. Übersicht zu den Entstehungsdaten der Radierungen
und zur Verwendung der Druckplatten · *188*

9. Nachweis der Exemplare und Einzelblätter der „Concordantz"
in Bibliotheken und Graphischen Sammlungen · *189*

10. Abbildungen der Wasserzeichen der verwendeten Papiere · *193*

IV. Verzeichnis der grundlegenden, abgekürzt
und häufiger zitierten Literatur · *195*

V. Bildteil I

*Reproduktion der Folioausgabe der „Concordantz"
sowie weiterer Radierungen der Serie* · *210*

VI. Bildteil II

1. Abbildungen · *279*

2. Abbildungsnachweis · *279*

Einleitung

Gegenstand der vorliegenden Untersuchung ist ein mit „Concordantz unnd Vergleychung des alten und newen Testaments" betiteltes Buch, das in Wien im Jahr 1550 erschien. Es handelt sich dabei um einen Extrakt aus der Bibel, der nach dem Prinzip der biblischen Typologie[1] aufgebaut ist. Diese bibelexegetische Methode besteht in der Zusammenschau von Ereignissen, Handlungen, Personen oder Dingen, die aus dem Alten und aus dem Neuen Testament ausgewählt werden, um – miteinander verbunden – den Zusammenhang zwischen beiden Bibelteilen zu verdeutlichen. Ein durch Gott gesetztes Faktum des Alten Testaments (der sog. Typus) wird unter dem Aspekt ausgewählt, daß es durch Analogien auf ein Geschehen der Vita Christi (der sog. Antitypus) hinweist; eine Geschichte des Alten Bundes kann dadurch als Präfiguration des Neuen Bundes gelten, weil sie in Kenntnis der neutestamentlichen Heilsgeschichte als deren allegorische Vorwegnahme (d.h. als Weissagung des Kommenden) interpretiert werden kann, im Nachhinein der tiefere Sinn des Alten Testaments offenbart wird und die Einheit der beiden Bibelteile bewiesen werden kann, da zusätzlich auch das alttestamentliche Ereignis in seiner Bedeutung besser und tiefer begreifbar wird.[2]

Seine Wurzeln hat dieses Denken in der Bibel, z.B. bei Lc 24, 44 („Alles müsse erfüllt werden, was im Gesetz des Mose und in den Propheten und Psalmen über mich geschrieben steht") oder Mt 5, 17 („Meinet nicht, daß ich gekommen sei, das Gesetz oder die Propheten aufzulösen. Ich bin nicht gekommen, aufzulösen, sondern zu erfüllen").[3] Von den Kirchenvätern wurde diese Vorstellung weiterentwickelt,[4] aber auch in den folgenden Epochen noch weiter verfolgt und auch abgewandelt, denn die biblische Typologie unterliegt keinesfalls einem starren, nicht mehr veränderbaren Prinzip, sondern ist eine flexible Vorstellungsweise, bei der immer neue Kombinationen gefunden werden können. Hierin liegt der Reiz der Beschäftigung mit Typologie: zu untersuchen, auf welche Weise ein Autor oder ein bildender Künstler typologische Parallelen auswählte und inwiefern er älteren Traditionen folgte oder diese abwandelte.[5]

Auch nach der Ausbildung und der mittelalterlichen Blüte des typologischen Denkens[6] strahlte es auf spätere Epochen aus und wurde vereinzelt wieder aufgegriffen,[7] wofür die „Concordantz" des Augustin Hirschvogel eines der herausragenden Beispiele ist,[8] da in ihr vielfach typologische Kombinationen aufgestellt wurden, die es zuvor noch nicht gegeben hatte. Dies schon allein deshalb, weil es zum einen nur wenige andere rein biblisch-typologische Zyklen

---

1 Zum Begriff zuletzt: Ohly 1988, S. 23. Eine Aufschlüsselung von häufiger, und deshalb nur abgekürzt zitierter Literatur findet sich am Ende des Anhangs (nach Kap. III.10.)
2 Vgl. auch die Definition bei Röhrig 1959, S. 3.
3 Zu nennen sind in diesem Zusammenhang auch die Paulusbriefe (z.B. I Cor 10,6 und II Cor 3,14). Konkrete Typologien findet man z.B. bei Mt 12,40 (Jona im Meeresungeheuer – Christus im Grab) oder bei Jo 3,14 (Aufrichtung der Ehernen Schlange – Kreuzigung Christi). Vgl. P. Bläser: Typos in der Schrift, in: LThK, Bd. 10, Sp. 422f.
4 Vgl. E. Fascher: Typologie, in: RGG, Bd. 6, Sp. 1094 – 1098 (dort weitere Literatur); zuletzt den Sammelband TYPUS, SYMBOL, ALLEGORIE 1982.
5 Zur typologischen Dichtung zuletzt: Ohly 1988, S. 24–27; zur bildenden Kunst: ebd. S. 28–31
6 G.M. Lechner spricht im Kat. Göttweig 1991, S. 72 vom Mittelalter als geradezu „typologischem Zeitalter", da außerordentlich viele und umfangreiche Zyklen dieses Prinzips entstanden.
7 Vgl. z.B. Ohly 1985, S. 16–47; Meier 1976, S. 34–41, bes. S. 35f.; s. auch Kap. II.6.
8 „Concordantz" meint hier also nicht ein alphabetisches Register aller in der Bibel vorkommenden Wörter oder Begriffe, sondern wird im Sinne der Einheit der beiden biblischen Bücher verwendet.

gibt, die eine ebenso große Zahl von Ereignissen anbieten (für die „Concordantz" wurden 238 Begebenheiten ausgewählt; s. Kap. III.6. und III.7.). Sie ist außerdem nicht nur an der Vita Christi orientiert, sondern bezieht auch mehrere Gleichnisse Christi, einzelne Verse (sog. „Dicta") aus dem Neuen Testament und zusätzlich Episoden aus der Apostelgeschichte und der Apokalypse ein; überdies wurden einige Szenen aus dem Alten Testament ausgewählt, für die es nur geringe oder keine Bildtradition gab.

Ein monographischer Darstellungsversuch zur „Concordantz" ist noch nicht unternommen worden und die wenige Literatur beschränkt sich überwiegend auf Randbemerkungen und kurze, ausgewählte Katalogbeiträge. Mit seiner Monographie über Augustin Hirschvogel hatte K. Schwarz[9] die Voraussetzung für jede weitere Behandlung der Werke des Künstlers geschaffen. Im Abschnitt zur „Concordantz" lieferte er wertvolle Erkenntnisse zum Verhältnis zwischen Auftraggeber und Künstler, ging aber nicht näher auf das Buch und auf die Ikonographie der darin enthaltenen Radierungen ein[10] und kam bei der Besprechung der künstlerischen Qualität der Illustrationen zu einem abwertenden Urteil: Für ihn bildeten „die figürlichen Blätter Hirschvogels (...) die unerfreuliche Seite seines künstlerischen Schaffens", weil bei den „gedrungenen Gestalten die Proportionen dem Zufall überlassen sind".[11] Schwarz fiel 1924 auch die Aufgabe zu, den ausführlichen Artikel zur Künstlerfamilie Hirschvogel für Thieme-Beckers Künstlerlexikon zu verfassen.[12] Seit K. Schwarz beschränkten sich die Beiträge der Forschung auf zwei Bereiche: Zum einen auf Studien zu einzelnen Werkbereichen Hirschvogels, dabei besonders den Landschaftsradierungen, zu denen M. Forster und J. S. Peters gründliche Untersuchungen vorgelegt haben.[13] J.S. Peters gab auch den Band in der Reihe des Illustrated Bartsch heraus,[14] der alle druckgraphischen Arbeiten Hirschvogels vereinigt, wenn auch – dem Konzept der Unternehmung entsprechend – ohne Erläuterungen und Kommentare. Zum anderen, und dies macht die Mehrzahl der Beiträge aus, sind Ausstellungskataloge zu nennen: Bei den Ausstellungen in Wien 1967/68, New Haven 1969/70 oder Paris 1984[15] wurde der Schwerpunkt erneut auf die Landschaftsradierungen Hirschvogels gelegt. Anders dagegen die Ausstellung in Wien anläßlich des 450. Geburtsjahres und gleichzeitigen 400. Todesjahres Augustin Hirschvogels 1953,[16] zu der ein schmaler Typoskriptkatalog erschien, der Angaben zum gesamten Leben und Werk des Künstlers bietet, wenn auch anschließend an die Arbeiten von K. Schwarz. 1984 war der „Concordantz"-Zyklus eines der Exponate in der Basler Ausstellung über Tobias Stimmer – im Katalog jedoch wurde auf einen Kommentar zu diesem Werk verzichtet.[17] 1991 würdigten G.M. Lechner und W. Telesko die „Concordantz" in ihrer Ausstellung „Das Wort ward Bild" im Graphischen Kabinett des Stiftes Göttweig,[18] in der sieben ikonographisch besonders ungewöhnliche Bildseiten ausgestellt und im Katalog kurz besprochen wurden. Jedoch ist allgemein eine Verwirrung über die unterschiedlichen Ausgaben der „Concordantz" und besonders über die Anzahl der Illustrationen zu bemerken, da diese von Ausgabe zu Ausgabe schwanken und zusätzlich einige Einzelblätter existieren. Verursacht durch einen Fehler bei Thieme-Becker,[19] wo von 152 statt der tatsächlich 116 Radierungen die Rede ist, findet sich diese falsche Angabe sowohl im Göttweiger Katalog als auch bei H. Oertel.[20]

Mit seinem kurzen Aufsatz von 1848, also der frühesten Veröffentlichung zur „Concordantz", erhoffte sich J. Heller[21] Aufschluß über die verschiedenen Ausgaben des Buches; er

---

9 Schwarz 1917 ist die erweiterte Fassung seiner Dissertation (Schwarz 1915).
10 Schwarz 1917, S. 36–42; abgebildet wurden nur vier Radierungen der „Concordantz".
11 Schwarz 1917, S. 59 und 89.
12 Schwarz 1924.
13 Forster 1973 und Peters 1976.
14 Illustrated Bartsch, Bd. 18; dort zu Hirschvogel: S. 95–363.
15 Kat. Wien 1967/68, S. 136f.; Kat. New Haven 1969, S. 88–93; Kat. Paris 1984, S. 461–469.
16 Kat. Wien 1953 (darin zur „Concordantz": S. 38f.).
17 Kat. Basel 1984, S. 186 und 196.
18 Kat. Göttweig 1991, S. 98 – 107.
19 Schwarz 1924, S. 134.
20 Kat. Göttweig 1991, S. 98; Oertel 1977, S. 10.
21 Heller 1846, S. 175 nennt die Zahl von 120 Radierungen.

schloß mit einem Aufruf an „die Herren Bibliothekare und Antiquare", die ihm weitere Exemplare anzeigen sollten.[22]

Dem unveränderten Nachdruck der Monographie von K. Schwarz[23] wurde im Anhang eine Auflistung der Radierungen der „Concordantz" beigefügt, jedoch gelang es dort in einigen Fällen nicht, die Themen der Illustrationen zu identifizieren und die Radierungen in die richtige typologische Ordnung zu bringen. Diese derzeit unklare Lage der Forschung erfordert deshalb eine Revision der Literatur und eine Klärung bezüglich der unterschiedlichen Ausgaben der „Concordantz" (vgl. Kap. I. 2. dieser Arbeit). Eine Untersuchung der Radierungen und ihrer Ikonographie wird im Kap. I. 3. vorgenommen. Die unvollständige und falsche Zusammenstellung der Radierungen im Illustrated Bartsch und im Nachdruck der Monographie von Schwarz bewirkte, daß die typologisch verbindenden Aspekte der Themen nicht zu erkennen waren. Um der besseren Übersichtlichkeit willen ist die Besprechung des vollständigen Zyklus' nach Abschnitten des Lebens Christi unterteilt. Die Untersuchung versteht sich aber nicht nur als Beitrag zur Verwendung biblischer Typologie im 16. Jahrhundert und ihrer Beziehung zu mittelalterlichen typologischen Zyklen (Biblia Pauperum, Speculum Humanae Salvationis und Concordantia Caritatis), sondern – in Kap. II. 2. – auch zur Bibelillustration des 16. Jahrhunderts, besonders in Deutschland. Welchen Einfluß die seit etwa 1480 entstandenen druckgraphischen Zyklen mit biblischen Illustrationen auf die „Concordantz" ausübten, soll bei jeder Illustration untersucht werden – dabei darf aber nicht vergessen werden, zu fragen, ob die Darstellungen in der „Concordantz" Werke nachfolgender Künstler beeinflußten (Kap. II. 6.). Weil den Radierungen vierzeilige Verse beigestellt sind, die gleichberechtigt neben diesen stehen, kann es aufschlußreich sein, nach ihrer Bedeutung zu fragen (Kap. II. 3.). Eine Betrachtung zur Rolle des Auftraggebers, dessen theologische Vorstellungen auf die Gestaltung der „Concordantz" Einfluß hatten, wird in Kapitel II. 4. angestellt. Was stilistische Fragen anbelangt, so hoffe ich die von K. Schwarz aufgebauten Barrieren von Miß-, gar Verachtung abbauen zu können, wenn die verschiedenen Einflüsse, die Hirschvogel in seiner Arbeit aufnahm, behandelt werden (Kap. II. 5.).

In einem mehrteiligen Anhang (Teil III.) werden die Textbeigaben und die Verse aus der „Concordantz" zusammengestellt und getreu wiedergegeben; den Abschluß bilden Verzeichnisse zum schnellen Auffinden der ausgewerteten Bibelstellen und -themen, sowie eine Übersicht zum Entstehungsablauf der Serie und zur Verwendung der Druckplatten. Am Schluß steht ein Sammlungsnachweis für die Radierungen der „Concordantz" und eine Zusammenstellung der Wasserzeichen der verwendeten Papiere. In Bildteil II sind alle existierenden Radierungen in ihrer korrekten Abfolge zusammengeordnet und Bildteil III beinhaltet alle weiteren Abbildungen.

Mein besonderer Dank gilt vor allem meinem Lehrer Prof. Dr. Hellmut Lorenz und Herrn Dr. habil. Bernd W. Lindemann, die diese Dissertation in jeder erdenklichen Weise unterstützt haben. An dieser Stelle ist auch denjenigen zu danken, die mit ihrem großen Interesse und durch Anregungen, Hinweise und Ratschläge zum Entstehen dieser Arbeit beigetragen haben: Dr. Tilman Falk (München), Dr. Jan Harsimowicz (Wroclaw), Prof. Dr. Reiner Haussherr (Berlin), Prof. Dr. Konrad Hoffmann (Tübingen), Dr. Joachim Kruse (Coburg), Dr. Gregor Martin Lechner OSB (Göttweig/ Wien), Dr. Volker Manuth (Berlin), Prof. Dr. Ernö Marosi (Budapest), Prof. Dr. Friedrich Ohly (Münster), Dr. Eckhard Schaar (Hamburg), Dr. Bernhard Schemmel (Bamberg) und besonders Prof. Dr. Karl-August Wirth (München), sowie die Mitarbeiter des Lutherarchivs am Institut für Spätmittelalter und Reformation der Evangelischen

---

22 Vgl. auch den Aufsatz Boerner 1866, S. 75 und 77, der die Zahl von 104 Radierungen angibt.

23 Schwarz 1971. Erschien in der Hoffnung „that the publication of this illustrated edition of Schwarz's catalogue will stimulate new studies", so B.A. Rifkin im Vorwort, S. 11.

Fakultät der Universität Tübingen, die mir wiederholt den uneingeschränkten Zugang zum außerordentlich hilfreichen Stichwortregister der Luther-Schriften gestatteten. Nicht zuletzt möchte ich auch die zuvorkommende Unterstützung der Bediensteten in den von mir benutzten Bibliotheken, Museen und Graphischen Sammlungen hervorheben.

I. Erster Teil: Quellen

1. Künstler und Auftraggeber

Der Nürnberger Schreib- und Rechenmeister Johann Neudörfer[24] berichtete in seinen „Nachrichten von Künstlern und Werkleuten zu Nürnberg" von 1547 über seinen 1503 geborenen Zeitgenossen Augustin Hirschvogel mit folgenden Worten:

„Ich weiss fürwahr dieses Augustini Kunst und Verstand nicht alles anzuzeigen, denn nachdem er ein Glasmaler, war er dem Vater und Bruder in der Kunst überlegen, denn er eine sonderliche Tuschirung im Glasmalen erfand. Im Reissen (d.h. Zeichnen, Anm. d. Verf.) war er gewaltig, im Glasbrennen erfand er sonderlichen Vortheil. Der Musik war er verständig, im Gamalieren war seiner Zeit keiner über ihm. Er überkam aber andere Gedanken, liess solches alles fahren, machte eine Compagnie mit einem Hafner, der zog gen Venedig, ward hie [d.h.Nürnberg, Anm. d. Verf.] ehelich und ein Burger, musste darinnen das Handwerk und das Schmelzen von neuem lernen, kam wieder, bracht viel Kunst in Hafners Werken mit sich, machte also welsche Oefen, Krüg und Bilder auf antiquitetische Art, als wären sie von Metall gossen, solches liess er auch anstehen, übergab seinem Mitgesellen den Handel, ward ein Wappensteinschneider und darinnen sehr fleissig und berühmt. Liess solches auch stehen, und begab sich auf die Cosmographia, durchwandert König Ferdinandi Erbländer und Siebenbürgen, liess davon Tafeln in Druck ausgehen, welche er der Majestät zuschrieb, die verehrt er ihm. Des Cirkels und der Perspektiv war er so begründet und fertig, dass er ein eigenes Büchlein, so er dem Starken zuschrieb, liess ausgehen. Des Aetzens war er so fertig, dass er viel Kunststück selbst gerissen, geätzt, gedruckt und ausgehen hat lassen".[25]

Augustin Hirschvogel stammte aus einer schon seit zwei Generationen in Nürnberg tätigen Künstlerfamilie.[26] Sein Großvater Heinz (gest. vor 1485 in Nürnberg) war dort Glasmaler gewesen, Augustins Vater Veit d.Ä. (Nürnberg 1461 – 24. 12. 1525 Nürnberg) führte dessen Glasmalerwerkstatt weiter. Glasgemälde Veits d.Ä. sind heute noch in Nürnberg erhalten, z.B. vom Pfarrhof von St. Sebald mit der Darstellung des reitenden Todes als Bogenschützen – entstanden 1515 nach Albrecht Dürers Vorzeichnung (Scheibe heute Nürnberg, Germanisches Nationalmuseum, Zeichnung Dürers in Hannover, Kestner Museum)[27] – und in der Imhofkapelle auf dem Rochusfriedhof.[28] In der väterlichen Werkstatt erhielt Augustin seine Ausbildung. Die größte erhaltene Glasgemäldeserie von der Hand Augustins läßt sich im Festsaal des Tucher'schen Gartenhauses bei St. Lorenz in Nürnberg besichtigen, das 1533 – 44 durch Peter Flötner erbaut wurde.[29] Hirschvogel entwickelte sich zu einem höchst vielseitigen Künstler, der in den Bereichen des Zeichnens und Kupferstechens, der Glasmalerei, der Töpferei, des Steinschneidens, der Vermessung und Kartographie arbeitete. Über Augustin Hirschvogels Biographie bis 1542 ist nur wenig Gesichertes zu erfahren. Nach 1530 gründete er mit den Keramikern Hans Nickel und Osswald Reinhardt eine Hafner-Werkstatt, in der

---

24 Schreibmeister ist ein anderer Ausdruck für Kalligraph, s. B. Röhrl: Nürnberger Schreibmeisterbücher, in: Gutenberg-Jahrbuch 67 (1992), S. 146–160; A. Kapr: Johann Neudörffer d.Ä. – Der große Schreibmeister der Renaissance, Leipzig 1956.

25 Neudörfer 1875, S. 151f. Das Manuskript von 1547 als Abschrift von etwa 1600 besitzt heute die Nürnberger Stadtbibliothek. Neudörfer hatte den Text nie zur Veröffentlichung vorgesehen (vgl. die Einleitung von G.W.K. Lochner in: Neudörfer 1875, S. I–XXI).

26 Literatur zum Lebenslauf Hirschvogels: Bergau 1880; Schwarz 1917, S. 3–22; Schwarz 1924; Kat. Wien 1953, S. 3–11; Forster 1973, S. 6–10; Kat. Stuttgart 1979, S. 24.

27 Frenzel 1960, S. 201f.; Winkler 1939, Bd. 1, S. 147f, Nr. 213; H. Scholz: Entwurf und Ausführung – Werkstattpraxis in der Nürnberger Glasmalerei der Dürerzeit, Berlin, 1991, S. 123.

28 Schwarz 1924, S. 141.

29 Peters 1980, S. 88.

Tonwaren gefertigt wurden, die venezianischen Vorbildern folgten – so ist aus dem Bericht Neudörfers von 1547 (s.o.) zu schließen, der auch zu der Vermutung Anlaß gab, Hirschvogel habe sich in Italien aufgehalten.[30] Dies verursachte die von Neudörfer unklar gebrauchte Formulierung, Hirschvogel „machte eine Compagnie mit einem Hafner, der zog gen Venedig, ward hie ehelich und ein Burger, (...) bracht viel Kunst in Hafners Werken mit sich, machte also welsche Oefen, Krüg und Bilder auf antiquitetische Art". K. Schwarz versuchte eine Italienreise Hirschvogels zu widerlegen,[31] indem er Neudörfers Aussage nicht auf Hirschvogel, sondern seinen Kompanion Osswald Reinhardt bezog, wie es auch von Neudörfer gemeint gewesen sein dürfte.

Der Begriff „Hirschvogel-Krüge" hat sich als Bezeichnung für Hafnerwaren eingebürgert, die in leuchtend grünen, gelben oder blauen Farben glasiert sind. Es ist aber keineswegs nachweisbar, ob Krüge dieser Art tatsächlich von der Hand Augustin Hirschvogels stammen – sie sind nicht signiert und tragen keine Marken – sicher ist nur, daß sie in den Werkstätten des Paul Preuning in Nürnberg hergestellt wurden.[32]

Es ist nicht bekannt, was Hirschvogel im August 1536 dazu bewogen hatte, Nürnberg zu verlassen und nach Laibach, der Hauptstadt der Krain, zu ziehen. Durch Quellen ist für diese Zeit gesichert, daß Hirschvogel dort als Majolikamaler tätig gewesen war. In den späten 30er Jahren des 16. Jahrhunderts führte er im Auftrag König Ferdinands I. (seit 1556 deutscher Kaiser) kartographische Arbeiten in Österreich und den süd-östlich angrenzenden Gebieten durch. In das Atlaswerk „Theatrum orbis terrarum" des Antwerpener Verlegers Abraham Ortelius/Oertel (erschienen 1542–1601)[33] sind Hirschvogels Karten von Kärnten, Slowenien, Kroatien, Istrien und Bosnien aufgenommen worden.

Seine enge Beziehung zum Wiener Hof, belegt auch durch die von Hirschvogel radierten Wappendarstellungen des kaiserlichen Kammerrates Khevenhüller und des Münzmeisters von Hallerstein, dürfte ihn dazu bewogen haben, sich ab 1544 dauerhaft in Wien niederzulassen. Dort entfaltete er seine heute noch am besten zu belegende, reiche künstlerische Tätigkeit. Er schuf dort zahlreiche Radierungen mit Portraits und Wappendarstellungen, unter anderem 1544 für den damaligen Bischof von Wien Friedrich Nausea (Abb. 1), von dem er im Jahr 1546 ein Haus in der Wiener Ballgasse pachtete.[34] Vor allem aber sind aus seinem Oeuvre die über 150 Landschaftsradierungen zu nennen, die deutlich unter dem Einfluß der sog. Donauschule entstanden. Hirschvogel radierte z.B. nach Vorlagen Wolf Hubers (Abb. 4 und 5),[35] schuf aber auch eigenständige Landschaftsdarstellungen, die jedoch nur selten realen Orten zugeordnet werden können, wie z.B. die Ansicht von Schloß Muranýs in der heutigen Slowakei.[36]

Es entstanden zudem auch Radierungen mit mythologischen Szenen (z.B. „Aktaion", Abb. 7), Jagd- und Tierdarstellungen (z.B. „Bärenjagd", Abb. 8) und Radierungen mit Abbildungen von Dolchscheiden (Abb. 2), was auf eine Tätigkeit auch als Harnischätzer hinweisen dürfte,[37] sowie Stadtansichten. Berühmt sind die Ansichten Wiens, die er 1547 gemeinsam mit Bonifaz Wolmut[38] auf Veranlassung des Bürgermeisters und des Rates der

30 Friedrich 1885, S. 16–21.
31 Schwarz 1917, S. 7.
32 Propyläen Kunstgeschichte, Bd. 8, S. 313; Forster 1973, S. 7.
33 Schnelbögl 1966, S. 19.
34 J. Frhr. v. Hormayr zu Hortenburg: Geschichte von Wien, Band VI, Wien 1918, Urkunde Nr. CCXVII. Nausea war nicht Erzbischof, wie oft in der Literatur zu lesen steht (Illustrated Bartsch, Bd. 18, S. 334), denn Wien wurde erst 1723 Erzbistum.
35 Zum Verhältnis zwischen der Graphik Hirschvogels und der Donauschule s. ausführlich im Kap. II.5.1.
36 Zink 1982, S. 260 – 279.
37 Kat. Stuttgart 1979/80, S. 24.
38 Thieme-Becker, Bd. 36, S. 231f., Architekt aus Überlingen. Er war in Wien auch am Bau der Hofburg beteiligt (südl. Flügel des Schweizerhofes). In seiner Prager Zeit (ab 1554) plante er u.a. das dortige Belvedere und mehrere Teile der Burg. Dazu: O. Freijiková: Palladianismus v ceské renesanci, Prag 1941, S. 229.

Stadt anfertigte. Mit ihnen dokumentiert sich der auf Anordnung Erzherzog Ferdinands in Angriff genommene Befestigungsbau, mit dem Wien – nach der Türkenbelagerung von 1529 – einem zu erwartenden, neuerlichen türkischen Angriff widerstehen könne. Außerdem radierten Hirschvogel und Wolmut 1547 den ersten, und heute noch erhaltenen Stadtplan Wiens (Wien, Historisches Museum der Stadt), der der erste Plan für eine größere Stadt ist, der auf der Grundlage von mathematisch exakten Vermessungen entstand.[39] In dieser Zeit war Hirschvogel auch als Buchautor und -illustrator tätig: 1543 verfaßte er ein Traktat über die Geometrie[40] (als praktische Anleitung gedacht, deren 37 Radierungen die ersten Versuche Hirschvogels in dieser Technik sind; erschienen in Nürnberg; Abb. 3), 1546 schuf er 23 radierte Illustrationen für Freiherr Siegmund von Herberstains Reisebericht über Rußland („Rerum Moscoviticarum Commentarii")[41] und 1552 schrieb Hirschvogel, kurz vor seinem Tod am 23. April 1553, ein Lehrbuch über die von ihm selbst entwickelte Vermessungsmethode der Triangulation,[42] das er mit 37 Radierungen ausstattete. In den Jahren 1547 bis 1551 radierte er die Illustrationen zur „Concordantz", in deren vollständigem Titel (s. Abb. II) es heißt, das Buch sei „durch Pereny Petri || eins tails / und nachuolgents durch || Augustin Hirßfogel / sampt mer || Figuren vnd Schrifften erwey= || tert vnd in druck pracht" worden.

Augustin Hirschvogel hatte das Werk folglich in Zusammenarbeit mit, bzw. im Auftrag des 1502 geborenen Peter Perenius[43] geschaffen, der eine wichtige Figur in der Geschichte sowohl des Königreichs Ungarn als auch der gesamten habsburgischen Besitzungen im 16. Jahrhundert gewesen ist. Perenius war schon früh politisch aktiv gewesen, z.B. setzte er sich neben seiner Tätigkeit als Heerführer der Ungarn gegen die Türken 1526 (Schlacht bei Mohács/Südungarn) und als Landesherr des Verwaltungsbezirkes (Komitats) Temes in Ostungarn für den ungarischen König Johann Zápolya ein, der sich 1526 nach einer umstrittenen Wahl mit Unterstützung des niederen Adels zum König von Ungarn krönen ließ und als Johann I. den Thron als Gegenkönig Ferdinands I. von Österreich bestieg.[44] Schon 1527 wechselte Perenius wieder, jetzt ausgestattet mit der Herrschaft über die große und reiche Grafschaft Siebenbürgen auf die einflußreicher gebliebene Seite Ferdinands I. über. Weil Ferdinand I. aber die Verschwörung des Perenius von 1531 mit den Türken aufdeckte, bei deren Gelingen dieser gehofft hatte, König von Ungarn werden zu können, ließ ihn Ferdinand am 12.10.1542 festnehmen.[45] Doch obwohl sich Perenius in allen 32 Anklagepunkten erfolgreich rechtfertigen konnte, wurde er eingekerkert und zwar zunächst in der Wiener Hofburg, dann in der Burg zu Wiener Neustadt. Ferdinand I. hatte versucht, die protestantisch gesinnten Landesfürsten, zu denen auch Perenius gehörte, niederzukämpfen, doch war er gleichzeitig auch auf ihre militärische Hilfe angewiesen, die jene wiederum vom Zugeständnis der Glaubensfreiheit abhängig machten.[46]

---

39 Plan der Stadt Wien vom Jahre 1547 Vermessen durch Augustin Hirschvogel, hg.v. A. Camesina, Wien 1863; vgl. auch: R.K. Donin: Ansichten der Städte Wien und Wiener Neustadt von 1565 in Florenz, in: Ders.: Zur Kunstgeschichte Österreichs, Wien 1951, S. 371–378; Czeike 1984, S. 38; H. Günther: Deutsche Architekturtheorie zwischen Gotik und Renaissance, Darmstadt 1988, S. 115–117.

40 R. Keil: Die Rezeption Dürers in der deutschen Kunstbuchliteratur des 16. Jahrhunderts, in: Wiener Jahrbuch für Kunstgeschichte 38 (1985), S. 141f.; Schlosser 1924, S. 245.

41 Begrow 1962, S. 40f.

42 Kat. Wien 1953, S. 8–10.

43 In der bisherigen Literatur war der Name des Auftraggebers stets mit „Perenyi" angegeben worden. Da Perenius ein Ungar war, handelt es sich aber um die magyarisierte Form des lateinischen „Perenius", der Namensform, die in der Folge verwendet wird.

44 Schwarz 1917, S. 36; Schwarz 1917 II, S. 197; I.A. Fessler: Geschichte Ungarns, Bd. 3, Leipzig 1874, S. 522.

45 Loesche 1909, S. 177; P.S. Fichtner: Ferdinand I. – Wider Türken und Glaubensspaltung, Graz/Wien/Köln 1986, S. 101 und 141; die Verhandlungsunterlagen bei: F.B. von Buchholtz: Geschichte der Regierung Ferdinands des Ersten, Bd. IX – Urkunden, Graz 1968, S. 323 – 340; Dekret zur Gefangennahme im Wiener Haus-, Hof- und Staatsarchiv, Akte „Hung. 1542. X. 151".

46 Czeike 1984, S. 48.

In der Grabrede auf Peter Perenius' Sohn Gabriel im Jahre 1567 kam der Geistliche Fabricius Szikszai noch einmal auf dessen Vater und seine Zeit im Gefängnis zu sprechen: (in captivitate) „historias Veteris et Novi Testamenti insigniores colligebat, oppositissimeque inter se comparatas, pictoris, quem ad hunc usum alebat, manu, scitissime curabat efformari, subietis etiam versiculis picturarum collatarum harmoniam conciunt complectentibus. Quae quidem picturae venustate Italicae subtilitatis non carentes, nunc quoque exstant."[47]
(In Gefangenschaft verband er die ausgezeichnetsten Geschichten des Alten und Neuen Testaments und verglich die geeignetsten untereinander; die Hand des Malers, den er zu diesem Zwecke unterhielt, sorgte höchst erfahren dafür, daß die Zusammenfassungen, unterlegt sogar durch Verse, die zusammengetragenen Bilder in einer Harmonie zusammenzufügen. Diese Bilder entbehren gewiß nicht einer anmutigen italienischen Feinheit, wenn sie diese nicht sogar übertreffen).

Mit dem in der Grabpredigt angesprochenen Maler ist Augustin Hirschvogel gemeint und das Zusammentreffen der beiden erklärt sich aus der Tatsache, daß der Baumeister der Stammburg des Peter Perenius im ungarischen Sárospatak (nahe der Slowakei) Bonifaz Wolmut war, der mit Hirschvogel bei der Herausgabe der Wiener Stadtansichten zusammengearbeitet hatte.[48]

Es läßt sich in Anbetracht der Grabrede und der Titelworte der „Concordantz" annehmen, daß Perenius die Verse der „Concordantz" während seiner Gefangenschaft seit 1542 verfaßte, zu denen dann Hirschvogel seit 1547 die Illustrationen schuf, und zwar auch noch nachdem Perenius 1548 im Alter von 46 Jahren in Wiener Neustädter Gefangenschaft gestorben war. Das radierte Porträt Perenius' des Jahres 1549 [49] von der Hand Hirschvogels gibt demnach ein falsches Alter von 47 Jahren an, das Perenius nicht erreicht hatte.[50] Die Radierung zeigt die Büste des Auftraggebers auf einem runden Sockel stehend. Obwohl Perenius' Barthaar wie natürlich herabfällt, herrscht ein skulpturaler Eindruck vor. Dadurch, daß es sich um eine Büste handelt, die, anders als antike Imperatorenporträts, in Brusthöhe gerade abgeschnitten ist, erinnert sie an Skulpturen der italienischen Frührenaissance. Im Grabmal des Bernardo Giugni in der Badia in Florenz hatte der Bildhauer Mino da Fiesole um 1466 das Profilporträt des Verstorbenen als halberhabene Büste auf einen Sockel gestellt, der aus der wandgebundenen Ebene der Lünette des Monuments hervorsteht.[51]

Dem Titel der „Concordantz" zufolge („sampt mer || Figuren und Schrifften erwey= || tert") ist es jedoch wahrscheinlich, daß Hirschvogel das von Perenius begonnene und dem Buch zugrundeliegende typologische Konzept selbständig nochmals aufgriff, um es noch zu erweitern, und er nicht nur allein die Radierungen fertigte, sondern auch noch mehr typologische Vers- und Bildpaare entwickelte. Wem der beiden Beteiligten aber welche Verse zu biblischen Themen zugeschrieben werden können, läßt sich nicht mehr feststellen oder rekonstruieren.

Perenius´ theologisches Interesse dokumentiert sich in seinem Briefkontakt mit Philipp Melanchthon. Erhalten blieb ein Antwortbrief Melanchthons vom März 1545 auf eine nicht

---

47 Fabricius Szikszai: Oratio de vita et obitu (...) Gabrielis Perenii, Wittenberg 1568; zit. nach Detshy 1987, S. 131 und Schwarz 1917, S. 37.
48 Detshy 1987, S. 132.
49 Kat. Wien 1967/68, S. 137, Nr. 161.
50 Pallas-Lexikon 1897, Bd. 13, S. 322. Die Schrifttafel unterhalb des Porträtmedaillons verweist auf Perenyis Gefängniszeit: CORDE QUITO MENS BONI CONSCIA OBSERVAT PATIENTIAM (Mit ruhigem Herzen ehrt der Geist, des Guten bewußt, das Erleiden).
51 J. Pope-Hennessy: The Portrait in the Renaissance, London/New York 1966, S. 79f.; W. und E. Paatz: Die Kirchen von Florenz – Ein kunstgeschichtliches Handbuch, Bd. 1, Frankfurt am Main 1940, S. 284.

überkommene Anfrage des Peter Perenius.[52] Melanchthon drückte darin seine Hoffnung aus, daß es Perenius gelingen möge, die Kirche in Ungarn nach der Türkenvertreibung im protestantischen Glauben wiederzuerrichten. Perenius war also ein „eifriger Vorkämpfer der Reformation".[53] In seiner Heimatstadt Sárospatak gründete er zu Beginn der 1540er Jahre im ehemaligen Franziskaner-Kloster der Stadt eine Schule von evangelischer Orientierung[54] und möglicherweise beabsichtigte er, die „Concordantz" als ein die Glaubensarbeit unterstützendes Hilfsmittel – als Bilderbibel – zu benutzen, was dann aber nicht nur Perenius' Tod verhinderte, sondern auch die Tatsache, daß Hirschvogel im dritten Jahr die Arbeit an der Radierungsfolge Ende 1549, also nach drei Jahren, abbrach und 1550 nur noch das Titelblatt der Buchausgabe schuf (s. Kap. I.2). Er widmete sich ab Ende 1549 der sehr viel lukrativeren Aufgabe des Bereisens Ungarns im Auftrag Ferdinands I. zu kartographischen Zwecken,[55] wofür die damals entstandene Ansicht Muranýs als Beweis stehen kann; es handelte sich dabei im übrigen um eine frühere Besitzung des Peter Perenius.

2. Die verschiedenen Ausgaben der „Concordantz"

Trotz ihrer nicht vollendeten Illustrierung erschien die „Concordantz unnd Vergleychung des alten und newen Testaments" im Jahr 1550, und zwar in vier verschiedenen Fassungen, die in den Druckbeschreibungen dieses Kapitels besprochen werden:[56]

> Die *Textausgabe*[57] im Format 195 x 135 mm: Sie enthält ein Titelblatt, 180 Verse und keine biblischen Illustrationen (Exemplare in Wien, Österreichische Nationalbibliothek, Signatur: 20. Dd. 327 und Wolfenbüttel, Herzog August Bibliothek, Signatur: 248.43 Theol. 4 [2]).

> Die *Folioausgabe*[58] im Format 307 x 196 mm: Sie enthält ein radiertes Selbstbildnis, ein illustriertes Titelblatt und 104 biblische Illustrationen mit hinzugefügten Versen (Exemplare in Wien, Albertina, Signatur: K.S.D. 425 und als aufgelöster Band in Bamberg, Staatsbibliothek).

> Die *Folioausgabe ohne Verse*[59] im Format 295 x 200 mm: Sie enthält ein illustriertes Titelblatt, 112 biblische Illustrationen ohne Verse (Exemplar in Wolfenbüttel, Herzog August Bibliothek, Signatur: 35.3 Geometr. 2°).

> Das *handschriftliche Exemplar*[60] im Format 200 x 180 mm: Es enthält ein illustriertes Titelblatt, 110 biblische Illustrationen und handschriftlich hinzugefügte Verse (Exemplar in Wien, Albertina, Signatur: B. 84 Cim.Kasten, Fach VI, Nr. 13.a).

Allen Ausgaben gemeinsam ist eine Vorrede, die in drei Varianten existiert (s. Anhang, Kap. III.1.–III.3.). Die Folioausgabe ohne Verse und der Band mit den Probeabzügen beinhalten außerdem noch einen dreiseitigen Index der Bibelstellen (s. Anhang, Kap. III.4.).

---

52 Corpus Reformatorum, Bd. V, Sp. 715; Melanchthons Briefwechsel, Bd. 4, S. 206. Die noch von Schwarz 1917, S. 36 erwähnten Briefe Perenius' an Melanchthon konnten am von Schwarz angegebenen Aufbewahrungsort (Wiener Haus-, Hof- und Staatsarchiv) nicht mehr gefunden werden.
53 Forster, S. 10.
54 Loesche 1909, S. 177.
55 Schwarz 1924, S. 139.
56 Die Druckbeschreibungen folgen den von Weismann 1981 aufgestellten Richtlinien für die Beschreibung alter Drucke.
57 Text wiedergegeben im Anhang Kap. III. 5.; Schwarz 1917, S. 39; Heller 1846, S. 173.
58 Reproduktion in Bd. 2; Schwarz 1917, S. 40 nennt sie das „Normalexemplar"; Heller 1846, S. 173f.; Boerner 1866, S. 77; Kat. Wien 1953, S. 39.
59 Schwarz 1917, S. 39f.
60 Schwarz 1917, S. 39; Kat. Wien 1953, S. 38.

A. Die Textausgabe

Der Oktavband der Textausgabe hat 18 Blätter. Dreimal sind zwei Bogen, einmal drei Bogen ineinandergelegt, die keine Seitenzählung aufweisen, wohl aber Signaturen durch Buchstaben und Zahlen, die die richtige Zusammentragung der Bogen zum Buch ermöglichen. Die Titelseite (Abb. 4) trägt den in Schwabacher Drucktype[61] gesetzten fünfzeiligen Buchtitel, wobei die ersten zwei Zeilen durch größere Typen als bei den letzten drei Zeilen hervorgehoben werden: „Concordantz vnnd vergleychung || des alten vnd newen Testa= || ments / durch Augustin Hirß= || fogel kuertzlich zusamen || getragen". Ein Blättchen[62] darunter wurde als graphische Zierde verwendet. Das typographische Sonderzeichen des Rubrums[63] hebt das Impressum hervor: Neben Druckort („Wien in Osterreych") gibt es auch den Drucker („Egidius Adler")[64] und das Druckdatum („1550") an.

Nach einer Leerseite folgt auf zwei Seiten eine 43zeilige Vorrede (s. Anhang, Kap. III.1.), wie sie in gedruckten Büchern des 16. Jahrhunderts die Regel ist.[65] Sie gibt Auskunft über die Veranlassung und die Aufgabe des Buches, wobei zunächst in großem Maße nach der Bibel zitiert wird.

Zitate aus dem Schöpfungsbericht leiten die Vorrede ein. Ihre ersten acht Wörter sind auch die ersten des Buches Genesis; es folgen die Verweise auf die Scheidung von Tag und Nacht (Gn 1,3–5), Wasser und Land (Gn 1,6–7), auf die Erschaffung der Tiere (Gn 1,20–22) und des Menschen (Gn 1,26–27), der sich die Erde und die Kreaturen untertan machen soll (Gn 1,28). Mit den Worten „Gott gab einem yeden sein gegenwurff" wird auf Gn 2,18 angespielt („Es ist nicht gut, daß der Mensch allein sei. Ich will ihm eine Hilfe schaffen, die zu ihm paßt"), ein Vers der den Ansatzpunkt für den Vergleich mit der Bibel bietet, die aus zwei Teilen besteht. So wie das Neue Testament ohne das Alte Testament nicht verstanden werden könne und umgekehrt, beide Teile also eng zusammengehören, so gehörte zu Adam Eva, die aus seinem Fleisch geschaffen wurde (Gn 2,23).

Die Zusammenfügung beider Testamente wird schon in der Bibel selbst vollzogen, wo, wie in der Einleitung erwähnt, die Typologie bereits Anwendung gefunden hatte. Als weiteres Beispiel einer Paarbildung im Bibeltext werden die beiden aus Gold getriebenen Cherubim genannt, die, einander zugekehrt, auf der Bundeslade angebracht waren (Ex 25,18–20).

Nach dem Prinzip der vergleichenden Zusammenschau wurde auch in der „Concordantz" verfahren. Hirschvogel und Perenius richteten sich mit ihren „Figuren" an ungebildete Leser („die eines geringe verstands seind"), denen sie den Inhalt der Bibel näherbringen wollten, damit erkannt werde, daß Ereignisse des Neuen Testaments Spiegelungen des Alten sind. Die Autoren verwenden dabei – wenig überlegt – den Begriff „Figuren"(„die zusammenfugung etlicher Figuren") auch für diese „Concordantz"-Ausgabe, die allein aus den Bildgedichten besteht. Üblicherweise bezeichnen die Begriffe „Figur", bzw. „Figuren-Band" ein Ensemble von Bildern und Versen.[66] Auch Christus hatte schon „Exempel und Concordantzen" (Gleichnisse) gebraucht, damit das Volk die Geheimnisse der Schrift verstünde, in der von Jesus Zeugnis gegeben wird (Jo 5,39). Im Sinne von Act 2,17–21, der Pfingstpredigt des Petrus, schließt die Vorrede: Beim Endgericht werden diejenigen der Menschheit gerettet, die

---

61 Zur Schwabacher Schrift: Eichenberger/Wendtland 1977, S. 155. Das Exemplar der Wolfenbütteler Bibliothek trägt den handschriftlich hinzugesetzten Besitzervermerk „1556 || In omnibu(s) respice fine(m) || Joan.Ferrheri"

62 Weismann 1981, S. 482.

63 Weismann 1981, S. 534.

64 Als Drucker in Wien nachweisbar zwischen 1550 und 1552. Vgl. Lang 1972, S. 51; Benzing 1982, S. 486.

65 Weismann 1981, S. 551.

66 Vgl. zum Begriff *Figur* und seiner Verwendung im 16. Jahrhundert: Röll 1992, S. 200.

den Namen des Herrn anrufen und ihn damit loben (Zeph 3,8–9). Die Lobpreisung des Gottesnamens in Ps 113,2 endet mit den Worten „von nun an bis in Ewigkeit", so wie auch die Vorrede der „Concordantz" schließt.

Nach einer weiteren Leerseite folgen auf 30 Seiten vierzeilige Verse, wobei diejenigen zu Ereignissen des Alten Testaments linksseitig, diejenigen zum Neuen Testament auf der rechten Seite gedruckt wurden (Abb. 5; Edition der Verse im Anhang, Kap. III.5.). Auf jeder Seite sind es sechs, sodaß der Band insgesamt 180 Verse enthält – zu jedem Bibelteil 90, die von 1. bis 90. numeriert wurden. Als Marginalien in kleineren Typen auf den Außenstegen der Seiten belegen Buch- und Versangaben die biblischen Quellentexte für die Verse der „Concordantz" und weiterer Typologien; zählt man alle genannten Bibelstellen zusammen, so ergibt sich, daß in der „Concordantz" insgesamt 238 Erzählungen und Bibelverse vorkommen. Die Bibelstellenangaben sind noch, wie bis in die Mitte des 16. Jahrhunderts üblich, mit Buchstaben bezeichnet, die Abschnitte (Perikopen) der Bibelkapitel bezeichneten.[67] Die biblischen Bücher tragen noch die Namen aus der Vulgata und sind in nicht einheitlicher Form abgekürzt.

B. Die Folioausgabe

Die von K. Schwarz als „Normalexemplar" bezeichnete Ausgabe der „Concordantz" im Folioformat (307 x 196 mm) unterscheidet sich von der Textausgabe durch die Illustrierung zu den Vierzeilern und durch weitere graphische Beigaben.

Der Band beginnt mit dem Autorenbild, einem 1548 datierten Selbstbildnis Augustin Hirschvogels (Radierung, 197 x 120 mm, Abb. I),[68] das sein Brustbild ähnlich dem des Peter Perenius im Profil nach rechts gewandt in einem ovalen Medaillonrahmen zeigt, der in einer Nische steht. Durch dieses architektonische Element und durch den Schattenwurf zwischen Wänden und Medaillon erhält das Porträt einen statuarisch-denkmalhaften Charakter. Hirschvogels Porträt selbst ist weniger skulptural aufgefaßt als das des Perenius und erinnert an Porträtmedaillen, wie sie – abgeleitet von antiken Gemmen und Porträtmünzen, die als Plaketten seit dem zweiten Drittel des 15. Jahrhunderts eine neue Blüte erlebten [69] – auch in Deutschland vorkamen.[70] Eine Medaille mit dem Bildnis Albrecht Dürers von 1527 (Holzmodell dafür geschnitzt durch den Medailleur Matthias Gebel, 1500–1574) zeigt ihn nach rechts gewendet, jedoch anders als Hirschvogel, nicht bis unterhalb der Brust, sondern nur bis zu den Schultern, womit die Medaille antiken Imperatorendarstellungen, z.B. auf Münzen, nähersteht. In einer Umschrift wird der Porträtierte benannt. Bei Hirschvogels Arbeit findet sich an dieser Stelle die spiegelverkehrt gesetzte persönliche Devise „SPERO FORTVNAE REGRESSUM"(Ich hoffe auf die Wiederkehr des Glücks). Diese prägte Hirschvogel sehr wahrscheinlich in der Zeit vor seinen Wiener Jahren, in der er keine einträglichen Aufträge erhalten hatte.

In der rechten Ecke der Nische lehnt, vom Medaillon verschattet, das Buch des Lebens mit der Aufschrift „VITA". In der Bibel (z.B. in Ex 32,32, Dan 12,1 oder Apc 3,5) ist das Buch des Lebens der bildliche Ausdruck für das Vorherwissen Gottes, daß alle Menschen zum Leben und zur Seligkeit vorherbestimmt sind. Diese biblische Buchmetaphorik erweiterte

---

67 Vgl. zur Geschichte der Verszählung im 16. Jahrhundert: Cambridge History of the Bible, Bd. 3, Cambridge 1963, S. 436–438.

68 Schwarz 1917, S. 4. Zu anderen Selbstbildnissen Hirschvogels: Kat. Wien 1953, S. 12. Allgemein auch P. Bloch: Autorenbild, in: LCI, Bd. 1, Sp. 232–234.

69 M. Leithe-Jasper: Die Plakette, in: Kat. Schallaburg 1976, S. 177f.

70 Habich 1929; Dülberg 1990, S. 103–106; L. Koerner: The Moment of Self-Portraiture in German Renaissance Art, Chicago 1993.

Hirschvogel, stellte ihm das in der Heiligen Schrift nicht genannte Buch des Todes (mit dem Wort „MORS" auf dem Einband) gegenüber und fand damit Symbole für Anfang und Ende des Daseins, zwischen denen das Leben verläuft.[71]

In den oberen Ecken der Nische sind die zwei Teile des Wappens der Familie Hirschvogel getrennt voneinander angebracht. Der untere Teil, im Selbstbildnis links, ist ein Schild, das einen Adler mit ausgebreiteten Flügeln über einer Mauer stehend zeigt, an der drei kleine Schilde mit seitlichen Ausbuchtungen befestigt sind. Über dem großen Wappenschild, im Selbstporträt rechts oben, steht über einem geschlossenen Stechhelm mit Krone auf der oberen Rundung der Oberkörper einer weiblichen Figur, deren Arme von den Schaufeln eines Hirschgeweihs ersetzt sind.[72]

Unterhalb der Nische steht die Erläuterung zum Selbstbildnis, wie sie auf Porträtmedaillen üblicherweise am Rand geschrieben stehen. Sie lautet bei Hirschvogel „HIC AVGVSTINI PICTA EST PICTORIS IMAGO ‖ ILLE NOVEM POSTQUAM VIXIT OLY(M)PIADES" (Dies ist das Bild des Malers Augustin, nachdem er neun Olympiaden gelebt hat). Sie weist nicht nur auf seine Tätigkeit hin, sondern hat durch die Altersangabe in Olympiaden auch einen Bezug zur Kunstliteratur: Nach altgriechischer Zählung wäre man neun Olympiaden nach Hirschvogels Geburt (= 36 Jahre) auf das Jahr 1539 gekommen, was nicht mit der Datierung des Blattes („1548") übereinstimmt. Hirschvogel legte seiner Zählung vielmehr das altrömische Fünfjahr („lustrum") zugrunde. Viel bedeutsamer aber ist die Zählung nach Olympiaden für das künstlerische Selbstverständnis Hirschvogels. Hatte schon Plinius d.Ä. im kunsthistorischen Teil seiner „Naturalis historia" die Tätigkeitsjahre von Künstlern in Olympiaden angegeben,[73] übernahm der Florentiner Bildhauer Lorenzo Ghiberti in seinen kunsttheoretischen „Commentarii"(1447/78) die Olympiadenzählung für die Berechnung der Kunstgeschichte der Zeit seit Giotto, jedoch nach dem römischen Fünfjahr.[74] Er ließ damit sein Bestreben erkennen, es der Antike, und besonders Plinius, gleichzutun.[75] Keiner von beiden aber verwendete diese Zählweise für Lebensjahre, wie Hirschvogel es für seine Altersangabe tat, sondern nur für Jahresangaben. Aber dennoch dürfte davon auszugehen sein, daß Hirschvogel diese auch als Anleitungen für Künstler gedachten Schriften geläufig gewesen waren.

Es folgt auf der gegenüberliegenden Seite das illustrierte Titelblatt (Abb. II). Es trägt einen gegenüber der Textausgabe der „Concordantz" leicht veränderten Buchtitel mit dem, wie seit dem frühen 16. Jahrhundert üblich, der Leser Auskunft darüber erhält, was ihn im Folgenden zu erwarten hat, unterstützt von einer auf den Inhalt bezogenen bildlichen Darstellung:[76] „VORredt vnd eingang ‖ der Concordantzen alt vnd ‖ news Testaments / Durch Pereny Petri ‖ eins tails / Vnd nachuolgents durch ‖ Augustin Hirßfogel / sampt mer ‖ Figuren vnd Schrifften erwey= ‖ tert / vnd in druck pracht".

Darunter befindet sich eine Radierung von einer Platte, die zwar durch eine Trennlinie und verschiedenartige Schraffuren zweigeteilt ist, deren Bildhälften jedoch auch wieder durch eine

---

71 E.R. Curtius: Europäische Literatur und lateinisches Mittelalter, Bern 1948, S. 314f.
72 Gleichartige Wappensteine findet man noch heute in St. Lorenz, Nürnberg. Bei ihnen handelt es sich jedoch um diejenigen der Nürnberger Patrizierfamilie Hirschvogel, die mit der der Künstler nicht identisch ist; vgl. Schaper 1973, S. 4. Der geschlossene Stechhelm war ein Kennzeichen für Wappen bürgerlicher Familien, vgl.: O. Neibecker: Heraldik zwischen Wappenpraxis und Wappengraphik bei Dürer und Dürers Zeit, in: Albrecht Dürers Umwelt – Festschrift zum 500. Geburtstag Albrecht Dürers am 21. Mai 1971, Nürnberg 1971, S. 197.
73 Plinius d.Ä., Naturalis historia, XXV, 34–36.
74 Denkwürdigkeiten des Florentinischen Bildhauers Lorenzo Ghiberti – Zum erstenmal ins Deutsche übersetzt von J. Schlosser, Berlin 1920, S. 97f.
75 J. Pope-Hennessy: Italian Gothic Sculpture, London 1955, S. 33.
76 G.A.E. Bogeng: Über die Entstehung und Fortbildung des Titelblattes, in: Buch und Schrift, Leipzig 1929, S. 75–94; E. von Rath: Zur Entwicklung des Kupferstichtitels, in: ebd., S. 51–56.

gemeinsame Brüstung verbunden sind, auf deren Vorderseite die Jahreszahl 1550 und Hirschvogels Monogramm aus den Buchstaben A H F in Ligatur gesetzt sind (=A[ugustin] H[irschvogel] F[ecit]).[77] Ein aufgeschlagenes Buch zeigt auf der linken Seite die Worte „MOSES MANDAVIT LEGEM" (Durch Moses kam das Gesetz), auf der Buchseite steht die von zwei Cherubim umschwebte Bundeslade. Auf dem rechten Blatt steht vor einer Bogenöffnung das Lamm Gottes mit der Siegesfahne, darunter sind die Worte „CHRISTVS RECONSILLAVIT PECCATORES" (Christus hat sich mit den Sündern versöhnt) auf das Blatt gesetzt. In enger Anlehnung an Bibelworte und durch bekannte Symbole des Alten und Neuen Testaments stellte Hirschvogel diesem Titelblatt der „Concordantz" die beiden Bibelteile gegenüber. Der Inhalt des auf der alttestamentlichen Seite zu lesenden Hinweises auf die Gesetzesübergabe an Mose, entstammt Jo 1,17: „Quia lex per Moysen data est, gratia et veritas per Jesum Christum facta est" (Denn das Gesetz ist durch Mose gegeben worden, die Gnade und die Wahrheit ist durch Jesus Christus gekommen); ein neutestamentlicher Vers, der selbst schon auf die alttestamentliche Zeit zurückdeutet. Den Inhalt von Röm 5,8–10 fassen die drei Wörter der Lamm Gottes-Seite zusammen, in denen die Versöhnung der Menschheit mit Gottvater durch den Tod seines Sohnes beschrieben wird:

„Commendat autem caritatem suam Deus in nobis, quoniam cum adhuc peccatores essemus, secundum tempus, Christus pro nobis mortuus est; multo igitur magis nunc, iustificati in sanguine ipsius, salvi erimus ab ira per ipsum. Si enim cum inimici essemus, reconciliati sumus Deo per mortem Filii eius; multo magis reconciliati, salvi erimus in vita ipsius."

(Gott beweist aber seine Liebe gegen uns dadurch, daß Christus für uns gestorben ist, als wir noch Sünder waren. Um so viel mehr nun werden wir, da wir jetzt durch sein Blut gerechtgesprochen worden sind, durch ihn vor dem Zorn gerettet werden. Denn wenn wir mit Gott, als wir seine Feinde waren, versöhnt worden sind durch den Tod seines Sohnes, so werden wir um so viel mehr, da wir nun versöhnt sind, gerettet werden durch sein Leben.)

Die Bedeutung der Begriffe „VIA" (Weg) und „VITA" (Leben) auf dem Buchschnitt, erschließt sich über den Vers Jo 14,6, in dem der unsicher fragende Jünger Thomas, von Christus die Begründung für dessen Weggang erhält: „Ego sum via, et veritas, et vita: nemo venit ad Patrem, nisi per me" (Ich bin der Weg und die Wahrheit und das Leben: Niemand kommt zum Vater außer durch mich); demjenigen, der an Christus glaubt, wird das wahre Leben vermittelt und der Weg zu Gottvater eröffnet. Den Zugang zu diesem Weg symbolisiert in Jo 10,9 eine Tür („Ego sum ostium"/ Ich bin die Tür), die in der Titelradierung mit dem Bogen gemeint sein dürfte. Den Opfertod und den Triumph Christi am Kreuz verbildlicht die Darstellung des Lammes Gottes, das mit seinem angehobenen Huf das Siegeszeichen des Kreuzstabes hält.[78]

Das Sinnbild für das Alte Testament, die Bundeslade, stellte Hirschvogel, der genauen Beschreibung in Ex 25,10–22 und 37,1–9 folgend, als auf einem Blockaltar stehenden Kasten mit zwei seitlichen Tragstangen und zwei Cherubimen am Deckel dar.[79] Die Bundeslade war das bedeutendste kultische Objekt Israels, in ihr wurden ein Krug mit Manna, der Aaronstab und das zweite Exemplar der Gesetzestafeln aufbewahrt. Sie war ein Symbol für die Allianz Gottes mit seinem Volke, so wie das Lamm Gottes ein solches für die Menschen der neutestamentlichen und der folgenden Zeiten ist.

---

77 F. Glück in Kat. Wien 1953, S. 6 löste das Monogramm, wohl doch fälschlich, mit A(ugustin) H(irsch) F(ogel) auf.
78 Vgl. H. Feldbusch: Christussymbolik, in: RDK, Bd. 3, Sp. 723–725; Schiller, Bd. 2, S. 129–133;
Lamm, Lamm Gottes, in: LCI, Bd. 3, S. 7–14;
C.K. Barbett: The Lamb of God, in: New Testament Studies 1 (1955/56), S. 46–63.
79 Vgl. W. Neuss: Bundeslade, in: RDK, Bd. 3, Sp. 112–118; P. Bloch: Bundeslade, in: LCI, Bd. 1, Sp. 341–343; H. Gressmann: Die Lade Jahwes, Berlin/Stuttgart/Leipzig 1920.

Am oberen Rand der Radierung bezieht sich der Vers „ECCE AGNVS DEI QVI TOLLIS PECCATA MVNDI. MISE(RERE) NOBIS." (Dies ist das Lamm Gottes, das die Sünde der Welt hinwegnimmt. Erbarme Dich unser), wiedergegeben in Anlehnung an Jo 1,29, jene Worte, die Johannes der Täufer nach der Taufe Christi aussprach. Der Vers verweist nochmals auf die Erlösungstat Christi am Kreuz, der Zusatz „MISE(RERE) NOBIS" entstammt dem gleichlautenden Lamm Gottes-Gebet, das beim Brotbrechen während des Gottesdienstes vorgetragen wird.

Die enge Verbindung von Agnus Dei und Kreuzestod Christi erscheint schon um 1530 in jenen Dogmenbildern, die mit den Bezeichnungen „Sündenfall und Erlösung" oder „Gesetz und Evangelium" benannt werden.[80] Diese in Tafelbildern Lucas Cranachs d.Ä. und seiner Werkstatt um 1530 geprägte Bilderfindung (heute in Gotha, Schloßmuseum und Prag, Nationalgalerie) wurde im 16. Jahrhundert eine äußerst beliebte allegorische Darstellung in protestantischen Kreisen und fand für Altarblätter und Grabmäler, im Kunstgewerbe und der Graphik eine große Nachfolge.[81] Die Gothaer Komposition gibt der Holzschnitt Cranachs d.Ä. von etwa 1530 wieder (Abb. 6). Auch er zeigt das von Einzelelementen übersäte Bild, das ein Baum in zwei Hälften teilt, dessen Geäst auf der linken Seite verdorrt, rechts belaubt ist. Szenen aus Altem und Neuem Testament sind unter ihm zusammengestellt. Ein unbekleideter Sünder wird links von Tod und Teufel verfolgt, während Moses auf die Gesetzestafeln weist, rechts ist der Sünder nochmals zu sehen. Hier steht er betend vor Johannes dem Täufer, der auf den gekreuzigten Christus zeigt. In der Hintergrundlandschaft werden biblische Szenen typologisch im Sinne von Vorausdeutung und Erfüllung gegenübergestellt (z.B. der Empfang der Gesetzestafeln durch Moses und die Empfängnis Mariä oder die Aufrichtung der Ehernen Schlange und die Kreuzigung, wobei die Eherne Schlange, entgegen dem typologischen Prinzip, auf der neutestamentlichen Seite, der sog. Evangeliumsseite, aufgerichtet ist).[82] 1541 griff Lucas Cranach d.J. das Lehrbild im Titelblatt der wegen ihres Formats „Medianbibel" genannten Ausgabe der prophetischen Bücher der Bibel wieder auf,[83] diesmal steht die Eherne Schlange auf der richtigen Seite – über dem Sündenfall, und der Kreuzigung gegenüber .

In beiden graphischen Beispielen der „Gesetz und Evangelium"-Komposition steht auf der neutestamentlichen Seite des Holzschnittes am Fuße des Kreuzes das Lamm Gottes mit der Siegesfahne, und zwar in gleicher Haltung wie auf dem Titelblatt der „Concordantz" von 1550. Auch bei Cranach erläutert dieses Motiv der Vers Jo 1,29, der in Letterndruck unter das Bildfeld gesetzt ist („Sihe / das ist Gottes lamb, das der || welt suende tregt. S.Joh.bap.Jo.1."). Auf der linken Bildhälfte des Cranach'schen Holzschnittes wird die Mosesszene durch den darunterstehenden Vers Röm 3,20 kommentiert: „Durchs gesetz kompt erkentnus der suenden. Röm 3". Hirschvogel ließ sich, was die Übernahme der Zweiteilung des Bildes nur zu deutlich zeigt, von Cranachs Holzschnitt anregen und übernahm die beiden besprochenen Elemente, wenn er auch auf die direkte Darstellung des Mose mit den Gesetzestafeln verzichtete und statt dessen die Bundeslade, die der Überlieferung nach diese Dokumente enthielt (Ex 25, 16), als Symbol für das Alte Testament einsetzte.

Seit dem frühen 16. Jahrhundert war es üblich geworden, mit illustrierten Titelblättern den Inhalt der folgenden Seiten zusammenzufassen.[84] Eine auffällige Parallele zu Hirschvogels

---

80 Dazu bereits eine umfangreiche Menge Literatur: Meier 1909; Christensen 1979, S. 124 – 130; Scribner 1981, S. 216–219; Badstübner 1983, S. 332–335; Kat. Berlin 1983, S. 357–360; Starcke 1983, S. 539f.; Ohly 1988, S. 16–46; Urbach 1989, S. 33–48; zuletzt: J.L. Koerner: The Moment of Self-Portraiture in German Renaissance Art, Chicago 1993, S. 370–410.

81 Busch 1982, S. 109–118 (verwechselt zuweilen die Begriffe Typus und Antitypus, z.B. S. 107); Ohly 1988, S. 16–46.

82 Die Prager Tafel vereint die gleichen Elemente, jedoch steht dort am Fuße des Baumes nur ein Mensch, der sich zwischen den Seiten zu entscheiden hat.

83 Vollständiger Titel : „Die Propheten alle Deudsch" gedruckt bei Hans Lufft in Wittenberg 1541; Reinitzer 1983, S. 181–183.

84 Tümpel 1985, S. 209.

„Concordantz"-Titelblatt stellt der Holzschnitt Hans Holbeins d.J. zu Johannes Bugenhagens Psalterauslegung „In Librum Psalmorum Interpretatio" dar, im März 1524 in Basel bei Adam Petri erschienen .[85] Neben einem Bildelement, das für den Psalter steht (der harfespielende David), sowie u.a. die Darstellung der Evangelisten und von Musikanten, fallen in der Bildmittelachse oben das Lamm Gottes und unten die Männer, die die Bundeslade durch den Jordan tragen (aus Jos 4,4–5), auf. Allerdings ist bei Holbein das Lamm mit Strahlenkranz als apokalyptisches Lamm aufgefaßt, das auf dem geschlossenen Buch des Lebens liegt (Apc 21,27).

Hirschvogels Titelradierung fügt sich also in die Tradition der Titelillustrationen des 16. Jahrhunderts ein. In deutlicher Weise hatte er mit seinem Blatt mehrfach eine inhaltliche Verbindung zu dem im Buch behandelten Problem des typologischen Vergleichs zwischen Altem und Neuem Testament geschaffen.

Die Rückseite des Titelblattes trägt eine Variante der bereits in 2.1. besprochenen Vorrede (s. Kap. III.2.). Satztechnische Unterschiede zur Textausgabe haben ihre Ursache im größeren Format der Folioausgabe, so daß die Vorrede wegen des nun gegenüber der Textausgabe breiteren Satzspiegels nur 29 Zeilen hat. Es fallen auch geringe Änderungen der Orthographie auf (so sind z.B. d zu dt, y zu j oder ck zu kh verändert), die jedoch bis ins 18. Jahrhundert hinein stets sehr willkürlich gehandhabt wurde.[86]

Der Vorrede schließt sich ein dreiseitiger Index an, in dem die in der „Concordantz" verarbeiteten Bibelstellen aufgelistet sind (s. dessen Wiedergabe und Erläuterungen dazu in Kap. III.4.) und zwar sowohl für das Alte als auch für das Neue Testament jeweils 88 Paare: Gegenüber den Stellenangaben in der Textausgabe fehlen nur die Paare 41. (III Rg 21,1–6: Ahab verurteilt Nabot und Mt 26, 57–66: Christus vor dem Hohen Rat) und 48. (Est 6,12–14: Haman vor seinen Freunden und Seres und Act 5, 26–33: Die Apostel vor dem Hohen Rat). Folglich ist auch die Verszählung gegenüber der Textausgabe verschoben. Den Zweck der Indexliste erklärt das sich anschließende Nachwort: Hirschvogel hatte die begonnene Illustrierung der „Concordantz" nicht zu Ende führen können (der „anfenger diß wercks ist zu frue gestorben"). Um dennoch dem Benutzer der Folioausgabe alle aufgestellten Typologien anzubieten, verwies Hirschvogel auf die nicht als Illustrationen vorliegenden Parallelen durch Bibelstellenangaben, wobei er mit einem Sternchen auf fehlende Radierungen aufmerksam machte. Der Leser wird damit aufgefordert, die fehlenden Typologien selbst aus der Bibel herauszusuchen.

Den Hauptteil des Buches bildet der illustrierte Teil der „Concordantz", bei dem auf 52 Blättern jeweils zwei Illustrationen auf einer Seite stehen (jede Radierung, vom Abdruck des Plattenrandes gemessen, im Format 114 x 140 mm), und zwar immer zwei Bilder aus dem Alten Testament auf der linken und zwei Darstellungen aus dem Neuen Testament auf der rechten Seite des aufgeschlagenen Buches. Insgesamt hat der Band also 104 Radierungen zu biblischen Themen (Kap. I.3.1.–90.). Hirschvogel hatte, wie in Kapitel I.1. bereits festgestellt, die Arbeit an der Illustrationsfolge 1550 abgebrochen. So erklärt sich, daß nicht zu jedem der in der Textausgabe überlieferten 180 Verse eine Radierung entstand. Dadurch wird zudem die Bedeutung der Textausgabe klar: Nur in ihr sind durch die Verse alle typologischen Gruppen festgehalten (auch jene, für die keine Illustrationen existieren) und nur durch sie hat sich das gesamte Programm der „Concordantz" erhalten.

Obwohl in der illustrierten Folioausgabe jeweils vier Radierungen zusammengestellt wurden, besteht eine typologische Beziehung nur zwischen sich in einer waagerechten Reihe gegen-

---

85 Kat. Basel 1960, S. 320, Nr. 405.   86 Weismann 1981, S. 492.

überstehenden Radierungen, die ein Paar bilden, so wie die Verse zu einem typologischen Paar in der Textausgabe unter einer Nummer zusammenstehen. Nur bei den in ursprünglicher Form erhaltenen – also nicht zerschnittenen – Exemplaren der Folioausgabe läßt sich folgendes beobachten: Die Radierungen eines Paares sind von einer gemeinsamen, also längsrechteckigen, Platte gedruckt. Erst im Laufe des Jahres 1549, als 82 Radierungen fertig waren, ging Hirschvogel dazu über, jede Illustration auf eine einzelne Platte zu radieren.[87] Es ist auch festzustellen, daß die Formate der Radierungen auf einem Doppelbogen sich in wenigen Millimetern unterscheiden können oder deren Position zueinander geringfügig versetzt sein kann.

Den jeweiligen Bildinhalt erläutern Verse, die eigens für die „Concordantz" geschrieben und kompiliert wurden; sie stimmen weitestgehend mit denen der Textausgabe überein. In Typendruck sind sie bei den oberen Radierungen über diese, bei den unteren darunter gesetzt worden. Hirschvogel stach die Radierungen keineswegs in einer systematischen Reihenfolge, sondern, wie die Übersicht in Kap. III.8. erkennen läßt, ohne planvolle Abfolge in den Jahren zwischen 1547 und 1550 (drei zusätzliche entstanden noch 1551). Die einmal gefalteten Bogen sind jeweils nur einseitig bedruckt.[88] Die Beschreibung und Interpretation der in gleicher Weise eingeteilten und ausgestatteten Bildseiten ist Inhalt des Kapitels I.3. der vorliegenden Arbeit.

C. Die Ausgabe ohne Verse

Eine besondere Ausgabe der „Concordantz" besitzt die Herzog August Bibliothek in Wolfenbüttel, nämlich einen Band mit dem Titelblatt, dem Selbstporträt Hirschvogels, der Vorrede (in einer weiteren Variante, s. Kap. III.3.), dem in Kap. I. 2. B.. erläuterten Index und 112 Radierungen – auf jeder Seite eine. Weil sich in diesem Band im aufgeschlagenen Zustand nicht vier Radierungen wie in der Folioausgabe, sondern nur zwei einander gegenüberstehen, konnten im Wolfenbütteler Band mehr Illustrationen aufgenommen werden, da nun der Zwang zur Vierergruppenbildung entfiel, das Anordnungsprinzip einem paarweisen Schema unterliegt. Daher kommen gegenüber der Folioausgabe acht Radierungen hinzu, und zwar die Nummern 17.a/b, 21.a/b, 37.a/b und 82.a/b.

Der Index der Bibelstellen ist für diese Ausgabe besonders nützlich, da den Radierungen keine Verse beigedruckt wurden und mit brauner Tinte nur die Bildpaarnummern des Index über die Radierungen gesetzt wurden. Der Benutzer soll sich die Bibelstellen mit Hilfe des Index (Wiedergabe im Anhang Kap. III.4.) selbst heraussuchen.

Die Version der „Concordantz" in Wolfenbüttel, von der es möglicherweise noch mehr Exemplare gegeben hat, worauf einzelne Radierungen ohne Verse in verschiedenen Graphischen Sammlungen hindeuten, ist auch für denjenigen brauchbar, der die deutsche Sprache, in der die Verse abgefaßt sind, nicht beherrscht. Das betonte Hirschvogel auch im Nachwort des Index (s. Kap. III.4.): Daß „aber solche schriffte (d.h. Verse, Anm.d.Verf.) nit darbey gedruckt sind", hat er „der mancherley sprachen halben vndterlassen / das ein yeder nach ordenung der obbeschrieben Concordantzen in sein gewnliche oder angeborne sprach zihen oder darzu schreiben müge wie jms gefelt".

---

87 Siehe die Übersicht im Anhang, Kap. III. 8.
88 Die von G.M.Lechner in Kat. Göttweig 1991, S. 98 geäußerte Vermutung, auf den leeren Rückseiten wären noch Kommentare geplant gewesen, ist unwahrscheinlich, da die Druckerschwärze der Radierungen und der Schrift auf dem durchweg recht dünnen Papier viel zu kräftig durchscheint.

D. Die Handschriftversion

In der Wiener Albertina wird eine Variante der „verslosen" Ausgabe aufbewahrt. In ihr sind unter jede der jeweils einzeln auf das Blatt gedruckten Radierungen die Vierzeiler handschriftlich unter die Radierungen gesetzt und zwar in leicht verändertem Wortlaut im Vergleich zur Textausgabe, jedoch entsprechend den Versen in der Folioausgabe (Kap. I. 2. B.).[89] Sehr wahrscheinlich handelt es sich um das Exemplar, das als Vorlage für den Druck der Folioausgabe gedient hat, aus dem der Drucker Egidius Adler die Verse entnommen und unter, bzw. über die Radierungen gesetzt hatte. Dies wird umso wahrscheinlicher, wenn man sich vor Augen hält, daß Hirschvogel sich zum Zeitpunkt der Drucklegung der „Concordantz" sehr wahrscheinlich nicht in Wien aufhielt, sondern durch Ungarn reiste.

Es sind im „Handschriftenband" jedoch 111 Radierungen zu finden, also sechs mehr als in der Folioausgabe (17.a/b, 21.a/b und 82.a/b) und weniger als in der Ausgabe ohne Verse (es fehlen nämlich 37.a und 37.b), dafür ist die Radierung 47.b eingebunden. Es konnten aus dem Handschriftenband selbstverständlich nur diejenigen Radierungen in den Folioband übernommen werden, mit denen Viererguppen zu bilden waren.

Sehr viele Graphische Sammlungen und Kupferstichkabinette besitzen einzelne Radierungen aus der Serie der „Concordantz", die aus aufgelösten und zerschnittenen Exemplaren des Buches, gleich welcher Ausgabe, stammen. Einzig die Radierung 81.a existiert nur noch als einzelner Abzug in der Bamberger Staatsbibliothek. In Kap. III.9. der vorliegenden Arbeit ist eine Auflistung der von mir besuchten Sammlungen und ihren Beständen an Hirschvogel-Radierungen zur „Concordantz" beigegeben. Es fällt auf, daß die Qualität der Radierungen stets gleich hoch ist. Bedenkt man, daß die feinen Ätzungen in den Kupferplatten keine hohe Zahl von Abzügen zuließen, kann die Auflage der „Concordantz" nicht sehr hoch gewesen sein; eine Zahl zwischen 50 und 100 wäre nur unter Qualitätseinbußen denkbar. Leider konnten von mir keine Druckplatten aufgefunden werden, wahrscheinlich sind diese auch nicht mehr erhalten, denn eine Zweitverwendung von Platten war durchaus üblich. Auch die Suche nach Vorzeichnungen Hirschvogels zu den Radierungen war nicht erfolgreich, so daß anzunehmen ist, daß er ohne Vorstufen direkt auf die Platten stach.

Die Untersuchung der verwendeten Papiere nach Wasserzeichen ergab, daß die meisten Bogen wenige Jahre vor dem Druck der „Concordantz" (1550) hergestellt wurden, und zwar in Städten, die in der mehr oder weniger weiten Umgebung Wiens liegen (s. Kap. III.10.).

3. Der vollständige Zyklus

Im folgenden Katalogteil werden die nach dem Prinzip der biblischen Typologie zusammengestellten Paare formal, inhaltlich und ikonographisch erörtert. Die Frage nach dem Sinngehalt aller typologischen Gruppen, auch der nicht-illustrierten, wird gestellt und es wird nach Vorbildern für die ausgeführten Darstellungen gesucht. Die Ikonographie der einzelnen „Concordantz"-Illustrationen hängt nicht nur von den Formulierungen der Themen in anderen typologischen Zyklen ab, sondern auch von der für Hirschvogel zeitgenössischen christlichen Ikonographie, also der Zeit seit etwa 1500. Entscheidende Grundlage für die kritische Untersuchung ist die bilderlose Ausgabe des Werkes (s. Kap. I. 2. A.), die neunzig Gegenüberstellungen aus dem Alten und Neuen Testament beinhaltet, also mehr als von Hirschvogel illustriert wurden. Die Numerierung der neunzig Paare wird hier beibehalten (s. Kap. III. 5.), lediglich die Buchstaben a. (für Altes Testament) und b. (für Neues Testament) wurden

---

[89] Einzig der Vers zu 10.a (Auffindung des Mosesknaben) ist in einer Variante niedergeschrieben; s. Kap. III. 5.).

von mir der Deutlichkeit wegen hinzugefügt. Dies hat zur Folge, daß die Radierungen nicht mehr die Bartsch-Nummern tragen,[90] begründet auch dadurch, daß die bisherigen Veröffentlichungen der Radierungen lückenhaft – z.B. ist die Radierung 81.a bislang unbekannt gewesen – und die typologischen Zusammenhänge verunklärt waren, weil die zehn ohne Verse überlieferten Radierungen (z.B. Nr. 17.a/b oder 47.a) noch nicht eindeutig in die korrekte Reihenfolge innerhalb des gesamten Zyklus gesetzt werden konnten. Dies ist erst mit Hilfe des durch die Textausgabe (s. Kap. I. 2. A. und III. 5.) überlieferten, kompletten „Programms" möglich. Zugunsten einer größeren Deutlichkeit, ist in jeder Abschnittsüberschrift durch „*" angegeben, wenn zu einem Vers keine Illustration vorliegt, entsprechend der Themen- und Versübersicht in Kap. III. 5.

Die Ordnung der 90 Zusammenstellungen folgt der Chronologie der neutestamentlichen Erzählungen, denn diesen Begebenheiten sind die alttestamentlichen Vorbilder ohne Rücksicht auf ihren historischen Ablauf zugeordnet. Als Besonderheit im Vergleich zu anderen Zyklen mit vergleichbarem Aufbau, gibt es für die „Concordantz"-Serie zu vermerken, daß nicht nur Ereignisse aus den Evangelien die Hauptthemen auf der neutestamentlichen Seite sind, sondern auch sechsmal Geschehnisse aus der Apostelgeschichte, dreimal aus der Offenbarung des Johannes und je einmal aus dem Buch der Makkabäer und dem ersten Brief des Paulus an die Korinther.

A. Die Kindheit Christi

Taf. 1 a. Elisa erweckt den Sohn der Sunamitin (IV Rg 4) – b. Verkündigung an Maria
Elisa, der Schüler und Nachfolger des Propheten Elia, hatte einer alten Frau in Sunem die Geburt eines Sohnes vorausgesagt, der bald darauf an einem Sonnenstich starb (IV Rg 4). Hirschvogels Radierung zeigt das darauf folgende Geschehen: Im Hintergrund liegt der tote Sohn im Haus, vor dem die Sunamitin und ihr Mann den Propheten um Hilfe bitten – eine Szene, die so nicht in der Bibel erzählt wird. Im Vordergrund der Radierung ist die Auferweckung des Sohnes bereits vollzogen, er lebt wieder und die Sunamitin und ihr Mann preisen Elisa für seine Tat. Die Sunamitin setzt an, vor ihm niederzuknien (IV Rg 4,37). Um Einblicke in die Innenräume zu erlauben, sind Wandflächen der Häuser fortgelassen.

Ungewöhnlich an Hirschvogels Darstellung des Themas ist, daß die Heilung selbst nicht gezeigt wird, wie es der ikonographischen Tradition entsprochen hätte.[91] Dafür ist die Darstellung in der Blockbuchausgabe der Biblia pauperum ein Beispiel, einer weit verbreiteten Fassung des mittelalterlichen typologischen Buches mit hoher Auflage, die seit der Mitte des 15. Jahrhunderts gedruckt wurde und stets 40 Bildgruppen einschloß.[92] Dort wird gezeigt, wie sich Elisa über den Toten legte und dadurch den Leib des Knaben erwärmte (IV Rg 4,34). Näher an Hirschvogels Auffassung steht die Darstellung dieses Wunders in einem Teil des Wandfreskos im Refektorium des Karmeliterklosters in Frankfurt am Main, das die Lebensgeschichten der Propheten Elia und Elisa illustriert und von Jörg Ratgeb 1515 – 21 geschaffen wurde.[93] Auch dort ist durch die Öffnung einer Hauswand Einsicht ins „Obergemach" der Sunamitin gewährt, wie der Ort des Wunders in IV Rg 4,11 bezeichnet wird. Den Vorgang der Erweckung beschreiben auch die beiden letzten Verse zur Radierung in der „Concordantz".

---

90 Vgl. Illustrated Bartsch, Bd. 18 und den Abbildungsteil in Schwarz 1971.

91 E. Lucchesi Palli und L. Hoffscholte: Elisäus, in: LCI, Bd. 1, Sp. 613–618; K.-A. Wirth und L.v. Wilckens: Elia, in: RDK, Bd. 4, Sp. 1372–1406.

92 Wirth 1978; Henry 1987; Henry 1991. S. auch Kap. II. 1.1. der vorliegenden Arbeit.

93 Ratgeb 1987, S. 8–31.

Die typologische Paralleldarstellung ist im gegenüberstehenden Bild die Verkündigung an Maria. Unter einem durch drei Stufen erhöhten Baldachin kniet Maria vor dem Betpult. Von links tritt der Erzengel Gabriel im Redegestus heran, in der linken Hand wie ein Szepter einen Lilienzweig haltend, Symbol der Reinheit Mariä; darüber Gottvater in einer Wolkenglorie, von der aus die Taube des Heiligen Geistes und das kreuztragende Christuskind in Strahlenkränzen hereinschweben.[94] Gottvaters Sendung des Sohnes mit dem geschulterten Kreuz stellt einen direkten Bezugspunkt zur Passion dar, eine Darstellung, die eher selten ist, z.B. in der Verkündigungsszene der „Gesetz und Evangelium"-Allegorie (Abb. 6), wo die Taube in einem Strahlenkranz wie in der Radierung der „Concordantz" wiedergegeben ist oder aber im Holzschnitt des Monogrammisten A.W. für den „Hortulus animae / Lustgertlin der Seelen" (Wittenberg 1548).[95] Die anderen Motive der Verkündigungsdarstellung in der „Concordantz" sind sehr viel häufiger anzutreffen, die, seitenverkehrt, auch Hans Schäufeleins Verkündigungs-Holzschnitt von ca. 1513 zeigt.[96] Der mit Girlanden behangene Baldachin, der herantretende Engel und Gottvater entsprechen der üblichen Formulierung des Themas. Die Maria bei Schäufelein hat jedoch ihre Arme demutsvoll vor der Brust gekreuzt, während Hirschvogel mit der vor die Brust gelegten Hand Mariä ihre Annahme der Botschaft des Engels anzeigte. Damit konnte auch die in der Typologie unübliche Verbindung zur Erweckung des Knaben gezogen werden: So wie die Sunamitin nicht an die Rettung ihres Knaben durch Elisa glaubte, so hatte auch Maria Zweifel an der Empfängnis des Gottessohnes.[97] Der Vers über der Radierung unterstützt die im Bild gezogene Argumentation („Glaubt sie wie Sunamitin nit"), die außerdem noch um eine Begründung für die Gegenüberstellung ergänzt wird: Von der Sunamitin wird in den Versen zu 1.a berichtet, sie habe ihren Sohn „on schmertz" geboren, so wie es auch bei der Jungfrau Maria gewesen war.

Zusätzliche alttestamentliche Parallelen zur Verkündigung sind durch Bibelstellenangaben bei der Szene mit der Sunamitin hinzugefügt: Zum einen die Verkündigung der Geburt Isaaks aus Gn 18,9–16, bei der drei Männer (bzw. Engel) vor Abraham traten, er sich vor ihnen verneigte und einer der Engel ihm die Geburt eines Sohnes ankündigte, was Abraham jedoch aufgrund seines hohen Alters nicht zu glauben vermochte. Zum zweiten wird auf Jud 13,1–6 verwiesen, wo der kinderlosen Frau des Menoah ein Engel Gottes in der Gestalt eines Sehers erschien und ihr die Geburt ihres Sohnes Samson prophezeite.

Kamen diese Szenen häufig in typologischem Zusammenhang mit der Verkündigung an Maria vor,[98] so ist die Verbindung mit der Erweckung des Sohnes der Sunamitin gänzlich neu. In der mittelalterlichen Typologie entsprachen dieser Szene vielfach folgende Auferweckungen: die des Lazarus, der Tochter des Jairus oder des Jünglings zu Nain.

Taf. 2 a. Isai sendet David zu seinen Brüdern (I Rg 17,17–18) – b. Verkündigung an Maria
Die Bildelemente der Verkündigungsszene 2.b stimmen im wesentlichen mit denen der Verkündigungsdarstellung 1.b überein, jedoch ist als Variante nun ein Innenraum gezeigt: Das karg möblierte Schlafgemach der Jungfrau. Wie in Marcantonio Raimondis Kupferstich (nach 1510/11), der einem Ölgemälde Raffaels von 1510 folgt, das 1773 in Bologna verbrannte,[99] steht an der Rückwand des Zimmers mit gefliestem Boden ein Bett mit Vorhang; auch die Gesten der Handelnden sind eng verwandt, so daß auch Hirschvogels zweite Verkündigungsdarstellung in der ikonographischen Überlieferung verankert werden kann.

---

94 D.M. Robb: The Iconography of the Annunciation, in: Art Bulletin 18 (1936), S. 480–526; W. Braunfels: Die Verkündigung, Düsseldorf 1949; M. Levi D'Ancona: The Iconography of the Immaculate Conception in the Middle Ages and Early Renaissance, London 1957; Schiller, Bd. 1, bes. S. 57–63; J.H. Emminghaus: Verkündigung an Maria, in: LCI, Bd. 4, Sp. 422–437.

95 Kat. Nürnberg 1983, S. 360.
96 Es handelt sich um einen Einblattholzschnitt; vgl. Schreyl 1990, Bd. I, S. 126.
97 Vgl. Kat. Göttweig 1991, S. 100.
98 Diese Zusammenstellung schon in der Biblia pauperum; Cornell 1925, S. 249–253.
99 Raphael Invenit 1985, S. 214.

Als alttestamentliche Analogie ist die Szene zugeordnet, bei der Isai (lat. Jesse) seinen Sohn David zu dessen in den Krieg gegen die Philister gezogenen Brüdern Eliab und Summa schickt, um ihnen Nahrung zu bringen (I Rg 17,17–18). Dort wird David den riesenhaften Philister Goliath im Zweikampf besiegen.

Die inhaltliche Parallele zwischen der Verkündigung und der Isai-Szene, die ohne ikonographische Tradition ist,[100] erklären nicht nur die demütigen Gesten Davids und Mariä, sondern auch die beiden Verse zu den Radierungen: Isai sandte David aus, der dann durch die Tötung Goliaths das Heil Israels stiftete; so wie in neutestamentlicher Zeit Gottvater Jesus zu Maria sandte, um der Menschheit das Heil zu bringen („Erloesungs volcks" und „Gsandt [...] Auß dem samen Dauid").

Diese Entsprechung im Sinne einer Steigerung des alttestamentlichen Vorgangs wird hier neu hergestellt, für sie gibt es keine Parallele in anderen illustrierten typologischen Zyklen. Hugo von St. Victor (gest. 1142) jedoch erkannte bereits die sinngemäße Gleichheit der beiden Ereignisse und stellte sie in seinen „Allegoriae in vetus testamentum" einander gegenüber: „David a patre ad visitandum fratres missus est, et Christus a Patre Deo".[101]

Als einzige Ausnahme des in Kap. I. 2. B. Gesagten, ist es bei den Bildpaaren 1. und 2. im gesamten Zyklus das einzige Mal, daß zwei nahezu gleiche neutestamentliche Begebenheiten, hier also die Verkündigung, in der aufgeschlagenen Folioausgabe direkt übereinander stehen. Zwar kommen manche Themen zwei- oder gar dreifach vor (s. z.B. Ecce Homo unter 45.b und 51.b oder Daniel in der Löwengrube unter 45.a, 46.a und 67.a), sie sind dann aber durch die Einfügung anderer Darstellungen und Erzählungen voneinander getrennt. In der vorliegenden Vierergruppe wird durch die Zuordnung unterschiedlicher Vorgänge der alttestamentlichen Historie das neutestamentliche Geschehen der Verkündigung an Maria in ganz verschiedenes Licht gerückt (überraschter Unglaube Mariens und Sendung des Engels). Verbindende kompositionelle Elemente aller vier Radierungen, mit denen inhaltliche Bezüge sichtbar gemacht werden, sind die Haltung einer Hand vor der Brust bei Elisa, David und Maria, sowie der Segensgestus der Sunamitin, Isais und des Engels, die in einem Schreitmotiv wiedergegeben wurden. Derartige Versuche, neben den paarweisen Typologien auch die vier Radierungen zweier gegenüberliegender Seiten zu verbinden, gibt es in der „Concordantz" häufiger zu bemerken. Dies geschieht seltener durch inhaltliche Gleichartigkeiten als vielmehr über formale Ähnlichkeiten, wie übereinstimmende Haltungen, Gesten oder andere Motive. Jeweils am Ende einer Vierergruppe wird in der vorliegenden Arbeit auf solche Verknüpfungsversuche, falls vorhanden, aufmerksam gemacht.

Taf. 3 a. Aarons blühender Stab (Nm 17, 1–8) – b. Geburt Christi
Der Hohepriester Aaron, die Mitra tragend, begleitet von Mose und den Vertretern der zwölf Stämme Israels, werden in der rechten Bildhälfte der Radierung als Zeugen des Stabwunders gezeigt. Sie treten vor einen Altar – Hirschvogel zeigt ihn eher als hölzernes Gestell – auf dem die Vertreter der israelitischen Stämme je einen Stab gestellt hatten. Einige der Anwesenden deuten auf den einzig blühenden Stab der zwölf, den Stab Aarons, der damit seine Erwählung zum Priester anzeigte.[102]

Das Wunder geschah nach Nm 17,1–8 im Bundeszelt, deshalb hat Hirschvogel die Tempelgeräte zur Kennzeichnung des Ortes in den Hintergrund eingefügt, nämlich den siebenarmigen Leuchter, die Bundeslade mit den Cherubimen, den Schaubrotetisch und einige Gefäße;

---

100 Kat. Göttweig 1991, S. 100; R.L. Wyss: David, in: RDK, Bd. 3, Sp. 1083–1119 kennt kein Beispiel für die bildliche Umsetzung der Erzählung.
101 MPL 175, Sp. 693.

102 Aurenhammer 1967, S. 2 – 4 und 5 f.; H. Dienst: Aaron, Aaronsstab, in: LCI, Bd. 1, Sp. 3f.; W. Herrmann: Aaron, in: RDK, Bd. 1, S. 6–16.

jedoch steht dieses Inventar hier nicht in einem Zelt oder Tempel, sondern unter freiem Himmel, was durchaus der gängigen Darstellungsweise entspricht.[103] Als Beispiel wäre ein Holzschnitt aus der Cranach-Werkstatt anzuführen, der aus dem „Alten Testament deutsch" von 1523 stammt, das bei Melchior Lotther in Wittenberg gedruckt worden ist: Er zeigt die Kultgegenstände hinter einer Umzäunung aus Teppichen[104] und in einer deutsch anmutenden Landschaft (Abb. 8).

Ungewöhnlich mag erscheinen, daß Hirschvogel nur zehn der eigentlich zwölf Schaubrote zeigt. Geht man jedoch Darstellungen der Stiftshüttengegenstände durch, fällt auf, daß bei der Zahl der Schaubrote keineswegs immer den sehr genauen Angaben in der Bibel getreu gefolgt wurde (in Lv 24,5–6 ist vom Getreideopfer mit zwölf Broten in zwei Stapeln zu je sechs die Rede): Hans Sebald Behams Holzschnitt aus der Serie der „Biblischen Historien" von 1533 (Abb. 9; Frankfurt am Main bei Christian Egenolph)[105] läßt nur je drei Brote auf dem Tisch vor der Tempelwand erkennen, Holbeins d.J. sehr ähnlicher Holzschnitt aus der Folge der „Icones" von 1538 zeigt, wie auch Hirschvogel, je fünf Brote. Die 92 Holzschnitte zu den 1538 in Lyon bei Gaspard und Melchior Trechsel erschienenen „Historiarum ueteris Instrumenti Icones ad uiuum expressae (...)" beruhen auf Zeichnungen Holbeins aus den 20er Jahren des 16. Jahrhunderts. Vor dieser eigenständigen Ausgabe hatten diese Holzschnitte schon für die sog. „Froschauer-Bibel" (Zürich, 1531) Verwendung gefunden.[106] Sowohl Holbein als auch Beham, der die Holbein'schen Holzschnitte kannte, stellten die Kultgegenstände in der gleichen Auswahl und Zusammenstellung dar wie Hirschvogel.

Für die Illustration zum Stabwunder finden sich in der Bibelillustration um 1500 nur wenige Beispiele: Eines davon ist der in der Zahl der Handelnden stark reduzierte Holzschnitt aus der Kölner Bibel von 1478, in dem neben Aaron nur zwei weitere Stammesvertreter und der an einem Blockaltar heftig gestikulierende Moses auftreten.[107]

Der wundersam blühende Stab Aarons aus dem Alten Testament weist in der „Concordantz" auf das Wunder der Geburt Jesu voraus, die die Radierung gegenüber zeigt, in der die kniende Maria das gewickelte Kind in eine aus Korb geflochtene Krippe legt. Vor der Hütte kommt Joseph soeben hinzu, hinter ihr stehen der Ochse und der Esel (nach Jes 1,3). Im Hintergrund rechts, vor einer Hügellandschaft, ereignet sich gerade die Verkündigung an die Hirten im Feld.

Die wenigen Bestandteile des Bildes stellte Hirschvogel im gängigen Schema zusammen, das z.B. auch Albrecht Dürers Holzschnitt des Marienlebens von etwa 1503 zeigt.[108] Dort jedoch sind die Hirten mit ihren Instrumenten gerade zur Hütte hereingetreten, ein Augenblick, den Hirschvogel erst im nächsten Bildpaar aufgegriffen hat.

Die Kombination vom Wunder des Stabes Aaron mit der Geburt Jesu ist nicht nur aus der Biblia pauperum bekannt,[109] sondern hat auch in der Bibelexegese eine weit zurückreichende

---

103 E. Koellmann: Stiftshütte, in: LCI, Bd. 4, Sp. 216f.
104 Nach Ex 26,1. Vgl. P. Schmidt 1962, S. 137–140.
105 Die Holzschnitte des Buches „Biblische Historien Figürlich fürgebildet" sind von kurzen Bibelzitaten begleitet. Die Bilderfolge erlebte zwischen 1533 und 1539 12 Auflagen, teils mit unterschiedlicher Bildauswahl, vgl.: Pauli 1901, S. 257–270; Kat. Nürnberg 1987, Nr. 82.
106 Kästner 1985, dort alle weitere Literatur; zuletzt: Kat. Nürnberg 1987, Nr. 83 und Röll 1992, S. 205–209. Faksimile der „Icones": Holbein's Icones Historiarum Veteris Testamenti – A Photolith Facsimile Reprint from the Lyon Edition of 1547, hg.v. H. Green, Manchester/London 1869.
107 Reinitzer 1983, S. 70f. (dort weitere Literatur).
108 Lit.: Meder 1932, S. 175, Nr. 199; zur Ikonographie des Themas: La Nativité dans L'Art, Ausst.-Kat. Lüttich, Musée Curtius 1959.
109 Cornell 1925, S. 253–255.

Tradition, wofür hier nur das „Speculum Ecclesiae" des Honorius Augustodunensis angeführt sei, wo es in der Auslegung der Stelle in Nm 17 heißt: „Virga quae nucem protulit est virgo Maria quae Christum Dominum et hominem mundo progenuit".[110]

Taf. 4 a. Moses vor dem brennenden Dornbusch – b. Anbetung der Hirten
Schauplatz der Hirtenanbetung ist, wie bei der Geburt Christi, wieder der Stall in Bethlehem, der gegenüber der oberen Darstellung jedoch etwas verändert ist: Das offene Sparrendach ruht auf Pfeilern, es gibt keine Seitenwände und die Rückseite ist von einer Wand mit zwei Fensteröffnungen geschlossen. Das Kind liegt nun auf einem Kissen, seine Eltern knien andächtig vor ihm und zwei ebenfalls kniende Hirten drücken ihre Freude durch Musizieren aus.

Hirschvogels Illustration zur Anbetung der Hirten führt die traditionelle Bildformulierung unverändert fort.[111] Die Gegenüberstellung mit dem Holzschnitt der Anbetung des Kindes des Monogrammisten AW, entstanden 1529, zeigt dies deutlich: zu Maria und Joseph in Anbetung ist ein Hirte mit Dudelsack getreten; allerdings ist der Ort der Handlung die Ruine eines verfallenen Hauses.

Als alttestamentliches Vorbild für die Hirtenanbetung ist in der „Concordantz" das Bild der Berufung Mose zugeordnet. Der Herr gab sich in einer Erscheinung im brennenden, doch nicht verbrennenden Dornbusch dem Mose als derjenige zu erkennen, der ihm den Auftrag gab, sein Volk aus Ägypten zu führen. Mose, der gerade die Schafe seines Schwiegervaters Jethro weidete, hat den Hirtenstab neben sich abgelegt, ist niedergekniet und zieht seinen rechten Schuh aus, jetzt, da ihm bewußt wird, daß er sich auf heiligem Boden befindet.

Die Berufung Mose ist in der bildenden Kunst vielfach dargestellt worden – stets wurde derselbe Moment wie in Hirschvogels Radierung gezeigt. Aus der Druckgraphik des 16. Jahrhunderts kann eine Illustration eines anonymen Künstlers aus der Holzschnittfolge zur „Leien Bibel" herangezogen werden, die 1540 in Straßburg bei Wendelin Rihel erschien (vollständiger Titel: „Leien Bibel / jn deren fleissig zu sa= ‖ men bracht sind ‖ Die Fuernemere Historien ‖ beder Testament / mit jren übergesetzten Sumarien"). Dort ist über jedem der Holzschnitte, die von verschiedenen Meistern gefertigt wurden, jeweils in einem Satz der Hauptinhalt einer biblischen Geschichte des Alten und Neuen Testaments festgehalten. Darunter steht ein vierzeiliger Reim, der die Aussage der Geschichte zusammenfaßt.[112] Die Motive des Niederkniens und Schuhausziehens sowie die Darstellung der Schafherde des Moses, die vor dem Dornbusch grast, gehören zum üblichen Repertoire. Im Hintergrund des Holzschnittes von 1540 erkennt man auch den Flußlauf des Nil, doch hat Hirschvogel im Gegensatz dazu an das Flußufer eine mitteleuropäisch anmutende Stadt gesetzt, die ein Rundbau und eine Kirche besonders kennzeichnen.

Der typologische Gehalt der Berufungsszene bezieht sich traditionell auf die Jungfräulichkeit Mariens. Die Unversehrtheit des Dornbusches ist in typologischen Zyklen oft mit der Geburt Christi verbunden worden (z.B. in der Blockbuchausgabe der Biblia pauperum)[113] oder konnte auf die Verkündigung bezogen werden wie im Speculum humanae salvationis (z. B. aus dem Speculum von 1476 mit 278 Holzschnitten, gedruckt bei Rihel zu Basel).[114] Folglich bedeutet es bei der Bildpaarung in der „Concordantz" eine gewisse Verschiebung des typolo-

---

110 MPL 172, Sp. 904.
111 Aurenhammer 1967, S. 108–111; Schiller, Bd. 1, S. 97–99; E. Sebald: Anbetung der Hirten, in: Marienlexikon, Bd. 1, S. 134f.
112 E.-W. Kohls: Die „Leien Bibel" des Straßburger Druckers Wendelin Rihel vom Jahre 1540, Marburg 1971, S. 5; Gassen 1983/84.
113 Henry 1987, S. 51.
114 Vgl.: Wilson 1984; A. Henry: The Woodcuts of „Der Spiegel menschlicher Behaltnis" in the Editions by Drach and Rihel, in: Oud Holland 99 (1985), S. 1–15; Kat. Nürnberg 1987, Nr. 12.

gischen Aspektes, wenn die Anbetung des Kindes als Typus der Berufung Mose erscheint. In der Concordantia Caritatis wurde die Berufung Mose in Verbindung mit der Verkündigung an Maria dargelegt, ähnlich wie bei Hirschvogels „Concordantz", wo allerdings der noch spätere Moment der Anbetung ausgewählt wurde.[115] Aber auch dafür kann eine schriftliche Quelle angeführt werden. In der „Unterrichtung wie sich die Christen ynn Mosen sollen schicken", einer 1526 bei Hans Weyß in Wittenberg gedruckten Predigt Martin Luthers, legte Luther die Dornbusch-Szene auf die Hirtenanbetung hin aus: „Mit diesem bild oder figur [zeigte der Herr, Anm. d. Verf.] an, das, wer Christum erkennen wil, wer er sey, der findets erstlich in Mose, das er von Abrahams Samen komen werde und die welt erloese, die suende auf sich neme".[116]

Die Vierzeiler zu den beiden Illustrationen der „Concordantz" betonen die Gemeinsamkeiten der beiden Ereignisse: Einerseits wurden sowohl Moses als auch die Hirten berufen („Also den Hirten im feld wurd kuend"), andererseits, und diese Auslegung steht im Vordergrund, wird nicht nur durch die Berufung Mose, sondern auch durch die Geburt Jesu Erlösung in die Welt gebracht: Erlösung aus der ägyptischen Gefangenschaft und Erlösung der Welt von der Sünde durch Christus. Kompositionell wurde die Verknüpfung der beiden Szenen über das Motiv des Kniens erreicht, wobei die Beinhaltungen Mose und des rechten Hirten identisch sind.

Allein mit der Angabe von Bibelstellen ist ein zusätzliches Entsprechungspaar gebildet worden. Aus dem Buch des Propheten Micha ist neben die Verse zur Geburt Christi die Verheißung des kommenden Messias gestellt, der Israel erlösen werde (Mi 5,1–5). Auf der alttestamentlichen Seite ist die Erzählung von Mose zugeordnet, der vom Berg Sinai, wo er zum zweiten Mal die Gesetzestafeln vom Herrn empfangen hatte, herabstieg, und sich dem Volk Israel zuwandte, um ihm das Gesetz zu verkünden. Hier spielt der verbindende Aspekt der Heilsverkündung eine Rolle, wie auch schon bei den im Bild gezeigten Ereignissen.

Die vier inhaltlich unterschiedlichen Radierungen der beiden Seiten versuchte Hirschvogel durch einen Aspekt kompositionell miteinander zu verbinden. Das andächtige Niederknien von Mose, Maria und Joseph vermag eine äußerliche Verknüpfung von zumindest drei Szenen der Gruppe herzustellen.

Taf. 5 a. Bileams Weissagung (Nm 22,2 – 24,17) – b. Die Drei Könige vor Herodes
Das folgende Bildpaar beruht auf der Gleichartigkeit von Weissagungen. Aus dem Alten Bund wurde der Prophet Bileam ausgewählt, der die Menschwerdung Christi angekündigt hatte (Nm 22,2 – 24,17).

Da in der „Concordantz" jeweils ganze szenische Zusammenhänge dargestellt wurden, konnte Hirschvogel die Prophetie Bileams nicht allein durch die einzelne Figur des Propheten vergegenwärtigen, wie es in der Biblia pauperum üblich gewesen war, und daher kam es zu einer teilweisen ikonographischen Neuschöpfung.

Im Auftrag des Königs der Moabiter, Balak, sollte Bileam durch einen bösen Fluch die aus Ägypten ausgezogenen Israeliten schwächen, von denen Balak befürchtete, sie würden sein Land plündern, und hoffte, sie nach dem Fluch leicht besiegen und vertreiben zu können. Gott aber gebot Bileam, den Befehl zu verweigern, ließ ihn dann doch zu Balak ziehen, schickte ihm aber einen Engel entgegen, vor dem der Esel scheute. Im Hintergrund der Radierung in der „Concordantz" ist zu erkennen, wie Bileam den Esel züchtigt, weil dieser weitergehen sollte, statt vor dem für Bileam nicht sichtbaren Engel niederzuknien. Plötzlich begann der

---

[115] Schmid 1954, Sp. 835f.   [116] WA 16,87.

Esel zu sprechen und nun konnte auch Bileam den Engel sehen und gestand seine Sünde gegen die Israeliten ein. Diese bekannte Erzählung[117] ist, perspektivisch weniger gelungen, mit der ungewöhnlichen Szene der sieben Altäre verbunden, auf denen Bileam und Balak je einen Stier und einen Widder opferten, eine Opferhandlung, die den Offenbarungsempfang des Sehers vorbereitete. Gott legte dabei Bileam Prophetien in den Mund, so auch „Es geht auf ein Stern aus Jakob" (Orietur stella ex Iacob, Nm 24,17), ein Segensspruch, der auf die Geburt Christi vorausweist. Häufig ist die Prophezeiung des Sehers mit der Eselsszene verbunden worden, z.B. im Heilsspiegel, der 1473 bei Günther Zainer in Augsburg erschien, wo ein Stern am Himmel steht. Bei der Eselsepisode folgte Hirschvogel dem gängigen ikonographischen Schema, für das beispielhaft auch der Holzschnitt dieses Themas in der „Leien Bibel" angeführt werden soll.

Ein Stern wie jener, auf den Bileam den König Balak hingewiesen hatte, erschien auch in der dazugehörigen neutestamentlichen Szene der drei Weisen vor König Herodes. Wie Bileam vor Balak, sind die drei Könige vor Herodes getreten, von denen einer zum Stern empordeutet, der die Geburt Christi anzeigte. Hinter Herodes stehen drei Schriftgelehrte, die sie nach Bethlehem schicken werden: Im Hintergrund sind schon Pferde und Kamele für die Abreise der Weisen bereitgestellt.

Das Thema der Könige vor Herodes ist vergleichsweise selten[118] und bietet kaum die Möglichkeit zu variantenreicher Gestaltung der Komposition. Die Szene des gleichen Themas in Stephan Fridolins „Schatzbehalter" von 1491[119] zeigt die Audienz im königlichen Palast und vor einer Stadtkulisse, es fehlt jedoch der Stern.

Das Erscheinen eines Sterns in beiden Bibelgeschichten legt den typologischen Vergleich nahe, wenn auch in mittelalterlichen Bildfolgen die Weissagung Bileams nicht auf die Deutung des Sterns durch die Weisen vor Herodes bezogen wurde. Wie im „Spiegel menschlicher Behaltnis" von 1473 zu sehen ist, erscheint Bileam als Präfiguration zur Anbetung der Könige,[120] wofür es auch eine Tradition in der exegetischen Literatur gibt, z.B. bei Honorius Augustodunensis, der in der „Gemma animae" die Prophetie Bileams mit den Magiern verband, „qui ad Dominum cum muneribus venerunt".[121] In der „Concordantz" ist damit ein neues Bildpaar entwickelt worden, und aus der typologischen Gruppe „Bileam – Königsanbetung – Königin von Saba vor Salomo" in der Biblia pauperum wurden verschiedene Gegenüberstellungen gebildet, deren zweite die nächste typologische Gruppe der „Concordantz" ist.

Taf. 6 a. Die Königin von Saba vor Salomo (III Rg 10, 1–20) – b. Anbetung der Könige
Im sechsten Bildpaar wird eine geläufige typologische Gegenüberstellung aufgegriffen: So wie in III Rg 10, 1–13 die Königin des südarabischen Volkes der Sabäer kam, „um die Weisheit Salomos zu hören" (Mt 12,42), so zogen auch die drei Weisen nach Bethlehem, um den neugeborenen Christus zu sehen und ihm zu huldigen.

König Salomo sitzt, getreu der Erzählung in III Rg 10, 18–20, auf einem Thron, dessen Lehnen aus zwei Löwen gebildet werden und zu dem sechs Stufen heraufführen, auf deren Ecken

---

117 Aurenhammer 1967, S. 276–280; J.J. Timmers: Balaam, in: LCI, Bd. 1, Sp. 239; K. Rathe: Bileam, in: RDK, Bd. 2, Sp. 740–744.
118 Schiller, Bd. 1, S. 108; A. Weis: Drei Könige, in: LCI, Bd. 1, S. 539–549.
119 Der „Schatzbehalter", erschienen in Nürnberg 1491, enthält Holzschnitte von Michael Wolgemut und Wilhelm Pleydenwurff. In dieser vor allem für Laien bestimmten Schrift werden 100 Betrachtungspunkte des Leidens Christi abgehandelt. Die Texte darin speisen sich vor allem aus patristischen Quellen. R. Bellm: Der Schatzbehalter – Ein Andachts- und Erbauungsbuch, 2 Bde., Leipzig 1962; D. Schmidtke: Fridolin, Stephan, in: Die deutsche Literatur des Mittelalters – Verfasserlexikon, Bd. 2, Berlin/New York 1980, Sp. 918–922, bes. Sp. 920f.
120 E. Kirschbaum: Der Prophet Balaam und die Anbetung der Weisen, in: Römische Quartalschrift 49 (1954), S. 129–171.
121 MPL 172, Sp. 647.

je zwei Löwen liegen. Die Löwen der rechten Stufenseite sind durch die Figur der sabäischen Königin verdeckt. Die detaillierte Schilderung in der Bibel regte viele Künstler zu einer bildlichen Umsetzung an; auch einen Formschneider aus der Cranach-Werkstatt zu einem Holzschnitt für die Folioausgabe des Alten Testaments, die 1524 in Wittenberg bei Lucas Cranach gedruckt worden war (Abb. 10).[122] Vor Salomo mit seinem Hofstaat trat die Königin von Saba mit ihrem Gefolge, um seine sprichwörtliche Weisheit zu prüfen, indem sie ihm Rätsel stellte. Er vermochte sie zu lösen, woraufhin sie ehrfürchtig niederkniete und ihm alle ihre Schätze schenkte.

Hirschvogel führte eine ikonographische Formulierung fort, für die es viele Vorläufer gibt, jedoch dürfte sich seine Darstellung an der in Marcantonio Raimondis Kupferstich angelegten Konzeption orientieren (ca. 1520), die nach einer Baldessare Peruzzi zugeschriebenen Zeichnung für ein Deckenfresko des Palazzo della Cancelleria in Rom entstanden war:[123] König Salomo empfängt die vor ihm gerade zum Niederknien ansetzende sabäische Königin. In Hirschvogels Radierung erscheint nun die bei Raimondi vorgebildete Bewegung der Königin durch den Druckvorgang gegensinnig und Salomo ist nun frontal ins Bild gesetzt. Beide sind von einer Vielzahl von Begleitern umgeben, auch darin besteht eine Übereinstimmung mit dem italienischen Kupferstich. Unterschiede bestehen nur darin, daß der Thron bei Raimondi nicht die in der Bibel beschriebene Form hat – an jener orientierten sich Cranach und Hirschvogel – und daß bei Hirschvogel die aufwendigen Hintergrundarchitekturen fehlen.

Der die Darstellung der Könige vor Herodes begleitende Vers beginnt mit dem Wort „Also" und leitet damit den Gedanken ein, der die typologische Zusammenstellung begründet. Auch die Weisen kamen, wie die Königin von Saba, aus dem Morgenland – die Ortsbezeichnung „Sabea" steht in beiden Versen als Synonym für „Morgenland" –, beide brachten Gaben dar und priesen das Christuskind, bzw. den König Salomo.

Hirschvogels Radierung reiht sich in eine ikonographische Tradition mit langer Überlieferung ein.[124] Zwei Holzschnitte Albrecht Dürers vermögen dies zu untermauern: Der Holzschnitt mit der Anbetung der Könige aus dem Marienleben von 1503[125] zeigt nicht nur das Gefolge der Könige und den Stern von Bethlehem, der bei Hirschvogel wie am Balken aufgehängt wirkt, sondern auch, wie in der Illustration der „Concordantz", einen knienden König vor Maria mit dem Kind, das ihm bei Dürer den Arm entgegenstreckt. Dieses Motiv weitete Dürer 1511 in einem Einzelblatt des gleichen Themas aus und ließ das Jesuskind neugierig in das dargebrachte Kästchen mit Gold greifen.[126] Hirschvogel ging 1548 noch einen Schritt weiter und ließ das unbekleidete Kind aus der Umarmung der Mutter treten, um den Handkuß des knienden Königs entgegenzunehmen – ein Motiv, das z.B. schon aus Rogier van der Weydens, sog. Columba-Altar (1460, München, Alte Pinakothek) bekannt ist.[127] Wie bei Dürer ist bei Hirschvogel die Architekturstaffage ein strohbedecktes Vordach an den Mauerresten einer Ruine, vor der die drei Könige in einer räumlichen Dreieckskomposition zusammengestellt sind.

Diese beiden Ereignisse, deren Kombination keineswegs neu ist (vgl. das Blockbuch der Biblia pauperum),[128] glich Hirschvogel wiederum auch mit kompositorischen Mitteln einander

---

122 Kat. Basel 1974, S. 342 und Kat. Nr. 227; Jahn 1972, S. 753.
123 Raphael Inventor, S. 662; C.L. Frommel: Baldessare Peruzzi als Maler und Zeichner, in: Römisches Jahrbuch für Kunstgeschichte 11 (1968), S. 95.
124 Aurenhammer 1967, S. 117–127; A. Weis: Drei Könige, in: LCI, Bd. 1, Sp. 541–547; S. Waetzold: Drei Könige, in: RDK, Bd. 4, Sp. 476–501; Schiller, Bd. 1, S. 105–108 und 110–124; Die Heiligen Drei Könige – Darstellung und Verehrung, Ausst.-Kat. Köln, Wallraf-Richartz-Museum 1982/83, Köln 1982.
125 Meder 1932, S. 175, Nr. 199; Kat. Nürnberg 1971, S. 195ff.
126 Meder 1932, S. 180, Nr. 208.
127 K. Arndt: Der Columba-Altar, Stuttgart 1962.
128 Cornell 1925, S. 253–255.

an: Es ähneln einander beim rechten König und der Königin von Saba die Schrittmotive, die bereits ein einsetzendes Niederknien sind, und beide treten von rechts mit ihrem Gefolge vor Salomo, bzw. vor Jesus. Außerdem hat der Stern bei 5.a und b und 6.b eine große Bedeutung; durch ihn wird sowohl eine kompositionelle als auch inhaltliche Angleichung der Szenen erreicht.

Die Marginalie („3.Reg,10,b") neben dem Vierzeiler zur alttestamentlichen Darstellung bietet noch eine weitere – aus der Concordantia caritatis bekannte – Parallele, die Erzählung über König Hiram von Tyrus, der König Salomo durch Geldgeschenke beim Bau seines Palastes unterstützte (III Rg 9, 11ff.).[129]

7 a.* Die Bundeslade/Der Alte Bund – b.* Das Lamm Gottes/Der Neue Bund
In der Folge der typologischen Gegenüberstellungen ist dies das erste nicht illustrierte Paar, das sich also nur über die Verse in der Textausgabe erschließen läßt. Allerdings wurden seine Themen für die Titelblattradierung verwendet, die in Kap. I. 2. B. erläutert wurde.

Nach Ex 40,36-38 wurde die Bundeslade auf dem Zug der Israeliten mitgeführt, damit diese sie beschütze. Darauf beziehen sich die zwei ersten Zeilen des in der Textausgabe der „Concordantz" überlieferten Vierzeilers. In ihm wird die Bundeslade kurz beschrieben und es wird zudem darauf hingewiesen, daß der Herr manchmal an der Bundeslade seine Herrlichkeit offenbarte (vgl. Ex 40,34 und Lv 16,2), und so von Zeit zu Zeit den Bund mit den Israeliten bestätigte.

In neutestamentlicher Zeit war Johannes der Täufer derjenige gewesen, der für den Bund mit dem Herrn (der im Vers „Einigs ein" genannt ist) zeugte (Jo 1,6 f). Johannes zeugte aber auch für Christus, als er vor der Taufe mit dem Finger auf ihn deutete, ihn das Lamm Gottes nannte und auf die Sühnekraft des Todes Christi hinwies. Das agnus dei war ebenfalls schon auf dem Titelblatt der „Concordantz" als Symbol des Neuen Testaments eingesetzt worden.

Einen etwas anderen Aspekt betonte Hugo von St. Victor, wenn er in seinen „Allegoriae" schrieb: „Arca significat tabulae legis, et manna, et virga, sic in Christo sunt omnes thesauri sapientiae et scientiae absconditi." An diese Deutung des Inhalts der Bundeslade hin auf die Weisheit Christi könnte auch mit der Darstellung in der „Concordantz" gedacht worden sein.

Aus dem alttestamentlichen prophetischen Buch des Jeremia sind zwei Szenen als zusätzliche Typologien zu den Hauptthemen hinzugenommen, und zwar durch Verweise auf Is 42 und 53, die aber fälschlicherweise der neutestamentlichen Seite zugeordnet wurden. In Is 42,21 wird vom Wohlgefallen des Herrn über die Treue des Volkes Israel zum Gesetz gesprochen. Im 53. Kapitel des Buches Jesaia, einem messianischen Text, spricht der leidende Gottesknecht,[130] der stellvertretend für das gesamte Volk Israel Schuld auf sich nahm und für sie büßte, bis der zu erwartende Erlöser erscheinen werde.

8.a.* Die Tötung der Knaben Israels – b.* Der Bethlehemitische Kindermord
Ebenfalls ohne Radierungen blieb die achte Zusammenstellung, die aus dem Buch Exodus den vom Pharao aus Neid befohlenen Mord an den Knaben Israels (Ex 1, 15f.) mit der von Herodes aus Angst vor Machtverlust befohlenen Ermordung Christi und aller Söhne Bethlehems verbindet.

Das Motiv des Mordes spielte auch in jenem Moment eine Rolle, als der Betrug Jakobs, der sich den Segen seines Vaters Isaak erschlichen hatte, von Esau erkannt worden war und die-

---

129 Schmid 1954, Sp. 837f.
130 Vgl. zur dort anonym bleibenden Figur des Gottesknechts: H. Gross: Ebed Jahwe, in: LThK, Bd. 3, Sp. 622-624.

ser beschloß, Jakob zu töten. Saul dagegen beabsichtigte, David zu töten, nachdem ihm bewußt geworden war, daß David bei den Israeliten sehr viel beliebter war als er. Diese beiden Szenen sind lediglich als Marginalien („Gene. 27.g."und „1. Reg. 19.a.") angegeben, der Benutzer des Buches muß sich diese Typologien selbst aus der Bibel heraussuchen und sie nachlesen.

Taf. 9 a. Gideons Opfer (Iud 6,17–21) – b. Darbringung Christi im Tempel
Die Vorbildlichkeit der alttestamentlichen Figur des Gideon für Christus hat eine lange Tradition. In den „Glossa ordinaria" beispielsweise wurde die Gideonserzählung aus dem Buch der Richter dreimal auf Christus bezogen: „Gedeon Christum significat: qui sub umbra sacrae crucis praedestinatio incarnationis futurae mysterio constitutus", „Vir eruditus [Gideon] habens Jesu praedecessoris exemplum" und zuletzt wurde das Opfer Gideons als eines gedeutet, „in quo ostendit sacrificium passionis Christi pro redemptione populi Deo".[131] Isidor von Sevilla deutete das Vlies Gideons typologisch auf die Beschneidung Jesu hin: „Pluvium detinebat, quam nolebat praeputio praedicari, id est, incircumcisis gentibus revelari".[132]

Die Gideonserzählung und die Darstellung Jesu im Tempel kommen außerdem in jeweils anderen Zusammenhängen als den oben genannten schon sowohl in der Biblia pauperum als auch im Heilsspiegel vor, doch in der „Concordantz" ist ihre Analogiebildung erstmals vollzogen worden, weshalb Hirschvogel den Akzent bei der Erzählung von Gideon und dem Vlies entgegen der geläufigen Ikonographie verschoben hat.

Groß im Vordergrund der Radierung ist Gideon zu erkennen, der dazu ausersehen war, sein Volk aus der Knechtschaft unter den Midianitern zu befreien. Seinen heldenhaften Auftrag nicht glaubend, erbat er von Gott ein Zeichen, welches darin bestand, daß dem Engel des Herrn dargebotene Opferspeisen (ein junger Ziegenbock und ein ungesäuertes Brot) vom Feuer verzehrt wurden, als der im Baum erscheinende Engel diese mit seinem Stab berührte (Iud 6, 17–21). Die ungläubige Haltung Gideons machte in der Biblia pauperum die Verknüpfung mit der Szene des ungläubigen Thomas möglich.[133] Gideon, in der Radierung Hirschvogels mit dem Dreschflegel gezeigt, war danach von seinem Auftrag überzeugt, doch als die Schlacht gegen die Midianiter kurz bevorstand, erbat er ein weiteres Zeichen, das seinen Mut bestärken sollte. Das über Nacht von ihm ausgelegte Vlies (d.h. Widderfell) fand Gideon am nächsten Morgen mit Tau bedeckt wieder (es ist in der Illustration rechts zu sehen), die Erde ringsum war trocken geblieben; in der zweiten Nacht geschah es umgekehrt, die Wolle blieb trocken und auf den Erdboden fiel Tau. Die Bitten Gideons um ein zweites und drittes Zeichen sind häufig in der Bibelillustration zu finden.[134] Beispielsweise in der Serie der „Biblischen Historien" des Hans Sebald Beham von 1533 kniet Gideon, zu Gott sprechend, vor dem Fell. Im Vordergrund wählt er auf Gottes Befehl hin seine Gefolgsleute durch Wassertrinken am See aus: Nur diejenigen, die mit der hohlen Hand das Wasser schöpften, nahm er in sein Heer auf (Jud 7, 5–7).

Das „unbefleckte", d.h. trockene Vlies ist ein offensichtlicher Typus für die unbefleckte Empfängnis Mariae (so in der Biblia pauperum),[135] doch weil Hirschvogel nicht das Vlies, sondern das in früheren typologischen Zyklen nie ausgewählte Opfer Gideons in den Vordergrund stellte,[136] fügt sich die Darbringung des Christuskindes im Tempel als geeignete Erfüllung des alttestamentlichen Bildes an, denn in beiden steht der Opfergedanke im Vordergrund.

131 MPL 113, Sp. 526.
132 „Quaestiones in vetus testamentum", MPL 83, Sp. 383.
133 Cornell 1925, S. 290.
134 H. Sachs: Gedeon, in: LCI, Bd. 2, Sp. 125f.
135 Cornell 1925, S. 249–253.

136 Eine der seltenen Ausnahmen ist die Darstellung des Brandopfers Gideons am Nordportal der Kathedrale von Chartres; vgl. A. Katzenellenbogen: The Sculptural Programs of Chartres Cathedral, New York/London 1959, S. 70.

Maria und Joseph übereigneten, einem jüdischen Brauch nachkommend, ihren erstgeborenen Sohn Gott, als sie das Jesuskind in die verhüllten Hände des Hohenpriesters Simeon übergaben. Zum Ritus gehörte auch die Opferung zweier Tauben (Lv 12, 7f.), die von Maria in einem Vogelkäfig auf dem Altar präsentiert wurden, was Hirschvogels Radierung genau zeigt und was der üblichen Ikonographie entspricht, für die hier Heinrich Vogtherrs Holzschnitt für die „Leien Bibel" von 1540 stehen kann. In der „Concordantz"-Radierung fällt unter den weiteren Anwesenden besonders die Prophetin Hanna auf, die mit redend erhobenen Händen von Christus spricht (Lc 2, 36–38). Sie wird, wie im Lukas-Evangelium beschrieben, als Greisin wiedergegeben, mit einem runzligen Gesicht, wie auch auf Andrea Mantegnas Tafel der Darbringung aus den 1460er Jahren (heute Florenz, Uffizien; bis 1587 Eigentum des Antonio de' Medici in Valle Muggia bei Pistoia).[137] Wie in Mantegnas Gemälde ist der Ort nur durch die Säulen und den Altar als Tempel gekennzeichnet und nicht, wie in Wolf Hubers Holzschnitt von ca. 1437,[138] als Kirchenraum, in dessen Mittelschiff der Altar steht, vor dem Maria, wie in Hirschvogels Illustration, kniet.

Es werden diesmal keine weiteren Parallelstellen angeboten, obwohl die aus Biblia pauperum und Speculum bekannten Szenen der Darstellung Samuels oder der Darbringung Elis vor Samuel durchaus hätten hinzugefügt werden können.[139] Die Ereignisabfolge der „Concordantz" stimmt an dieser Stelle nicht mit der Chronologie der Bibel überein: Hirschvogel fügte den Bethlehemitischen Kindermord vor der Darbringung im Tempel ein; richtig wäre der Ablauf: Darbringung – Flucht nach Ägypten – Kindermord – Rückkehr aus Ägypten gewesen, die in der „Concordantz" dagegen erst in den folgenden Versen und Bildern vorkommen werden. So konnte die unter 7.b geplante Darstellung des Opferlamms mit der unter 8.b vorgesehenen wirklichen Opferung der Knaben Israels verbunden werden.

Taf. 10 a. Die Auffindung des Mosesknaben – b. Flucht nach Ägypten
Auf der Ereignisanalogie zwischen der Errettung Mose aus dem Nil und der – durch die Flucht der Heiligen Familie nach Ägypten ermöglichten – Errettung des Christuskindes vor dem Mordbefehl des Herodes beruht das folgende Bildpaar.

Die Tochter des Pharao kam gerade mit ihren Dienerinnen zum Bad an den Nil herab, als sie den im Fluß treibenden Korb mit dem Moseskind sah, ihn retten ließ und den Knaben an Sohnes Statt annahm.

Aus der Bildtradition sind zwei Bildtypen bekannt: Zum einen der Typ, bei dem keine Unterscheidung zwischen Pharaos Tochter und ihren Begleiterinnen gemacht wird (Stich von Giovanni Lanfranco nach Raffaels Loggien),[140] zum anderen derjenige, bei dem eine Dienerin das Kind birgt; so beispielsweise in einem Holzschnitt zu sehen, den Hans Schäufelein 1534 schuf (Abb. 11).[141] Dort treibt der gewickelte Moses auf einer geflochtenen Matte.

Vor einer Fels- und Hügellandschaft an einem Fluß zieht in Hirschvogels Radierung die Heilige Familie – Maria sitzt mit Christus auf dem Schoß auf einem von Joseph geführten Esel –

---

137 Kat. London 1992, S. 34. Die Portalreliefs auf diesem Bild zeigen die alttestamentlichen Szenen der Opferung Isaaks und Moses mit den Gesetzestafeln. Zur Ikonographie der Darbringung Christi: D.C. Schorr: The Iconographic Development of the Presentation in the Temple, in: Art Bulletin 28 (1946), S. 17–32; E. Lucchesi-Palli und L. Hoffscholte: Darbringung Jesu im Tempel, in: LCI, Bd. 1, Sp. 473–477; H.M.v. Erffa: Darbringung im Tempel, in: RDK, Bd. 3, Sp. 1057–1076; Schiller, Bd. 1, S. 100–104.

138 Winzinger 1979, Bd. I, S. 167.
139 Cornell 1925, S. 256f.; Breitenbach, S. 134–142.
140 Raphael Invenit 1985, S. 77f.
141 Aus dem „Memorial der Tugend", einem „Volksbuch der Sittenordnung" (Schreyl 1990, Bd. I, S. 154–156). Dieses Buch ist als letzter Abschnitt dem „Teütsch Cicero" angefügt, der ersten deutschen Übersetzung der Cicero-Biographie des Leonardo Bruni durch Johann von Schwarzenberg.

nach Ägypten. Die weite Landschaft erhält einen noch größeren Raum als z.B. in Albrecht Altdorfers Holzschnitt mit der Flucht nach Ägypten aus einem 1513 gedruckten Passionale,[142] der die Heilige Familie ebenfalls im Vordergrund bildparallel zeigt, wobei jedoch Joseph dem Betrachter seinen Rücken zuwendet.

Obwohl Moses in vielerlei Hinsicht als Typus Christi aufgefaßt worden war (z.B. wird schon zu Beginn der Behandlung der Erzählung von der Auffindung Mose in den „Glossa ordinaria" auf Christus verwiesen, „cuius typum gerebat Moses"),[143] waren Auffindung Mose und Flucht nach Ägypten in der Biblia pauperum und den mit ihr verwandten Bildzyklen noch nicht gegenseitig interpretiert worden. Die Flucht wurde in ihnen stets durch zwei Szenen präfiguriert, die in der „Concordantz" als Bibelstellen neben die Verse zur alttestamentlichen Szene gestellt sind.[144] Die Flucht Jakobs vor Esau, der ihn zu töten beabsichtigte (Gn 27, 42f.), und die Flucht Davids vor Saul (I Rg 19, 11f.), der ihm auflauern ließ, um ihn zu töten: Doch nachdem Davids Frau Michal davon erfahren hatte, half sie ihrem Mann nachts, an einem Seil durch ein Fenster des Hauses hinabzusteigen, so daß er fliehen konnte.

Taf. 11 a. Moses kehrt aus Midian zurück – b. Rückkehr der Heiligen Familie aus Ägypten
Die in der Bibel nur kurz erwähnte Rückkehr der Heiligen Familie (Lc 2, 39) ist an der von rechts nach links, also entgegengesetzt zur Flucht in 10.b, verlaufenden Bewegungsrichtung zu erkennen.[145] Diesmal rezipierte Hirschvogel eine graphische Vorlage sehr genau, worauf nicht nur die im Vergleich zur Flucht nach Ägypten andersartigen Formen (z.B. die gegenüber der Radierung 10.b altertümlichere Kleidung Josephs und auch seine gedrungene Erscheinung) zwingend hindeuten: Hirschvogels Radierung von 1549 ist die gegensinnige Übertragung von Dürers Holzschnitt mit der Flucht nach Ägypten aus dem Marienleben von 1503/04.[146] Das im Dreieck fallende Tuch über dem Rücken des Esels, die Kleidung Mariens, der auf ihrem Rücken hängende Sonnenhut, die Haltung des Esels und die Schrittstellung Josephs sind eindeutig aus Dürers Arbeit entnommen. Es gibt jedoch auch Unterschiede: Bei Dürer hat Joseph den Wanderstab geschultert, bei Hirschvogel unterstützt er Joseph beim Gehen. Zwar bläht sich bei beiden das Manteloberteil im Wind, doch ist ihre Physiognomie eine unterschiedliche, auch geht Joseph in Dürers Graphik gebückter. Bei der Gestaltung des landschaftlichen Hintergrundes arbeitete Hirschvogel noch eigenständiger, was durch sein intensives Interesse an der Landschaftszeichnung zu erklären ist (vgl. Kap. II. 5.1.), in der er ein großes Können entwickelt hatte. Den dichten Wald bei Dürer ersetzte er durch eine weite Flußlandschaft, die rechts von einem Berg abgeschlossen wird, auf dem ein Pfad mit Brücke zu einer Burg in mitteleuropäischen und damals zeitgenössischen Formen führt.

Für dieses neutestamentliche Ereignis bot sich eine Vielzahl von typologischen Vorläufern an. Biblia pauperum und Concordantia caritatis stellten folgende Entsprechungen zusammen: Die Rückkehr Abrahams aus Ägypten nach Kanaan (Gn 13), Jakobs Rückkehr nach Kanaan, nachdem er für viele Jahre bei Laban gelebt hatte (Gn 31, 13–21), und die Rückkehr Davids aus Hebron nach Sauls Tod (II Rg 2, 1–3).[147] Doch in der „Concordantz" wird die Rückkehr Mose nach Ägypten (Ex 4, 18–23) erstmals in den typologischen Bilderkreis aufgenommen. Moses tötete einmal einen Ägypter, der einen israelitischen Zwangsarbeiter geschlagen hatte. Daraufhin mußte er nach Midian am Roten Meer fliehen, wo er Zipporah, die Tochter des Priesters Jethro, heiratete. Diese beiden und ihre Söhne sind es auch, die in Hirschvogels Graphik gezeigt sind und die, dem biblischen Bericht gemäß, auf einem Esel reiten. So konnte

---

142 Winzinger 1963, S. 19–21.
143 MPL 113, Sp 188.
144 Cornell 1925, S. 258; Breitenbach 1930, S. 142–146; Schmid 1954, Sp. 837f.
145 C. Schweicher und G. Jaszai: Flucht nach Ägypten, in: LCI, Bd. 2, Sp. 43–50; Schiller, Bd. 1, S. 127–134; G. Nitz: Flucht nach Ägypten, in: Marienlexikon, Bd. 2, S. 479–482.
146 Meder 1932, S. 176, Nr. 201.
147 Cornell 1925, S. 261–263; Schmid 1954, Sp. 837f.

Hirschvogel die Darstellung nach dem herkömmlichen Schema einer Flucht (bzw. Heimkehr) der Heiligen Familie nach (bzw. aus) Ägypten gestalten und damit auch die inhaltliche Parallele zum neutestamentlichen Gegenüber auch kompositionell unterstützen.[148] Es fällt auf, daß Hirschvogel Mose bereits in dieser Szene gehörnt darstellte: Tatsächlich kam er erst „cornuta facie" vom Berg Sinai zurück, nachdem er die neuen Gesetzestafeln erhalten hatte (in der „Concordantz" die Illustration zu 75.a). Durch eine mißverständliche Übersetzung des Urtextes durch die Vulgata (Ex 34, 29) ausgelöst, wurde eine künstlerische Tradition begründet, die Moses vielfach mit Hörnern abbildete,[149] so daß auch in der Radierung 11.b ihm die Hörner ohne Rücksicht auf die Chronologie der Vita Mose als übliche Attribute gegeben wurden.

Auf zwei der oben bereits genannten alttestamentlichen Typen (Davids und Jakobs Heimkehr) wird mit den Bibelstellenangaben neben der Szene 11.a hingewiesen.

B. Das Wirken Christi

Taf. 12 a. Naaman wird im Jordan geheilt (IV Rg 5, 1–9) – b. Taufe Christi
Der vom Aussatz befallene Naaman, Heerführer des syrischen Königs, hatte den Propheten Elisäus um Heilung gebeten. Durch einen Boten verhieß dieser dem Naaman Gesundung, wenn er sich im Jordan bade, was Naaman, wenn auch nach anfänglichem Zweifel, befolgte. So hat der Fluß Jordan bereits in der Geschichte des Alten Bundes eine besondere Bedeutung und kann als ein Vorläufer der Taufe Jesu im Jordan aufgefaßt werden. Dies ist eine der häufigsten und traditionsreichsten Typologien.[150] Abgesehen vom Auftreten dieser Kombination im Speculum, kann auch auf zwei der Gewölbefelder in St. Maria Lyskirchen in Köln verwiesen werden (Mitte 13. Jh.), auf denen ebendiese zu finden ist.[151]

Hirschvogel zeigte das Geschehen um Naaman vor einer Stadtkulisse, die besonders auffällig von einem Rundbau, gemeint ist wohl eine Kirche, einem Obelisken und einem Stadttor mit Skulpturenschmuck auf den Giebelecken zusammengestellt ist. Durch das Tor kehren die siegreichen Syrer von der Schlacht heim (IV Rg 5, 1). Im Mittelgrund bittet der auf seinem Wagen gekommene Naaman um Heilung. Er kniet vor Elisas Boten nieder, der in der Tür des Hauses des Propheten steht (IV Rg 5, 9) und die Heilungsanweisung gibt. Im Vordergrund ist der Kranke nochmals dargestellt: Er sitzt am Ufer des aufgrund des geringen verbliebenen Bildraumes nur als tiefen Bach dargestellten Jordans; hinter Naaman zwei gerüstete Diener, die seine Kleider halten.

Die Wiedergabe der als Vorausdeutung auf das Neue Testament wichtigen Begebenheit hat eine große Tradition, von der nur zwei aus der Frühzeit der Illustration gedruckter Bücher ausgewählt werden sollen. Der Holzschnitt der Kölner Bibel von 1478 zeigt den namentlich bezeichneten Naaman bis zum Bauch im Wasser stehend, begleitet von Dienern und einem Pferdegespann vor den Toren der Stadt. Eine sehr ähnliche Zusammenstellung gibt es in der Lübecker Bibel von 1494 (gedruckt bei Steffen Arndes und mit insgesamt 152 Holzschnitten ausgestattet), wo die üblichen Protagonisten auftreten, wie bei Hirschvogel bereichert durch

---

148 Die Tafel des Klosterneuburger Emailwerkes mit dem nach Ägypten ziehenden Mose war auf die Darstellung des am Palmsonntag in Jerusalem einziehenden Christus bezogen worden, wobei Nikolaus von Verdun der Komposition der Christusszene folgte; Röhrig 1955, S. 68f.

149 Vgl. R. Melinkoff: The Horned Moses in Medieval Art and Thought, Coloumbia 1970.

150 M. Pfister-Burckhalter: Elisa (Elisäus), in: RDK, Bd. 4, Sp. 1407f. und 1410; E. Lucchesi-Palli und L. Hoffscholte: Elisäus, in: LCI, Bd. 1, Sp. 613–618; Schiller, Bd. 1, S. 140.

151 Dazu zuletzt: J.M. Plotzek, in: Ornamenta Ecclesiae – Kunst und Künstler der Romanik in Köln, Ausst.-Kat. Köln, Joseph-Haubrich-Kunsthalle 1985, Bd. 2, S. 356.

das syrische Heer im Hintergrund.[152] Sie schauen nach rechts, wo in einem Haus der Prophet Elisa das tote Kind der Frau von Sunem durch Körperwärme zum Leben erweckt.[153] Die Elemente des Bildes lagen also fest und Hirschvogels Radierung nähert sich besonders der Lübecker Illustration an (z.B. durch das Heer und die Stadt im Hintergrund). Neu hinzugekommen ist jedoch das Bitten des Aussätzigen vor dem Hause des Propheten, was aber durch die bei Hirschvogel sehr oft zu beobachtende genaue bildliche Umsetzung des Bibeltextes erklärbar wird, und somit sind wieder einmal alle wichtigen Episoden einer Erzählung im Bild wiedergegeben. Zum anderen kommt dieser Szene im typologischen Zusammenhang Bedeutung zu, da auch Christus sich bittend an Johannes den Täufer wandte, als er von ihm die Taufe zu empfangen wünschte.

Christus steht im Jordan, und zwar betend, wie auch Naaman vor Elisa betete. Daneben kniet Johannes am Ufer und begießt das Haupt Christi mit Wasser. Ein Engel hält dessen Kleider und über allem schwebt Gottvater, der die Taube des Heiligen Geistes herabsendet, die, wie es im vierzeiligen Vers formuliert ist, die „vergebung all vnserer suend" anzeigt.

In jedem Detail folgt Hirschvogels Bild der ikonographischen Überlieferung, so daß einige kurze Hinweise genügen mögen:[154] In einem Holzschnitt für Stephan Fridolins „Schatzbehalter" (1491) z.B. steht Christus in betender Haltung, begleitet von einem Assistenzengel, vor dem am Ufer knienden Täufer, der jedoch nur seine rechte Hand segnend auf Christus richtet. Auch hier schweben Gottvater und die Taube über dem Geschehen. Ebenfalls sehr nahe an Hirschvogels Radierung steht Michael Ostendorfers Holzschnitt von 1544 aus der Folge zum „Catechismus" (Regensburg 1544), denn der Taufvorgang wird gerade vollzogen und Gottvater sendet die Taube aus; es fehlt allerdings der Engel. Ostendorfer fügte noch den Tempel ein, in dem Christus beschnitten wird. Johannes im Fellgewand kniet auf einem Stein, den Hirschvogel im Gegensatz zu Ostendorfer deutlicher als den „lapis angularis" zeigte, der nach Mt 21,42 (Selbstbezeichnung Christi) als Sinnbild Jesu aufzufassen ist.

Die Parallelen zwischen Naaman und Christus dürften deutlich geworden sein: Inhaltlich kam beide Male dem Fluß Jordan eine besondere Bedeutung zu.[155] Im Bild sind die äußeren Erscheinungen Christi und des alttestamentlichen Heerführers einander ähnlich, die andächtigen Kniehaltungen Naamans und des Johannes bilden eine zusätzliche verbindende Parallele; auch die von Begleitern, bzw. dem Engel gehaltenen Kleider stellen eine inhaltliche Gleichartigkeit dar.

Aber es ist vor allem das wirkungsmächtige Element des Wassers, das die Typologie zur Taufe begründet. In der Biblia pauperum konnte ihr daher z.B. der Untergang des Pharao im Roten Meer der Taufe beigestellt werden.[156] In der Concordantia caritatis die Waschung des Aaron durch Mose (Lv 8,6) oder Elisa, der Wasser auf die Hände des Elia goß (IV Rg 3,11), womit er ihn zu seinem Nachfolger bestimmte.[157] Es verwundert auch nicht, daß Hugo von St. Victor in den „Allegoriae" die Heilung Naamans auf die Taufe Christi hin deutete: „Naaman lavationem Jordanicum Jordanis baptisma significat, quia in eo Salvator baptisma consecravit".[158] Auch Isidor von Sevilla argumentierte in den „Allegoriae quaedam Scriptura sacrae"

---

152 Nicht nur der Text der Lübecker Bibel folgt der Kölner Bibel weitgehend, sondern auch die Illustrationen. Literatur zur Lübecker Bibel: Die Lüberecker Bibel – Mit einer Einleitung von M.J. Friedländer, München 1923; Kunze 1975, S. 314–319; Kat. Nürnberg 1987, Nr. 52; Röll 1992, S. 209f.
153 Wie in Hirschvogels Illustration 1.a ermöglicht auch in der Lübecker Bibel das Fehlen einer Wand den Einblick in das Innere des Hauses.
154 J. Strzygowski: Ikonographie der Taufe Christi, München 1885; G. Ristow: Die Taufe Christi im Jordan, Berlin 1958; Taufe Jesu, in: LCI, Bd. 4, Sp. 247–255; Schiller, Bd. 1, Sp. 137–152.
155 Danielou 1983, S. 75f.
156 Cornell 1925, S. 263–265; Henry 1987, S. 66.
157 Schmid 1954, Sp. 837f.
158 MPL 175, 720.

auf diese Weise: „Naaman Syrus significat (Christum) per sacramentum baptismi purificatum."[159] Die Verbindung der Heilung Naamans mit der Taufe Christi erscheint in illustrierten, gedruckten Zyklen jedoch nur im Speculum humanae salvationis, wo zusätzlich noch das Tragen der Bundeslade durch den Jordan aufgenommen wurde.[160]

13.a.* Jakobs Traum von der Himmelsleiter (Gn 28,10–22) – b.* Die Engel Gottes steigen auf und nieder (Jo 1, 51)
Nach dem betrügerischen Erschleichen des väterlichen Segens floh Jakob auf Anraten seiner Mutter Rebekka zu ihrem Bruder Laban. Auf dem Weg dorthin hatte Jakob einen Traum: Am Ende einer Leiter, auf der Engel auf- und abstiegen, stand der Herr und verhieß Jakob eine segensreiche Zukunft unter seinem Schutz (Gn 28, 10–22).

Rein äußerlicher Art ist die Verknüpfung mit der Predigt Christi bei der Berufung der ersten Jünger, als Christus die Worte aus Gn 28,12 wiederholte („die Engel Gottes steigen auf und nieder", Jo 1, 51), womit er dem Jünger Nathanael Hoffnung auf das Reich Gottes machte, wenn er als Jünger Christus nachfolgen würde.

Diese in illustrierten typologischen Zyklen nicht vorkommende Parallele beruht einerseits auf der Gleichheit der Verse im Alten und Neuen Testament, aber auch in der Bedeutung der von Gott niedergesandten Engel, die nicht nur Gottes Verbindung mit Jakob, sondern auch mit den Jüngern anzeigten. Der Vers Jo 1, 51 war schon in den „Glossa ordinaria" auf den Traum Jakobs hin ausgelegt worden: „ut olim patriarcha Jacob vidit scalam et angelos ascendentes et descendentes".[161]

Auch für Martin Luther lag diese Interpretation nahe, wie der Abschnitt zum Vers Jo 1, 51 der „Auslegung des ersten und zweiten Kapitels Johannis" (1537/38)[162] zu zeigen vermag: „Also ist erfüllet die Leiter Jacobs, davon Genesis am acht und zwenzigsten Capitel geschrieben steht".

14 a.* Josia läßt aus dem Gesetzbuch vorlesen – b.* Christus lehrt im Tempel
Als Christus zwölf Jahre alt war, fanden ihn seine Eltern eines Tages im Tempel von Jerusalem, wo er mit den Schriftgelehrten über das Buch Jesaia disputierte; sie waren über seine genauen Kenntnisse sehr erstaunt.

Eine Analogie zum Vortragen von Schriftworten fanden Hirschvogel/Perenius im vierten Königsbuch, wo der junge König von Juda, Josia, seinem Volk aus dem Gesetzbuch des Mose vorlas, um die Leute wieder zum Gesetz zurückzuführen, von dem sie mehrfach abgewichen waren.

Diese Gegenüberstellung ist in der „Concordantz" erstmals vollzogen worden, andere alttestamentliche Entsprechungen findet man in der Concordantia caritatis, wo dem zwölfjährigen Jesus im Tempel zum einen die Offenbarung Gottes an Samuel (I Rg 3) gegenübergestellt wurde und zum anderen Daniel, der die Träume des Königs Nebukadnezar ausdeutete (Dan 2).[163] Der verbindende Aspekt besteht dabei in der Ausdeutung göttlicher Worte. In der „Concordantz" wird durch eine Versangabe passenderweise außerdem noch die Bergpredigt Jesu hinzugefügt („Luc. 4.b.c.").

Taf. 15 a. Die Versuchung im Paradies – b. Die Versuchungen Christi (Mt 4, 1–11)
Das in der fünfzehnten Kombination vorgestellte typologische Bildpaar folgt einem aus Con-

---

159 MPL 82, 114.
160 Breitenbach 1930, S. 143–146.
161 MPL 114, 363.

162 WA 46,711–721.
163 Schmid 1954, Sp. 837f.

cordantia caritatis und Biblia pauperum bekannten Schema, bei dem die erste Versuchung, bzw. alle drei Versuchungen Christi mit der Versuchung im Paradies verbunden wurden.[164]

Hirschvogels Graphik ist von dem in der Mittelachse stehenden Baum, an dem sich die Schlange mit Frauenkopf hinabwindet, bestimmt. Der neben dem Baum stehende Adam weist mit seiner geöffneten linken Hand zur Schlange, mit dem Zeigefinger der rechten auf die neben dem Baum liegende Eva. Zahlreiche Tiere beleben die Flußlandschaft hinter dem ersten Menschenpaar.[165]

Der Zeigegestus Adams kommt schon im Holzschnitt des Sündenfalls in dem bei Michael Furter 1493 in Basel gedruckten Buch „Der Ritter vom Turn – Von den Exempeln der Gottesfurcht" vor, möglicherweise einer frühen Arbeit Albrecht Dürers,[166] in der die Schlange ebenfalls mit weiblichem Kopf gezeigt ist. Hier, wie auch bei Hirschvogel, wird mit der Geste Adams das Erliegen vor der Sünde hervorgehoben, worauf auch der Vers über der Radierung hinweist (das eigensinnige Handeln Evas führt „in versuchung vnd wee"). Christus dagegen vermochte des Teufels Versuchungen zu widerstehen (Mt 4, 1–11), die Hirschvogel alle drei in der nächsten Radierung aufnahm.

Nach der Taufe ging Christus in die Wüste und wurde dort nach einer vierzigtägigen Fastenzeit vom Teufel auf dreifache Weise in Versuchung geführt: Erst forderte er vom hungrigen Christus, Steine (einige liegen am Boden) in Brot zu verwandeln, um seinen Hunger zu stillen. Das zweite Mal, als Christus sich vom Tempeldach stürzen sollte, um damit, da er gewiß von Engeln getragen würde, seine Göttlichkeit zu beweisen. Das dritte Mal, als der Teufel ihm alle Reichtümer der Welt versprach, wenn Christus ihn anbeten würde. Doch jedesmal widerstand Christus und schließlich verließ ihn der Teufel. Hirschvogel machte die erste Versuchung zur Hauptszene: Der Teufel, seine Klauen und Hörner treten unter dem langen Gewand hervor, hat sich Christus zugewandt. Die erste Versuchung als Hauptbild herauszustellen und die zweite und dritte als Nebenszenen im Hintergrund einzufügen, war vollkommen üblich.[167] Als Beispiel mag ein Holzschnitt des Regensburger Malers und Entwerfers von Holzschnitten Michael Ostendorfer aus der Folge zum Vaterunser in Nikolaus Gallus' „Catechismus Predigsweise gestelt für die Kirche zu regenspurg" (Regensburg, Johann Khol, 1544) genannt sein. Alle drei Versuchungen sind dort abgebildet.[168] Der bärtige Teufel erscheint nicht nur mit den Steinen – Christus gegenüber – im Bildvordergrund, sondern nochmals im Gespräch mit Christus auf einer Bergklippe und – kaum noch erkennbar – neben dem Turm einer Kirche in der Stadtkulisse des Hintergrundes. Lucas Cranach d.J. hingegen hatte 25 Jahre zuvor die Darstellung der Versuchungen allein auf die erste von ihnen beschränkt.[169]

In gleicher Weise wie Ostendorfer stellte Hirschvogel die zwei weiteren Versuchungen dar; aus Platzgründen ist der „sehr hohe Berg" der dritten Versuchung aus Mt 4,8 zu einem Hügel

---

164 Schmid 1954, Sp. 839f.; Cornell 1925, S. 265; Henry 1987, S. 67.
165 H. Schade: Sündenfall, in: LCI, Bd. 1, Sp. 41–70; L. Reygers: Adam und Eva, in: RDK, Bd. 1, bes. Sp. 136–138; J.B. Trapp: The Iconography of the Fall of Man, in: C.A. Patrides (Hrsg.): Approaches to „Paradise Lost", London 1968, S. 223–265.
166 Die Folge illustriert die von Geoffroy de la Tour-Landry 1371/72 verfaßten Geschichten von guten und bösen Frauen, und zwar mit 39 halbseitigen Holzschnitten; vgl. R. Kautzsch: Die Holzschnitte zum Ritter vom Turn – Basel 1493 (Studien zur deutschen Kunstgeschichte, Bd. 44), Straßburg 1903, S. 3–24; Kunze 1975, S. 395–397; Kat: Nürnberg 1987, S. 47.
167 O.A. Nygren: Versuchungen Christi, in: LCI, Bd. 4, Sp. 446–450; Schiller, Bd. 1, S. 153–155.
168 Zu Ostendorfer grundlegend: A. Wynen: Michael Ostendorfer – Ein Regensburger Maler der Reformationszeit, Phil. Diss. Freiburg im Breisgau 1961.
169 Holzschnitt für die Vaterunserfolge im sog. „Betbüchlein" Martin Luthers, das 1529 bei Georg Rhau in Wittenberg erschienen ist; vgl. Kat. Basel 1974, Bd. 1, S. 366–368; M. Geisberg: Cranachs Illustrations to the Lord's Prayer and the Edition of Luthers Catechism, in: Burlington Magazine 43 (1923), S. 85–87; zum Inhalt des Buches: WA 10, II, 457.

geworden, hingegen nimmt der „Tempel" aus Mt 4,5 im rechten Bildviertel sehr viel Raum ein. Dieser Tempel besitzt das Aussehen einer Kirchenfassade.[170] An ihr erheben sich über Piedestalen Pilaster, die Wandflächen begrenzen, in die Nischen und Fenster eingesetzt sind. In der mittleren Achse ist die Giebelfassade von einem bis zum Architrav reichenden Bogen geöffnet, mit dem Portal zum Kircheninneren. Das Giebelfeld kennzeichnet ein blindes Rundfenster.

Neben den Versen zur Versuchung im Paradies ist in der Marginalie auf das 25. Kapitel des Buches Genesis verwiesen, in dem in den Versen 29–34 erzählt wird, wie der hungrige Esau sein Erstgeburtsrecht an Jakob verkaufte, weil er dem Angebot seines Bruders, ihm ein Essen dafür zu geben, erlag. Auch mit dieser alttestamentlichen Szene waren die Versuchungen Christi in den mittelalterlichen typologischen Büchern stets verbunden worden.

Taf. 16 a. Die Heilung am Teich Bethesda (Jo 5, 1–4) – b. Die Wunderheilungen Christi (Jo 11, 1–44; Mc 2,1–12; Mc 5,2–17 und Lc 8,27–37; Jo 5,18; Mt 12,24)
In diesem, dem sechzehnten Vergleichspaar taucht zum ersten, aber auch einzigen Mal eine Unstimmigkeit auf, denn es wurden ausnahmsweise zwei neutestamentliche Schilderungen durch Radierungen gegenübergestellt. Dies offenbar um zu vermeiden, ein bereits behandeltes Ereignis des Alten Testaments nochmals darzustellen (Elisa erweckt den Sohn der Sunamitin), auf das nun allein noch die Angabe der Bibelstelle neben den Versen aufmerksam macht.

Die Radierung zum Vierzeiler 16.b zeigt eine Zusammenstellung verschiedener Wunderheilungen Christi: Ein Lahmer schleppt sich im Vordergrund zu Christus hin, Lazarus ersteht (noch in Leichentücher gewickelt) aus seinem Grab (Jo 11, 1–44), ein Gelähmter ruht auf seinem Lager (Mc 2, 1–12) und über dem dramatisch bewegten Besessenen von Gerasar (Mc 5, 2–17 und Lc 8, 27–37) schwebt ein geflügeltes Teufelchen, das die Krankheit des Mannes anzeigt. Bei den Personen hinter Christus könnte es sich um die Jünger Christi handeln; wahrscheinlicher aber sind die Pharisäer gemeint, die ihm vorwarfen, am Sabbat zu heilen (Jo 5, 18) und ihn beschuldigten, er vollbringe seine Heilungen mit der Unterstützung von Dämonen (Mt 12, 24).[171] Dies beschreibt der Text über Heinrich Vogtherrs d.Ä. Holzschnitt mit der Heilung des Besessenen in der „Leien Bibel" (1549): Er gibt an, daß hinter Christus die Pharisäer gezeigt sind („Die Phariseer sprechen / er thu solches durch den Beelzebub").

Für die ikonographische Überlieferung ungewöhnlich, vereinte Hirschvogel mehrere Heilungen zu einem Bild, die sich über einen längeren Zeitraum hinweg und an verschiedenen Orten zutrugen. Wie schon bei der Darstellung der Könige vor Herodes (s. S. 26f.) in Stephan Fridolins „Schatzbehalter" von 1491 findet sich das wegen der Zusammenstellung mehrerer Heilungen Hirschvogels Radierung am nächsten kommende Vergleichsbeispiel. Christus und die bereits nimbierten Jünger sind vor eine Menschenmenge getreten, aus der ein Fußamputierter, ein Lahmer auf seinem Bett und ein vom Teufel besessener Mann besonders hervorstechen. Als üblich ist aber eher die einzelne Darstellung der Heilungen anzusehen. Einige Beispiele seien vorgestellt: den aus dem Grab steigenden Lazarus zeigte der Meister M.S.[172] im Zentrum seines Holzschnittes für Bugenhagens „Historia des Leidens und der Aufferstehung Jhesu Christi" (Wittenberg 1530). Dort beten beim Wunder Anwesende Christus an, hinter dem eine große Menge von Begleitern steht, wieder die Pharisäer aus Jo 5, 18. Die Auferweckung des Lazarus hatte Hirschvogel selbst bereits drei Jahre vorher, 1545, für ein Einzel-

---

170 Vgl. zu den Architekturdarstellungen in der „Concordantz" das Kap. II. 5. 3. dieser Arbeit.
171 Kat. Göttweig 1991, S. 105.
172 Aktiv in Nürnberg und Wittenberg 1530–1572, bekannt als der Schneider der Holzschnitte für die erste illustrierte „Vollbibel" Luthers von 1534; vgl. Kratzsch 1982, S. 89.

blatt als Thema gewählt,[173] wo Christus wieder von neugierigen Zuschauern umgeben ist und Lazarus, gänzlich in ein Tuch gewickelt, in betender Haltung seinem Grab entsteigt. Es war eine gängige Bildformulierung, den vom Teufel besessenen Mann in Verbindung mit einer Dämonengestalt zu zeigen. Wolf Hubers Federzeichnung von 1518 (Dresden, Kupferstichkabinett)[174] zeigt einen ganzen Schwarm von Teufeln und Monstren, die aus dem Mund des Kranken entweichen. Im Gegensatz zu Hirschvogel, in dessen Radierung der Teufel noch über dem Besessenen schwebt, zeigte Huber den dramatischen Heilungsvorgang, bei dem Christus vehement agiert und zwei seiner Helfer den epileptisch Verkrampften mit größter Kraftanstrengung bändigt.

Neben dem Vierzeiler zur linken Szene wird zwar auf eine alttestamentliche Erzählung verwiesen („2. Reg. 4.d."), als Radierung wird jedoch eine neutestamentliche Erzählung umgesetzt, nämlich die der Heilung am Teich Bethesda bei Jerusalem (Jo 5, 1–4).

Groß im Vordergrund stellte Hirschvogel den Engel dar, der einmal im Jahr das Wasser des Teiches in Bethesda mit einem Stab in Wallung brachte. Nur zu diesem Zeitpunkt war es einem der zahlreich am Ufer wartenden Kranken möglich, geheilt zu werden, gleichgültig von welcher Krankheit er befallen war: Wer zuerst in das bewegte Wasser sprang, wurde gesund. In Hirschvogels Radierung spielt sich dieser Moment gerade ab.

Mehrere Aspekte sind an der Radierung bemerkenswert: Zum einen ist das Thema außerordentlich selten ins Bild gesetzt worden.[175] Eines der wenigen Beispiele für die übliche ikonographische Bildformulierung in der Buchillustration um 1500 ist Erhard Schöns undatierter Einblattholzschnitt,[176] der Hirschvogels Darstellung nur in geringem Maße entspricht, denn Hirschvogel ließ die für den eigentlichen Heilungsvorgang wesentliche Christusfigur fort. Ein Mann nämlich, der 38 Jahre lang auf Heilung gewartet und es nie als Lahmer geschafft hatte, als erster in das Wasser zu kommen, wurde von Christus sofort gesund gemacht. Der so geheilte Mann konnte danach, sein Bett forttragend, den Ort eigenständig verlassen, so wie Erhard Schön es im Vordergrund seines Holzschnittes zeigte. Durch das Ausklammern der Figur Christi fällt die nicht dem Illustrationskonzept der „Concordantz" gerecht werdende Gegenüberstellung zweier Begebenheiten des Neuen Testaments nicht sofort ins Auge. Ungewöhnlich ist es auch, wenn Hirschvogel das Wasser (nach Jo 5, 11 war es ein natürlicher Teich) in seiner Radierung als umgrenztes Becken in einer fünfschiffigen, tonnengewölbten Hallenarchitektur zeigt, mit deren Darstellung er der Beschreibung des Ortes in Jo 5, 2 genau folgt.[177]

Die Heilungswunder Christi sind zuvor, trotz ihrer hohen Zahl von über 20,[178] so gut wie nie in typologische Zusammenhänge aufgenommen worden. Allein in der nicht illustrierten Concordantia caritatis wurde die Heilung am Teich Bethesda ausgewählt, um mit den Erzählungen der Heilung Nebukadnezars vom Wahnsinn (Dan 4, 31–34) und König Jojachims Begnadigung von 37jähriger Kerkerhaft (IV Rg 25, 27) typologisch verknüpft zu werden.[179]

Taf. 17 a. Tanz um das Goldene Kalb (Ex 32, 19) – b. Christus vertreibt die Händler aus dem Tempel (Lc 19, 45f.)
Das 17. Bildpaar, dessen Illustrationen als einzelne Abzüge und in der verslosen Ausgabe der „Concordantz" erhalten sind, zeigt eine typologische Gegenüberstellung, die in anderen Zyklen dieses Prinzips nicht vorkam. Die Vertreibung der Händler aus dem Vorhof des Tem-

---

173 Hollstein, Bd. XIII A, S. 149.
174 Winzinger 1979, Bd. 1, S. 94.
175 Schiller, Bd. 1, S. 178f.; Kat. Göttweig 1991, S. 105.
176 Dodgson 1935, S. 89–90.
177 „Ein Teich mit fünf Hallen"; zu den Architekturdarstellungen in Hirschvogels Radierungen, s. Kap. II. 5. 3.
178 Vgl. O. Betz: Heilung/Heilungen I. Neues Testament, in: TRE, Bd. 14, S. 763–768.
179 Schmid 1954, Sp. 839f.

pels (Lc 19, 45f.) wird mit dem Tanz der Israeliten um das Goldene Kalb (Ex 32, 19) verknüpft.

Die Radierung 17.a zeigt das von Aaron aus Gold gemachte Kalb auf einer Säule. Weil Moses viele Tage lang auf dem Berg Sinai die Gebote und andere Weisungen von Gott erhalten hatte, glaubten sich die Israeliten alleingelassen, beteten das Götzenbild an, opferten ihm und begannen einen Tanz. Zornig über sein abtrünniges Volk zerschmetterte Moses die Gesetzestafeln. Die Illustration zeigt aber nicht nur diesen Moment, sondern auch, und da zwar im Hintergrund rechts oben, die Übergabe der Gesetzestafeln an Mose und links oben das zuvor vollzogene Brandopfer der Israeliten aus Ex 32,6.

Es soll genügen, auf einige vergleichbare Darstellungen dieses Themas aus der Vielzahl von Buchillustrationen der ersten Hälfte des 16. Jahrhunderts hinzuweisen, die alle sehr ähnlich zur Radierung Hirschvogels sind: Michael Ostendorfers Holzschnitt für den 1544 in Regensburg erschienenen „Catechismus"[180] zeigt den wütenden Mose, als er gerade die Steintafeln zu Boden wirft – im Mittelgrund die abtrünnigen Israeliten. Matthias Gerung bildete den von Aaron begleiteten Mose ebenfalls in diesem Moment ab, die Israeliten jedoch knien andächtig vor der Bildsäule (Einzelblatt, rechts unten datiert und monogrammiert „MG·1·5·4·8·").[181] Beim Holzschnitt des Meisters M.S. aus der sog. „Vollbibel" von 1534 mit der Übersetzung Luthers[182] wurde der Schwerpunkt auf die Handlung Mose gesetzt: Er und Aaron sind groß in der vorderen Bildebene gezeigt und der Reigen um das Kalb vollzieht sich im Mittelgrund.

Keines dieser Werke kann als direktes Vorbild für Hirschvogels Arbeit gelten. Ihre Zusammenstellung zeigt aber, daß sich Hirschvogel auf eine Tradition von Illustrationen stützen konnte, von denen einige Elemente auch bei ihm vorkommen: So die zerbrochenen Tafeln zu Füßen des Mose beim Meister M.S., die Übergabe der Tafeln auf dem Berg Sinai bei Gerung und das Aufstellen des Kalbes auf eine Säule, die als durchgängige Bildmotive zu betrachten sind. Als Hinweis auf das Brandopfer der Israeliten findet sich im M.S.-Holzschnitt nur noch ein kleines Lagerfeuer; Gerung zeigte nur die unmittelbar vorhergehende Begebenheit im Hintergrund, nämlich, wie das Volk seine Schmuckstücke dem Aaron übergibt.

Als verbindendes Motiv zum neutestamentlichen Bild der Tempelreinigung nutzte Hirschvogel den Zorn Mose und Christi, was nicht nur die Verse zu den Radierungen betonen (Mose, der „vor zorn vnd vnwill die Tafel brach", und Christus, der „vor zorn vnd grossem vnwill anfieng ‖ Zuprechen / schlahen / auß zutreyben"), sondern auch die sehr ähnlichen Armhaltungen der beiden Hauptpersonen kenntlich machen: Wie Moses streckt Christus den linken Arm vor und hebt den rechten empor, beide wenden sich den sich ungehörig benehmenden Menschen zu, Christus jedoch steht in kräftiger Schrittstellung, während Moses seinen rechten Fuß nur leicht vor den linken setzt. Im rechten Arm schwingt Christus die Geißel aus Stricken (so nur in Jo 2, 15 erwähnt), mit der er die den heiligen Ort entweihenden Taubenverkäufer und Wechsler aus dem Tempel treibt, die daraufhin mit ihrer Habe flüchten.

---

180 Hollstein, Bd. 30, S. 225.
181 Im Hintergrund erkennt man einige Israeliten, die nach dem Brandopfer essen und trinken (Lc 32,6); vgl.: Dodgson 1908, S. 210; C. Dodgson: Some Drawings by Matthias Gerung, in: Die Graphischen Künste N.F.I (1936), S. 81–85.
182 Diese bei Hans Lufft zu Wittenberg gedruckte Bibelausgabe ist die erste Gesamtausgabe aller biblischen Bücher in der Übersetzung Luthers.

Nach mehreren Auflagen erreichte sie insgesamt eine Stückzahl von etwa 100 000 Exemplaren. Die künstlerische Ausgestaltung oblag dem noch nicht identifizierten Monogrammisten M.S., der der Werkstatt Cranachs d.Ä. entstammte. Vgl.: P. Schmidt 1962, S. 179–216; W. Schmidt: Vom Wesen des Buches, in: Ders.: Kleine Schriften, Wiesbaden 1969, S. 23; Volz 1978, S. 154–167; Kratzsch 1982; Reinitzer 1983, S. 170–172.

Dieser dramatische Vorgang war im 16. Jahrhundert ein besonders häufig dargestelltes Thema.[183] Lucas Cranachs d.Ä. Holzschnitt aus dem „Passionale" von 1521[184] zeigt, wie die Radierung Hirschvogels, den zum Schlag ausholenden Christus, vor dem die Händler weichen; hinter Christus stehen seine Jünger. Hans Burgkmairs Einzelblattholzschnitt hat einen vergleichbaren Bildaufbau.[185] Sehr deutlich wird jedoch auf den Ort des Geschehens hingewiesen, wenn im Mittelgrund ein Prediger vor seiner Gemeinde gezeigt ist – die Händler hatten sich im Vorhof des Tempels aufgehalten. Bei Hirschvogel sind nicht nur die monumentalen Säulen des Tempels gezeigt, sondern durch die Maueröffnung ist deutlich ein Priester mit der Weinkanne und der Hostienschale am Altar des Tempels zu erkennen. Neben diesem Motiv des Blickes in das Tempelinnere kann die Körperhaltung Christi bei Cranach mit derjenigen verglichen werden, die Christus in der Radierung der „Concordantz" einnimmt. Jedoch ist dies, wie auch das Niederstürzen eines Händlers, ein zu allgemeines Motiv, als daß dafür ein bestimmtes Vorbild angenommen werden muß.

Stehen Hirschvogels Illustrationen des 17. Bildpaares also eher nur allgemein in der Bildtradition des 16. Jahrhunderts, muß gleichzeitig aber auch festgestellt werden, daß eine Analogie dieser beiden Geschehnisse zuvor noch nicht gesehen wurde. Sie basiert in der „Concordantz" auf der Wut Mose und Christi, die wegen der nicht gottgefälligen Haltung der Menschen plötzlich ausbrach. In früheren Zyklen typologischen Inhalts ist die Tempelreinigung vielmehr unter dem Aspekt der Vertreibung ausgewertet worden. In der Biblia pauperum wurden die Tempelreinigung des Judas Makkabäus (I Mach 4, 36–58) und die Einweihung des wiederaufgebauten Tempels durch König Darius (Esd 6, 16–22) als Ankündigungen des neutestamentlichen Geschehens verstanden.[186] Ähnlich wurde in der Concordantia caritatis argumentiert, wo die Vertreibung aus dem Paradies und die Austreibung des Athalias (IV Rg 11, 13–16), mit der Austreibung der Händler verbunden, dargelegt wurden.[187] Außerdem erscheint die Austreibung der Wechsler in der Concordantia caritatis nochmals, und zwar in Zusammenhang gebracht mit David, der die Lahmen und Blinden aus Zion vertrieb (II Rg 5, 6), und, wie auch in der Biblia pauperum, mit der Tempelreinigung durch Judas Makkabäus.[188]

18.a.* David weicht dem Speer Sauls aus – b.* Christus entgeht der Steinigung (Jo 8, 48–59)
Nicht illustriert wurde das folgende typologische Paar, das aber durch die Distichen in der Textausgabe zu erschließen ist.

Für den schwermütigen Saul spielte David vor ihm auf der Leier; plötzlich von einem bösen Geist befallen, warf Saul einen Speer auf David, doch dieser konnte ausweichen und floh vor Saul.

Auch Christus vermochte einmal dem Tod zu entgehen, als die Zuhörer einer seiner Predigten sich gegen ihn entrüsteten, weil er behauptet hatte, er habe Abraham gesehen, ja sogar vor ihm gelebt (Jo 8, 48–59). Daraufhin wollten sie Christus steinigen.

Die Verse unter 18. erzählen in der Textausgabe diese Begebenheiten auf eine Weise nach, die die Parallelen zwischen beiden klar erkennen läßt. Sowohl David, der Saul durch sein Harfe-

---

183 Tempelreinigung Jesu, in: LCI, Bd. 4, Sp. 261–263; Schiller, Bd. 2, S. 33.
184 Im „Passional Christi und Antichristi" hatte Martin Luther zu beweisen versucht, daß das Papsttum seiner Zeit das in der Bibel angekündigte Reich des Antichrist sei. 13 antithetische Bildpaare stellen darin „das in Demut verbrachte irdische Leben des Herrn dem machthungrigen Treiben des päpstlichen Hofes gegenüber" (E. Isphording in: Kat. Nürnberg 1987, unter Nr. 72); Groll 1990, S. 261–264.
185 Hans Burgkmair 1473–1531 – Holzschnitte, Zeichnungen, Holzstöcke, Ausst.-Kat. Berlin (DDR), Kupferstichkabinett 1974.
186 Cornell 1925, S. 270; Henry 1987, S. 78.
187 Schmid 1954, Sp. 841–844.
188 Schmid 1954, Sp. 839–844.

spiel trösten wollte, als auch Christus, der die Pharisäer durch seine Predigten zum rechten Glauben zu bekehren versuchte, taten damit Gutes („Dauid thet seim vatter Saul groß guts", „Christus dermaß (...) gab den Phariseern gut exempel"). Zorn aber war die Reaktion nicht nur Sauls, der David zu töten trachtete, sondern auch der Pharisäer, die Christus steinigen wollten, weil sie glaubten, er sei ein Dämon. Christus und auch David konnten aber noch rechtzeitig fliehen („So entweych jm Dauid vor seim spieß", „Dann thet Christus von jn entweichen").

Die Flucht Davids vor Saul wird in der Biblia pauperum der Flucht der heiligen Familie aus Ägypten beigeordnet.[189] In der Concordantia caritatis wurde diese Kombination übernommen; als alttestamentliche Vorbilder der versuchten Steinigung Christi sind in ihr allerdings, anders als in der „Concordantz", die versuchte Steinigung Mose durch die Ismaeliten (Nm 14) und David, der vom Volk gesteinigt werden sollte (I Rg 30, 6), aufgenommen worden.[190] Es lag nahe, das Leiden Davids mit dem Leiden Christi zu verbinden, und so zog z.B. Isidor von Sevilla im Kapitel „De insidiis Saul contra David" der „Quaestiones" mehrere Parallelen zwischen beiden, so auch die in der „Concordantz" unter 18. gebildete.[191]

Weniger häufig ist in der „Concordantz" zu beobachten, daß zwischen den zwei typologischen Paaren einer Seite inhaltliche Beziehungen bestehen. Zwar ist das 18. Paar nicht illustriert worden, es hätte aber bei einer Vollendung des Werkes unter dem Tanz um das Goldene Kalb und der Tempelreinigung gestanden. Bei allen Hauptpersonen (Mose, Christus, Saul, Pharisäer) ist ein plötzliches Auftreten von Zorn Auslöser für ihre schlechten Taten.

Taf. 19 a. Joseph wird in die Zisterne geworfen – b. Gleichnis von den bösen Winzern (Mt 21, 33–39)
Unter seinen zwölf Söhnen bevorzugte Jakob den jüngsten, Joseph. Das erregte den Neid seiner Brüder, die ihn eines Tages ergriffen und ihn in eine wasserlose Zisterne warfen. Wieder einmal läßt sich Hirschvogels Radierung zu diesem Thema in die geläufige Bildtradition der ersten Hälfte des 16. Jahrhunderts einordnen. In der „1549" datierten Radierung für die „Concordantz" stehen die Brüder Josephs um die Zisterne, die als ein Erdloch aufgefaßt ist, und lassen Joseph mit einem Seil, das über einen Ast läuft, hinab. Neun der Brüder nehmen daran teil: zwei geben Anweisungen zum sanften Herablassen Josephs, zwei andere halten das Seil, noch ein anderer sitzt im Geäst des Baumes, weitere stehen ringsum. In der hinteren Bildebene dieser Schilderung zeigt Hirschvogel nicht nur die Herde des Jakob, die von seinen Söhnen gehütet wurde, sondern auch die vorhergehende Szene, in der Jakob Joseph zu seinen Brüdern sandte.

Gegenüber der erzählerisch ausgeweiteten Darstellung Hirschvogels lehnt sich der Holzschnitt Holbeins d.J. für die „Icones" enger an den Bibeltext an.[192] Es sind genau 12 Söhne Jakobs gezeigt. Auch bei Holbein sind es zwei, die das Seil führen, und einer, der Anweisungen erteilt. Die Zisterne ist im Gegensatz zu Hirschvogels Radierung durch Quadersteine befestigt und am Boden daneben liegt der bunte Rock Josephs, den seine Brüder aus Neid zerrissen hatten. Als aufgemauerten Brunnen faßte der Illustrator der Lübecker Bibel von 1478 die Zisterne auf. Wie in der „Concordantz" sind auch hier wieder mehrere Brüder aktiv beteiligt, die sich in zwei Gruppen seitlich des Brunnens aufgeteilt haben. Von rechts nähern sich bereits die Ismaeliten, an die Joseph in der Folge verkauft werden wird. Heinrich Vogtherrs Holzschnitt dieses Themas für die „Leien Bibel", zeigt ebenso wie die Arbeit Hirschvogels den

---

189 Cornell 1925, S. 258.
190 Schmid 1954, Sp. 837f. und 843f.
191 MPL 83, 401f.
192 Literatur zur Josephsgeschichte: A. Wengenmayr: Die Darstellung der Geschichte und Gestalt des ägyptischen Joseph in der bildenden Kunst, Masch. Diss. München 1952; U. Nilgen: Joseph von Ägypten, in: LCI, Bd. 2, Sp. 423–434. Zur Darstellung in den „Icones": Kästner 1985, S. 189f.

Brunnen als Erdloch, an dem wieder nur zwei der Brüder die Versenkung Josephs vornehmen – die übrigen Figuren geben nur Anweisungen oder schauen zu.

Wie in der Concordantia caritatis verkörpert das Gleichnis von den bösen Winzern aus Mt 21, 33–39 die Erfüllung dieses alttestamentlichen Typus.[193] Ein Winzer hatte seinen Weinberg an Weingärtner verpachtet. Er schickte zur Erntezeit zweimal Diener, um die Trauben in Empfang zu nehmen, doch jedesmal wurden die Diener von den Pächtern vertrieben. Als zuletzt der Sohn des Winzers kam, erschlugen die Pächter ihn, weil sie hofften, dadurch würde der Weinberg aus der Pacht in ihren Besitz übergehen.

Dieses Gleichnis ist nicht sehr oft bildlich umgesetzt worden, es fällt aber eine Häufung in protestantischer Bildkunst auf.[194] Im Bereich der Graphik ist Erhard Schöns Einblattholzschnitt von ca. 1525 zu nennen.[195] Die Parabel wird darin im damals aktuellen Sinne umgeformt und zur kirchenpolitischen Darstellung gemacht. Die Eigner des Weingartens werden von Geistlichen mißhandelt und vertrieben. Christus, der das Gleichnis seinen Jüngern erzählte, tritt soeben an das geöffnete Gartentor des umzäunten Weinbergs. Näher an Hirschvogels Radierung steht jedoch der Holzschnitt im Speculum von 1476. Zwei Weingärtner schlagen auf den gesandten Sohn ein und erstechen ihn. Hirschvogels Illustration hat zwar nichts von der Polemik der Schön'schen Interpretation des Gleichnisses, aber einige in der Bibel genannte Bestandteile griff Hirschvogel für seine Radierung auf, besonders den inmitten des von einem Zaun umgrenzten Weinberges stehenden Turm aus Mt 21, 33.[196] Hirschvogel fügte links im Mittelgrund noch stellvertretend für die vorhergehenden Untaten der Pächter das Erschlagen eines Knechtes sowie rechts im Mittelgrund Winzer bei der Lese ein; im Vordergrund steht aber die Ermordung des Winzersohnes, womit der typologische Vergleich zur versuchten Tötung Josephs ermöglicht wird. Eine kompositorische Parallele wurde zwischen beiden nicht hergestellt, dafür aber betonen die Verse, daß die zu Tötenden mit den besten Absichten ausgesandt worden waren: Jakob sandte Joseph aus, was im Hintergrund gezeigt wird, und es wurden „die knecht vom Haußuatter gsendt"; beide aber fielen dann in die Hände von schlecht gesinnten Menschen.

In der Biblia pauperum fand zwar auch die Szene des in den Brunnen geworfenen Joseph Aufnahme, doch wurde sie dort als typologisches Gegenbild zur Grablegung Christi gesehen.[197]

Taf. 20 a. Die Ephraimiten pflegen die Gefangenen – b. Gleichnis vom Guten Samariter
Die bildhaften Gleichnisreden Christi sind in typologischen Zyklen eher selten berücksichtigt worden, darunter aber z.B. die Gleichnisse von den Arbeitern im Weinberg (s. 19.b) oder vom verlorenen Sohn (Lc 15, 11), überraschenderweise jedoch nicht das sehr bekannte Gleichnis vom Barmherzigen Samariter.[198] In den wenigen Illustrationen des 16. Jahrhunderts zu diesem Thema wurde meist der Samariter in den Vordergrund gestellt, der den von Räubern überfallenen Mann mit Öl pflegte,[199] so in einem Kupferstich des Georg Pencz, 1543 als Einzelblatt erschienen.[200] Der Priester und der Levit, die am Verletzten vorübergegangen waren, ziehen sowohl bei Pencz als auch bei Hirschvogel weiter ihres Weges. Eine nur entfernt verwandte Auffassung vermittelt der Holzschnitt mit dem Samariter-Thema in der „Leien Bibel" von 1540. Wie bei allen illustrierten Gleichnisreden dieses Zyklus' ist der erzählende Christus im Vordergrund zu sehen, das eigentliche Geschehen spielt sich im Mittelgrund ab, wo man

---

193 Schmid 1954, Sp. 839f.
194 H. Weinel: Die Gleichnisse Jesu, Leipzig, 4. Aufl. 1918; W.G. Kümmel: Das Gleichnis von den bösen Weingärtnern – Heilsgeschichte und Geschichte, Marburg 1965, S. 207–217; V. Osteneck: Winzer, böse, in: LCI, Bd. 4; Sp. 533f.
195 Röttinger 1925, S. 122f.

196 Er erscheint auch in der ebengenannten Speculum-Illustration.
197 Cornell 1925, S. 284f.; Henry 1987, S. 102.
198 Schmid 1954, Sp. 837–840.
199 H. Weinel: Die Gleichnisse Jesu, Leipzig 1918; J. Poeschke: Samariter, barmherziger, in: LCI, Bd. 4, Sp. 24–26.
200 Landau, 1978, S. 111.

aber auch die beiden nicht hilfsbereiten Männer in verschiedene Richtungen, auch zum Bildvordergrund hin, davongehen sieht.

Einen alttestamentlichen Vorläufer zur Samariterszene zu finden, dürfte sich als schwer erwiesen haben, in der „Concordantz" findet man einen solchen erstmals. Ausgewählt wurde eine Erzählung aus dem zweiten Buch der Chronik (II Par 28, 9–15). Die Männer des mittelpalästinischen Stammes der Ephraimiten, beschämt von der vorwurfsvollen Rede des Propheten Obed wegen des von ihnen angerichteten Blutbades unter dem Heer der Samarier (II Par 28,6), gaben ihre Gefangenen frei, bekleideten sie, gaben ihnen zu essen, salbten sie und führten sie auf Eseln nach Jericho zurück (II Par 28, 15). Hirschvogel, der für dieses Thema kein Vorbild nutzen konnte, folgte der biblischen Schilderung sehr genau, indem er alle guten Werke der Ephraimiten wiedergab. Die gemeinsamen Elemente zwischen den Szenen dieses Bildpaares (Ölung, Pflege, Heimbringen der Geplagten) liegen offen zu Tage, so daß Hirschvogel weitestgehend auf zusätzliche kompositorische Parallelisierungen im Bild verzichten konnte und sogar die alttestamentliche Begebenheit im Gegensatz zur Samariterszene als in einem Innenraum spielend veranschaulichte.

Taf. 21 a. Die Brotvermehrung durch Elisa (IV Rg 4, 42–44) – b. Speisung der Fünftausend (Jo 6, 9)
In den vier Evangelien wird von zwei verschiedenen Speisungswundern Christi berichtet. Mt 15, 32–39 und Mc 8, 1–10 beschreiben die Speisung von viertausend Menschen durch die Vermehrung von „sieben Broten und ein paar kleinen Fischen" (Mt 15, 34). Hirschvogel und Perenius haben die zweite, chronologisch zuvor stattfindende Speisung der fünftausend Männer, Frauen und Kinder ausgewählt: Nach Jo 6, 9[201] brachte ein kleiner Junge Gerstenbrote und zwei Fische zu Christus, der das Dargebrachte segnete und die wundersam vermehrten Brote und Fische an die ringsum lagernden Menschen austeilte. Es blieben sogar noch Reste übrig.

In der „Concordantz" ist die Komposition zu diesem Thema zweigeteilt. Links in der weiten Landschaft um den See Genezareth führt der Jünger Simon Petrus den Knaben mit den Fischen und dem Brot zu Christus hin. In der rechten Bildhälfte lagert die Volksmenge, die die Reste in zwölf Körben einsammelt, von denen Hirschvogel stellvertretend sieben und nur wenige Menschen darstellte.

In der Ikonographie des Themas kennt man zwei unterschiedliche Gestaltungen.[202] Einmal, wie es z.B. in Stephan Fridolins „Schatzbehalter" (1491) gezeigt ist, wo Christus das Brot teilt und seine Jünger es unter dem Volk verteilen, wobei jedoch nicht eindeutig zu klären ist, welche der beiden wunderbaren Speisungen gemeint ist, da sich beide formal gleich vollzogen.

Der Holzschnitt Lucas Cranachs d.J. von 1528, erschienen in Luthers „Betbüchlein" in Erfurt bei Melchior Sasse[203], steht Hirschvogels Illustration näher, denn auch in ihr wird Christus von einem seiner Jünger auf den fragenden Knaben hingewiesen. Der gesamte Vordergrund wird von der Volksmasse angefüllt. Einen typologischen Aspekt fügte Cranach ein, als er im Hintergrund das Wunder aus IV Rg 4, 1–7 einarbeitete, bei dem Elisa das Öl der Witwe von Sarepta vermehrte. Es ist aber nicht etwa diese Begebenheit, die Hirschvogel als prototypische

---

201 Vgl. auch Mt 14,31–21, Mc 6,30–44 und Lc 9,10–17, dort jedoch weniger ausführlich.
202 Aurenhammer 1967, S. 409–419; U. Nilgen: Brotvermehrung, in: LCI, Bd. 1, Sp. 326–330; W. Neuss: Brotvermehrung, in: RDK, Bd. 2, Sp. 1222–1228; Schiller, Bd. 1, S. 173–176; G. Glück: The Feeding of the Five Thousand in the Painting of the Netherlands, in: Art Quarterly 5 (1942), S. 45–57.
203 Die Illustration steht darin beim Vers „Unser täglich Brot gib uns heute" des Vaterunsers; zum Text des „Betbüchleins": WA 10, II, 457. Vgl. Kat. Basel 1974, Bd. 1, S. 280.

Präfiguration des Alten Testaments zur Geschichte in Jo 6 auswählte, sondern die in den Königsbüchern bald darauf folgende Brotvermehrung durch Elisa (IV Rg 4, 42– 44): Während einer Hungersnot brachte ein Mann zwanzig Gerstenbrote zu Elisa. Dieser befahl, die Brote an alle zu verteilen, doch der Mann fragte: „Wie kann ich das hundert Mann vorsetzen?" Elisa antwortete: „Man wird essen und noch übriglassen!"[204]

Die Komponenten des Elisa-Bildes sind sehr ähnlich zu denen der Speisung durch Christus. Elisa steht im Segensgestus vor den Menschen, die sich aus den gefüllten Körben bedienen und essen oder aber, dankbar für das Wunder, die Arme emporheben. Obwohl in der Bibel der Ort des Geschehens nicht näher bestimmt wurde, hat Hirschvogel im Hintergrund einen See wie in der neutestamentlichen Illustration eingefügt, um die inhaltliche Parallele zwischen beiden Erzählungen auch bildlich noch zu verstärken, obwohl die Handelnden und die Gegenstände in den Radierungen schon genügend ähnlich wiedergegeben sind, z.B. das kauernde Sitzmotiv des Mannes an der vorderen Bildkante in 21.b, auf das der Mann in 21.a kompositionell antwortet, der den Korb vom Kopf einer Frau abnimmt.

Das Bildpaar zum typologischen Verspaar unter 21. ist eines von denjenigen, die keine Aufnahme in die Folioausgabe mit Radierungen und Versen gefunden haben und die folglich nur in Einzelblättern oder der verslosen Ausgabe erhalten geblieben sind, weil das zur Vervollständigung der Vierergruppe notwendige zusätzliche Bildpaar nicht gestochen wurde. So können die Verse, die der Radierung nicht beigedruckt wurden, nur der Textausgabe der „Concordantz" entnommen werden. Sie geben lediglich den Inhalt der Erzählungen wieder; beim Vers zur alttestamentlichen Begebenheit findet man jedoch eine weitere Stellenangabe, die auf eine Erzählung in III Rg 17 hinweist, wo von Elia die Rede ist, der während einer Dürrezeit von Raben morgens und abends Brot und Fleisch an den Bach Krith gebracht bekam. Als andere typologische Entsprechungen zur Speisung der 5000 hätte auch das in der Biblia pauperum erscheinende Ölwunder des Elisa ausgesucht werden können, das Cranach d.J. in seinem Holzschnitt aufgenommen hatte, aus der Concordantia caritatis die Szene, in der Joram die Syrer speiste (IV Rg 6, 21) oder wie Abimelek dem David von den Schaubroten gab (I Rg 21, 7 in der „Concordantz" beim Paar 24.a/b verwendet).[205] Keine von ihnen verwendete Hirschvogel für das Bildpaar 21.

22.a.* Die Mannalese – b.* Vom Schätzesammeln (Mt 6, 19–21)
Die folgenden elf typologischen Einheiten sind nicht illustriert worden, sie erschließen sich nur aus der Textausgabe der „Concordantz".

Die Israeliten waren schon jahrelang auf Wanderschaft durch die Wüste gewesen und alle Vorräte waren aufgebraucht, worüber sich das Volk bei Mose beschwerte. Am Abend sandte Gott einen Schwarm von müden Wachteln über die Wüste, die von den Israeliten leicht gegriffen werden konnten. Am Morgen lagen dann zudem noch kleine Körner (Manna) in ihrem Lager und da sie wie Honigbrot schmeckten, sammelten sie sie ein.

Das eifrige Sammeln der Israeliten aus alttestamentlicher Zeit wies voraus auf die Rede Christi über das Schätzesammeln, das jedoch nicht aus Habgier geschehen darf (Mt 6, 19–21): Christus forderte darin nach der Bergpredigt dazu auf, die himmlischen Schätze zu sammeln, die im Gegensatz zu irdischen Schätzen – wie z.B. Stoff, der von Motten zerfressen werden kann – unvergänglich sind und Erleuchtung bringen.

Diese aus illustrierten typologischen Zyklen nicht bekannte Themenkombination hat jedoch einen Vorläufer in Isidor von Sevillas „Quaestiones", wo es im Abschnitt 23 bei der Ausle-

---

204 K.-A. Wirth und L.v. Wilckens: Elia (Elias), in: RDK, Bd. 4, Sp. 1372–1406, bes. Sp. 1384.

205 Cornell 1925, S. 293; Schmid 1954, Sp. 842f.

gung von Ex 16 („De cibis alitum et manna") heißt: „Bona enim opera facta propter futuram requiem saeculo permanent",[206] ein Satz der der ersten Verszeile „Samlet gut Schetz die nit verderben" auf der neutestamentlichen Seite der „Concordantz" nahekommt. Allein die Mannalese kommt bereits in der Biblia pauperum vor, wo sie mit dem Abendmahl und Abraham vor Melchisedek eine Einheit bildet,[207] wie auch in der Concordantia caritatis.[208] Überschaut man diese nicht vollständig illustrierte Vierergruppe, so fällt auf, daß das Motiv des Auf- bzw. Einsammelns himmlischer Schätze der Gedanke ist, mit dem die vier Themen zu einer Einheit verwoben werden.

23.a.* Rettung des Ochsen oder Esels des Feindes (Ex 23,4–6) – b.* Gleichnis vom Sabbattag
Hilfsbereitschaft wider den Nächsten bildet die gedankliche Klammer für die Verbindung dieses Paares. Die von Gott nach der Gesetzesübergabe ausgesprochene Rechtssatzung (Ex 23, 4–6), einen verirrten Ochsen seinem Besitzer zurückzubringen oder einem gestürzten Esel wieder aufzuhelfen, und seien es auch die Tiere des Feindes, ist mit dem Gleichnis vom Sabbattag verbunden worden: Am heiligen Sabbat hatte Christus einen Wassersüchtigen geheilt. Auf die schweigenden Anklagen der Pharisäer und Schriftgelehrten antwortete er: „Wer von Euch wird seinen Sohn oder seinen Ochsen, der in den Brunnen fällt, nicht sofort herausziehen, auch am Sabbat?"

Gottgefälliges Handeln kennt in beiden Beispielen keine Einschränkungen. Weder das Gebot der Ruhe am Feiertag noch die feindliche Einstellung gegenüber dem Hilfsbedürftigen dürfen Hilfsbereitschaft verhindern. Diese spitzfindige, doch sehr verständliche und eindringlich-moralische Auslegung stellt eine typologische Neubildung dar,[209] die eine inhaltliche Parallele im nächsten Paar findet, in dem es auch um die Entheiligung eines Festtages geht.

24.a.* Abimelek gibt David von den Schaubroten – b.* Ährenessen der Jünger am Sabbat (Mt 12, 3)
Die Zuordnung der unter 24. erscheinenden Vorgänge vollzog bereits Christus selbst in Mt 12, 3. Als seine Jünger am Sabbat hungerten und sie durch ein Kornfeld kamen, aßen sie von den Ähren. Die Pharisäer warfen ihnen deshalb die Entheiligung des Festtags vor, doch Christus verwies auf David, der mit seinen Begleitern aus Hunger von den heiligen Schaubroten des Tempels gegessen hatte. Dies war allein Priestern vorbehalten gewesen, doch war nichts anderes zu essen da und deshalb hatte der Priester Abimelek sein Einverständnis gegeben.

Diese plausible Parallele, nämlich unter bestimmten Voraussetzungen gegen Vorschriften verstoßen zu dürfen, wurde also schon in der Bibel aufgestellt und in den „Glossa ordinaria" aufgegriffen. Im Abschnitt der Auslegung von Mt 12 wird darin auch das Geschehen um David und Abimelek angesprochen: „Si David et Abimelech non reprehenditur, quorum uterque mandatum legis probabili necessitate transgressus est, et hic similis causa famis est, cur non idem probatis in apostolis?"[210] Hingegen wurde die Erzählung von den Schaubroten in der Concordantia caritatis auf Judas bezogen, der beim Abendmahl vom Brot genommen hatte (Lc 22, 21–23).[211]

25.a.* Tobias heilt seinen Vater – b.* Christus heilt den Blindgeborenen
Waren in der Illustration zu 16.b mehrere Wunderheilungen Christi vereinigt worden, so werden im folgenden einzelne Heilungen vorgestellt.

---

206 MPL 83,297f.
207 Cornell 1925, S. 272f.
208 Schmid 1954, Sp. 843f.
209 Martin Luther deutete 1526 in seiner Auslegung des 23. Kapitels des Buches Exodus die Stelle Ex 23,4 auf das Neue Testament hin, doch nur allgemein als Beispiel von „Caritas": „Haec sunt duae praecepta quae etiam pertinent ad novum testamentum in perfectam iustitiam charitatis" (WA 16,567).
210 MPL 114, 124.
211 Schmid 1954, Sp. 843f.

Christus machte einen Blindgeborenen sehend, indem er Sand mit Speichel vermischte und dem Kranken auf die Augen legte.

Auf ebenso wundersame Weise gelang es Tobias, seinen Vater Tobit von der Blindheit zu befreien. Tobias nahm auf Geheiß des Erzengels Raphael die Galle eines von ihm gefangenen Fisches und legte sie auf die Augen seines Vaters, der daraufhin sehend wurde. Nicht nur auf der Ähnlichkeit der beiden Wunderheilungen beruht diese Gegenüberstellung, sondern auch auf dem Gottvertrauen, das die beiden während ihrer Krankheit bewiesen hatten. So verwundert es nicht, daß diese bei den Kirchenvätern geläufige Typologie[212] auch in der Concordantia caritatis vorkommt, wo zu diesen noch die Heilung der Augen Jonathans mit Honig hinzukam (I Rg 14, 27).[213]

26.a.* Warnung vor Ehebruch (Lv 20, 10) – b.* Christus und die Ehebrecherin (Jo 8, 7)
Zwischen die vorhergehende und die folgenden Heilungen und Erweckungen durch Christus ist eine Gegenüberstellung gesetzt, die Christus und die Ehebrecherin mit einer Rechtssatzung aus dem Buch Leviticus verbindet.

Als Jesus einmal im Tempel lehrte, wurde eine Frau vor ihn gebracht, die sich des Ehebruchs schuldig gemacht hatte und daher gesteinigt werden sollte. Doch Jesus gab den anklagenden Schriftgelehrten und Pharisäern zur Antwort: „Wer ohne Sünde ist, werfe den ersten Stein" (Jo 8, 7).

Dieser Episode aus neutestamentlicher Zeit ist eine Vorschrift aus dem Buch Leviticus als ein beredtes Beispiel gegenübergestellt. In Lv 20, 10 wurde festgelegt, daß nach Begehen eines Ehebruchs beide, der Ehebrecher und die Ehebrecherin, getötet werden sollten. In der „Concordantz" wird also lediglich eine Rechtssatzung, kein Ereignis, als typologisches Vorbild ausgewählt, jedoch sind für diese Kombination nicht nur die „Glossa ordinaria" ein Vorläufer,[214] sondern auch Luther griff jene Auslegung auf.[215] Dagegen wurde in der Concordantia caritatis mit zwei alttestamentlichen Ereignissen argumentiert, nämlich Tamar, die Unzucht getrieben hatte und dafür verbrannt wurde (Gn 38, 24), sowie Daniel, der die unschuldig verleumdete Susanna rehabilitiert hatte (apokryphes Buch der Geschichte von Susanna und Daniel).[216]

27.a.* Urteil Salomonis – b.* Auferweckung des Jünglings zu Nain
Auf der neutestamentlichen Seite des 27. Paares der Textausgabe der „Concordantz" steht eine der Totenerweckungen durch Christus, die des Jünglings zu Nain. Vor der Stadt Nain war Christus ein Trauerzug begegnet und bewegt vom Mitleid für die Witwe, deren einziger Sohn beerdigt werden sollte, befahl er diesem aufzustehen, was er tat und Jesus konnte ihn seiner Mutter zurückgeben.

Etwas oberflächlicher Art ist die Kombination dieser Begebenheit mit der des Urteils Salomonis, die allein auf dem Aspekt des Zurückgebens eines Sohnes beruht. Um den Streit zweier Mütter zu entscheiden, welcher von beiden das lebende Kind gehöre, ließ König Salomo ein Schwert holen und befahl, das Kind zu zerteilen und jeder eine Hälfte zu geben. Die wirkliche Mutter erkannte Salomo an ihrem Erschrecken über diesen Vorschlag und an ihrem Willen, auf das Kind zu verzichten, wenn es nur am Leben bliebe. Daraufhin konnte der König

---

212 Beispielsweise in den „Glossa ordinaria" zum Buch Tobit, wo die Blindenheilung durch Christus als neutestamentliches Gegenüber der Heilung des Tobias als Zitat hinzugesetzt wurde („Domine Deus, illumina tenebras meas; a domine illuminantur"; MPL 113,731).

213 Schmid 1954, Sp. 839f.

214 MPL 114,389 zu Jo 8,3: „Mulier (...), quae adulterant legem Moysi".

215 In der Predigt über „Das achte Capittel Ioannis" (1531; gedruckt veröffentlicht erst 1565) führte er ebenfalls die Stelle 3. Mose 20,10 zur Auslegung von Jo 8,3 an; WA 33,495.

216 Schmid 1954, Sp. 839 f.

ihr das Kind geben, so wie es Christus tat, als er den Sohn der Witwe wieder zum Leben erweckt hatte.

Diese typologische Auslegung hat als neu zu gelten.[217] In der Biblia pauperum war das Urteil Salomonis mit dem Jüngsten Gericht verbunden worden[218] und in der Concordantia caritatis kam allein die Erweckung des Jünglings zu Nain vor, die dort nicht nur mit Jakob verbunden ist, der davon erfuhr, daß Joseph lebt (Gn 45, 25), sondern auch mit der Erzählung von dem Toten, der mit den Gebeinen Elisas in Berührung kam und dadurch wieder lebendig wurde (IV Rg 13, 21).[219]

In der „Concordantz" wurden als zusätzliche Analogien zum übergeordneten typologischen Gedanken des 27. Paares die Erweckung des Sohnes der Witwe von Sarepta und die Wiederbelebung des Eutychus hinzugestellt, der während einer Predigt des Paulus eingeschlafen und aus dem Fenster gefallen war (Act 20, 7–20).

28.a.* Elisa erweckt den Sohn der Sunamitin (IV Rg 4, 31–37) – b.* Auferweckung des Lazarus
Zum dritten Mal in der „Concordantz" ist an dieser Stelle die Auferweckung des Sohnes der Sunamitin durch Elisa in den Zyklus eingearbeitet, die im ersten Bildpaar das einzige Mal illustriert wurde. Diesmal steht jedoch die Erweckung selbst im Vordergrund, die Elisa durch Erwärmung des toten Knaben erreichte (IV Rg 4, 31–37).

Eine ebenso wundersame Auferweckung eines Toten vollbrachte auch Christus, als er den Bruder der Maria und der Martha, Lazarus, wieder zum Leben erweckte, indem er ihm befahl, den Stein seines Grabes fortzunehmen und herauszusteigen (Jo 11, 1–46). Diese Szene war in der Radierung zu Nummer 16.b als eine der Wundertaten Christi illustriert worden und sie wird an dieser Stelle nochmals in die Reihe der Einzelerzählungen zu den Heilungen durch Christus (25.b, 27.b, 28.b) aufgenommen.[220]

Die gegenseitige Auslegung der beiden Ereignisse dieser 28. Kombination stellt keineswegs eine Neuschöpfung dar, sie ist vielmehr eine gängige Zusammenfügung, die schon sowohl in der Biblia pauperum als auch der Concordantia caritatis vorkam.[221] Daß diese Auslegungen auch noch in der ersten Hälfte des 16. Jahrhunderts geläufig waren, zeigt Martin Luthers Predigt über Jo 11 vom 29. März 1539, in der er an die Wundertaten des Elisa erinnerte: „Item Elias, Elizaeus excitavit multos".[222]

Es ist nur zu offensichtlich, was diese Vierergruppe inhaltlich miteinander verbindet: Ist es bei 27.b, 28.a und b das Zurückrufen eines Toten zum Leben, kann bei der Einbeziehung von 27.a auch das direkte Zurückgeben eines Kindes bzw. Bruders an die Mutter bzw. Schwester erkannt werden.

29.a.* Der abgestorbene Baum (Jer 11, 19) – b.* Jeder tote Baum wird verbrannt (Mt 3, 10; Lc 3, 9)
Die Worte in Mt 3, 10 („Jeder tote Baum, der nicht gute Frucht bringt, wird umgehauen und ins Feuer geworfen" – ebenso in Lc 3, 9), die Johannes der Täufer zur Volksmenge sprach,[223]

---

217 Eine Ausnahme stellt Luther dar, der in seiner Predigt am 2. 10. 1530 diese Verbindung auf die gleiche Weise zog; WA 32,126.
218 Cornell 1925, S. 298–300.
219 Schmid 1954, Sp. 851f.
220 Als weitere alttestamentliche Parallele ist neben den Vers nochmals die schon in 27. vorkommende Erweckung des Sohnes der Witwe von Sarepta hinzugesetzt.
221 Cornell 1925, S. 266–267; Schmid 1954, Sp. 843f.
222 WA 47,713.
223 Irrtümlicherweise wird im Distichon zu 29.b Christus und nicht Johannes als derjenige genannt, der diese Worte spricht.

als sich diese taufen lassen wollte, werden in der „Concordantz" mit dem Vers 11, 19 des Buches Jeremias verknüpft, wo vom Plan der Bürger der Stadt Anathot erzählt wird, den Propheten zu töten („Laßt uns den Baum verderben in seiner Blüte, ihn ausrotten aus dem Land der Lebenden, und seines Namens werde nicht mehr gedacht"). Das Bild vom Baum ermöglicht die Analogiebildung zwischen Altem und Neuem Testament, die so weder in früheren illustrierten Zyklen, noch in exegetischen Schriften auf ebensolche Weise aufgestellt wurde, so daß in diesem Falle von einer typologischen Neuschöpfung gesprochen werden muß.

30.a.* Elisa folgt Elia durch den Jordan – b.* Petrus folgt Christus auf dem See Genezareth
Wieder auf Ereignisse, und nicht nur Verse, der beiden Bibelteile ist die Gegenüberstellung von Elisa bezogen, der seinem Herrn Elia folgte, und Petrus, der Christus auf dem See Genezareth nachging.

Als Christus auf dem See wandelte, fragte ihn sein Jünger Petrus, ob er ihm folgen könne, was solange gelang, bis Petrus doch Angst bekam und sogleich versank. Der Vergleich mit Elia, der mit seinem Schüler Elisa durch den Jordan ging, indem er mit seinem Mantel des Wasser teilte, liegt nahe und wurde so auch bereits in der Concordantia caritatis gezogen.[224]

Dazu sind in der „Concordantz" noch zwei zusätzliche Parallelen aus dem Alten Testament gefunden worden, die als Bibelstellen neben den Versen angegeben sind: David, dem sein Vertrauter Husai auf den Berg folgte (II Rg 15, 32–35), und Ruth, die ihrer Schwiegermutter Naemi nach Bethlehem folgte, als dort die Hungersnot vorüber war (Rt 1, 15–18).[225] Die Analogie der Ereignisse der vier Erzählungen unter 29. und 30. liegt folglich im treuen Nachfolgen.

31.a.* Jakob segnet die Söhne Josephs – b.* Christus und die Söhne der Frau des Zebedäus
Die Frau des Zebedäus, Mutter der Jünger Jakobus und Johannes, hatte Jesus gebeten, ihren Söhnen im kommenden Himmelreich die Ehrenplätze zu seiner Rechten und Linken zu geben. Jesus aber wies diesen Wunsch zurück – darüber würde allein der Herr entscheiden.

Die typologische Vorbildlichkeit des alttestamentlichen Jakobssegens zu jener neutestamentlichen Szene besteht in der identischen Plazierung der beiden Söhne Josephs, zu der Ephraims und Manasses, die bei der Segnung rechts und links zu Seiten Jakobs standen. In keinem der typologischen Kompendien vor dem Erscheinen der „Concordantz" waren diese Erzählungen aufgenommen worden, was nicht allzusehr verwundert, basiert doch die typologische Überlegung allein auf der Position der Söhne; im neutestamentlichen Ereignis wird der Segen im Gegensatz zur alttestamentlichen Begebenheit nicht vollzogen.

32.a.* Die ungläubigen Schwiegersöhne Lots (Gn 19, 14) – b.* Die törichten Jungfrauen (Mt 25, 1–13)
Seine Schwiegersöhne, die Lot aufgefordert hatte, die Stadt Sodom zu verlassen, nahmen diese Aufforderung nicht ernst und verbrannten deshalb beim Untergang der Stadt (Gn 19, 14). Ebenso unvernünftig hatten die Jungfrauen gehandelt, die bei der Ankunft des Bräutigams kein Öl mehr hatten, um ihn mit ihren Lampen in den Hochzeitssaal zu führen. Als sie Öl nachgekauft hatten, war es zu spät: Sie fanden keinen Einlaß mehr (Mt 25, 1–13).

Nur im Heilsspiegel kommt die Erzählung von den klugen und törichten Jungfrauen vor. Sie ist dort dem Jüngsten Gericht und dem Gleichnis von den anvertrauten Pfunden aus

---

224 Schmid 1954, Sp. 839f.
225 Literatur zur Ikonographie dieses Themas nur über ein Werk späterer Zeit: A. Tümpel: Ruth erklärt Naemi die Treue von Pieter Lastman – Zur Genese eines typischen Barockthemas, in: Niederdeutsche Beiträge zur Kunstgeschichte 17 (1978), S. 87–101.

Mt 25, 14–30 zugeordnet.[226] In der „Concordantz" dagegen beruht der Vergleich auf dem kurzsichtigen Verhalten der Beteiligten, das ihren Untergang bedeutete.

Taf. 33 a. David, von den Frauen empfangen (I Rg 18, 6f.) – b. Einzug Christi in Jerusalem
Es folgt nun wieder eine Reihe von fünf Abschnitten, zu denen Illustrationen vorliegen. Nach dem siegreich ausgegangenen Kampf gegen den riesigen Philister Goliath wurde David triumphal am Stadttor Jerusalems empfangen. Hirschvogels Radierung zeigt den jungen Helden zwischen König Saul, dem er das Haupt Goliaths überbringen wird, und den Frauen, die ihm singend und Leier spielend entgegenziehen. Anders als in der biblischen Erzählung in I Rg 18,6 f. sind in Hirschvogels Darstellungen auch einige Männer unter der Menge der Frauen zu finden. Sie alle treten aus einem Stadttor heraus, das Bezüge zu antiken Triumphbögen aufweist.[227] Eine ebensolche Reminiszenz an die Antike stellt die Standarte eines Soldaten im Mittelgrund dar. Im Hintergrund liegt nicht nur der getötete Goliath, außerdem zieht auch das geschlagene Heer der Philister davon.

Für seine Radierung konnte sich Hirschvogel an einer nur sehr geringen Zahl von Vorläufern orientieren.[228] In der Lübecker Bibel von 1494 gibt es eine Darstellung des Themas. Dort jedoch sind allein die Frauen Jerusalems zu sehen, die den von links mit dem Haupt Goliaths kommenden David empfangen. Folgt Hirschvogels Radierung also eher allgemein der Darstellungstradition, läßt sich für den auffällig im Mittelgrund darniederliegenden Leichnam Goliaths ein genaues Vorbild ausmachen. Ein Stich Enea Vicos nach Michelangelo gibt dessen Fresko mit Judith, die den Kopf des Holofernes trägt, auf einer Trompe in der Sixtinischen Kapelle wieder.[229] Rechts liegt der Körper des Mannes, den Hirschvogel in sehr ähnlicher Haltung in seiner Radierung aufnahm, durch den Radiervorgang nun seitenverkehrt zu sehen. Das angewinkelte, hochgezogene Bein und der seitlich weggestreckte Arm lassen den unmittelbaren Einfluß erkennen. Trotz der unterschiedlichen Themen bildete Vicos Stich die formale Voraussetzung für Hirschvogels toten Goliath.

Es ist verständlich, daß als passendes Gegenbild, wie schon in der Biblia pauperum, der Einzug des von seinen Jüngern begleiteten Christus in Jerusalem gewählt wurde.[230] In Hirschvogels Radierung steht auf der rechten Seite das Stadttor, aus dem die Bewohner Jerusalems Christus entgegendrängen, um ihm zuzujubeln. Zur üblichen Ikonographie, für die Dürers Holzschnitt aus der „Kleinen Holzschnittpassion" von 1508/10 stehen kann, gehört es, daß einer der Anwesenden huldvoll sein Gewand vor dem auf einer Eselin reitenden Christus ausbreitet.[231] Dürer zeigte die nur in Jo 12, 13 genannten Palmzweige, Zeichen des Sieges, die von den Jerusalemitanern gehalten werden; bei Hirschvogel hingegen sind es Ölbaumzweige, wie sie in Mt 21, 8 erwähnt sind, wo berichtet wird, daß einige der Leute Zweige von den Bäumen abschlugen und sie auf den Weg streuten. Dies stellte Hirschvogel genau dar, wobei diese Begebenheit eher selten dargestellt wurde. Cranach d.Ä. nahm für den Holzschnitt des Palmsonntagsgeschehens für Adam von Fuldas „Ein sehr Andechtig christenlich Buchlein" (Wittenberg 1512) dieses Motiv ebenfalls auf. Die Elemente des Segensgestus Christi und des Wedelns mit Palmzweigen sowie das Ausbreiten von Mänteln finden sich auch beim Holz-

---

226 Breitenbach 1930, S. 265–270.
227 Zur Darstellung von Architektur in der „Concordantz", s. Kapitel II. 5. 3.
228 D. Schimdt: David, der Goliathsieger, Diss. Berlin 1960; R.L. Wyss: David, in: LCI, Bd. 1, Sp. 477–490; Schiller, Bd. 1, S. 477–490; R.L Wyss: David, in: RDK, Bd. 3, Sp. 1083–119.
229 Bezeichnet unten rechts: IN VATICANO.ROMAE. MICH.AN B.P.F.EXEMPLAR. AEN.VIC.P.EXCIDEB. M.D.X.LVI. Vgl.: Michelangelo e la sistina – La tecnica – Il restauro – Il mito, Rom 1990,

S. 176; zu Leben und Werk Vicos: Kat. Wien 1966, S. 186.
230 Cornell 1925, S. 268 f.; dort außerdem verbunden mit Elias, den die Kinder der Propheten empfangen; Henry 1987, S. 75.
231 E. Dinkler: Der Einzug Christi, Oplanden 1970; Schiller Bd. 2, S. 28–33; E. Lucchesi-Palli: Einzug in Jerusalem, in: LCI, Bd. 1, Sp. 593–597; E.v. Witzleben – K.-A.Wirth: Einzug in Jerusalem, in: RDK, Bd. IV, Sp. 1039–1060.

schnitt aus dem Baldung-Umkreis für die „Leien Bibel". Für Hirschvogels Radierung kann folglich wieder einmal eine ganz besonders getreue Umsetzung des Bibeltextes festgestellt werden.

Im Hintergrund erkennt man außerdem die perspektivisch ungeschickt gezeigte Stadtmauer Jerusalems, hinter der der Tempel der Stadt mit einer Kuppel wiedergegeben ist. Im Holzschnitt für das Passionale von 1521 wählte Cranach d.Ä. die Darstellung Jerusalems in Form einer zeitgenössischen deutschen Stadt.[232]

Die Verse der „Concordantz" zu den Illustrationen betonen die gemeinsamen Aspekte der Zusammenstellung. Sowohl Christus als auch David wurden mit Gesang und Jubel empfangen. Auch der Fortgang der beiden Geschichten weist korrespondierende Züge auf. König Saul, der auf Davids Erfolg mit Eifersucht und Neid reagierte, verfolgte ihn von da an mit seinem Haß.[233] Ebenso waren es die jüdischen Schriftgelehrten und Hohepriester, die Jesus von nun an nach dem Leben trachteten („Auß blindtheit toedten sie selbs" – d.h. die Juden – „Christum", wie es in den Versen heißt). Kompositionell wird eine Beziehung zwischen den beiden Ereignissen des Bildpaares hergestellt, wenn in der alttestamentlichen Darstellung die Handlung von rechts nach links verläuft (s. die Bewegungsrichtung Davids) und im Bild zum Neuen Testament Christus von links nach rechts reitet. Noch viel enger einander angeglichen waren die Kompositionen des Einzuges Jesu und Davids in Jerusalem in der Bildfolge des Speculum.

Mit den zusätzlichen Versangaben werden in der „Concordantz" weitere Typologien angeboten, so der schon oben im Zusammenhang mit den Darstellungen der Biblia pauperum erwähnte Empfang Elisas (IV Rg 2, 15) und außerdem das Fest der Tempelweihe (II Mach 10, 5–8), das in keinem der früheren typlogischen Zyklen erscheint.[234] Eine Weissagung des Propheten Zacharias (Sach 9, 9f.) ist als Bibelstelle fälschlicherweise auf der neutestamentlichen Seite angegeben („Frohlocke laut, Tochter Zion! Jauchze, Tochter Jerusalem! Siehe dein König kommt zu dir, ..."etc.). Dieser Vers ist schon für die Biblia pauperum geläufig, so daß festzustellen ist, daß bei diesem 33. Abschnitt eine ganz besonders enge inhaltliche Beziehung zur Biblia pauperum besteht, wie sie in der „Concordantz" sonst eher nur selten anzutreffen ist.

Taf. 34 a. Melchisedek segnet Abraham (Gn 14, 17–20) – b. Abendmahl
Vom korrekten chronologischen Ablauf der biblischen Erzählung wich Hirschvogel ab, wenn er an das Palmsonntagsgeschehen nicht etwa z.B. die Tempelreinigung (17.b) oder den Verrat des Judas (35.b/36.b) anschloß, sondern das Abendmahl Christi mit seinen Jüngern. Folgt man den Ausführungen H. Aurenhammers,[235] so stellt Hirschvogels Radierung genau genommen die Apostelkommunion oder die Einsetzung der Eucharistie dar, bei der die Austeilung von Brot und Wein an die Jünger im Vordergrund steht, da Christus mit seiner rechten Hand das Brot reicht und in der linken den Weinkelch hält.[236] In der Radierung steht also das gemeinsame Einnehmen des Abendmahls im Zentrum der Aussage, eine Deutung, die durch den Vergleich mit anderen Darstellungen des Themas noch klarer erkennbar wird: Das Einzelblatt Dürers von 1523 zeigt die Apostelversammlung nur zu den Seiten Christi. Die Einsetzung des Altarsakraments spielt eine nur sehr untergeordnete Rolle (der Kelch auf dem Tisch), wichtiger ist die Bezeichnung des Verrates durch Judas, der vor Christus zu sehen ist. Wie bei Hirschvogel ist der Raum des Abendmahls stets bühnenartig gezeigt worden. Bei

---

232 Groll 1990, S. 233–236.
233 Siehe 18.a – David weicht dem Speer Sauls aus.
234 Molsdorf 1926, S. 48f.
235 Aurenhammer 1967, S. 11–15, bzw. 222–227.
236 K. Wessel: Abendmahl und Apostelkommunion, Recklinghausen 1964; E. Lucchesi-Palli: Abendmahl, in: LCI, Bd. 1, Sp. 10–18; Ders.: Apostelkommunion. in: LCI, Bd. 1, Sp. 173–176; K. Müller: Abendmahl, in: RDK, Bd. 1, Sp. 28–44; Schiller, Bd. 2, S. 35–51.

Dürer befindet sich ein Rundfenster an der Rückwand, seitlich zwei quadratische Fenster. Der Stich Raimondis von 1515 nach einer Zeichnung Raffaels (Abb. 95)[237] zeigt eine Wandöffnung in Form der Serliana. Auch hier sind die Jünger wie bei Dürer angeordnet – die Tat des jugendlichen Judas wird soeben entlarvt.

Anders dagegen, und damit näher an Hirschvogels Arbeit stehend, ist Erhard Schöns Illustration zum „Cathechismus" (1533) aufzufassen.[238] Dort weist Christus auf Wein und Brot und hält seine rechte Hand segnend nach vorn. Judas ist durch den Geldbeutel jedoch eindeutig als Verräter gekennzeichnet, eine Hervorhebung, auf die Hirschvogel verzichtete.

Schon in Ps 110, 4 und Hebr 7 wird der Priesterkönig Melchisedek als Vorbild Christi gesehen; er hatte nach Gn 14, 17–20 dem von einem Kriegszug heimkehrenden Abraham Brot und Wein gebracht und ihn gesegnet. Diesen Augenblick wählte Hirschvogel aus. Hinter dem als Priester gekennzeichneten Melchisedek steht sein Gefolge mit Brot und Wein, der gerade in Kelche eingegossen wird, womit eine auch kompositionelle Verbindung zum neutestamentlichen Bild hergestellt wird. Hinter dem greisen Abraham steht dessen Gefolge mit der Beute und den Köpfen des besiegten Königs Kedor-Laomer und seinen Verbündeten, die als Trophäen auf Speere gespießt sind.

Diese in typologischen Zusammenhängen oft gezeigte Szene hat außerhalb davon, z.B. in den umfangreichen alttestamentlichen Bildausstattungen in Bibeln des 16. Jahrhunderts, keine Aufnahme gefunden.[239] So dürfte die Idee zur Verknüpfung dieser Bilder aus der Biblia pauperum stammen.[240]

Jedoch fühlt man sich bei der Betrachtung des Kupferstiches aus der Schule Marcantonio Raimondis mit Ambrosius, der König Theodosius den Eingang in die Kirche verwehrt[241] (Abb. 12), an die Darstellung Abrahams und Melchisedeks in der „Concordantz" erinnert. Zwar kniet der Herrscher in der italienischen Druckgraphik vor dem Priester, doch fallen einige, nur leicht variierte Gemeinsamkeiten auf: Das Festhalten des Dolches, die demütige Handhaltung vor der Brust, die Variante der Rüstung, deren Helm bei Hirschvogel eine vereinfachte Form des Vorbildes ist, die aufrechte Position des bärtigen Priesters, der einen Fuß vorstellt und mit der linken Hand den Saum seines Mantels in die Höhe hält. Unterschiedlich ist aber besonders, daß Theodosius vor Ambrosius kniet, während Abraham vor Melchisedek gerade zum Niederknien ansetzt.

Die traditionsreiche typologische Zusammengehörigkeit der beiden Szenen wird durch die Verse bei den zwei Radierungen unter dem Aspekt der Darbringung von Opfern nochmals betont und gedeutet. Auf eine weitere bildliche Parallele neben dem Eingießen des Weines

---

237 Kat. Lawrence 1981, S. 116f.
238 Roettinger 1925, S. 83f., Nr. 66. 17.
239 Zur Ikonographie dieser Szene: F. Kern: Der Rex und Sacerdos in bildlicher Darstellung, Festschrift Dietrich Schäfer, Jena 1915, S. 1–5; F.W. Deichmann: Melchisedek, in: Festschrift Hanna Jursch, Berlin 1962, S. 31–37; Aurenhammer 1967, S. 23f.; G. Seib: Melchisedech, in: LCI, Bd. 3, Sp. 241f.; K. Möller: Abraham, in: RDK, Bd. 1, Sp. 82–102.
240 Cornell 1925, S. 273–179; außerdem ist darin noch die in der „Concordantz" nur als Versangabe beigestellte Mannalese gezeigt. Auch in der Kirchenväterliteratur ist diese Kombination anzutreffen – viele Zitate könnten dafür genannt werden, hingewiesen sei nur auf Isi-

dors „Quaestiones": „Melchisedech (...) sacerdotium figuravit, cuius corporis et sanguinis sacramentum, id est, oblatio panis et vini in toto orbe terrarum offertur", MPL 83,239. Auch Martin Luther griff diesen Gedanken auf und bezeichnete in seiner Predigt über das erste Buch Mose 1523 (gedruckte Ausgabe bei Hans Lufft in Wittenberg 1524; s. WA 14,3) Melchisedek mehrfach als eine „figura Christi"(WA 14,235 u.a.); Henry 1987, S. 83.

241 Als Theodosius zur öffentlichen Buße einen Kirchgang unternehmen wollte, verweigerte ihm Bischof Ambrosius den Eintritt. Erst als sich der Kaiser den Geboten des Ambrosius unterwarf, durfte er sich der Buße unterziehen.

wird verzichtet, da Hirschvogel Christus nicht mit einem Segensgestus zeigt, wie es bei diesem Thema möglich gewesen wäre. Auf der neutestamentlichen Seite geht es stärker um den eucharistischen Aspekt als im alttestamentlichen Bild.

Bei den vier Darstellungen dieser beiden Seiten ist wieder einmal versucht worden, inhaltliche und kompositionelle Zusammenhänge herzustellen, auch wenn diese oberflächlich bleiben. Segnungen stehen im Vordergrund, besonders deutlich zu erkennen an den Handhaltungen des in Jerusalem einziehenden Christus und des Melchisedek.

C. Gericht über Christus

Taf. 35 a. Joseph wird von seinen Brüdern verkauft (Gn 37, 22–28) – b. Der Verrat des Judas
Eine lange Tradition hat die Deutung einiger Erzählungen aus der Geschichte Josephs von Ägypten in Bezug auf neutestamentliche Begebenheiten. Als Vorläufer für den Verrat des Judas an Christus, den Judas sich bezahlen ließ, wählte Hirschvogel die auch in der Biblia pauperum vorkommende Erzählung vom Verkauf des Joseph an die Ismaeliten.[242] In der exegetischen Literatur des Mittelalters, z.B. dem „Speculum Ecclesiae" wurden die beiden Episoden ebenfalls einander gegenübergestellt.[243] Am Ende der Predigt über die Josephsgeschichte von 1523 hatte auch Martin Luther diese allegorisch ausgelegt: „In hac historia sanctissime nobis Christus per Ioseph depictus est" (WA 14, 468; gedruckt erschienen in Wittenberg im folgenden Jahr, 1524).

Aus Neid auf Josephs positive Zukunft, die er im Traum gesehen hatte, beschlossen seine Brüder, ihn zu töten, warfen ihn dann aber doch nur in eine Zisterne. Die Illustration zu Vers 35.a zeigt im Hintergrund, wie sie ihn wieder aus dem wasserlosen Brunnen zogen, ihn danach fesselten und ihn als Sklaven an eine Karawane von Ismaeliten verkauften (Gn 37, 22–28).

Weil die für das Verständnis der Szene notwendigen Elemente feststehen, ist die Ikonographie dieser Josephsgeschichte stets sehr ähnlich:[244] Entweder wird nur das Geldgeschäft gezeigt, wie beispielsweise in Georg Pencz' Kupferstich, der ein Jahr vor Hirschvogels Radierung (1546) entstand.[245] Oder aber das Repertoire ist gleich dem der Illustration in der „Concordantz": Es besteht dann aus dem Heraushölen Josephs aus dem Brunnen, der Karawane mit den Dromedaren und der Übergabe des Geldes, wie sie in Jörg Breu d.J. Holzschnitt von 1540 dargeboten werden. Anders als in diesen beiden Beispielen und so wie bei Hirschvogel gab Hans Schäufelein die Vorstellung wieder, daß sich das Geldgeschäft an einem Tisch vollzog (Holzschnitt aus dem „Memorial der Tugend", Augsburg 1534).[246] Bei Hirschvogel ist es ein provisorisch aus Steinen errichteter Tisch, der aber den Wunsch des Illustrators erkennen läßt, möglichst auch die Gemeinsamkeiten zur gegenübergestellten neutestamentlichen Begebenheit im Bild zu zeigen. Ein großer Tisch beherrscht nämlich das Bildfeld mit der Darstellung des Verrats des Judas Ischariot. Die Hohenpriester boten an, ihm 30 Silberlinge zu geben, wenn er ihnen Christus überliefere. Die Radierung gibt den Moment wieder, in dem Judas bereits erfolgreich über den Lohn verhandelt hat und ein Jude ihm das Geld vorzählt.

---

242 Cornell 1925, S. 270f; Henry 1987, S. 82.
243 „Joseph qui a fratribus distrahitur, est Christus qui a discipulo Judaeis traditur", MPL 172, 848.
244 A. Wengenmayr: Die Darstellung des ägyptischen Joseph in der bildenden Kunst, Masch. Diss. München 1952; U. Nilgen: Joseph von Ägypten, in: LCI, Bd. 2, Sp. 423–434.
245 Georg Pencz bürgte 1535 in Nürnberg für einen Kredit Augustin Hirschvogels, s. Schwarz 1917, S. 103. Landau 1978, S. 64f. und 84.
246 Schreyl 1990, Bd. I, S. 156.

Diese Szene kommt ausschließlich in typologischen Zusammenhängen vor,[247] wie z. B. im Blockbuch der Biblia pauperum, wo jedoch deutlich das Aushandeln der Geldsumme und damit der Aspekt der Verschwörung hervorgehoben wurde, um mit den alttestamentlichen Verschwörungsszenen (gegen Joseph wie in der „Concordantz" und dem Staatsstreich Absaloms und seiner Anhänger gegen seinen Vater David aus II Rg 15) verbunden werden zu können. Die letztgenannte Begebenheit kommt auch, zumindest als Bibelstellenverweis, in der „Concordantz" vor („2. Reg. 15."). Zusätzlich wurde aber durch die Angabe „Iudi. 9.e" noch auf jene Geschichte aufmerksam gemacht, in der die Männer von Sichem ihrem König Abimelek untreu wurden, weil sie durch Raubzüge die Zolleinnahmen Abimeleks minderten (Jud 9, 22–34). Dies geschah aus Rache für seine gewaltsame Machtübernahme, bei der er 70 von ihnen getötet hatte.

Das in Hirschvogels Radierung zum Judasverrat so auffällige Schmuckmotiv des Tisches ist aus Ornamentstichen der Mitte des 16. Jahrhunderts ableitbar. Aus zwei Delphinen erwachsen langgestreckte Voluten, zwischen denen ein Ornament aus Akanthusblättern steht. Solche Motive sind für die Zeit vor der Mitte des 16. Jahrhunderts ein sehr geläufiges Dekor. Zum Vergleich ausgewählt sei ein unbezeichneter, dem Umkreis Sebald Behams entstammender Holzschnitt der frühen 1540er Jahre,[248] der die genannten Motive auf einem Blatt vereinigt. Neben Einzelblättern dieser Art gibt es auch auf Titelblatteinfassungen Motive aus Delphinen, Ranken und Akanthus, beispielsweise auf dem aus der Cranach-Werkstatt stammenden und für Martin Luthers „Sermon auff den Pfingsttag" bestimmten Titelholzschnitt, der in Wittenberg 1523 erschienen war.[249] Dort allerdings sind die einzelnen Komponenten stärker voneinander getrennt und es kommt seitlich des Titels eine Satyrfamilie hinzu.

Taf. 36 a. Elisa bestraft Gehasi mit dem Aussatz Naamans (IV Rg 5, 19–27) – b. Judas nimmt Geld von den Hohenpriestern
Ein nur noch entfernt ähnliches Schmuckmotiv wie in 35.b – eine aus Akanthusblättern herauswachsende Ranke zwischen zwei Voluten, nun jedoch ohne Delphine – ziert die Stirnwand des Tisches auf der Radierung, die des Judas Geldübernahme von den Hohenpriestern zeigt. Die Raumsituation ist gegenüber der vorhergehenden Illustration jedoch unverständlicherweise verändert, obwohl nur Sekunden zwischen den beiden Momenten liegen. Die Tür ist näher an der Zimmerecke plaziert und ein Rundfenster mit Gitterkreuz ist hinzugekommen. Judas ist von der linken Seite an die rechte Ecke des Tisches getreten und schiebt die Silberlinge in seinen Geldbeutel.

Das Streben nach Reichtum bildet den Schlüssel für die Verbindung des verräterischen Judas mit Gehasi, dem Knecht des Propheten Elisa, der sich ebenfalls unrechtmäßig bereichert hatte. Nachdem der Prophet den Feldherrn Naaman vom Aussatz geheilt hatte (s. Bildpaar 12.), lehnte jener allen Lohn ab. Gehasi aber eilte Naaman nach, erhielt von ihm Silber und Geschenke, die er habgierig für sich behielt. Als Elisa dies entdeckte, verstieß er seinen Diener und bestrafte ihn mit dem Aussatz, den er zuvor dem Naaman genommen hatte (IV Rg 5, 19–27).

---

247 Vgl. die umfangreiche Literatur zur Judas-Ikonographie: W. Porte: Judas Ischariot in der bildenden Kunst, Berlin 1883; H. Hursch: Judas Ischarioth in der Kunst, in: Wissenschaftliche Zeitschrift der Friedrich-Schiller-Universität Jena, Gesellschafts- und sprachwissenschaftliche Reihe 2 (1952/53), S. 101–105; L. Kretzenbacher: Verkauf um 30 Silberlinge – Apokryphen und Legenden um den Judasverrat, in: Schweizerisches Archiv für Volkskunde 57 (1961), S. 1–17; Judas Ischariot, in: LCI, Bd. 2, Sp. 444–448; Schiller, Bd. 2, S. 62–66.

248 H. Appuhn und C.v. Heusinger: Riesenholzschnitte und Papiertapeten der Renaissance, Unterschneidheim 1976, S. 22; Warncke 1979, Bd. 2, S. 55.

249 Kat. Basel 1974, Nr. 233 und 234, S. 349f.; Warncke 1979, Bd. 2, S. 25; die Predigt s. WA 1,566–578.

Hirschvogel gibt nach dem Prinzip mittelalterlicher Simultandarstellungen nicht nur den vom Aussatz gezeichneten Gehasi und seinen Herrn wieder, sondern im Hintergrund auch, wie der aus seinem Gespann gestiegene Naaman Gehasi die Geldbeutel überreicht. Das charakteristische und für das Erkennen der Szene wesentliche Element der Bestrafung mit Aussatz steht also deutlich im Vordergrund der Radierung; dagegen ist der für die typologische Auslegung notwendige Vorgang der Bezahlung nur klein in die Hintergrundlandschaft gesetzt.

In der Biblia pauperum war die Bezahlung des Judas eine vertraute Szene, jedoch wurde sie mit anderen alttestamentlichen Geschehen als in der „Concordantz" verbunden. Dort sind Josephs Verkauf an die Ismaeliter und der Verkauf Josephs an Potiphar durch die Midianiter die typologischen Gegenüber (Gn 37, 28 und Gn 37, 36).[250] So ist es als eine besonders kluge exegetische Leistung Perenius' und Hirschvogels anzusehen, daß sie einen zusätzlichen und neuen alttestamentlichen Typus aufdeckten, für den es bis dahin keine künstlerischen Vorbilder gegeben hatte.[251] In Concordantia caritatis und Heilsspiegel kommen Szenen zum Verrat des Judas, wie oben unter 35. schon erwähnt, nicht vor.

In allen vier Radierungen dieses Doppelblattes spielen Geldübergabe und Bezahlung eine Rolle, so daß dieser Vorgang als Motiv für die Verknüpfung der Illustrationen gesehen werden muß. Kompositionell einander angeglichen sind nur die Figuren des Hohenpriesters und des Judas, die in gleicher Haltung übereinanderstehen.

Taf. 37 a. Jesaia vor dem Herrn (Jes 42, 14–24) – b. Christi Wehklage über Jerusalem (Mt 23, 37)
An den Datierungen der beiden Blätter dieses Bildpaares ist zu erkennen, daß Hirschvogel 1551, ein Jahr nach dem Erscheinen der „Concordantz", die Arbeit an der Radierungsfolge wieder aufnahm.[252] Die beiden Platten dieses Bildpaares haben eine um vier Millimeter geringere Höhe als die übrigen der gesamten Folge.

Ihre Themen sind keine biblischen Erzählungen, sondern vielmehr polemische Warnungen und Klagen, die Hirschvogel durch die Darstellung der sie aussprechenden Gestalten bildlich umsetzte.

Im 42. Kapitel des Buches Jesaia wird eine Gottesvision des Propheten geschildert[253], nach deren Ende er das Volk dazu aufrief, Gott zu loben. Gott war Jesaia erschienen und hatte die Anklage der Israeliten gegen ihn zurückgewiesen, er würde tatenlos ihrer verzweifelten Lage im Exil zusehen. Das Volk selbst treffe Schuld, weil es seine Warnungen mißachtet hatte. Daß in der Radierung diese Stelle wiedergegeben ist, und nicht etwa die in der Biblia pauperum auftretende Vision aus Jes 22, 4 (Jesaias weint über Jerusalem),[254] belegt der Vierzeiler zur Radierung, den man nur der Textausgabe der „Concordantz" entnehmen kann. In ihm werden die Worte des Herrn in Is 42, 25 sinngemäß wiedergegeben: „Was (d.h. die Hilfe) wer doch zu thun gewesen ye /Das ich nur nit thon het disem volck / Sie haben aber selbst nit gewolt". Auswahl und Verteilung der Elemente der Radierung rezipieren eine seit langem aus der Bibelillustration vertraute Konzeption. Nicht nur Hans Sebald Beham zeigte in einem Holzschnitt der „Biblischen Historien" Jesaias während einer Gottesvision, wobei nicht zu

---

250 Cornell, S. 271f.
251 Erst von dem Holländer Cornelis Brouwer z.B. wurde diese Begebenheit fast 100 Jahre später zum Thema eines Bildes gemacht (1634; Kassel, Staatliche Kunstsammlungen); W. Sumowski: Gemälde der Rembrandt-Schüler, Bd. 1, Landau 1983, S. 457, Nr. 212
252 Dies beweist zusätzlich der „Index zur Folioausgabe" von 1550 (s. Kap. III. 4.), bei dem zu 37. ein Sternchen neben den Bibelstellen steht, womit Hirschvogel angegeben hatte, daß die „figuren (...) noch nicht gerissen sind", wie es in der Nachbemerkung zum Index hieß.
253 Verse 14–24.
254 Cornell, S. 312f.

klären ist, welche genau gemeint ist (Jes 6, 1, 22, 4, 33, 20 oder 42, 14–20). Auch Hans Holbein d.J. nahm den vor der Stadt Jerusalem stehenden Jesaia in die Folge seiner „Icones" von 1538 auf, wo Jesaia in andächtiger Haltung gezeigt wird.[255]

Als Antitypus wurde Christi Wehklage über Jerusalem ausgewählt, ein Abschnitt des 23. Kapitels im Evangelium des Matthäus, dessen erste Worte aus Vers 37 („Jerusalem, Jerusalem") Hirschvogel über die Ruinen eines Tempels auf die Radierplatte geschrieben hat. Alle Bestandteile der Darstellung basieren auf der Bibelerzählung: Eine Steinigung („Jerusalem, (…) du steinigst, die zu dir gesandt sind", Mt 23, 37), eine Henne mit ihren Küken („Wie oft habe ich deine Kinder versammeln wollen, wie eine Henne ihre Küken versammelt unter ihre Flügel; und ihr habt nicht gewollt!", Mt 23, 37) und die Ruinen des Tempels („Euer Haus soll euch wüst gelassen werden", Mt 23, 38). Sinn der Rede Christi ist, Israel zu bekehren und schließlich zu retten, was sich sinnvoll an den Heilswunsch Israels aus dem Buch Jesaia anschließt.

Oft sind in der „Concordantz" die Kompositionen von Bildpaaren sehr ähnlich oder in einigen Elementen gar gleich gestaltet, so auch diesmal: Links begrenzt jeweils ein Baum das Bildfeld, die Hauptfigur ist groß an die Vorderkante der Radierung gestellt und mit der im Hintergrund liegenden Stadt ist beide Male Jerusalem gemeint.

Aus den typologischen Bildsystemen des Mittelalters ist eine ähnliche Kombination bekannt. Für die Biblia pauperum wurde die Wehklage Christi mit Jeremias' Ankündigung des Falles der Stadt Jerusalem (Jer 21, 1–10) vorbildhaft verbunden und in einigen Ausgaben des Heilsspiegels erscheint die Szene in eben diesem Zusammenhang, z.B. im Speculum, der 1476 bei Rihel in Basel gedruckt wurde; sie ist aber auch in anderen Illustrationsfolgen zu finden, so z.B. in Ulrich Pinders „Beschlossen Gart" (gedruckt in Nürnberg um 1505), einem Andachtsbuch zum Gebrauch für die Mitglieder der 1475 in Köln gegründeten Rosenkranzbruderschaft und von Pinder zusammengestellt aus Texten des Alten und Neuen Testaments, Literatur der Kirchenväter, der Mystiker und antiker Autoren. Mit der bildlichen Ausstattung (sie umfaßt 1008 Illustrationen) wurden Künstler des Dürer-Umkreises beauftragt, nämlich außer Dürer selbst auch Baldung Grien, Hans Schäufelein und Hans von Kulmbach.[256]

Das von Jesaia ausgesprochene Gleichnis vom Weinberg ist in der „Concordantz" als Bibelstellenangabe neben den alttestamentlichen Vers gesetzt („Isa. 5.a."). Es diente dem Propheten zur Verfluchung des Heeres des Judas, der sich am Volk Israel versündigt hatte, woraufhin Jesaia hoffte, daß jenes vergehe und zerstört werde.

38.a.* Lot wird von den Engeln aus Sodom geführt (Gn 19, 1–26) – b.* Die Nachfolge Christi (Jo 6, 44 bzw. Lc 9, 61)
Bei diesem nicht als Illustration ausgeführten typologischen Paar steht auf der alttestamentlichen Seite die Erzählung von Lot, den – bevor der Herr bei Sonnenaufgang Feuer und Schwefel über Sodom und Gomorrah regnen ließ – zwei Engel gemeinsam mit dem Neffen Abrahams, seiner Frau und seinen beiden Töchtern aus der Stadt führten. Lots Frau aber blickte sich trotz einer eindringlichen Warnung um und erstarrte daraufhin zur Salzsäule (Gn 19, 1–26).

Zum vertrauensvollen Folgen Lots paßt die Nachfolge Christi, zu der er in einer Rede die Juden aufrief, wenn sie in den Himmel zu kommen hofften (Jo 6, 44). Hirschvogel jedoch verwendete für den Vers 38.a ein freies Zitat nach Lc 9, 61 („Legt sein hend an pflug / sicht hin-

---

255 Kästner 1985 I, S. 297f.
256 Vgl. F. Winkler: Die Holzschnitte des Hans Suess von Kulmbach, in: Jahrbuch der preußischen Kunstsammlungen 20 (1941), S. 1–30; Kat. Karlsruhe 1959, S. 293, Nr. 12 und S. 303f.; Schreyl 1990, Bd. I, S. 53–55.

dersich || Ist meines vatters reych nit wirdig", bzw. „Niemand, der seine Hand an den Pflug legt und zurückblickt, ist tauglich für das Reich Gottes"). In dieser Bibelstelle kommt auch das Umblicken vor, das als ein Motiv für die Zweifel der Frau Lots und auch des Nachfolgers Christi steht.

Auf der erzählerischen Gleichartigkeit der Bibelberichte beruht diese Zusammenstellung, die in anderen illustrierten, typologisch aufgebauten Werken nicht vorkommt, wohl aber aus der exegetischen Literatur bekannt ist. Zu nennen wären dafür Isidors „Quaestiones in vetus testamentum", der im Abschnitt zum Untergang Sodoms auch die Verse aus Jo 6, 44 und 45 zitierte: „Nemo ponens manum suam super aratum, et respiciens retro."

Bekehrung zu Gott und Vertrauen zu ihm stehen im Vordergrund der Themen unter 37. und 38. und bilden die inhaltliche Klammer für die Verse und Darstellungen der nicht vollständig ausgeführten Bilderseite.

Taf. 39 a. Elia am Berg Karmel (III Kg 18, 17–40) – b. Christus am Ölberg (Mt 26, 39)
Ein in der Bibelillustration des 16. Jahrhunderts sehr häufig wiedergegebenes Geschehen erscheint auch in der „Concordantz": Das Gottesurteil am Berg Karmel aus dem dritten Königsbuch 18, 17–40.

Dem König des Nordreiches Israels, Ahab, der der Gottheit Baal huldigte, kündigte der Prophet Elia zur Strafe Trockenheit und Hungersnot an. Nach drei Jahren der Dürre bezichtigte ihn Ahab, schuld an der Katastrophe zu sein. Elia bestritt das und zum Beweis, wer der wahre Gott sei, wurde ein Gottesgericht auf dem Berge Karmel vereinbart. Beide brachten ein Opfer dar, durften aber kein Feuer verwenden. Hirschvogel zeigt im Mittelgrund seiner Illustration, wie die Baalspriester vergeblich darum bitten, ihr Stieropfer möge sich von selbst entzünden. Im Vordergrund ist Elia erfolgreicher. Vom Himmel ist Feuer niedergefallen – sein Opfer brennt. König Ahab wird daraufhin von einem Mann seines Gefolges bestätigt, daß der Gott des Elia mächtiger als Baal sei.

Gegenüber den zeitgenössischen Illustrationen zu diesem Thema weicht Hirschvogels Bild in keinem Aspekt ab.[257] So wird stets der Brandopferaltar des Elia in das Zentrum der Darstellungen gestellt, der nach III Rg 18, 31 aus zwölf Steinen aufgeschichtet worden war und den ein wassergefüllter Graben umgab. Hirschvogels sehr oft zu beobachtende große Treue zum Bibeltext veranlaßte ihn auch diesmal, genau die zwölf Steine und den ausgehobenen Graben zu zeigen. Das wurde in früheren Illustrationen zu diesem Thema nicht immer so gehandhabt: Der Holzschnitt des Meisters M.S. in Luthers erster deutschen „Vollbibel" (Wittenberg 1534) zeigt nur, teilweise perspektivisch verdeckt, zehn Steine und in Holbeins Holzschnitt in den „Icones"[258] handelt es sich um einen Blockaltar. Holbeins Illustration kommt jedoch in anderen Punkten derjenigen in der „Concordantz" außerordentlich nahe. Das Kniemotiv des Elia, der seitlich stehende König mit seinen Hofbeamten und der im Mittelgrund aufgestellte Altar der Baalspriester sind enge Übereinstimmungen. In der in Wittenberg erschienenen Illustration ist der sich freuende Elia am Altar stehend gezeigt – dicht daneben bemühen sich die Priester vergeblich am nicht brennen wollenden Opfer. In beiden Bildern wird auch genauer als bei Hirschvogel wiedergegeben, daß das Feuer vom Himmel fällt. Der aus Baldung Griens Umkreis stammende Holzschnitt für Wendelin Rihels „Leien Bibel"(Straßburg, 1540) drängt

---

257 Zur Ikonographie: C. Kopp: Elias und das Christentum auf dem Karmel, Paderborn 1929; E. Lucchesi-Palli und L. Hoffscholte: Elias, in: LCI, Bd. 1, Sp. 607–613; K.-A. Wirth und L.v. Wilckens: Elia (Elias), in: RDK, Bd. 4, 1372–1406; Schiller, Bd. 4,1, S. 26. Vgl.: Johann Heiß, Opfer des Elia, Augsburg um 1670/80, Öl auf Leinwand, 109, 5 x 150, 5; Freising, Diözesanmuseum (D 7244). Abb in: Katalog „Gottesbild – Bilder des Unsichtbaren", Regensburg 1997, S. 20f., Kat. Nr. 1.

258 Kästner 1985 I, S. 258f.

die einzelnen Elemente wegen des kleineren Bildfeldes enger zusammen, aber auch hier steht Elia beim aufgeschichteten Altar und der Altar der Baalspriester ist am Bildrand zu sehen.

Als sinnvoller neutestamentlicher Vergleich zur Karmel-Szene bot sich wegen des herabkommenden Feuers (so kombiniert in der Biblia pauperum)[259] die Darstellung des Pfingstwunders an. Anders wurde im Heilsspiegel argumentiert, wo die Darstellung Christi am Ölberg mit der Begebenheit am Karmel aufgrund des abstrakten Motivs eines Gottesurteils verbunden wurde – so wie auch in der „Concordantz".[260]

Auf einer leicht hügelig ausgebildeten Erdscholle im Garten Gethsemane kniet Christus vor dem von rechts heranschwebenden, von Wolken umgebenen Engel mit dem Kelch, dem Sinnbild des Leidens und des Gerichts (Mt 26, 39).[261] Im Vordergrund sind die drei Jünger Petrus, Johannes und Jakobus d.Ä. in den Schlaf gesunken – sie vermochten die Aufforderung Christi, mit ihm zu wachen und zu beten, nicht zu erfüllen. Hinten nähern sich bereits Judas und die Häscher. Auch für diese Szene wurde die Ikonographie nur selten und bestenfalls in Nuancen variiert.[262]

Sowohl z.B. Albrecht Dürer im Holzschnitt der „Großen Passion"(um 1500),[263] als auch Hans Brosamer in seiner Illustration im „Cathechismus für die Gemeine-Pfarrherr und Prediger" von 1550[264] inszenierten die Begebenheit wie Hirschvogel mit den Jüngern im Vordergrund, mit der mehr oder weniger stark gestikulierend vorgetragenen Bitte Christi, der Kelch möge an ihm vorbeigehen, und dem Erscheinen der Kriegsknechte an der Pforte zum Garten.

Die Verse zu den Illustrationen erzählen die dargebotenen Ereignisse nach. Bildet bei der Ölbergszene in anderen Darstellungen die Leidensankündigung an Christus den inhaltlichen Schwerpunkt, so betont der Autor der Verse in der „Concordantz" einen anderen Aspekt, der das Gemeinsame zum alttestamentlichen Bild herausstreicht. Die beiden Hauptpersonen (Elia und Christus) empfingen Zeichen, die göttliche Macht und göttlichen Willen ausdrückten: Elia das Feuerzeichen („In fewr sich erzeygt des hoechsten sterck"), Christus den Kelch („Also Christus ein zeychen empfieng / Vom Engel do er an Olberg gieng"). Die Verse zur Szene des Elia am Berg Karmel in Holbeins „Icones" betonten dagegen mehr das Feuer, das der Beweis für den wahren Gott war.[265]

Als Alternativen zum Gottesurteil am Karmel hätten der Ölbergszene andere alttestamentliche Begebenheiten beigestellt werden können: Wie in der Biblia pauperum das Gebet des Königs von Juda, Hiskia, zu Gott (III Rg 19, 15–19), in dem er gegenüber dem Herrn von der Zerstörung Judas durch den Assyrerkönig Sanherib klagt, oder David am Ölberg (II Rg 15, 30).[266] Jedoch erscheinen diese nicht einmal als zusätzliche Bibelstellenangaben neben den Versen der „Concordantz".

Taf. 40 a. Joab ersticht Amasa (II Rg 20, 1–10) – b. Der Judaskuß
Zwei verräterische Handlungen sind in diesem Bildpaar in Beziehung zueinander gesetzt:

---

259 Cornell 1925, 294f.; Henry 1987, S. 118.
260 Schmid 1954, Sp. 843f.
261 Schiller, Bd. 2, S. 58.
262 M. Bartmus: Die Entwicklung der Gethsemaneh-Darstellung bis 1400, Halle 1935; E. Plüss: Dürers Darstellungen Christi am Ölberg, Diss. Zürich 1954; J. Thüner: Ölberg, in: LCI, Bd. 3, Sp. 324–349; Schiller, Bd. 2, S. 58–61.
263 Kat. Nürnberg 1971, S. 321–324; Meder 1923, Nr. 115, S. 123.
264 Röttinger 1925, S. 45. Text des „Catechismus" in WA 30, I, 243–452.
265 „Elias ostendit Sacerdotibus Baal, Deum Israel esse verum Deum, Deo testificante per ignem cosumentem holocaustum Eliae." – „Elie met le beuf deßus l'autel/Le feu du ciel descend sans artifice/Et pour monstrer que le Dieu Israel/Est le uray Dieu, brusle le sacrifice." Zu den Versen der „Icones" s. Kap. II. 3.
266 Cornell 1925, S. 294f.; Schmid 1954, Sp. 843f.

Joab, der Neffe Davids und Anführer einer Söldnertruppe, war in Gibeon auf Davids möglichen Rivalen Amasa gestoßen. Mit der rechten Hand faßte er Amasa an den Bart, um ihn mit nur vorgetäuschter Freundlichkeit zu küssen, stieß ihm aber gleichzeitig mit der linken Hand heimtückisch ein Schwert in die Seite. Hirschvogel hielt sich eng an die detaillierte Schilderung in der Bibel, doch – versehentlich durch den Druckvorgang vertauscht – sticht Joab mit der Rechten zu (II Rg 20,1–10).

Einerseits ist dieses Thema wegen seiner inhaltlichen Parallelen als alttestamentliches Gegenbild zum Judaskuß bestens geeignet und deshalb ist der Ursprung seiner Darstellungstradition in typologischen Bildzyklen des Mittelalters zu suchen, für die beispielhaft das Bildpaar aus dem Holzschnitt-Heilsspiegel von 1476 stehen kann.[267] Aber es hat die Joab/Amasa – Begebenheit auch eine Tradition als eigenständiges Bild in der Bibelillustration des 16. Jahrhunderts.[268] In Sebald Behams „Biblischen Historien" von 1534 gehen die beiden Handelnden im Vordergrund aufeinander zu, der gerüstete Joab ergreift Amasa beim Bart und ersticht ihn. Von links nähern sich Joabs Soldaten – sie kommen zwischen dem Steingebirge hervor. Wie schon häufiger bemerkt wurde, lehnen sich Behams Holzschnitte dieser Serie an die „Icones" Holbeins an.[269] Die Aktionen der Beteiligten sind wieder dieselben, doch ist zusätzlich diesmal die Stadtmauer Gibeons eingefügt und der Felsen ist als monolithischer und bewachsener Stein hinter der Joab/Amasa-Gruppe aufgefaßt. In beiden Beispielen sind die Handlungen Joabs verkehrt wiedergegeben. Hirschvogels Illustration zeigt eine deutliche Abhängigkeit von diesen Formulierungen, nur setzt er den Stein noch größer ins Bild: Vor ihm ersticht Joab Amasa und hinter ihm steigen die Soldaten auf die Felsplatte. Dieses letztere Motiv, ungewöhnlich und so nicht in der Bibel geschildert, findet sich auch in dem Mantegna zugeschriebenen Kupferstich von ca. 1465,[270] der die Grablegung Christi zeigt, wenn es sich hier auch nur um einen Soldaten handelt. Auffällig ist vor allem der riesige Felsen der Grabeshöhle, der erklären würde, woher Hirschvogel die Idee nahm, den „großen Stein" aus II Rg 20, 8 so mächtig und in dieser Form ins Bild zu setzen.

Im Holzschnitt der Kölner Bibel wird auf die Illustration des Steines und auf die Soldaten verzichtet.[271] In sehr ähnlicher Weise wurde der in ebendieser Bibelausgabe kurz vorher stehende Holzschnitt mit Joab, der Abner ersticht, gestaltet. Nur am fehlenden Motiv des Greifens nach dem Bart ist zu erschließen, daß es sich um die Szene aus II Rg 3, 30 handelt. Die enge Verwandtschaft dieser Szenen führte auch in der „Concordantz" zu einer Verwirrung, denn obwohl das Bild und die Verse, in denen vom „großen Stein Gibeon", von Joab und dem „Amase" geschrieben steht, verweist die Bibelstellenangabe daneben auf die Joab/Abner-Begebenheit; zusätzlich hat sich noch ein Druckfehler eingeschlichen, denn statt „2.Sam.3.f." wird auf ein nicht existierendes zweites Buch der Weisheit verwiesen („2. Sap. 3.f."). Die Ursache für die Verwechslung dürfte darin zu suchen sein, daß beide Vorfälle in typologischen Kompendien als Präfigurationen des Kusses von Judas erscheinen,[272] den er Christus gab, um ihn dadurch als denjenigen zu kennzeichnen, den die Tempelwache im Auftrag des Hohen Rates suchte. Diese Zusammenstellung wurde auch für die „Concordantz" übernommen und die Radierung zum Judaskuß ist daher auch in der Komposition dem alttestamentlichen Bild aus dem 2. Königsbuch sehr ähnlich. Im Mittelpunkt des Geschehens stehen Judas und Christus, von dessen Begleitern noch sieben Jünger zu sehen sind – einige sind bereits im Begriff zu fliehen. Durch das Gartentor rückt die dichtgedrängte Gruppe der Häscher an. Über ihren Köpfen ragen viele Speere und eine Fackel auf – es ist Nacht.

---

267 Breitenbach 1930, S. 173–176.
268 R.L. Wyss: David, in: LCI, Bd. 1, Sp. 488.
269 Z.B. in Kapitel I. 3. 3; s. auch Kästner 1985, S. 252f.
270 Kat. London 1992, S. 183.
271 Rechts die Szene von David vor dem Engel aus II Rg, 24,10–15.
272 In der Biblia pauperum Joab und Abner (Cornell 1925, S. 272f.) und in der Concordantia caritatis Joab und Amasa (Schmid 1954, Sp. 843f.).

Der Judaskuß wurde für gewöhnlich in den Zusammenhang der Gefangennahme Christi aufgenommen.[273] Albrecht Dürers Holzschnitt aus der „Kleinen Holzschnittpassion" (1511) ist dafür ein Beispiel. Er zeigt, wie die Häscher noch während des vereinbarten Zeichens des Kusses beginnen, Christus gefangenzunehmen: Einer zieht schon die Schlinge zurecht, eine anderer greift von rechts kommend nach der Schulter Christi.

Die verbindenden Motive für diese typologische Kombination sind vielfältig: So der Berg, an dem sich die verräterischen Handlungen ereigneten, die Umarmung und der geheuchelt freundschaftliche Kuß, an deren Ende jeweils der Tod des Verratenen stehen wird. In den Versen finden diese Aspekte Erwähnung und der Aufbau beider Szenen ist so ähnlich gestaltet, daß die Parallele auch bildlich unterstützt wird, nur stehen die Kompositionen spiegelbildlich zueinander, denn im alttestamentlichen Bild nähern sich der Verräter und sein Gefolge von links, in der Christusszene von rechts. Die sich blähenden Gewänder Amasas und Judas' sind ein weiteres Motiv, mit dem die beiden Illustrationen einander angepaßt werden.

Die zusätzlichen, allein durch Bibelstellen angegebenen alttestamentlichen Analogien sind ebenso bereits aus der Biblia pauperum (Judas Makkabäus von Tryphon überlistet, I. Mach 12, 39–54)[274] oder dem Speculum humanae salvationis bekannt (Ehud tötet den Moabiterkönig Eglon, nachdem er ihn beschenkt hat, Jud 3, 11–22).[275]

Im Berliner Kupferstichkabinett wird der Abzug eines zweiten Zustandes der Radierung zu 40.a aufbewahrt. Vom ersten Zustand unterscheidet ihn vor allem die seitenverkehrte Wiedergabe der Situation und außerdem noch einige Details: Der Baumstumpf in der unteren Ecke ist höher als in der anderen Fassung, die innere Struktur des Felsens ist durch dichtere Schraffuren angegeben und der Baum- und Pflanzenbewuchs auf dem Felsen ist etwas üppiger. Die Datierung ist auf den Felsen geschrieben, in 40.a steht sie in der rechten unteren Bildecke. Jedoch sind die Haltungen der beiden Hauptfiguren gleich und auch die Soldaten besteigen das Plateau in den gleichen Schrittmotiven wie in der letztlich veröffentlichten Fassung der Radierung. Es ist kaum einzusehen, weshalb Hirschvogel den zweiten Zustand verwarf. Hätte er ihn der neutestamentlichen Szene gegenübergestellt, wäre in a und b der jeweils Böses im Schilde Führende (Amasa und Judas) von rechts herangetreten. Die Schrittmotive Joabs und Amasas stimmen in 40.a II mehr mit denen der beiden in 40.b überein und die Soldaten wären beide Male von rechts her ins Bild gekommen. Nur die Tücher auf den Rücken Amasas und Judas' wehen nun in übereinstimmende Richtungen und der Baumstumpf ragt nicht mehr in die Soldatentruppe hinein.

Eine nur sehr oberflächlich zu bezeichnende Analogie besteht zwischen den vier Radierungen dieser beiden Seiten, wo die Hauptfiguren ihr Schicksal mit offenen Armen empfangen; wenn sich auch in der Illustration 39.a etwas Positives ereignet, in 39.b, 40.a/b sind es negative Ereignisse.

41.a.* Ahab verurteilt Nabot – b.* Christus vor dem Hohen Rat
Auf den Verrat des Judas folgte die Festnahme Christi und das Führen vor die Hohenpriester und den Hohen Rat, wo Christus nach falschen Zeugenaussagen für schuldig befunden wurde (Mt 26,57–66). Auf ebensolche Weise, nämlich durch falsche Zeugenaussagen, gelangte König Ahab in den Besitz des Weinberges des Nabot. Erst als Nabot wegen Gotteslästerung

---

273 R.B. Halas: Judas Ischariot, Diss. Washington D.C. 1941; H. Hursch: Judas Ischarioth in der Kunst, in: Wissenschaftliche Zeitschrift der Friedrich-Schiller-Universität Jena, Gesellschafts- und sprachwissenschaftliche Reihe 2 (1952/53), S. 101–105; J. Thüner: Verrat des Judas, in: LCI, Bd. 4, Sp. 440–443; Judas Ischariot, in: LCI, Bd. 4, Sp. 444–448; Schiller, Bd. 2, 62f.
274 Cornell 1925, S. 273f.; Henry 1987, S. 90.
275 Breitenbach 1930, S. 222–225.

zu Tode gesteinigt worden war, bekam Ahab den Weinberg und machte einen Gemüsegarten daraus.

Als weitere Parallele zu einer ungerechtfertigten Anklage steht bei 41.b noch der Hinweis auf Act 6, 8–15, jene Bibelstelle, in der von der Anklage gegen Stephanus die Rede ist, der ungerechterweise der Gotteslästerung beschuldigt worden war (in der „Concordantz" als eigenständiges Thema unter Nr. 82 behandelt).

42.a. Samson erschlägt die Philister (Jud 15, 1–8) – b. Die niederstürzenden Häscher (Jo 18, 6)

Im Mittelpunkt der Radierung auf der alttestamentlichen Seite steht der riesenwüchsige und langhaarige Samson, der wütend die Philister erschlägt. Nachdem die Philister die Ernte Samsons vernichtet hatten, rächte er sich an ihnen, indem er ein Blutbad unter ihnen anrichtete (Jud 15, 1–8). Um wiederum diese Tat zu rächen, zogen die Judäer gegen Samson, der nun in der Felsschlucht von Etham wohnte, fesselten ihn und lieferten ihn den Philistern aus. Als diese kamen, zerriß er seine Fesseln und ergriff den herumliegenden Kinnbacken eines toten Esels, stürzte sich auf sie und erschlug tausend von ihnen.

Augustin Hirschvogel konnte für seine Darstellung auf viele frühere Formulierungen des Themas zurückgreifen; zwei davon sollen dafür exemplarisch danebengestellt werden.[276] Dürers Federzeichnung von 1510 (Mailand, Bibliotheca Ambrosiana)[277] zeigt eine Fülle von gewaltsamen Bewegungsmotiven, wobei Samson in die Menge der Philister hineintritt und die dichte Menge der tumultartig bewegten Gegner vor Samsons Angriff zurückweicht. Im Hintergrund links zwei früher liegende Szenen der Samson-Geschichte: Wie er den Löwen tötete (Jud 14, 5–6) und wie er die Tore der Stadt Gaza aushob und sie nach Hebron trug (Jud 16, 3). Für den zweiten Teil der Übersetzung des Alten Testaments Luthers (Wittenberg 1524) schuf ein Meister aus der Werkstatt Lucas Cranachs d.Ä. einen Holzschnitt[278], in dem zwischen den Darstellungen Samsons, der die Füchse mit Feuer verjagt und der aus einer beim Kinnbacken entspringenden Quelle trinkt (Jud 15, 4f. und 15, 19), auch die zeitlich dazwischenliegende Szene der Erschlagung der Philister dominant ins Bild aufgenommen wurde. Hinter Samsons Rücken liegen die bereits Erschlagenen, vor ihm flüchten weitere Philister.

Besonders in diesem Punkt steht Hirschvogels Radierung der Darstellung der Cranach-Werkstatt nahe. Hirschvogel veränderte die Ikonographie kaum, ergänzte sie nur in zwei Punkten. An Samsons Armen hängen noch die Reste seiner Fesseln – Fetzen davon liegen auch am Boden – und im Hintergrund ist der Ort des Geschehens getreu dem Bibeltext als Felsenlandschaft angezeigt. Wie Dürer hob Hirschvogel die Figur Samsons hervor, der alle anderen durch seine Körpergröße überragte.

Als neutestamentliches Gegenüber wird in der „Concordantz" auf ein Thema zurückgegriffen, das in gleicher Kombination im Speculum humanae salvationis erscheint.[279] Die vor Christus niederstürzenden Häscher, von denen allein in Jo 18, 6 berichtet wird, gehören außerhalb typologischer Zusammenhänge[280] zu den seltenen Themen.[281] Als sich Christus als

---

276 W. Tissot: Samson und Herkules in den Gestaltungen des Barock, Diss. Greifswald 1930; Schiller, Bd. 3, S. 137; W.A. Bulst: Samson, in: LCI Bd. 4, Sp. 30–38.
277 Winkler 1939, Bd. 2, S. 146, Nr. 486.
278 Kat. Basel 1974, Bd. I, S. 342, Nr. 227.
279 Breitenbach 1930, S. 170–172.
280 In der Concordantia caritatis verbunden mit Gott, der die Syrer mit Blindheit schlägt (IV Rg 6,81), sowie dem Strafgericht des Elia über die Gefangenen Ahasjas (IV Rg 1,9f.).
281 z.B. Tafel aus der Fra Angelico-Werkstatt (1450), Florenz, SS. Annunziata, s. E. Morante: L'opera completa dell'Angelico, Mailand 1970, S. 114f.; zur Ikonographie: Schiller, Bd. 2, S. 62 und 66; J. Thüner: Verrat des Judas, in: LCI, Bd. 4, Sp. 443.

derjenige zu erkennen gab, den die Diener der Hohenpriester und Pharisäer gefangennehmen sollten, wichen sie zurück und fielen zu Boden. Durch die Aufnahme dieser Szene in die Bildfolge der „Concordantz", kommt es zu einer zweimaligen Kennzeichnung Christi, denn in 40.a war er bereits durch den Kuß des Judas bezeichnet worden. Die kurze Schilderung im Johannesevangelium bietet nur wenige erzählerische Motive an, so daß auch die Holzschnittillustration im Heilsspiegel von etwa 1473 (in Augsburg bei Zainer gedruckt) den gleichen Aufbau wie Hirschvogels Radierung zeigt. Im Holzschnitt steht Christus, seine Jünger hinter sich, mit einer auf sich selbst weisenden Geste vor den Häschern, die schon am Boden liegen. Hirschvogel verteilte die Personengruppen in gleicher Weise, schmückte die Szene aber noch mit dem Lattenzaun und einem Tor aus, mit denen der Ort, der Garten Gethsemane, bezeichnet wird.

Mit den dichtgedrängt Stürzenden im jeweils linken Bilddrittel dieser beiden „Concordantz" – Radierungen wird die Parallele der Ereignisse unterstrichen, ebenso durch die in der Bildmitte stehenden Hauptfiguren Samson und Christus. Die Verse zum neutestamentlichen Bild betonen die Gleichartigkeit zum alttestamentlichen Geschehen dadurch, daß auf den „fal || als werens all zu tod geschlagen" besonders hingewiesen wird.

Taf. 43 a. Der Sündenfall – b. Gefangennahme Christi (Mt 26, 47–54)
Strenggenommen nicht typologisch orientiert ist dieses Bildpaar. Vielmehr wird die Gefangennahme Christi einbezogen, weil durch sie die Aufhebung des Sündenfalls eingeleitet wird, letztlich erreicht natürlich erst durch den Tod Christi am Kreuz. So wird auch im Vers unter dem neutestamentlichen Bild argumentiert: „Christus im garten wider wendt || Was Adam durchs annemen het gendt". Die Kombination kommt in typologischen Zyklen früherer Zeit in dieser Weise nie vor, die Gefangennahme Christi war in der Concordantia caritatis mit den Philistern, die die Bundeslade nahmen (II Rg 4,6–11) und Joseph, den seine Brüder ergriffen, verbunden worden.

Die zweite Darstellung des Sündenfalls in der „Concordantz" folgt sehr viel mehr der ikonographischen Tradition des Themas als noch die Radierung 15.a, denn Adam und Eva stehen nun zu Seiten des Baumes der Erkenntnis und essen seine verbotenen Früchte.[282] Die Radierung Hirschvogels zeigt wiederum den Einfluß Dürers, dessen schon unter 15.a erwähnter Holzschnitt des Sündenfalls für Michael Furters „Ritter vom Turn" wohl von Hirschvogel als Vorlage genutzt wurde.[283] In beiden Arbeiten fällt nicht nur die frauenköpfige Schlange auf, sondern vor allem auch die Haltung Evas, die bei Dürer den Apfel ißt, und die des Adam, der im Typ einer „Venus pudica" gegeben ist und auf die Schlange weist. Augustin Hirschvogels Radierung zeigt diese Komponenten im Vergleich zu Dürer seitenverkehrt. Eva steht nun schamhaft links des Baumes und nimmt von Adam den Apfel entgegen, der bereits einen Apfel ißt. In Dürers Darstellung wendet sich die Schlange nach rechts zu Eva, um sie in Versuchung zu führen, bei Hirschvogel nach links. Nur durch die Umkehrung der Dürer'schen Vorlage ist erklärbar, daß Adam bereits die Sünde begeht und er es ist, der Eva einen Apfel reicht, während bei Dürer der Sündenfall durch Eva im Vordergrund der Bedeutung steht.

Dadurch, daß es sich nicht wirklich um eine typologische Auslegung des alttestamentlichen Sündenfalls handelt, wurde auch in der Radierung zur Gefangennahme auf eine kompositorische Gleichsetzung der beiden Szenen verzichtet. Hirschvogels Umsetzung des Berichtes von

---

282 S. Esche: Adam und Eva – Sündenfall und Erlösung, Düsseldorf 1957; J.B. Trapp: The Iconography of the Fall of Man, in: C.A. Patrides (Hrsg.): Approaches to „Paradise Lost", London 1968, S. 223–265; H. Schade: Sündenfall, in: LCI, Bd. 1, Sp. 41–70; L. Reygers: Adam und Eva, in: RDK, Bd. 1, bes. Sp. 136–138.
283 Meder 1932, S. 23–29; Kunze 1975, S. 395–397.

der Gefangennahme Christi aus Mt 26,47–54 zeigt den Einfluß des 1510 datierten Holzschnittes aus der „Großen Passion" Albrecht Dürers.[284] Christus mit einer Schlinge um den Hals wird von den Schergen vorwärts gezerrt. Von den anwesenden Jüngern zeigte Dürer nur noch Simon Petrus, der mit einem Schwert dem vor ihm liegenden Knecht des Hohenpriesters, Malchus, das rechte Ohr abschlägt (Lc 22, 51), das Christus sogleich wieder heilte. Hirschvogel zeigt aber nicht nur die Szene um Malchus, dessen Laterne in beiden Illustrationen am Boden liegt.[285] Drei Jünger – sie kommen bei Dürer nicht vor – gehen nach links ab. Trotz der engen Ähnlichkeiten: Hirschvogels Arbeit fehlt die energiegeladene Dramatik des Dürer-Holzschnittes; Christus scheint sich in der Radierung der „Concordantz" bereits mit seinem Schicksal abgefunden zu haben, während er sich in der „Großen Passion" mit einer kraftvollen Schrittstellung gegen sein Schicksal anstemmen zu wollen scheint. Die Malchusszene erhält mehr Raum als bei Dürer. Die gesamte Komposition ist bei Hirschvogel reliefhafter und viel stärker in die Vordergrundebene gestellt – Dürer vermochte die Figuren mit vielfachen Überschneidungen tumultartiger darzustellen. Dennoch könnte der Holzschnitt von 1510 die bildliche Anregung für Hirschvogel gewesen sein, denn die Verteilung der Figuren ist im Verhältnis zu Dürers Blatt seitenverkehrt.

Taf. 44 a. Verspottung des Jesaia – b. Christus vor Kaiphas
Im 50. Kapitel des Buches Jesaia erzählte der Prophet Jesaia von seinem Gehorsam und seiner Treue zum Herrn, obwohl dieser ihn mannigfache Schmähungen erleiden ließ, die Jesaia aber tapfer ertrug. Die drei Personen um Jesaia agieren heftig: Hinter ihm ein Mann, der mit einer Keule auf den Rücken Jesaias einschlägt („den Rücken bot ich denen, die mich schlugen", wie es im Vers Is 50,6 heißt), ein weiterer zieht an Jesaias Haaren („die mich raufften", ebd.) und vorne links ein dritter, der sich zu ihm vorbeugt („mein Angesicht verhüllte ich nicht, wenn sie mich schmähten und anspieen", ebd.). Zwar könnte man bei dieser Radierung von einer Wortillustration (d.h. einer direkten Umsetzung der Erzählung der Bibel in die Radierung) sprechen, dennoch aber spielt für die Komposition die Kenntnis von Darstellungen der Verspottung und Geißelung Christi eine Rolle, denn für die Verspottung des Jesaia gibt es keine ikonographische Tradition. So entspricht die Anordnung der Figuren z.B. der Geißelung Christi von Cranach d.Ä. aus der 14teiligen Passion Christi von 1509.[286] Dort findet sich auch die Figur eines zum Schlag ausholenden Mannes, der gleichzeitig an den Haaren Christi zieht – beide Mißhandlungen trennte Hirschvogel in seiner Arbeit. Der höhnende Mann zur rechten Seite Jesaias ist eine häufig bei Verspottungen Christi zu findende Figur. Als ein Beispiel dafür kann der kniende Mann links im Vordergrund eines Holzschnittes des Hans Schäufelein mit der Verspottung für die Folge des „Speculum passionis" angeführt werden.[287]

In ähnlicher Weise schmähte die Mutter der sieben Makkabäerbrüder den seleukidischen König Antiochus, den sie wegen seiner Taten gegen ihre Söhne einen „verworfenen und ruchlosen Henker" nannte (II Mach 7,25–27). Der Verweis auf diesen Bibelabschnitt („2.Mach.7.b.") ist als Stellenangabe zum Jesaiasbild hinzugesetzt.

Die Verse zum neutestamentlichen Bild ziehen die Parallele zu den beiden alttestamentlichen Ereignissen. Auch Christus war geschlagen und verhöhnt worden, und zwar von den Scher-

---

284 Meder 1932, S. 124, Nr. 116; Kat. Nürnberg 1971, S. 321–324.; zur Ikonographie der Gefangennahme: Schiller, Bd. 2, S. 63–66; J. Thüner: Verrat des Judas, in: LCI, Bd. 4; S. 440–443.
285 Bei Hirschvogel züngelt darin noch die Rauchwolke des erlöschenden Feuers.
286 Kat. Basel 1974, S. 470–476.
287 Das „Speculum passionis domini nostri Jhesu Christi"(Nürnberg bei Ulrich Pinder 1507) – ausgestattet mit 77 Holzschnitten Hans Schäufeleins, Baldung Griens und Hans Süß von Kulmbachs – stellte Texte aus verschiedenen Quellen zur Lebensgeschichte, der Passion und den Wundertaten Christi zusammen. Vgl. Kat. Nürnberg 1987, Nr. 63; Schreyl 1990, Bd. 1, S. 82–84.

gen des Hohepriesters Kaiphas. Dieser korrekten Schaffung eines inhaltlichen Bezuges steht die Illustration entgegen. Sie zeigt nicht die Verspottung Christi (sie ist nur als Bibelstelle, „Ioan.19.a.", neben den Versen angegeben), sondern die chronologisch davorliegende Szene von Christus vor Kaiphas. Beim Verhör durch den Hohenpriester hatte Jesus geschwiegen, bis er sich auf eine direkte Frage hin als Gottes Sohn bekannte. Wegen dieser, nach Kaiphas Meinung eine Gotteslästerung darstellenden Tat zerriß er sein Gewand, was stets in der gleichen Weise wie bei Hirschvogel dargestellt wurde, vergleicht man beispielsweise den Holzschnitt des Themas für die 1540er „Leien Bibel".[288] Für die Illustration dieses Themas konnte Hirschvogel auf eine große Zahl von Vorbildern zurückgreifen, bei denen die Beteiligten stets in sehr ähnlicher Weise wiedergegeben sind.[289] Der gefesselte Christus ist von den Soldaten vor Kaiphas geführt worden, der empört von seinem Sitz aufgestanden ist (so z.B. A. Altdorfer).[290] Der in Hirschvogels Radierung mit dem Rücken zum Betrachter gewandte Mann, bekleidet mit einem bis zu den Oberschenkeln reichenden Gewand, hat eine große Ähnlichkeit mit dem in gleicher Position stehenden Mann in Sebald Behams Holzschnitt aus der achtteiligen Passion von 1521[291] und macht dessen Vorbildwirkung besonders deutlich. Auch die Erscheinung Christi, von einem Soldaten in Rüstung begleitet – beide stehen vor einer Bogenöffnung – sowie die geneigte Kopfhaltung des Kaiphas sind weitere Übereinstimmungen. Da Hirschvogel jedoch stark an der Wiedergabe von Muskeln interessiert war (s. Kap. II.5.2. der vorliegenden Arbeit), hat er der Rückenfigur ein sehr viel transparenteres Gewand gegeben als Beham und kommt damit der wohl als Wurzel für den Figurentyp anzusehenden Rückenfigur in Marcantons Stich mit dem Parisurteil näher (entstanden 1517/20).[292] Die dritte Göttin steht im Kontrapost mit dem Rücken zum Betrachter und hebt einen Arm über ihren Kopf.

Weil die Bildfelder, von der Plattengröße bestimmt, in der „Concordantz" jedoch querrechteckig sind, mußte Hirschvogel die hochrechteckige Vorlage Behams noch erweitern. Er fügte links hinter Kaiphas noch Schriftgelehrte oder Älteste ein, die in einer Dreiergruppe zusammenstehen, die entfernt an die hellenistisch-antike Gruppe der drei Grazien erinnert, besonders die Figur links außen, deren rechtes Bein nach hinten weggestreckt ist.[293]

Um einen Fehler handelt es sich, wenn „Matth.27.e." als dazugehörige Bibelstelle angegeben ist, wo doch die Kaiphas-Szene aus Mt 26 stammt. Außerdem findet sich über der Radierung noch der Verweis auf „Matth.6.c", gemeint ist nach heutiger Zählung Mt 6,14–15, worin erzählt wird, daß Christus den Menschen nach der Bergpredigt mitteilte, daß der Herr den Menschen Verfehlungen vergibt, wenn auch sie ihren Mitmenschen vergeben.

Taf. 45 a. Daniel in der Löwengrube – b. Ecce Homo
Diese 45. Zusammenstellung scheint in dieser Form kaum Vorbilder zu haben, wohl aber verändert sie zwei in klassischen typologischen Zyklen in anderen Zusammenhängen vorkommende Themen, um sie zu einem neuen Paar verbinden zu können.

---

288 Bedeutete das Motiv des Zerreißens seit der Antike leidenschaftliche Trauer, so drückt sie bei Kaiphas Empörung aus; vgl. V. Manuth: Zu einem bislang ungedeuteten Gemälde Willem de Poorters, in: Zeitschrift für Kunstgeschichte 54 (1991), S. 264.
289 Schiller, Bd. 2, S. 66–68.
290 Aus dem „Passionale" von etwa 1513. Vgl. Albrecht Altdorfer – Zeichnungen, Deckfarbenmalerei, Druckgraphik, Ausst.-Kat. Berlin, Kupferstichkabinett 1988, S. 154–157.
291 Pauli 1901, S. 346; Geisberg, Bd. 1, S. 162.

292 Angeblich nach einer Zeichnung Giorgio Vasaris; Oberheide 1933, S. 57; Kat. Lawrence 1981, S. 146f., Nr. 43. Darin steht in der Bildmittelachse die dritte Göttin im Kontrapost, mit dem Rücken zum Betrachter und hebt einen Arm über ihren Kopf.
293 Zu den drei Grazien, die sich heute in der Sieneser Domopera befinden: E. Schwarzenberg: Die Grazien, Bonn 1963; F. Haskell und N. Penny: Taste and the Antique, New Haven/London 1981, S. 103f.

Kommt zwar die Vorführung Christi im Spottgewand vor das Volk in der Handschriftengruppe der sog. „bayrischen Gruppe" der Biblia pauperum vor[294] und ist dort z.B. mit Jonathan, der von König Ptolemäus angeklagt wird, verbunden,[295] und ist auch die Begebenheit von Daniel in der Löwengrube in typologischen Zusammenhängen durchaus geläufig gewesen (in der Biblia pauperum bezogen auf Christus als Gärtner vor Maria Magdalena),[296] so ist doch der direkte Vergleich der beiden Szenen als Neubildung zu bezeichnen.

Die Männer Babylons, die Daniel nach dem Leben trachteten, hatten ihren König Darius zum Erlaß eines Gesetzes gebracht, das verbot, von anderen Menschen (oder Göttern) als von Darius etwas zu erbitten. Weil Daniel aber täglich zu Gott betete (im Hintergrund der Radierung in der „Concordantz" wiedergegeben), legte man ihm die vorgesehene Strafe auf: Er wurde in eine Löwengrube geworfen. Nur widerwillig ließ Darius dies ausführen, eilte schon am nächsten Tag zu Daniel und fand ihn noch am Leben. Darüber war Darius so erleichtert, daß er den Gott Daniels pries und nun diejenigen in die Grube werfen ließ, die Daniel hatten vernichten wollen.

Um den Vergleich mit der Anklage gegen Christus zu ermöglichen, veränderte Hirschvogel die übliche Ikonographie des Themas.[297] Als Beispiel mag der Holzschnitt aus der Kölner Bibel von 1478 angeführt sein. Er zeigt den verurteilenden Darius mit seinen schlechten Beratern und in der rechten Bildhälfte Daniel in einer wie ein Brunnen befestigten und teilweise von Wasser umgebenen „Grube" mit Löwen. Über ihr wird von einem Engel der Prophet Habakuk herangetragen, der Daniel mit Essen versorgte. In ähnlicher Weise ist der Holzschnitt der Basler Speculum-Ausgabe von 1476 gestaltet. Der betende Daniel sitzt in einer höhlenartig aufgefaßten Grube und Habakuk erscheint. Da aber in der „Concordantz" die Anklage des Darius im Vordergrund steht, hatte Hirschvogel den gestikulierenden, also redenden König mit seinen Beratern an den Rand der nun von ihrer Abdeckung befreiten Grube gestellt. Diese wird von Hirschvogel im Querschnitt gezeigt, so daß der Eindruck eher eines Erdhügels als einer Grube entsteht, wodurch die Radierung der älteren Speculum-Illustration nahekommt.

Die Figur des die Anklagen des Darius und die Bedrohung durch die Löwen geduldig erleidenden Daniel findet in der „Concordantz" ihre Parallele in Christus, der die heftige Reaktion der Menschenmenge über sich ergehen ließ, die seinen Tod forderte. Hirschvogel konzentrierte seine Darstellung auf Pilatus, der Christus dem aufgebrachten Volk vorführt. Christus und seine Richter sind durch ihre erhöhte Position auf einem kanzelartigen Podium hervorgehoben.

Bei dieser Szene folgte Hirschvogel der gängigen Ikonographie. Ein tribünenartiger Aufbau ist häufiger Bestandteil der Ecce Homo-Darstellungen. Hans Sebald Beham verwendete eine Architektur in Form einer erhöhten Gerichtslaube, vor der jedoch nur einige ruhig agierende Juden stehen. Der Betrachterstandpunkt ist dabei so gewählt, daß Christus von vorn zu sehen ist. Bei Lukas Cranach d.Ä. spielt sich das Ereignis vor dem Gerichtsgebäude ab (für die 14teilige Passion von 1509).[298] Die Menge steht hier im Rausch der Verhöhnung des dornengekrönten Christus und das Geschehen verläuft bildparallel, wie auch bei Hirschvogel. Er jedoch fügte in die heftig agierende Menschengruppe (u.a. pfeift ein am Boden kniender Mann durch die Zähne) schon das bereitstehende Kreuz ein und gestaltete den Bildhintergrund mit zahlreichen Gebäuden, wobei besonders eine hohe Burg auffällt und ein wohl als

---

294 G. Schmidt 1959, S. 45–56 und S. 72–76.
295 Cornell 1925, S. 302f.
296 Cornell 1925, S. 288f.
297 G. Wacker: Die Ikonographie des Daniel in der Löwengrube, Diss. Marburg 1954; H. Schlosser: Daniel, in: LCI, Bd. 1, Sp. 469–473; H. Feldbusch: Daniel, in: RDK, Bd. 3, Sp. 1033–1049.
298 „Passion unseres Herrn Jesu Christi, in schonen Bildern anschaulich dargestellt"; s. Kat. Basel 1974, Bd. 2, S. 470–476.

Kirche aufzufassendes Gebäude mit einer wegen ihrer geringen Größe nicht näher bestimmbaren Skulptur über dem Portal, das durch eine mit Rundgiebeln abschließende Fassade gekennzeichnet ist.

Der Vers unter der neutestamentlichen Darstellung betont die inhaltliche Gemeinsamkeit zur Daniel-Episode, die kompositionell nicht verdeutlicht wurde: Wie Darius hätte auch Pilatus seinen Angeklagten lieber verschont gesehen und hatte dem Volk deshalb den Bandenführer Barabbas anstele Jesu zur Kreuzigung angeboten. Aber sowohl die Berater des Königs als auch die Juden wollten den Tod Daniels bzw. Christi. Eine weitere typologische Überlegung bietet die „Concordantz" durch die Angabe der neutestamentlichen Bibelstelle „Matth.14.a." an, worin erzählt wird, wie Herodias das Haupt Johannes des Täufers verlangte.

46 a.* Daniel in der Löwengrube – b.* Gleichnis vom auf Fels gebauten Haus
Daniel in der Löwengrube erscheint nun noch einmal, wenn auch nur in einem Vers der Textausgabe der „Concordantz". Es wird ein anderer Aspekt der Erzählung hervorgehoben, der die Zuordnung zu einem anderen Bibelwort ermöglichte.

So wie Daniel fest auf Gott vertraute, der den Löwen die Rachen verschlossen hatte (Dan 6,22), so zahlt es sich auch für denjenigen aus, der auf einem so festen Grund (d.h. mit Gottvertrauen) sein Haus baut, daß es kein Sturm fortzureißen vermag. In der „Concordantz" wird hierbei also eine Gleichnisrede Christi (Mt 7,24–27) verwendet, um sie mit einer alttestamentlichen Historie zu verbinden.

Diese überzeugende theologische Auslegung tritt in der „Concordantz" erstmals auf und hat keine Parallele in früheren typologischen Zusammenstellungen.

Taf. 47 a. Haman und Mardochai – b.* Gleichnis vom reichen Mann und vom armen Lazarus
An dieser Stelle gibt es den für die „Concordantz" sehr seltenen Fall festzuhalten, daß sich nur die alttestamentliche Radierung des Bildpaares erhalten hat.[299] Die Datierung des Blattes mit „1549", dem letzten Jahr vor dem Erscheinen der „Concordantz", legt es nahe, daß Hirschvogel an diesem Punkt die Arbeit an der „Concordantz" abbrach und erst zwei Jahre später dann mit dem Bildpaar 37. und der Radierung 81.a die Arbeit am Zyklus wieder aufnahm, es jedoch auch dabei beließ und erneut abbrach (s. Kap. I.3.37 und I.3.81).

Ein reicher Mann wollte dem vor seiner Tür liegenden armen und kranken Lazarus nicht die vom Tisch fallenden Essensbrocken geben. Als beide starben, wurde der Arme in den Schoß Abrahams getragen, der Reiche hingegen erlitt in der Hölle heftige Qualen (der Vers 47.b spricht von „dem reychen man || Fuer Lazarus seel ind Hell muest gan").

Mangelnde Barmherzigkeit bedeutete auch das Ende für Haman, den höchsten Würdenträger am Hof des persischen Königs Ahasver. Wütend hatte er geplant, alle Juden des Königreiches umbringen zu lassen, weil sich der Jude Mardochai vor seinem Gott und nicht vor Ahasver niedergeworfen hatte. Für sie, aber vor allem für Mardochai, hatte Haman bereits einen Galgen aufgerichtet, wußte aber nicht, daß auch Esther, die Hauptfrau des Ahasver, Jüdin war. Mardochai hatte dem König von Hamans Plan erzählt und wurde von ihm am Leben gelassen, wohingegen Haman aufgehängt wurde.[300]

---

299 Ein nur noch zweites Mal trifft dies für die Radierung 81.a zu; s. dort.

300 Vgl. J. Paul und W. Busch: Mardochai, in: LCI, Bd. 3, Sp. 153f.

Die Darstellung der Erhängung Hamans und seiner Söhne ist durchaus anzutreffen (vgl. z.B. Dürers Holzschnitt dieses Themas im „Ritter vom Turn", Basel 1493),[301] doch beabsichtigte Hirschvogel eine spezielle Ausdeutung der Erzählung auf das Gleichnis der neutestamentlichen Seite hin, die er mit dem Prinzip der Wortillustration erreichte, wenn er Mardochai vor dem Palasthof sitzend zeigte (Est 6,10: „Mardochai, der im Königstor sitzt"), in dem Haman seine Anliegen vor den König brachte und nur in knappen Zügen im Hintergrund andeutete, welches Schicksal Haman zuletzt erwarten wird.

Hirschvogel schuf hier zwar eine Darstellung zu einem vorher nicht illustrierten Thema, folgte aber, um eine geeignete Form für Haman vor Ahasver zu erhalten, dem Bildtyp der Esther, die vor Ahasver um Gnade für ihr Volk bat. Hans Burgkmairs Tafel mit Esther vor Ahasver kann als Beispiel dafür angeführt werden (1518, heute München, Alte Pinakothek). Sowohl Esther als auch Haman näherten sich dem König in ehrfürchtiger, bittender Weise.

In der Concordantia caritatis kommen sowohl die alttestamentliche, als auch die neutestamentliche Erzählung dieses 47. Paares vor. Die Erhängung Hamans wird dort aber dem Gleichnis von der königlichen Hochzeit zugeordnet (Mt 22, 1–13) und das Gleichnis vom armen Lazarus zum einen dem Hiob, der vom Aussatz gezeichnet ist, und zum anderen dem Gastmahl Belsazars aus Daniel 5.

48 a.* Haman vor seinen Freunden und Seres – b.* Die Apostel vor dem Hohen Rat (Act 5,39)
Diese nicht illustrierte Typologie basiert auf der inhaltlichen Gleichartigkeit zweier Ankündigungen. Haman war sehr betrübt darüber gewesen, daß ihm Ahasver befohlen hatte, Mardochai ehrenvoll auf einem Pferd in der Stadt herumzuführen. Hamans Frau Seres und seine weisen Freunde legten dies als den Beginn seines Untergangs aus und sagten ihm sein baldiges Ende voraus.[302]

Daß Gerechtigkeit und Wahrheit am Ende siegen, ist auch die Lehre aus der Erzählung von den Aposteln vor dem Hohen Rat, dessen Mitglieder beabsichtigten, die Apostel zu töten, weil sie die Lehre Christi nach seinem Tode noch weiterhin verbreiteten. Um das Schicksal der Apostel jedoch noch abzuwenden, erhob sich der Pharisäer und Gesetzeslehrer Gamaliel (der im Vers „alter" genannt wird) und schlug vor, sie weiter lehren zu lassen; sollte ihre Lehre eine falsche sein, so werde sie von allein zugrunde gehen, „stammt sie aber von Gott, so werdet ihr sie nicht vernichten können" (Act 5,39).

Taf. 49 a. Moses schlägt Wasser aus dem Felsen (Ex 17,3–6) – b. Verleugnung Petri (Mt 26,34)
Außerordentlich viele Bildbeispiele wären zu nennen, mit denen die Ikonographie der Szene von Moses, der Wasser aus dem Felsen schlägt, erläutert werden könnte, denn es ist eine sehr häufig ins Bild umgesetzte Erzählung. Beim Auszug aus Ägypten rettete Moses das Volk Israel vor dem Verdursten, indem er auf Geheiß Gottes mit seinem Stab auf einen Felsen schlug, dem sogleich Wasser entsprang.

Diese kurze Erzählung aus Ex 17,3–6 bot keine großen Variationsmöglichkeiten bei der Darstellung, sie gab die Protagonisten und ihre Taten exakt vor. Der Holzschnitt aus Stephan Fridolins „Schatzbehalter" ist dafür ein typischer Vertreter.[303] Moses schlägt einen Stab an den

---

301 R. Kautzsch: Die Holzschnitte zum Ritter vom Turn – Basel 1493 (Studien zur deutschen Kunstgeschichte, Bd. 44), Straßburg 1903, S. 3–24.

302 Der Vers zur Radierung legt den Freunden die Worte „Er ob vnd du vnden must ligen" in den Mund, die eine Paraphrasierung von Est 6,13 sind („du wirst noch vollends vor ihm zu Fall kommen").

303 T. Bertin-Mourot: Moise frappant le rocher, in: Bulletin de la société Poussin 1 (1947), S. 56–65; H. Schlosser: Moses, in: LCI, Bd. 3, bes. Sp. 286; Ders.: Quellwunder, in: LCI, Bd. 3, S. 140.

Felsen und das dankbare Volk und dessen Tiere streben zur neu entsprungenen Quelle. Im Holzschnitt dieses Themas in Rihels „Leien Bibel" von 1540 holt Mose gerade zum Schlag aus, das noch wütende Volk steht dahinter. In Hirschvogels Radierung stehen nicht nur einige der Israeliten am Wasser, sondern es schöpfen auch zwei von ihnen mit Schalen aus dem entstandenen Bach, andere kommen mit Krügen herbei. Zuvor aber hatten die Israeliten am Schutz Gottes gezweifelt, weil er ihnen Durst gebracht hatte; sie verleugneten, daß er ihnen beistehe und fragten: „Ist der Herr in unserer Mitte oder nicht?" (Ex 17,7). Allein wegen dieses Satzes wird die Geschichte als Vorwegnahme der Verleugnung Christi durch Petrus gedeutet.

Petrus hatte während der Verhandlung Christi im Palast des Hohen Rates an einem Feuer gewartet. Nach der Schilderung im Matthäusevangelium wurde Petrus zweimal von einer Magd und einmal von einem Mann angesprochen, nach Lukas von einer Magd und zweimal von Knechten, verleugnete aber stets seine Bekanntschaft mit Christus. Als plötzlich ein Hahn krähte, dachte Petrus an die Worte des Herrn, die dieser ihm auf dem Weg zum Ölberg vorausgesagt hatte („Ehe der Hahn kräht, wirst du mich dreimal verleugnen", Mt 26,34) und Petrus verließ weinend den Palast des Hohen Rates.

Die Gleichzeitigkeit, doch örtliche Trennung der beiden Ereignisse löste Hirschvogel, indem er das Bildfeld in zwei etwa gleich breite Hälften aufteilte, auf deren rechter Christus vor Pilatus steht und sich umwendet, so als sehe er im Hof des Gebäudes dem Geschehen um Petrus zu. Es ist keineswegs ungewöhnlich, die beiden Ereignisse in einer Darstellung zusammenzuführen. Als Beispiel aus der Bibelillustration des 16. Jahrhunderts kann nochmals der Holzschnitt aus der „Leien Bibel" von 1540 angeführt werden, in dem hinter Christus, der vor Kaiphas steht, Petrus seine Beziehung zu Christus gegenüber einer Magd verleugnet.[304] In der bei Anton Sorg 1480 in Augsburg erschienenen Evangelienausgabe, die allein die Kapitel der Passion wiedergibt und bis 1500 in sieben Auflagen erschienen war, findet sich ein Holzschnitt, dessen Aufteilung den Hirschvogel'schen Aufbau in gewisser Weise vorwegnimmt. Auch dort sieht Christus zu Petrus, der gegenüber den Fragenden mit einer sprechenden Geste Christus abschwört (so geschildert in Mt 26,74). In der „Concordantz" weicht Petrus mit einer Verlegenheitsgeste zurück und geht, am unteren Bildrand nochmals dargestellt, weinend fort. Den Hahn, der in der Darstellung von 1480 auf der den Hof begrenzenden Mauer steht, hat Hirschvogel in eine Öffnung über dem Eingang zum Haus des Hohen Rates gestellt.

Daß das Motiv der Verleugnung sowohl seitens der Israeliten als auch Petri die Szenen aus den beiden Bibelteilen miteinander verbindet, ist inhaltlich offensichtlich. Auf die Bildgestaltung hat dies jedoch nur einen geringen Einfluß gehabt, nämlich insofern, daß der Israelit hinter Mose mit der gleichen Armhaltung gezeigt ist wie Petrus im Hof vor dem Kamin.

In der „Concordantz" werden für dieses Bildpaar Szenen neu kombiniert, die in der Concordantia caritatis schon vorgekommen waren. So ist dort die Verleugnung Petri zum einen der Erzählung beigestellt, in der der Pharao den Herrn leugnete (Ex 5,2) und zum anderen, der Geschichte von Husai, der gegenüber Absalom einen Rat des Achitophel für schlecht hinstellte, wodurch Absalom am Ende den Tod fand.[305] Das Quellwunder war dort und auch in der Biblia pauperum als eine Präfiguration des Lanzenstiches des Longinus aufgefaßt worden[306] und in den „Glossa ordinaria" als ein Vorbild für die Geißelung Christi:[307] „Petrum,

---

304 K. Laske: Verleugnung Petri, in: LCI, Bd. 4, Sp. 437–440; Schiller, Bd. 2, S. 67 und 69–71.
305 Schmid 1954, Sp. 845f.
306 Cornell 1925, S. 278–284; Henry 1987, S. 99.
307 MPL 113, Sp. 241.

quae est Christus, (...) non dat aquas nisi percussa (...): percussus enim Christus et in cruce macatus". Genaugenommen ist also in der „Concordantz" nicht das Quellwunder die alttestamentliche Entsprechung zur Verleugnung Petri, sondern vielmehr die Leugnung der Israeliten, daß Gott sie auf ihrem Weg durch die Wüste begleite.

D. Die Passion Christi

Taf. 50 a. Untergang der Ägypter im Roten Meer – b. Geißelung Christi
Auf dem Zug der Israeliten wurde die Gegenwart Gottes durch eine Feuersäule im Himmel angezeigt, die ihnen den Weg aus Ägypten wies. Ein besonders bedeutendes Ereignis beim Auszug der Israeliten war der Untergang der Ägypter im Roten Meer. Wieder ist es Moses ausgestreckter Arm, mit dem er ein Wunder vollbrachte, wie schon beim Quellwunder. Das Meer, das während des Durchzuges der Israeliten wie Mauern zu ihren Seiten stand, flutete allein nach dem Ausstrecken seiner Hand wieder zurück und vernichtete die die Israeliten verfolgenden Ägypter durch Ertrinken.

Sieht man sich nun einige Darstellungen des Untergangs der Ägypter an, so fällt stets eine Zweiteilung der Bildfläche auf.[308] Im Holzschnitt aus Stephan Fridolins „Schatzbehalter" wird der linke untere Teil durch das Rote Meer eingenommen, auf der rechten oberen Bildhälfte sind die Israeliten zu sehen, die das Ertrinken beobachten. Etwas abseits im Hintergrund steht Moses, dem Gott die Anweisung zum Schließen des Meeres erteilt. Ebenso trennte Holbein in den „Icones" die beiden Handlungsebenen diagonal.[309] Im Gegensatz zum Holzschnitt des „Schatzbehalters" ist aber keiner der Beteiligten hervorgehoben, weder Moses bei den Israeliten, noch unter den Ägyptern der Pharao. Wieder deutlicher im Mittelpunkt der Komposition steht Moses im Holzschnitt Hans Burgkmairs von 1510, erstmals erschienen im „Buch Granatapfel" des Johann Geiler von Kaysersberg (Augsburg, bei J. Otmar).[310] In der oberen Bildhälfte steht der Anführer des Zuges am Ufer und streckt seinen Arm und den Stab zum Wasser hin. In allen besprochenen drei Darstellungen ist die Feuersäule gezeigt, wenn auch beim „Schatzbehalter"-Holzschnitt als Figur des Herrn mit einem feurig lodernden Unterkörper. Auf dieses Element verzichtete Hirschvogel. Dennoch steht seine Komposition der Holbein'schen Gestaltung am nächsten, weil auch in der „Concordantz" das Bild eine Diagonalteilung aufweist und die anonyme Volksmasse sich mit ihrer Herde in der Tiefe der Landschaft verliert. Hirschvogels Radierung von 1548 hebt jedoch Mose, der kniend gezeigt wird, besonders hervor; hinter ihm stehen Aaron und einige gerüstete Männer. Ungewöhnlich ist zudem, daß Moses direkt auf das in Wellen zurückströmende Wasser schlägt, womit es wieder eine leichte Umgestaltung der ikonographischen Tradition festzuhalten gilt, die ihre Ursache im Prinzip der „Concordantz" hat, möglichst auch visuell eine Verbindung zum neutestamentlichen Bild herzustellen.

Es ist die qualvolle Einleitung der Kreuzigung, die Geißelung Christi, bei der in Hirschvogels Radierung vier Juden mit Rutenbündeln auf Christus einschlagen. Nach Pilatus' Handwa-

---

308 So bereits festgestellt durch K.-A. Wirth: Durchzug durch das Rote Meer, in: RDK, Bd. 4, Sp. 625; s. auch: A. Weckwerth: Durchzug durch das Rote Meer, in: LCI, Bd. 1, Sp. 534–538.
309 Kästner 1985, S. 199–202.
310 H. Kraume: Geiler von Kaysersberg, Johann, in: Die deutsche Literatur des Mittelalters – Verfasserlexikon, Bd. 2, Berlin/New York 1980, Sp. 1147 und B.D. Haage: Gallus von Königssaal, ebd., Sp. 1063–1065, auf dessen „Malogranatus" Kaysersbergs Werk beruht; zu den Illustrationen Burgmairs: Kat. Augsburg 1973, S. 333–335.
311 P.D. Running: The Flagellation of Christ, Diss. Iowa 1951; C. Schweicher: Geißelung Christi, in: LCI, Bd. 2, Sp. 127–130; Schiller, Bd. 2, S. 76–79.

schung, mit der er seine Unschuld am Urteilsspruch demonstrierte, ließ er Jesus geißeln, womit die Verurteilung bestätigt und die Hinrichtung eingeleitet wurde. In der bildenden Kunst ist dabei eine Vierfigurengruppe herum um Christus an der Martersäule sehr verbreitet.[311] Mehrere Beispiele können dafür angeführt werden. Hans Schäufeleins Holzschnitt aus dem „Speculum passionis" von 1506 zeigt den an die Säule gefesselten und bis auf ein Lendentuch entblößten Christus. Davor kniend bindet einer der Knechte gerade ein Rutenbündel zusammen. Stets nutzten Künstler bei dieser Szene die Möglichkeit, heftig bewegte Körper in verschiedenen Ansichten zeigen zu können, so daß eine Vorbildhaftigkeit bestimmter Werke für Hirschvogel kaum festgemacht werden kann. Eine Rückenfigur wie in Hirschvogels Radierung vorne rechts kommt bei Adamo Scultoris Geißelungsdarstellung vorne links im Bild vor, eine Gestalt mit muskulöser Rückengestaltung und einem ausladenden Standmotiv.[312] In beiden Darstellungen steht Christus aber nicht nur in ponderierter Haltung, sondern sein Körper beugt sich trotz der Fesseln nach vorne. Ein zum Schlag ausholender Knecht in Vorderansicht erscheint links in Mantegnas Kupferstich aus den späten 1460er Jahren.[313] Eine Figur mit ähnlichem Bewegungsmotiv steht bei Hirschvogel rechts hinter Christi Rücken. Der Arbeit Mantegnas eng verwandt ist die Bodengestaltung des Prätoriums des Gerichtsgebäudes: Es ist wie auch bei Hirschvogel bis zur Bildvorderkante mit Steinplatten ausgelegt. Ebenfalls steht der völlig leere Hintergrund dem teilweise nicht beendeten Hintergrund bei Mantegna nahe. Ein bedeutender Unterschied der Radierung Hirschvogels zu allen anderen Darstellungen ist aber, daß die Säule zwar mit einer Basis, aber ohne Kapitell gezeigt ist; sie steht in der Bildmittelachse und antwortet daher auf die mittige Unterteilung in der Darstellung der Verleugnung Petri darüber.

Der Zug der Israeliten durch das Rote Meer war z.B. in der Biblia pauperum als Vorbild der Taufe Christi verstanden worden,[314] während die Geißelung Christi die Erfüllung des alttestamentlichen Brudermordes Kains oder – so in der Concordantia caritatis – des geschlagenen Jeremias verkörperte.[315] Hirschvogel/Perenius führten hier erstmals den Untergang der Ägypter als geeignetes Gegenbild zur Geißelung ein, wenn diese auch inhaltlich keine wirkliche Parallele darstellt, sondern nur das Motiv des Schlagens den Vergleich begründet; der Vers unter dem neutestamentlichen Ereignis spricht zudem davon, daß das Schlagen am Ende den Juden Heil brachte („Dardurch er sein volck hat benedeyt"), wie in alttestamentlicher Zeit die Befreiung von der Verfolgung durch die Ägypter. Eine weitere Bibelstellenangabe („4.Esd.13.e") neben dem Vers zum Untergang der Ägypter macht auf die Vision Esras vom Menschen aufmerksam, der mit erhobener Hand ein feindliches Heer vernichtete, womit ein drittes Geschehen gefunden wurde, bei dem Schlagen ebenfalls die entscheidende inhaltliche Bedeutung zukommt, jenes Motiv, das auch die Verbindung der Ereignisse unter 49.a und 50.a/b ermöglicht.

Taf. 51 a. Moses spricht zum Volke Israel – b. Ecce Homo

Bereits im 45. Paar hatte auf der neutestamentlichen Seite eine Darstellung des vor das Volk geführten Christus gestanden. Es stellt eine Inkonsequenz und in diesem Falle eine wenig überlegte Abfolge dar, wenn die Ecce Homo-Szene zweimal und an verschiedenen Stellen, also zeitlich deutlich getrennt, erscheint. Anders als in der ersten Darstellung ist diesmal Christus nicht auf einer Tribüne stehend gezeigt, sondern in dem Moment, als er von Pilatus vor dem Eingang des Prätoriums den Juden präsentiert wird. Christus trägt Dornenkrone und Spottzepter.[316] Davor steht die Menschengruppe, die zwischen Christus und Barrabas zu entscheiden hat, letzterer jedoch ist nicht dargestellt. Die mit einem s-förmig geschwungenen Körper in der Bildmitte stehende Figur weist mit ihrem linken Arm auf Christus und zeigt damit die Entscheidung der

---

312 L'opera incisa di Adamo e Diana Scultori, hg.v. Paolo Bellini, Vicenza 1991, S. 115–117 und 131–134.
313 Kat. London 1992, S. 195, Kat.Nr. 36.
314 Cornell 1925, S. 263–265.
315 Cornell 1925, S. 295–297; Schmid 1954, Sp. 845f.

316 Zur Unterscheidung der beiden Typen, die in der „Concordantz" vorkommen, vgl.: K.-A. Wirth: Ecce Homo, in: RDK, Bd. IV, Sp. 679f; außerdem: J. Jobé: Ecce Homo, New York 1962; A. Legner: Ecce Homo, in: LCI, Bd. 1, Sp. 557–561; Schiller, Bd. 2, S. 84–87.

verblendeten Menge gegen Christus an. Im übrigen ist diese Figur eine Variante der bei Hirschvogel so beliebten „Serpentinata"-Rückenfiguren, wie schon der Hohepriester in 5.a oder der Knecht in 44.b. Auch für diese Variante des Ecce Homo-Bildes läßt sich eine Darstellungstradition erkennen. Hans Schäufeleins Holzschnitt aus der Passionsserie von 1507[317] zeigt ebenfalls den von Pilatus – er appelliert an das Mitleid des Volkes – an die Schwelle geführten Christus, auf den – wie bei Hirschvogel – gewiesen wird, jedoch mit heftigeren Gesten.

Nachdem Mose die Gesetze des Herrn empfangen hatte und sie dem Volk mitteilte, strahlte sein Gesicht vom Glanz der Worte Gottes so hell, daß die Israeliten den Anblick Mose erst zu ertragen vermochten, nachdem er ein Tuch über seinen Kopf gelegt hatte. Andere Darstellungen des Themas deuten zwar durchaus das strahlende Antlitz Mose an, nämlich durch die Hörner am Kopf Mose (z.B. Holbeins Holzschnitt aus den „Icones Historiarum Veteris Testamenti"),[318] aber in keiner von ihnen wird das vor seinem Gesicht hängende Tuch gezeigt, so auch nicht in Erhard Schöns Darstellung in der sog. „Lyon-Bibel" von 1515/18 (erschienen in Lyon bei Jacob Sacon am 10. Mai 1518)[319] oder dem Holzschnitt desselben Künstlers in der „Biblia beyder (...) Testaments" (Augsburg bei Heinrich Stainer 1534),[320] wo aber der Kopf Mose vom Strahlenkranz umgeben ist. Anders als in diesen Beispielen, in denen die Israeliten in andächtiger Bethaltung zu den Seiten des aufrecht stehenden Mose knien, hatte sich Hirschvogel für eine Gestaltung entschieden, bei der das Volk um Mose in halbkreisförmiger Aufstellung steht, womit Hirschvogels Radierung ein weiteres Mal der Holbein'schen Auffassung nahe kommt. Auf das Kniemotiv der Menschen hatte Hirschvogel vermutlich verzichtet, um die Diskrepanz zum neutestamentlichen Bild nicht zu groß werden zu lassen; diese ist schon inhaltlich sehr groß, denn die Typologie ist außerordentlich oberflächlich und vermag kaum zu überzeugen. Auch die Verse zu diesen beiden Radierungen erklären die Zusammenstellung nur ungenügend, und man muß außerdem annehmen, daß allein das Stehen vor dem Volk und dessen Blendung den Ansatzpunkt für diese Kombination boten, wenn es auch einmal um wirklich optische Blendung ging, das andere Mal allein um geistige Verblendung, die durch Feindlichkeit motiviert war. Sehr viel anschaulicher dagegen vermochte mit dem glänzenden Angesicht Mose die Verklärung Christi vorausgebildet werden, der, von einem Strahlenkranz umgeben, dreien seiner Jünger erschienen war.[321]

Taf. 52 a. Verwandlung des Stabes Mose in eine Schlange – b. Vorbereitung des Kreuzes Christi
Eine Szene, die üblicherweise nur im Hintergrund der Illustration zu Mose vor dem brennenden Dornbusch gezeigt wurde, machte Hirschvogel zur alttestamentlichen Hauptszene des 52. Paares. Aus Zweifel um seine Glaubwürdigkeit bei den Israeliten und um seine Autorität, die er zum Herausführen des Volkes aus Ägypten benötigte, bat Mose den Herrn um ein positives Zeichen. Der Stab Mose wurde daraufhin in eine Schlange verwandelt und als er sie beim Schwanz ergriff (diesen Moment wählte Hirschvogel für seine Illustration aus) wurde sie wieder zu einem Stock.

Sowohl z.B. Erhard Schön im Holzschnitt des Themas für die „Biblia beyder Alt und Newen Testaments Teutsch" (Augsburg 1534) als auch Georg Lemberger in der niederdeutschen Bibel, die 1540 bei Hans Lufft in Wittenberg gedruckt wurde,[322] verbanden die Berufung vor dem brennenden Dornbusch mit der Stabverwandlung, die sie ergänzend in den Hintergrund einfügten. Deren eigenständige Darstellung gab es vor Hirschvogel noch nicht,[323] zu begründen ist sie in der „Concordantz" aber mit der Notwendigkeit des Ermittelns eines typologischen Gegenübers für die noch sehr viel ungewöhnlicher zu nennende Szene der Vorbereitung des Kreuzes Christi.

317 Schreyl 1990, Bd. I, S. 86.
318 Kästner 1985, S. 223–227.
319 Röttinger 1925, S. 46.
320 Röttinger 1925, S. 85–87.

321 Auf diese Weise argumentierte die Concordantia caritatis; vgl. Schmid 1954, Sp. 839f.
322 Vgl. L. Grote: Georg Lemberger, Leipzig 1933, S. 7; P. Schmidt 1962, S. 217f.
323 Schlosser: Moses, in: LCI, Bd. 3, Sp. 289–293.

Vor einer weiten Landschaft sind drei Zimmerleute dabei, das auf zwei Stützen liegende Holz für die Kreuzigung Christi vorzubereiten (beim Kreuzbalken unterlief Hirschvogel eine perspektivische Ungenauigkeit). Einer von ihnen bohrt Löcher, ein zweiter schlägt bereits einen Nagel ein und ein dritter säubert die Kanten des Kreuzstammes mit einer Axt.

Es ist verständlich, daß es für dieses in der Bibel nicht beschriebene Geschehen keine bildliche Tradition gibt, wohl aber könnte die Bildidee von einem bekannten Vorbild ableitbar sein. Aus dem mit „Ruhe auf der Flucht nach Ägypten" oder „Die heilige Familie im Hof" benannten Holzschnitt Albrecht Dürers aus dem Marienleben von 1501/02 entnahm Hirschvogel möglicherweise die Figur des Zimmermanns Joseph, der mit einer Axt einen langen Baumstamm bearbeitet.[324] Durch den Druckvorgang erscheint die Figur nun gegensinnig, aber ihre Schrittstellung, Armhaltung, der Gesichtstyp und die Axtform stimmen genau überein. Ein ähnliches Schrittmotiv zeigt auch die Gestalt des Vulkan in einer Radierung Marcantonio Raimondis von 1505 (Abb. 13).[325] Die anderen beiden Männer in Hirschvogels Radierung sind von den bei Kreuzannagelungen üblicherweise vorkommenden Personen ableitbar. Für das Thema der Vorbereitung des Kreuzes gab es in dieser charakteristischen Form in früheren typologischen Zusammenhängen keine Voraussetzungen. In der „Concordantz" ermöglichte das Material Holz die Zuordnung der Szenen dieses Bildpaares; Holz, das bei Mose zu einer lebendigen Schlange und wieder zurückverwandelt wurde und durch die Kreuzigung Christi zum „holtz des lebens" werden konnte (so die vierte Verszeile unter dem neutestamentlichen Bild).

Taf. 53 a. Das bittere Wasser von Mara (Ex 15,22–25) – b. Das Kreuz Christi
Nach einem drei Tage währenden Zug durch die Wüste fanden die aus Ägypten ziehenden Israeliten endlich eine Quelle, die aber nur bitteres Salzwasser gab, nach welchem sie auch ihren Namen erhalten hatte: Mara (hebr. für Bitterkeit; Ex 15,22–25). Der Herr, an den sich Mose in dieser Notsituation hilfesuchend wandte, wies ihm ein Stück Holz, das Mose ins Wasser werfen sollte, damit es daraufhin süß werde.

Die Entwicklung der bildlichen Umsetzung dieser Begebenheit zeigt für die Zeit seit etwa 1500 zwei verschiedene Typen.[326] Zum einen existiert die Reduktion allein auf Mose, der das Holz in den Fluß gibt, wie im von Hans Baldung Grien geschaffenen Holzschnitt für den „Beschlossen Gart des Rosenkranz Mariae", gedruckt in Nürnberg im Oktober 1505.[327]

Eine andere Variante zeigt der Holzschnitt aus der Lübecker Bibel von 1494. Der Herr, der die Weisung ausspricht, ist darin noch in der linken oberen Bildecke zu sehen, darunter bricht Mose Zweige eines Baumes ab, um sie ins Wasser zu werfen. Die eben noch sehr aufgebrachten Israeliten beginnen daraufhin dankbar zu musizieren.

Eine erzählerisch ähnlich ausgeschmückte Vorstellung des Mara-Wunders bietet auch die „Concordantz": Aus der Wolkenglorie in der rechten oberen Ecke erteilt der Herr dem Mose Anweisungen; der aber legt – gemäß der biblischen Worte – keine Zweige in das Wasser, sondern ein Holz, das so groß ist, daß zwei Israeliten, und nicht Mose allein, die Aufgabe übernehmen müssen. Mose weist die beiden Männer nur an. Es sind neben einigen erstaunten Menschen auch schon solche zu sehen, die im Mittelgrund der Radierung bereits Wasser schöpfen und ihren Durst stillen. Von der zentralen Bedeutung, die dabei das Holz hat, da es das ungenießbare Wasser trinkbar machte, ist auch in den darüber gedruckten Versen zu lesen: „Des bittern wassers das volck nit gnuß ‖ Biß man einen baumen darein stieß", womit die Überleitung zum neutestamentlichen Bild geschaffen wurde, der Darstellung des Kreuzes Christi.

---

324 Meder 1932, S. 176f, Nr. 202.
325 Kat. Lawrence 1981, S. 58, Nr. 4.
326 Réau 1955–59, Bd. 2, S. 199f.

327 Kat. Karlsruhe 1959, S. 292–304; Schreyl 1990, Bd. I, S. 53–55.

Das Kreuz ist bereits auf dem Berg Golgatha vor den Toren Jerusalems aufgerichtet worden, aber es fehlen jegliche Personen.[328] Auch auf dem Titelblatt zu Martin Luthers Predigt „Über das heilige Kreuz und die Heiltum", gehalten am Tage der Kreuzerhebung am 14. September 1522 in Wittenberg, steht als Illustration das leere Kreuz Christi, in gleicher Form wie bei Hirschvogel, im Hintergrund ist jedoch eine Küstenlandschaft zu erkennen.[329] Über den typologischen Zusammenhang fand diese kuriose Vorstellung Aufnahme in den Zyklus der „Concordantz": Das Kreuz Christi war aus „bitterm holz" gemacht, das, wie der Vierzeiler besagt, „vns dunket all gar bitter sein || Trag wirs mit dult / so loeßts vns auß pein". Das „bittere" Holz des Kreuzes Christi brachte durch die Kreuzigung des Gottessohnes Erlösung von der Sünde, ähnlich wie die Israeliten vom Durst erlöst wurden, als sich die bittere Quelle von Mara in eine trinkbare verwandelte. Möglicherweise entstand diese in früheren illustrierten typologischen Zyklen nicht erscheinende Zusammenstellung auf der Grundlage der Auslegung des Kapitels Ex 15 im „Speculum ecclesiae" des Honorius Augustodunensis: „Quo ligno aqua fit potabilis, quia amore crucis Christi fit mors multis optabiblis. Lignum hoc aquae inditur, dum crux morte Christi intingitur."[330]

Taf. 54 a. Die Opferung Isaaks – b. Kreuzigung Christi
Hirschvogels Radierung zur Opferung Isaaks steht in einer langen Reihe von Darstellungen dieses Themas, bei dem zwei Momente eine Rolle spielen, die anhand von zwei Kupferstichen des Nürnberger Malers und Stechers Georg Pencz aufzuzeigen sind:[331] Teil von dessen fünfteiliger Serie zur Geschichte des Erzvaters Abraham (1543) ist sowohl die Opferung des Isaak, als auch Isaak, der ein Bündel Holzscheite geschultert zu seiner eigenen Opferstätte trägt.[332] Fast immer kommt keine der Szenen ohne die andere aus, eine von ihnen ist im Hintergrund eingefügt, wie in Pencz' Blättern zu sehen ist. Dies wird auch von anderen Künstlern so gehalten, wie z.B. von Jörg Breu in seinem Holzschnitt von 1545, also zwei Jahre vor Hirschvogels Radierung entstanden.[333] Auch der ausgewählte Augenblick ist bei allen diesen Darstellungen derselbe: Abraham greift Isaak, der auf dem aus Steinen und Holz errichteten Altar kniet, an die Schulter und holt zum Hieb mit dem Schwert aus. Ein Engel ist erschienen, packt den Arm Abrahams, der sich umwendet und die Geste des Engels erkennt, mit der er auf den im Gebüsch verfangenen Widder weist, den Abraham anstelle seines Sohnes opfern soll, nun, da er den Beweis seines Gottesgehorsams erbracht hat.[334]

Obwohl die Isaak-Erzählung zur Kreuztragung passen soll, betonte Hirschvogel in seiner Radierung die Opfertat und zeigte den holztragenden Isaak mit seinem Vater, der eine Fackel trägt, nur im Mittelgrund.[335] Da es sich um die alttestamentliche Entsprechung zur Kreuztragung handelt, hätte durch die Umkehrung dieser beiden alttestamentlichen Episoden auch der Bezug zur Kreuztragung deutlicher gemacht werden können. Das Holztragen Isaaks ist eine Begebenheit, die nicht im Bibeltext vorkommt: Sie wurde allein als typologische Entsprechung zur Kreuztragung geschaffen. So steht nun aber nicht die äußere Handlung des Tragens im Zentrum der typologischen Auslegung, sondern vielmehr die freiwillige Bereitschaft Isaaks und Abrahams, den Willen des Herrn, der die Opferung befohlen hatte, zu erfüllen; sie wird mit der Bereitschaft Christi gleichgestellt, mit der er in neutestamentlicher Zeit das Kreuz auf sich nahm.

328 Vgl. G.W. Benson: The Cross -It's History and Symbolism, Buffalo 1934; E. Dinkler: Zur Geschichte des Kreuzsymbols, in: Signum Crucis, Tübingen 1967, S. 1–25.
329 Predigttext abgedruckt in: WA 10, III, 332–341. Zu den gedruckten Ausgaben der Predigt (erster Druck bei Adam Petri in Basel 1523): WA 10, III, CLVIIf.
330 MPL 172, 944.; ebenso argumentierte Isidor von Sevilla: MPL 83, 297.
331 Vgl. zur allgemeinen Ikonographie des Themas: L. Speyart van Woerden: The Iconography of the Sacrifice of Abraham, in: Vigiliae Christianae 15 (1961), S. 31–47; Aurenhammer 1967, S. 26f.; E. Lucchesi-Palli: Abraham, in: LCI, Bd. 1, Sp. 23–30; J. Paul: Isaak, in: LCI, Bd. 2, Sp. 352f.; K. Möller: Abraham, in: RDK, Bd. 1, bes. Sp. 84–88.
332 Landau 1978, S. 60f. und 79f.
333 H. Röttinger: Das Holzschnittwerk Jörg Breus d.J., in: Mitteilungen der Gesellschaft für vervielfältigende Kunst 1909, S. 1–11, Nr. 68.
334 Die Episode deutete schon Paulus im Hebräerbrief (11,17–19) als vorbildliche Tat Abrahams.
335 Noch weiter entfernt, im Hintergrund die zwei Knechte, die mit einem Esel zurückgelassen wurden.

Auf die ungeschickte und mißverständliche Wiedergabe der Geste des Engels in der Radierung Hirschvogels soll noch hingewiesen werden. Statt auf den Widder zeigt er auf Isaak. Dieser Fehler unterlief Hirschvogel wohl deshalb, weil er den Widder in die Bildmittelachse und nicht, wie in den anderen genannten Beispielen zu erkennen, an den linken äußeren Bildrand unterhalb des Engels stellte (s. z.B. David Kandels nur noch als Einzelblatt in der Graphischen Sammlung München erhalten gebliebenen Holzschnitt).[336]

Im Gegensatz zum stillen alttestamentlichen Bild mit wenigen Personen sieht man bei der Kreuztragung Christi eine große Volksmenge, wie sie im Lukasevangelium erwähnt ist. Christus ist auf dem Gang zum Berg Golgatha – im Hintergrund rechts eingefügt – unter dem Gewicht des Kreuzes in die Knie gesunken. Dieses bei Kreuztragungen oft anzutreffende Motiv[337] ergänzte Hirschvogel noch durch einige andere, die weniger regelmäßig auftreten. Zum einen Simon von Kyrene, der Jesus hilft, das Kreuz zu tragen, indem er den Kreuzstamm hochhebt (in Agostino Venezianos Kupferstich von 1503 greift er das gesamte Kreuz)[338] und zum anderen den mit einem Seil auf Christus einschlagenden Mann, der gleichzeitig an den Haaren Christi zieht (das Motiv des Schlagens auch bei Lucas van Leyden, Kreuztragung, 1509).[339] Wie bei van Leyden ist bei Hirschvogel die direkte Teilnahme Mariens am Leid ihres Sohnes zu sehen, obwohl es sich um ein Motiv handelt, das man eher bei Kreuzigungen antrifft (Lukas Cranach d.Ä., Kalvarienberg, 1502).[340] Bei Lucas van Leydens Stich (wie bei Hirschvogel stützt Johannes dort die Maria) steht die „compassio Mariae" räumlich sogar noch vor der Kreuztragung. Soldaten, die den Zug begleiten, gehören zum gängigen Schema der Darstellung. Isaaks Opferbereitschaft und seine Fügung unter den Willen Gottes machten die Episode zum geeigneten Gegenüber der Kreuzigung Christi und so verwundert es nicht, daß diese Typologie eine der traditionsreichsten und häufigsten überhaupt ist. Sie ist nicht nur in spätmittelalterlichen Bildzyklen wie dem Speculum überliefert, sondern war auch im 16. Jahrhundert noch so geläufig, daß sie Martin Luther heranzog, um an ihr das Prinzip der typologischen Auslegung des Alten Testaments grundsätzlich zu erklären. Das Geschehen um Isaak solle man nicht als „Historie (...) für sich nemen": „Isaac wird auff dem Altar geopffert und bleibt doch lebendig, das bedeute, Christus muesse sterben und wider aufferstehen und lebendig werden".[341]

336 Hollstein, Bd. XV B, S. 218.
337 U. Ulbert-Schede: Das Andachtsbild des kreuztragenden Christus in der deutschen Kunst von den Anfängen bis zum Beginn des 16. Jahrhunderts, Diss. München 1968; H. Laag und G. Jászai: Kreuztragung Christi, in: LCI, Bd. 2, Sp. 649–653; Schiller, Bd. 2, S. 88–93.
338 Kat. Lawrence 1981, S. 200 f., Nr. 69; zu Veneziano allg.: Kat. Wien 1966, S. 103f.
339 S. Jacobowitz: The Prints of Lucas van Leyden and His Contemporaries, Ausst.-Kat. Washington, National Gallery of Arts und Boston, Museum of Fine Arts 1983, S. 81.
340 Kat. Basel 1974, S. 457f.
341 WA 16,68, aus „Eyn Unterrichtung wie sich die Christen ynn Mosen sollen schicken", erschienen 1526 bei Hans Weyß in Wittenberg. Ein Jahr später, 1527, deutete Luther die Isaakserzählung noch ausführlicher auf Christus hin („Uber das Erst buch Mose, predigete Martin Luther sampt einer vnterricht, wie Moses zu leren ist", gedruckt in Wittenberg 1527 bei Georg Rhau; WA 24,398 f.: „Ich habe offt gesagt, wer ynn der Biblia wol studiren wil, sonderlich die geistliche deutung der Historien, das ers alles ziehe auff den Herrn Christum. (...) Isaac wird auff den altar gelegt und gebunden, der vater nympt yhn bey dem kopff, wil yhn hawen und schlachten, also das er ynn der warheit geopfert ist, wenn man des vaters hertz ansihet, Denn da gehet frey beyde wille und hand. (...) Der tod ist gantz ynn seines vaters und seinen augen, das yhr keiner anders weys noch sihet, noch bleibet er lebendig und wird fur yhn der bock geopfert, Also stirbet er ym schein und ansehen und bleibet doch ym tod leben. Das ist der Herr Christus, der scheinet und stellet sich ynn aller weyse, als sterbe Gottes son, doch stirbet er nicht, sondern der mensch stirbet warhafftig, das ist der bock ynn der dornhecken. Also sagt nu die schrifft, das Gott warhafftig seinen son hyn gegeben hat, noch ist er nicht gestorben, sondern der mensch. So ist Isaac eine figur der Gottheit, der bock der menscheit Christi." Vgl. allgemein zu dieser Zusammenstellung: E. Fascher: Isaak und Christus – Zur Frage einer Typologie in Wort und Bild, in: Bild und Verkündigung – Festschrift H. Jursch, Berlin 1962, S. 256–272.

Es ist offensichtlich, daß dem Material Holz in allen vier, im aufgeschlagenen Zustand der „Concordantz"-Folioausgabe zusammen sichtbaren Radierungen eine gewichtige Bedeutung zukommt. Mit Ausnahme der Illustration 54.a steht ein Holzstamm auch kompositionell im Mittelpunkt.

Taf. 55 a. Hiob erfährt von seinem Unglück – b. Der Mensch trägt das Kreuz Christi und folgt ihm
Im 55. Paar wurde die überraschende Verarmung des frommen und reichen Hiob zu einem Teil der typologischen Zusammenstellungen gemacht.

Hirschvogel zeigte, wie Hiob mit einer erschrockenen und zugleich klagenden Geste auf die Botschaft reagierte, die ihm seine Frau und zwei Boten überbrachten: Hiobs Haus war niedergebrannt – im Hintergrund sieht man Rauchschwaden aufsteigen – und seine Söhne und Töchter wurden von den Trümmern eines einstürzenden Hauses erschlagen. Zum Beweis dafür hält einer der Boten Hiob ein totes Kind entgegen. Das gottgewollte Unglück erschütterte Hiob zunächst so sehr, daß er seine Kleider zerriß, es dann aber doch ergeben ertrug.

Darstellungen des Themas in der Bibelillustration seit dem späten 15. Jahrhundert lehnen sich stets eng dem Text der Bibel an, in dem eine genügende Zahl von möglichen Bildelementen erwähnt ist und die einzelnen Katastrophen, die über Hiob hereinbrachen, anschaulich geschildert sind.[342]

In der Lübecker Bibel von 1497 ist das Unglück eher zurückhaltend und statisch aufgefaßt worden. Händeringend und mit traurigem Gesichtsausdruck sitzt der unbekleidete Hiob vor den drei Boten; seine Frau nimmt nur am Rande teil. Nach seiner Ruhe, den nicht dargestellten toten Kindern und dem fehlenden brennenden Haus zu urteilen, handelt es sich hier um die Szene, in der Hiob von seinen drei Freunden Eliphas, Bildad und Zophar getröstet wird. Die ganze Dramatik der Geschichte hingegen nutzte Cranach in seinem ganzseitigen Holzschnitt zum Buch Hiob aus dem „Dritten teyl des alten Testaments" (Wittenberg 1524).[343] Hiob, der zusätzlich noch mit Aussatz geschlagen ist, sitzt vor einem heftig gestikulierenden und zwei weiteren Boten. Hinter einer Mauer (Job 19,8: „Meinen Weg hat er [d.h. Gott] verbaut, ich kann nicht weiter") stürzt das Haus über seinen Kindern zusammen und sabäisches Kriegsvolk treibt Hiobs Vieh hinweg, eine Begebenheit aus Job 1,14 f., die Hirschvogel nicht in seine Radierung aufnahm.

Hans Baldungs Holzschnitt für die „Leien Bibel" Rihels von 1540 beschränkte sich auf den traurig dasitzenden Hiob, dem seine Frau in Begleitung der drei Freunde Hiobs von seinem Schicksal berichtet, das im Hintergrund durch die zusammenstürzenden Häuser ins Bild gesetzt wurde. Georg Pencz' Radierung von etwa 1540 (Abb. 14) kommt derjenigen der „Concordantz" sehr viel näher:[344] Heftig wird auf Hiob eingeredet, seine Frau hält ihm eines seiner toten Kinder entgegen und hinter ihm setzt der drachenähnliche Satan eine Kralle in Hiobs Nacken. Wie Hirschvogel hatte Pencz jedoch nicht den Aussatz Hiobs gezeigt, den der Satan Hiobs Leid noch zusätzlich hinzufügte. Eine Feuersbrunst bezeichnet sein brennendes Haus.

Noch wilder agiert der mit beuliger Haut und schlaffen Brüsten dargestellte Satan in einem anonymen Nürnberger Holzschnitt aus der Zeit vor der Mitte des 16. Jahrhunderts.[345] Mit einer mehrschwänzigen Peitsche drischt er auf den aussätzigen Hiob ein, der aber das von sei-

---

342 W. Weisbach: L'histoire de Job dans les Arts, in: Gazette des Beaux-Arts 78 (1936), S. 102–112; G.v.d. Osten: Iob and Christ, in: Journal of the Warburg and Courtauld Institutes 16 (1953), S. 153–158; R. Budde: Job, in: LCI, Bd. 2, Sp. 407–414.

343 Kat. Basel 1974, S. 339, Nr. 184; Kat. Berlin 1983, S. 138, Nr. B. 80.

344 Landau 1978, S. 66 und 80.

345 Geisberg 1974, S. 1566.

nen Boten überbrachte Schicksal gelassen hinzunehmen scheint. Es werden, was selten ist, alle Prüfungen Hiobs wiedergegeben. Hirschvogels Radierung fügt sich also bruchlos in die Bildtradition ein. Zusätzlich kann für das Sitzmotiv Hiobs ein genaues Vorbild angeführt werden. Raimondis Kupferstich nach Raffaels Karton mit dem Tod des Ananias[346] (um 1516; vgl. auch die typologische Zusammenstellung Nr. 76. in der „Concordantz") zeigt auf der rechten Bildseite einen Mann, der auf einem Bein kniet, das andere angewinkelt vorstreckt und seine Arme in entsetzter Geste öffnet. Nur durch die seitenverkehrte Umsetzung sind einige dieser Motive in Hirschvogels Radierung vertauscht.

Stellten spätmittelalterliche typologische Zusammenstellungen die Geschehnisse um Hiob entweder mit der Geißelung Christi (Biblia pauperum)[347] oder dem Gleichnis vom reichen Mann und dem armen Lazarus (Concordantia caritatis)[348] zusammen, so fanden Hirschvogel/Perenius die neutestamentliche Entsprechung in einem Vers des Matthäus-Evangeliums (Mt 10,38): „Wer nicht sein Kreuz nimmt und mir nachfolgt, ist meiner nicht wert".

Vor einer Stadtsilhouette hat Christus sein Kreuz geschultert und blickt sich zu einem Mann um, dem andere gerade helfen, sein Kreuz auf den Rücken zu heben. Auffällig ist für dieses Bildpaar, daß sich Hirschvogel bemüht hat, die Haltungen von Hiob, Christus und dem Nachfolgenden zumindest in gewissem Maße einander anzupassen. Alle drei sind in durchgedrückter Beinhaltung gezeigt. Die hier vorliegende typologische Verweisung hat als eine Neuschöpfung zu gelten, aber für die bildliche Umsetzung des neutestamentlichen Verses gibt es mehrere Vergleichsbeispiele.

Die den Charakter eines Erbauungsbuches tragende, illustrierte Schrift „Der beschlossen Gart" von 1505 bietet die bildliche Darstellung dieses abstrakten Bibelgedankens an.[349] Baldung Grien reduzierte darin – anders als Hirschvogel – das Bild der Nachfolge Christi (Abb. 15) allein auf den weitausschreitenden Christus und seinen Nachfolger. Dürers nach 1520 entstandene Zeichnungen für das Gedenkbuch des Nürnberger Ratsschreibers Lazarus Spengler (heute nur noch in Einzelblättern erhalten; London, Print Room of the British Museum),[350] bieten sich ebenfalls zum Vergleich an. Auf einem Täfelchen mit Rollwerk hatte Dürer den von Hirschvogel sinngemäß wiedergegebenen Bibelvers eingesetzt (Mt 10,38: „QVI NON TOLLIT CRVCEM SVAM ET SEQVITVR ME NON EST ME DIGNVS"; bei Hirschvogel: „Dann das mittragend Creutz in gedult || Jesu vnd bey Gott erwerben huld"). Darüber ist der kreuztragende Christus von einem Wolkensaum und Schnörkelwerk umgeben. In der in Spenglers Buch sehr wahrscheinlich ehemals gegenüberliegenden Federzeichnungen folgt ein kreuztragender Mann in betender Haltung; er ist von Astwerk mit Weinreben umgeben.[351] Eine ganze Schar von kreuztragenden Männern folgt Christus im oberen Bildfeld des Titelblattes zur Bibel von 1534 (in Frankfurt am Main erschienen), für die Hans Sebald Beham Holzschnitte anfertigte.[352]

---

346 Shearman 1972, S. 99–101.
347 Cornell 1925, S. 295–297.
348 Schmid 1954, Sp. 849f.
349 Kat. Karlsruhe 1959, S. 292–304; Oldenbourg 1962, S. 29, Nr. 161; M. Mende 1978, Nr. 93.
350 Vgl. Winkler 1931, Bd. 4, S. 93 – 96; Kat. London 1988, S. 95f.
351 Inschrift auf der Tafel links über Christus: „In libertatem vocati eris tantum ne libertatem detis in occasionem carnis" (Gal 5, 13: Ihr seid zur Freiheit berufen, nur lasset die Freiheit nicht zu einem Anlaß für das Fleisch werden.); Tafel unter dem Nachfolger: „NAM SI AMBULA VERO IN MEDIO VMBRE MORTIS NON TIMEBO MALA QVONIA(M) TV MECVM ES" (Ps 22,4: Denn wenn ich wandere im Schatten des Todes, fürchte ich kein Unglück, denn du bist bei mir); Tafel rechts über dem Nachfolger: „Domine da quod iubes et iube quod vis" (Herr, gib was du befiehlst und befiehl nach deiner Macht), das im Kat. London 1988, S. 96 als Quelle dieses Verses angegebene 16. Kapitel des vierten Buches in Thomas a Kempis „De imitatione Christi" (1441) existiert nicht.
352 Sog. „Beham-Bibel"; Pauli 1901, S. 258; Dornik-Eger 1969, S. 37f., Kat. Nr. 50.

Die Verse zur Hiob-Radierung in der „Concordantz" lehnen sich, was selten vorkommt, direkt an Verse aus der Bibel an, nämlich das Gebet Hiobs zu Gott („Bloß bin ich auß muter leyb komen ‖ Nichts hab ich mit mir wegk genomen"; Iob 1,21: „Nackt bin ich aus meiner Mutter Schoß gekommen (...) Der Herr hat's gegeben, der Herr hat's genommen") und das neutestamentliche Bild wird in den „Concordantz"-Versen im Sinne des Leidens ausgelegt, denn „wer (...) hie verleugt sein Leben", der erwirbt Huld und „dem will Gott dort das ewig geben".

Nur auf zwei Verse bezieht sich die Marginalangabe „Prover.3.b." (i.e. Prov 3,11–12). Darin mahnt Salomo zur Erduldung der Strafen Gottes, „denn wen der Herr lieb hat, den züchtigt er". Das Motiv der Nachfolge kommt nochmals im Bibelstellenverweis zur neutestamentlichen Radierung vor („Luc.3.c."; i.e. Lc 3,15–17): Johannes der Täufer hatte nach der Taufe Christi angekündigt, daß derjenige kommen werde, „welcher stärker ist als ich", womit Christus gemeint war, der während der Erscheinung des Herrn in Lc 3,22, als er den Heiligen Geist auf Christus herabsandte, von Gott damit vor dem Volk als der mächtige Sohn Gottes gekennzeichnet wurde.

Taf. 56 a. Elia beruft Elisa – b. Ein Nachfolger Christi am Pflug (Lc 9, 61 f.)
Elia, der den Bauern Elisa während der Feldarbeit antraf, berief diesen zu seinem Nachfolger, indem er seinen Mantel über Elisa warf, um ihm damit anzuzeigen, daß er sein Schüler und Diener geworden war. Für dieses sehr selten bildlich umgesetzte Thema kann aus dem deutschen Kunstkreis ein Ausschnitt aus Jörg Ratgebs Fresko im Refektorium des Karmeliterklosters in Frankfurt am Main angeführt werden.[353] Der in Frage stehende Ausschnitt des Freskos ist zwar teilweise zerstört und mehrfach restauriert worden, doch erkennt man deutlich noch den sich zu Elia vorbeugenden Elisa, der seine Hände in die des Elisa legt und von dessen Mantel überdeckt ist.[354]

Diesen in der Bibel genau geschilderten Vorgang gab Hirschvogel in einer Landschaft mit Bauernhaus wieder. Elisa ist gerade dabei zu pflügen, als von hinten Elia an ihn herantritt, um seinen Mantel über ihn zu legen. Als analoge Szene bot sich jene an, in der ebenfalls einem Bauern am Pflug eine wichtige Rolle zukommt: In Lc 9 (Verse 61 f.) ermahnte Christus einen Mann, der ihm nachfolgen wollte, aber meinte, sich noch vorher von seiner Familie verabschieden zu müssen, mit den Worten: „Niemand der seine Hand an den Pflug legt und zurückblickt, ist tauglich für das Reich Gottes". Die Gestaltung dieses Themas ist in der Radierung Hirschvogels sehr ähnlich der Komposition zu Vers 56.a. Es änderte sich nur die Bewegungsrichtung des Pflügenden, die nun aus dem Bild hinaus verläuft, sowie der landschaftliche Hintergrund, der bei der Elisa-Berufung Felder und Hügel zeigt und bei der neutestamentlichen Szene eine Uferlandschaft mit einer Stadt.

Für das Thema von 56.b gibt es keine ikonographischen Vorbilder, allerdings genügte hierbei die Kenntnis von Darstellungen pflügender Ackermänner, wie sie beispielsweise in Holbeins d.J. „Todesbildern" zu finden ist (erschienen 1538 in Lyon, vollständiger Titel: „Les simulacres et historiées faces de la mort").[355] In der nicht illustrierten Concordantia caritatis war die Berufung des Elisa als alttestamentliche Parallelisierung zum Wunderbaren Fischzug Petri aus Lc 5,1–11 und zur Berufung des Josua durch Mose (Nm 27,12) gesehen worden.

Überschaut man die Vierergruppe 55./56. in ihrer Gesamtheit, kann festgestellt werden, daß das Thema Nachfolge, auch im Sinne einer christlichen Lebensführung, so bei den Szenen der

---

353 Zur Ikonographie des Themas E. Lucchesi-Palli und L. Hoffscholte: Elias, in: LCI, Bd. 1, Sp. 607–613; M. Pfister-Burkhalter: Elisa (Elisäus), in: RDK, Bd. 4, bes. Sp. 1402.
354 Zuletzt: Jörg Ratgebs Wandmalereien im Frankfurter Karmeliterkloster, hg. von der Stadt Frankfurt, Frankfurt am Main 1987, S. 8 und 15.
355 Kat. Basel 1960, S. 327f., Kat.Nr. 418.

neutestamentlichen Seite im Vordergrund steht. Kompositionell haben die vier Radierungen ebenfalls eine Gemeinsamkeit: Die Bewegungsrichtungen der Figuren verlaufen jeweils diagonal durch das Bild, wenn auch unterschiedlich von vorn nach hinten oder umgekehrt.

Diese Vierergruppe, die ein Zwischenspiel innerhalb des Ablaufes der Passion bildet, wurde eingefügt zwischen die Leiden Christi am Kreuz, wodurch auch der Mensch aufgefordert wurde, solches auf sich zu nehmen.

Taf. 57 a. Jakob ringt mit dem Engel – b. Christus wird ans Kreuz geschlagen (Jo 20,25)
Über die Vorbereitung der Kreuzigung, die in der „Concordantz" mit vier Bildern erzählt wird (52.b – 54.b und 57.b), sagen die Evangelien nur sehr wenig aus. Auch die Kreuzannagelung kommt in ihnen nicht vor und so ist die angegebene Bibelstelle („Ioan.19.b.") genaugenommen eine falsche, denn in ihr ist nur von der Kreuzigung selbst die Rede (Jo 19,18: „Dort kreuzigten sie ihn und zwei andere mit ihm zu beiden Seiten, Jesus aber in der Mitte"), nur bei Jo 20,25 erfährt man, daß die Hände Christi angenagelt wurden. Für dieses Thema gibt es eine große Tradition in der Kunst, in die auch die Radierung Hirschvogels eingefügt werden kann.[356]

Vor der Kreuzaufrichtung, die im „Concordantz"-Zyklus nicht vorkommt, wurde Christus ans noch am Boden liegende Kreuz geschlagen. Drei Henkersknechte schlagen in identischen Haltungen mit drei Nägeln den ausgestreckten Christus ans Kreuz. Ein vierter Mann zieht an den Seilen um das linke Handgelenk Christi. Im Vordergrund sind die Werkzeuge für die Kreuzigung demonstrativ gezeigt, auch der Mantel, den Christus noch in der Darstellung 51.b (Ecce Homo) getragen hatte, liegt dabei. Im Hintergrund gehen zwei Passanten vorbei, von denen einer den anderen auf die Haupthandlung weist.

Sehr viel abwechslungsreicher ist dagegen der Holzschnitt im „Schatzbehalter" gestaltet. Dort schlagen zwei Männer die Nägel ein und ein dritter zieht am Strick um die Füße Jesu, im Hintergrund sind zudem noch zwei Knechte zu sehen, die das Loch für das Kreuz ausheben. Wieder gibt es eine beobachtende Figur, die auf das Geschehen zeigt, und in Dürers Feder- und Pinselzeichnung aus der „Grünen Passion" (Wien, Albertina)[357] sind es gleich fünf Männer, die der Kreuzannagelung beiwohnen. Wegen seiner Perspektive ist der anonyme Holzschnitt aus der „Leien Bibel" besonders auffällig, wo der horizontale Kreuzbalken parallel zur vorderen Bildkante liegt, so daß der Körper Christi sich in das Bild hinein erstreckt.

War in der sog. „bayerischen Gruppe" der Handschriften der Biblia pauperum[358] die Kreuzannagelung als Antitypus aufgenommen worden für den Bau der Arche, die Himmelsleiter, die Zersägung des Jesaia und für Thubalkain, der Eisenzeug anfertigt (Gn 4,22), weiters in der Concordantia caritatis für den Sündenbock aus Lv 16,5–10, so kam im Speculum humanae salvationis noch Moab hinzu, der seinen Sohn opferte.[359] Keiner dieser Typen kommt in der „Concordantz" vor, wo oft das Bemühen zu erkennen ist, andere als früher übliche Typen für das neutestamentliche Bild zu finden.

Dadurch, daß in den Versen zur Kreuzannagelung bereits auf die Opfertat Christi durch die Kreuzigung verwiesen wird (Christus „Rang am creutz mit Got vn menscheit schnell ‖ Dardurch erloest das gantz Israel"), war es möglich, das Ringen Jakobs mit dem Engel als alt-

---

356 M. Boskovits: Kreuzannagelung, in: LCI, Bd. 2, Sp. 600–601; Schiller, Bd. 2, S. 93 und 96.
357 Vgl. J. Meder: Dürers Grüne Passion in der Albertina, München 1923; W. Koschatzky und A. Strobl: Die Dürerzeichnungen der Albertina, Salzburg 1971, S. 192 – 215; E. Mitsch: Einführung zum Katalog Albrecht Dürer – Die Grüne Passion, Wien, Graphische Sammlung Albertina 1987, o.p.
358 Zur Gruppierung der Biblia pauperum-Varianten, s. G. Schmidt 1959, S. 45–56 und 72–76.
359 Cornell 1925, S. 305f.; Schmid 1954, Sp. 845f.; Breitenbach 1930, S. 193–200.

testamentlichen Vorläufer aufzunehmen. Schon Augustinus hatte die Vorbildhaftigkeit des Ringens Jakobs mit dem Engel erkannt und mit Aussagen über Christus verbunden.[360] Auch Luther war diese typologische Argumentation bestens bekannt, denn er verwies im Kapitel zum Kampf Jakobs mit dem Engel im Rahmen seiner Auslegung des ersten Buches Mose mehrfach auf den gekreuzigten Christus, für den jene Geschichte aus dem Leben Jakobs eine „figura" sei.[361]

Allein mit der Absicht Hirschvogels, kompositorische Kongruenzen zwischen zueinandergehörenden Bildern herzustellen, ist es zu erklären, daß die Engelskampfszene in der rechten unteren Ecke der Radierung steht: Dadurch sind in beiden Radierungen an gleicher Stelle zwei kniende Männer zu finden. Viel größeren Raum als für die sich an Schulter und Hüfte umgreifenden Kämpfenden gibt Hirschvogel dem Anhang Jakobs, also dessen zwei Frauen, elf Söhnen, den Mägden und der Herde, die Jakob über den Fluß Jabbok führte, bevor er selbst dann am gegenüberliegenden Ufer übernachtete. Auf Grund dieser veränderten Betonung fügt sich Hirschvogels Komposition kaum in die gängigen Darstellungsform des Themas ein, für die der 1532 datierte Holzschnitt aus der illustrierten Lutherbibel von 1534 stehen kann.[362] Dort kämpfen Jakob und sein Kontrahent in der Bildmittelachse und sind in einer Größe gezeigt, die fast die gesamte Bildhöhe ausfüllt. Nur im Mittelgrund ist die Familie Jakobs zu sehen. Der Meister M.S., der den Druckstock für die Illustration schnitt, gab durch die aufgehende Sonne außerdem noch den Hinweis auf die in der Bibel genannte Tageszeit – Hirschvogel verzichtete auf dieses Element.

Taf. 58 a. Absaloms Tod – b. Judas bringt die Silberlinge zurück und erhängt sich
Die Radierung 58.a illustriert den alttestamentlichen Bericht vom Tod des Sohnes König Davids in dramatischer Form. Absalom hatte sich gegen den seiner Auffassung nach zu milde regierenden Vater gewaltsam aufgelehnt, der ihn dennoch nicht bestrafte (II Rg 17). Nachdem Absaloms Heer von der Söldnergruppe Davids geschlagen worden war, flüchtete er auf einem Maulesel, verfing sich aber mit seinen Haaren in den Zweigen einer Eiche: Das Tier galoppierte unter ihm davon und er blieb hilflos am Baum hängen. Als davon der Feldherr Davids, Amon, erfuhr, eilte er zum hilflosen Absalom, stach mit Speeren zu und seine Knappen schlugen ihn danach endgültig tot. Hirschvogel vereinte in seiner Radierung zwei zeitlich getrennt liegende Ereignisse. In der linken Bildhälfte sprengt Absaloms Tier gerade davon, von rechts jagen schon der mordende Ahab und seine Knechte herbei. Absaloms Reittier befindet sich zum größten Teil bereits außerhalb der Bildfläche, was der Darstellung Bewegung und Dramatik verleiht.

Die zeitgenössische Bildtradition zu diesem Thema bot zahlreiche Vorstufen und Vergleiche, die Hirschvogel geläufig gewesen sein dürften.[363] Ein Schüler Lucas Cranachs d.Ä. zeigt ein einem Holzschnitt für den „Ander Teyl des Alten Testaments" (Wittenberg, 1524)[364] einen sehr ähnlichen Bildaufbau wie Hirschvogel, jedoch fällt in der älteren Arbeit die größere Verzweiflung des Absalom über seine Lage auf, in der „Concordantz" scheint er sich emotionslos bereits seinem Schicksal ergeben zu haben. Beim Cranachschüler stehen Ahab und seine Leute kurz vor der Ermordung des Absalom, womit er dem Bibeltext korrekter folgte als Hirschvogel, der nur dem Ahab einen Speer in die Hand gab; sein Gefolge wird nicht zustechen.

---

360 Im „Sermo V." („De luctatione Jacob cum angelo") wurde das Ringen Jakobs mehrfach als Parallele zum Ringen Christi am Kreuz aufgefaßt, MPL 38,54–58.
361 WA 14,443–450; eine gedruckte Fassung der Predigt erschien 1524 bei Hans Lufft in Wittenberg. Dieselbe Argumentation findet man auch in Luthers 1527 bei Georg Rhau in Wittenberg erschienenen Predigt über das 1. Buch Mose („Über das Erst buch Mose, predigete Marthin Luther sampt einer vnterricht, wie Moses zu leren ist", WA 24,574).
362 C.M. Kauffmann: Jakob, in: LCI, Bd. 2, bes. Sp. 376–380.
363 Aurenhammer, S. 28f.; R.L. Wyss: Absalom, in: LCI, Bd. 1, Sp. 35; H. Paulus: David, in: RDK, Bd. 3, bes. Sp. 1096
364 Kat. Basel 1974, Bd. I, S. 335.

Hans Sebald Beham zeigte das Thema in gegensinniger Komposition (aus den „Biblischen Historien" von 1533), die jedoch mindestens ebenso spannungsvoll aufgebaut ist wie die Hirschvogels. Wie dort durchbohren Absalom die Speere gerade in jenem Augenblick, als er im Baum hängenbleibt und sich sein Reittier losreißt.

Schon in einigen Ausgaben mittelalterlicher typologischer Bücher bildete nicht etwa das Speerstoßmotiv den Ansatzpunkt für eine typologische Zuordnung, z.B. etwa zum Lanzenstich des Longinus (Jo 19,33–34), es ist vielmehr der Selbstmord des Judas, der zur Absalom-Geschichte gestellt wird, und zwar aufgrund des Hängens an einem Baum.[365] Hirschvogel und Perenius griffen diese Kombination für die „Concordantz" auf, für die es auch außerhalb von Biblia pauperum und Concordantia caritatis eine exegetische Tradition gibt.[366]

Die Radierung zeigt im linken Drittel der Platte, durch einen breiten Streifen vom übrigen Bildfeld getrennt, das Tempelinnere, erkennbar an den beiden Gesetzestafeln auf dem Altar. Davor stehen der Hohepriester und ein Jude, denen der reuige Judas seinen Verräterlohn vor die Füße wirft, als er zum Tempel hineintritt und ist ein zweites Mal gezeigt, wie er sich am Baum aufgehängt hat – seine Schuld hat ihn in den Selbstmord getrieben.

Für dieses seltene Motiv[367] konnte sich Hirschvogel auf nur wenige Vorläufer stützen. Die in seiner Radierung vereinten Elemente der Reue und des Selbstmordes erscheinen so auch in einem der 25 Holzschnitte Urs Grafs von 1503 aus der Serie für die „Passio domini nostri Jesu Christi ... additis sanctissimis exquisitissimisque figuris" erschienen in Straßburg 1506.[368] Stärker als Hirschvogel hob Graf jedoch die Rückgabe des Geldes hervor und ließ das Aufhängen des Judas nur durch ein Fenster im Hintergrund sichtbar werden. Rings um Judas sind mehr Personen versammelt, so wird z.B. hinter seinem Rücken Christus gerade verspottet.

Die Verse zu den Illustrationen der „Concordantz" stellen die Parallelen zwischen den Missetätern Absalom und Judas her. Beide begehrten Ruhm, beide wollten ihn durch Falschheit erlangen und beide endeten an einem Baum hängend, wenn auch Absaloms Tod von Gott bestimmt war („Drumb jn Gott strafft") und Judas freiwillig aus dem Leben schied („Thet sich selbst an ein baumen hangen").

Taf. 59 a. Samson zerstört den Tempel – b. Kreuzbesteigung Christi
Im Jahr 1547, also im Jahr des Beginns seiner Arbeit an der „Concordantz", radierte Hirschvogel die Darstellung zur Episode aus der Erzählung über den Helden Samson, nach der er den Tempel der Philister zum Einsturz brachte. Diese wollten auf einem Fest mit ihm Späße treiben und Samson, der zuvor sein Augenlicht durch Blendung verloren hatte, wurde von einem Knaben in den Tempel geführt. „Laß mich los, daß ich die Säulen (...) betasten und mich daran lehnen kann", forderte Samson den Jungen auf und bat Gott, daß er ihm seine Kraft wiedergeben möge. Er stemmte sich mit beiden Schultern gegen zwei tragende Säulen, bis sie zerbrachen und der Tempel über den Anwesenden, auch dem sich damit rächenden Samson selbst, zusammenbrach und sie alle in den Tod riß (Jud 16,28–30).

Hirschvogels Radierung ist in allen Einzelheiten von der zeitgenössischen Bildauffassung zu diesem Thema geprägt.[369] Stellt man beispielsweise den Holzschnitt des Meisters M.S. aus der

---

365 Cornell 1925, S. 295; Schmid 1954, Sp. 845f.
366 Isidor von Sevilla erkannte eine Gemeinsamkeiten zwischen Absalom und Judas; „Quaestiones", Kapitel 3, „De Absalom", MPL 83, 412f.: „Alii Absalom Judam traditorem intelligunt, quem tanta et tam admiranda patientia Christus pertulit."
367 S. den Artikel „Judas Ischariot", in: LCI, Bd. 2, Sp. 444–448; Schiller, Bd. 2, S. 82–88.
368 E. Major und E. Gradmann: Urs Graf, Basel 1961, S. 38; Urs Graf – Die Holzschnitte zur Passion – Mit einer Einführung von W. Worringer, München 1923.
369 W.A. Bulst: Samson, in: LCI, Bd. 4, Sp. 30–38; Schiller, Bd. 3, S. 137.

Wittenberger „Vollbibel" von 1534 daneben wird dies deutlich: Samson kniet am Boden, umfaßt die zwei Säulen, bricht sie mit der Kraft seiner Schultern wie Streichhölzer auseinander, woraufhin die auf ihnen ruhenden Gebäudeteile zusammenstürzen. In Panik versuchen sich zahllose Festteilnehmer zu retten, klammern sich an Architekturteile oder bemühen sich zu entkommen. Doch es gibt schon Tote. Nicht viel anders stellte Cranach d.Ä. (wahrscheinlich unter Beteiligung seiner Werkstatt) das Thema dar (1524 für den „Ander Teyl des Alten Testaments", Wittenberg).[370] Der Betrachterstandpunkt liegt näher am Geschehen als bei Hirschvogel, wodurch die wenigen Personen größer sind und weniger Gebäudebruchstücke erscheinen; Samsons Kraftanstrengung wird durch seine stark gespreizten Beine besonders deutlich angezeigt. Sehr viel ausschnitthafter ist der Holzschnitt Hans Baldungs aus der „Leien Bibel" angelegt. Am oberen Bildrand erkennt man nur einige Köpfe derer, die sich im Tempel aufgehalten hatten.

Bereits in bibelexegetischen Werken des Mittelalters wurde Samson als Antitypus für Christus interpretiert.[371] Als Beispiel dafür mag hier Hugo von St. Victors Auslegung der Tempelzerstörung und des Erschlagens der Philister stehen, die er auf Christus bezog: „Samson plures hostium prostravit moriens, quam ante fecerat vivens, et Christus plures moriendo, quam vivendo."[372] So wie Samson bei der Überwindung der Philister starb, überwand Christus Sünde, Tod und Teufel durch die Opferung seiner selbst am Kreuz. Hans Baldung Griens Holzschnitt für den „Beschlossen Gart" von 1505 (Abb. 16) hängt von dieser Vorstellung ab.[373] Christus läßt zu seinen Seiten den Teufel und die Sünde in menschlicher Gestalt kopfüber herabhängen, so daß sie dem am Boden lodernden Feuer nahe sind. Genau dieser Aspekt der Überwindung ist es, der für Hirschvogel einen typologischen Vergleich nahelegte, der zwar von der Idee im Speculum humanae salvationis abhängt,[374] aber in der Gestaltung ungewöhnlich ist. Vor einer idyllischen Landschaft besteigt Christus selbst das Kreuz über eine angelehnte, perspektivisch ungeschickt gezeigte Leiter, und zum Zeichen seines sieghaften Opfertodes hat er das Gerippe des Todes, die Sünde (gemeint ist sehr wahrscheinlich wie schon bei Baldung Adam) und den Teufel geschultert.[375]

Die Darstellung der Kreuzbesteigung Christi ist im deutschen Kunstbereich vollkommen einzigartig. In der Malerei Norditaliens des Due- und Trecento trifft man auf vereinzelte Verbildlichungen,[376] von denen ein Tafelgemälde Giovanni di Bartolomeo Christianis von 1370/80 hier als Beispiel stehen soll (heute in Esztergom, Erzbischöfliches Museum). Dort jedoch wird Christus noch von anderen angetrieben und gezogen, worin ein großer inhaltlicher Unterschied zu Hirschvogels Vorstellung liegt, bei der die Freiwilligkeit Christi und seine Bereitschaft zum Opfertod erheblich deutlicher in den Vordergrund gestellt wurde. Diese Bildidee speist sich wahrscheinlich aus bibelexegetischen Schriften Luthers. In der Festpostille zum Tag des Apostels Johannes im Jahr 1527 deutete er Christus als „den man, der uns von Gott geschenket ist, der da solt die sünde außleschenn, den tod zerknirschen, die helle zerbrechen und den Teuffel gefangen nemen, unnd das alles unns zu guette, Denn wenn ers nicht than hette und solchs uns geschencket, hetten wir ewyg muessen under der vermaledeyung des Gesetz, under der Sunde, under dem Tod, under dem Teuffel unnd unnder der Helle stecken. Davon hat uns Gott durch disen Christum erredtet".[377] Bestandteil der „Gesetz und

---

370 Kat. Basel 1974, S. 335 und S. 342f., Nr. 229.
371 Kat. Göttweig, S. 106.
372 MPL 175, 680.
373 Oldenbourg 1962, S. 29, Nr. 156.
374 Darin war die Szene mit Christus, der den Teufel besiegt, mit Samson verglichen worden, der den Löwen tötete; Breitenbach 1930, S. 22–225.
375 Kat. Darmstadt 1983, S. 22.
376 M. Boskovits: Un'opera probabile di Giovanni di Bartolomeo Christiani e l'iconografia della „preparazione alla crocifissione", in: Acta Historiae Artium 11 (1965), S. 69–94; M. Boskovits: Kreuzbesteigung, in: LCI, Bd. 2, Sp. 602–605; Schiller, BD. 2, S. 97f. A. Eörsi: Haec scala significat ascensum virtutum. Remarks on the Iconography of Christ Mounting the Cross on a Ladder, in: Arte Christiana 780 (84, 1997), S. 151–166.
377 WA 17, 2, 293; erschienen 1530.

Evangelium"- Darstellungen, die zugleich auch mit „Erlösungsallegorie" betitelt wird[378] ist eine andere Form der bildlichen Wiedergabe für die Erlösungstat Christi: Der auferstandene Christus sticht mit der Osterfahne auf die am Boden liegenden Tod und Teufel ein – er hat sie durch seinen Tod überwunden.

Weiterhin wird in der „Concordantz" durch eine Bibelstellenangabe neben der Kreuzbesteigung auf einen Satz aus dem zweiten Brief des Paulus an die Korinther aufmerksam gemacht (II Cor 5,14f.): Für Paulus war der Kreuzestod Christi ein Zeichen für seine Liebe zu den Menschen, da er „für alle gestorben" war. Diese Aussage unterstreicht nochmals die Bedeutung der in der Radierung darunter umgesetzten Vorstellung von der Kreuzbesteigung Christi.

Es ist leicht einzusehen, warum der Vers zur Kreuzbesteigung die Erlösungstat in den Vordergrund der Bildauslegung stellt („den Teueffel Hell gar alles band || Drumb er vnser erloeser ist gnant"), denn so kann die Tat Christi sinnvoll mit Samson assoziiert werden, der „bracht mit jm vmb das Philistrisch gsind".

Taf. 60 a. Die Eherne Schlange – b. Christus am Kreuz
Den Israeliten, die sich auf ihrem Weg durch die Wüste immer wieder von Gott abkehrten (s. z.B. beim Quellwunder Mose/49.a oder in 53.a – Bitterwasser von Mara), sandte Gott zur Strafe „Schlangen (...), die bissen die Leute, und es starb viel Volks" (Nm 21,6). Nur beim Anblicken der von Mose erhöhten Schlange aus Bronze konnten den Israeliten die tödlichen Bisse der Schlangen nichts anhaben, so wie auch der erhöhte Menschensohn jedem, der an ihn glaubt, Rettung und ewiges Leben zu bringen vermag.

Hirschvogel schilderte die Begebenheit, die sich in der Nähe des Zeltplatzes der Israeliten zutrug, der herkömmlichen Ikonographie des Themas folgend, wenn er drei Gruppen von Menschen zeigte: Rechts im Bild die von den Schlangen gebissenen Israeliten, links die zur Ehernen Schlange Aufblickenden und hinter allen die Begleiter um Mose, der auf die angefallenen Juden weist. In der Mitte des Getümmels ist die Schlange gestellt, mehrmals um das Gabelkreuz geringelt. Vergleicht man die Radierung mit dem Holzschnitt Holbeins für die „Icones", so bestehen Unterschiede in den Bildelementen und ihrer Komposition.[379] Zwar steht auch hier das Kreuz im Mittelpunkt, doch ist der mahnende und hinweisende Moses deutlicher hervorgehoben und man sieht nur die von den Schlangen Gebissenen oder sogar schon tot am Boden Liegenden, keine Geretteten. Erheblich näher steht Hirschvogels Radierung dem Holzschnitt Erhard Schöns aus der „Lyon-Bibel".[380] Dort gibt es sowohl Gebissene als auch Errettete und hinter denen Moses steht. Das vordere Ende der Schlange hängt über einem Gabelkreuz, wenn auch zusätzlich mit einem Querbalken versehen – bei Holbein ist es ein rechtwinkliges Kreuz.

In der Radierung 60.b steht auf dem Berg Golgatha das Kreuz Christi zwischen den Kreuzen der beiden Schächer Dismas und Gestas und vor einer weiten Landschaft mit der Stadt Jerusalem im Hintergrund. Christus ist an das Kreuz genagelt, wohingegen die Schächer mit Stricken festgebunden sind. Maria und Johannes flankieren das Kreuz Christi: Maria blickt zu Boden, Johannes schaut zu Christus empor. Mit diesen beiden Blickmotiven wird eine äußerliche Übereinstimmung zum alttestamentlichen Bild hergestellt, die die inhaltliche (das Kreuz und die von ihm ausgehende Rettung) zu ergänzen vermag.

---

378 Ohly 1985, S. 16–22.
379 Kästner 1985, S. 219f; zur Ikonographie der Ehernen Schlange: D.J. Ehresmann: The Brazen Serpent – A Reformation Motif in The Works of Lucas Cranach the Elder and His Workshop, in: Marsyas 13 (1966/67), S. 32–47; U. Diehl: Die Darstellung der Ehernen Schlange von ihren Anfängen bis zum Ende des Mittelalters, Masch. Diss. München 1956; U. Graepler-Diehl: Eherne Schlange, in: LCI, Bd. 1, Sp. 583–586; U. Diehl und R. Matthaes: Eherne Schlange, in: RDK, Bd. 4, S. 817–837; Schiller, Bd. 2, S. 137.
380 Röttinger 1925, S. 46, Nr. 16. 22.

Auch diese Bildauffassung läßt sich in die Tradition des Themas problemlos einfügen. Eine trauernde Maria und ein händeringender Johannes stehen z.B. auch bei Schäufeleins Einblattholzschnitt unter dem Kreuz Christi. Die dort fehlenden Schächer treten wiederum auf Antonello da Messinas Tafelbild aus der Mitte des 15. Jahrhunderts in Erscheinung (Antwerpen, Koninklijk Museum):[381] Maria und Johannes sitzen am Boden.

Die typologische Gegenüberstellung der beiden Szenen von Kreuzigung und Eherner Schlange ist eine der wohl ältesten und folgt der Stelle des Johannesevangeliums – Jo 3,14 f.: „Und wie Mose in der Wüste die Schlange erhöhte, so muß der Sohn des Menschen erhöht werden, damit jeder, der glaubt, in ihm ewiges Leben habe". In protestantisch bestimmten Kunstwerken (d.h. von reformatorisch gesinnten Auftraggebern oder in zum Protestantismus übergetretenen Gemeinden zu finden) wird diesem Konzept so häufig gefolgt, daß man von der beliebtesten Typolgie des Protestantismus sprechen kann.[382]

Für Luther ist dies wohl die am häufigsten nachzuweisende Typologie. Eine Passionspredigt des Jahres 1521 begann er mit der Gegenüberstellung von Kreuzigung und Eherner Schlange, „eine schone figur im alten Testament".[383] Dort deutete er die Kombination auch: „Das bedeut und zeigtt an was der glaub thuett, und wie er geschickt soll sein. Die erene Schlang, die auff dem pfal hengt, ist Christus ans Creutz geschlagen."

Taf. 61 a. Die Amalekiterschlacht (Ex 17,12) – b. Christus bekommt den Essigschwamm gereicht
Nach ihrem Zug aus Ägypten und dem Zug durch das Rote Meer wurden die Israeliten vom Nomadenstamm des Amalek angegriffen. Mose stieg mit Aaron und Hur auf einen Felsenhügel und hob seine Hände zum Himmel empor. Solange er seine Arme erhoben hielt, hatten die Israeliten die Oberhand – ließ er sie aber sinken, so war Amalek erfolgreich. Die Schlacht dauerte den ganzen Tag und so mußten die beiden Begleiter Mose dessen schwach gewordene Arme stützen, bis endlich der Sieg erreicht worden war.

Hirschvogel gab das Kampfgeschehen durch eine schwer bewaffnete Soldatengruppe wieder, die im Vordergrund am Boden liegende Tote überrennt. In der dahinter folgenden Bildschicht kniet Mose, wie im Buch Exodus geschildert, auf einem Stein (Ex 17,12: Sie nahmen „einen Stein und legten denselben unter ihn, (...) während Aaron und Hur seine Arme stützten"). Dahinter stürmen mit langen Lanzen bewaffnete Männer, die Hirschvogel in Umrissen und mit nur wenig Binnengliederung angab, durch die weite Landschaft. Rechts davon auf einem Hügel sind nochmals Mose und seine Begleiter gezeigt; diesmal hat er die Arme gesenkt. Abgeschlossen wird die Landschaft von einer Bergkette.

Andere Künstler sind bei der bildlichen Umsetzung des Themas stets dem Bibeltext gefolgt, der sehr genau und bildhaft erzählt. 1534 nahm Sebald Beham eine Darstellung der Amalekiterschlacht für die Folge der „Biblischen Historien" auf. Auf einer Erderhebung knien Mose und seine beiden Begleiter an altarartig zusammengestellten Steinen, hinter ihnen tobt die Schlacht. Beham wählte einen Moment, in dem Mose nicht die Arme hebt, sondern zu Gott betet, der über allem in einer Wolkenglorie schwebt. Heinrich Vogtherr d.Ä. stellte für die „Leien Bibel" das Geschehen so dar, daß Mose, Aaron und Hur von einer Anhöhe aus das Kampfgeschehen zu beeinflussen versuchen, das in einem wilden und bewegten Durcheinander zwei Drittel des Bildfeldes füllt. Zwei Jahre später (1542) schuf derselbe Meister eine weiß

---

381 G. Wandel: L'opera completa di Antonello da Messina, Mailand 1967, S. 86.
382 Siehe weitere Beispiele bei Ohly 1985, S. 3f. und 11–15. Zusätzlich seien zwei der prominentesten Verbildlichungen genannt: Reliefs am Altar der Marienkirche in Pirna/Sachsen (vor 1600) oder die Emporenreliefs der St. Annen-Kirche in Annaberg (1519f.); Steinböck 1975, S. 480.
383 WA 9,659.

gehöhte Federzeichnung, in der er, ähnlich wie später Hirschvogel, der Schlacht viel Raum eingestand – friesartig und wie in einem Relief gehen die beiden Parteien aufeinander los.[384] Im Hintergrund darüber knien die drei Hauptfiguren der Geschichte, wobei Mose die Arme erhoben hat. Vogtherr unterschied deutlich die opponierenden Gruppen, und zwar dadurch, daß er über den Amalekitern ein Schild mit der Inschrift „AMALEK" schweben ließ und den Israeliten Standarten gab, die auf Bändern und Flaggen die Namen dreier Stämme Israels tragen. Bei Behams Holzschnitt wird nicht so deutlich zwischen den opponierenden Gruppen getrennt; Hirschvogel zeigt im Vordergrund die unbewaffneten Israeliten, die den gerüsteten Amalekitern hilflos unterliegen. Nur durch den Vers über der Radierung wird die im Bild fehlende Zuordnung von Mose und den gewinnenden Israeliten klar, denn „Moyses mit außgestreckten armen || (...) So sygt dann Israel mit genad || Henckt er sein arm so schlug mans zu tod".

Auch Christus am Kreuz wirkte durch seine ausgestreckten Arme heilsstiftend (Beischrift zur Radierung: „(...) woell vns bschuetzen (...) || das wir mit zteyl werden den feinden"). Weil die Kreuzigung aber schon im 60. Bildpaar vorgekommen war, griff Hirschvogel nun das Anbieten des Essigschwamms durch Stephaton, der inmitten der Kriegsknechte steht, heraus[385] und anders als im vorangegangenen Kreuzigungsbild fehlen nun die Kreuze der Schächer. Unmittelbar vor seinem Tod wandte sich Christus dem getränkten Schwamm zu, doch in Hirschvogels Darstellung trinkt er nicht davon, so wie es Hans Baldung Grien in einem Holzschnitt des „Beschlossen Gart" (Nürnberg 1505) zeigte.[386] Die sowohl durch das äußere Geschehen als auch durch die Bedeutung des Armhebens so naheliegende Kombination dieser beiden Begebenheiten hatte jedoch nur in der Kirchenväterliteratur, nicht in illustrierten Zyklen ihren Niederschlag gefunden. So wurden auch in den „Glossa ordinaria" diese Ereignisse verbunden, wenn der Vers Ex 17,11 („Cum levaret Moyses manus ...") mit folgenden Worten ausgelegt wurde: „Quia cum lex mystice intellegitur, passio Christi spiritualiter pensatur, diabolus vincitur et fugatur".[387] Die Armhaltungen Christi und Mose verglich Isidor von Sevilla miteinander, wenn er im Kapitel zur Auslegung der Amalekiterschlacht an das „signum crucis" erinnerte, durch das Christus „hostis, id est, diabolus, (...) superbat".[388] Im Abschnitt zur Amalekiterschlacht in der „Allegoria des 17. Kapitels" in der seit 1526 auch gedruckt vorliegenden Auslegung des zweiten Buches Mose erkannte Luther deren typologische Bedeutung: „Also ist Moses alhie ein Bilde und Figur des Herrn Christi, denn auff Christum sol man auch alle Figuren zihen."[389]

Taf. 62 a. Erschaffung Evas – b. Öffnung der Seite Christi
Auf äußerlicher Gleichheit wie im Bildpaar 61. basiert auch die typologische Auslegung der 62. Zusammenstellung, jedoch kommt diese Kombination bereits in der Concordantia caritatis vor, während die Verbindung im Bildpaar 61. in mittelalterlichen Zyklen unbekannt war.

Der Gekreuzigte hängt in Hirschvogels Radierung nun mit geschlossenen Augen am Kreuz und Longinus treibt seine Lanze in dessen rechte Seite. Hirschvogel veränderte gegenüber der darüberstehenden Essigschwamm-Szene nur die Postionen einiger beistehender Personen, fügte nun in der rechten Gruppe der beiden Soldaten und des Mannes noch einen weiteren hinzu und veränderte den landschaftlichen Hintergrund, dessen ohne erkennbaren Grund gänzlich veränderte Stadtsilhouette jetzt etwas näher an das Kreuz gerückt ist. Auch das Kreuz und Christus selbst sind nun größer. Eine solche unvermittelte Veränderung des Hintergrundes hatte es schon bei den Darstellungen zu Judas gegeben (35.b und 36.b), die, wie die Gekreuzigten hier, direkt übereinander stehen.

---

384 Kat. Stuttgart 1979/80, S. 46; Kat. London 1988, S. 148.
385 Kat. Göttweig 1991, S. 103.
386 Schiller, Bd. 2, S. 194; Kat. Karlsruhe 1959, S. 292–304.

387 MPL 113, 243.
388 MPL 83, 299.
389 WA 16, 337; gedruckt 1526 bei Hans Weyß in Wittenberg.

Die Verse unter 62.b betonen den Ursprung der Sünde aus der Seite Adams („Das er der welt suend solt außreueten || Solch bessrung gschach auß seiner seyten"), die im Vers zum alttestamentlichen Gegenüber auch schon ausgesprochen wurde („Auß der seyten Adams entsprung dsuend"). Gottvater kniet vor dem schlafenden Adam und segnet die aus dessen Seite heraussteigende und aufgerichtete Halbfigur Evas. Ergänzt ist diese Episode durch die Darstellung des Paradieses, in dem sich eine Vielzahl von Tieren tummelt. Sucht man illustrierte Bibeln der ersten Hälfte des 16. Jahrhunderts auf dieses Thema hin durch, so fällt auf, daß es nur geringfügige Unterschiede in der Gestaltung gibt.[390] Die Zürcher Bibelausgabe von 1531 beinhaltet einen Holzschnitt, zu dessen Gesamtcharakter Hirschvogels Arbeit zwar ein Nachklang ist, jedoch zeigte er den Weltenschöpfer ohne Tiara – auf dessen vorhergehendes Tagwerk wies Hirschvogel z.B. durch Sonne und Mond am Himmel hin.[391] Der Segensgestus Gottvaters, das Betmotiv Evas sowie die Haltung Adams im Holzschnitt Sebald Behams (1534) verweisen auf das Bild der Zürcher Bibel als mögliche Vorlage. Jedoch fehlt die Tiara des Herrn, allein sein strahlendes Antlitz wird angegeben. Beide Werke können im weitesten Sinne als Vorläufer der Hirschvogel'schen Radierung gelten.

Die Typologie der Gruppe gehört zu den ältesten Zusammenstellungen überhaupt; sie erscheint bereits sowohl in der Biblia pauperum[392] als auch in der Concordantia caritatis, wo außerdem die Verstoßung der Lea durch Jakob hinzugesetzt wurde (Gn 29,25).

E. Die ersten drei Tage nach dem Kreuzestod

Taf. 63 a. David siegt über Goliath – b. Christus in der Vorhölle
Eine Begebenheit, die sich zwischen zwei bereits behandelten ereignete (2.a Davids Aussendung und 33.a Davids Triumph), steht auf der alttestamentlichen Seite: der Kampf Davids gegen Goliath. Es gibt bei dieser Illustration jedoch eine feinsinnige Abweichung von der üblichen Ikonographie des Themas zu beobachten.[393] Steht sonst entweder der Kampf des Knaben mit der Steinschleuder gegen den Riesen im Vordergrund[394] oder der Moment des Abschlagens des Kopfes als Ende des von David gewonnenen Kampfes (Chiaroscuro-Holzschnitt von Ugo da Carpi nach einem Deckenfeld Raphaels in den Vatikanischen Loggien),[395] bildete Hirschvogel einen noch späteren Moment ab: David hat über Goliath triumphiert und geht mit dem Kopf des Getöteten und dessen Rüstung davon. Goliath liegt nackt am Boden und zwar in einer Haltung, die derjenigen in der Illustration zu 33.a (David von den Frauen empfangen) sehr ähnelt; nur sieht man den mit angewinkelten Beinen daliegenden Goliath nun aus einem höheren Blickwinkel und erkennt, wie Blut aus seinem Hals strömt. Zuvor hatte David schon zweimal gegen vermeintlich stärkere Gegner siegen können, nämlich als er beim Hüten der Herde einen Bären und Löwen getötet hatte; diese beiden Taten Davids sind im Hintergrund der Radierung 63.a eingefügt.

Die Geschichte Davids war ereignisreich genug, um mehrere Parallelen zum Leben Christi bieten zu können. In der „Concordantz" wird nun eine altbekannte Typologie aufgegriffen, nämlich die Verbindung mit der Höllenfahrt Christi. Basierend z.B. auf Hugo von St. Victors Auslegung des Sieges Davids über Goliath hin auf Christus in der Vorhölle („David praecidit

---

390 Zur Ikonographie: L. Reygers: Adam und Eva, in: RDK, Bd. 2, bes. Sp. 134–136; Kästner 1985, S. 175f.
391 Zur Zürcher Bibel von 1531: Reinitzer 1983, S. 213–215.
392 Dort noch ergänzt durch das Quellwunder Mose; Cornell, S. 278–284.
393 D. Schmidt: David, der Goliathsieger, Diss. Berlin 1960; R.L. Wyss: David, in: LCI, Bd. 1,

Sp. 477–490; Schiller, Bd. 1, S. 477–490; R.L Wyss: David, in: RDK, Bd. 3, Sp. 1083–119.
394 Aus den von Hans Sebald Beham illustrierten „Biblischen Historien".
395 Kat. Paris 1983/84, S. 389f.; Raffaelo in Vaticano, Ausst.-Kat. Città del Vaticano, Braccio di Carlo Magno 1984/85, S. 368f.; Raphael Invenit, S. 76, Nr. 25.

caput Goliae. Et Christus diabolum suis armis occidit"),³⁹⁶ war diese Überlegung in der Biblia pauperum verbildlicht worden, wobei dort jedoch der Kampf gegen das Böse im Vordergrund stand. Dies wird besonders deutlich, wenn man die gängige Ikonographie der Vorhöllenszene mit der in der „Concordantz" vergleicht.³⁹⁷ Bei Andrea Mantegna³⁹⁸ und bei Hans Schäufelein (aus der Folge des „Speculum passionis", 1507) ist jeweils die Befreiung der Verdammten die hauptsächliche Bildaussage, Christus steht auf den Höllentoren, unter denen bei Schäufelein der Teufel niedergedrückt wird. Noch mehr bereits Befreite als in diesen beiden Beispielen stehen auf der linken Bildseite des Holzschnittes mit der Höllenfahrt Christi der Dürer'schen „Großen Passion". Sie wohnen der Errettung weiterer Menschen aus dem Höllenschlund bei, über dem der Teufel versucht, Christus mit einem primitiv geschnitzten Speer zu attackieren.³⁹⁹ Auf dem Titelblatt zu Luthers Übersetzung der prophetischen Bibelbücher (Wittenberg 1541) ist die Höllenfahrt auf das Motiv des Triumphes über den Satan und den Tod durch Christus reduziert, der beide mit seinem Kreuzstab niederhält und auf sie tritt – dies ist eine Zusammenstellung wie in der „Gesetz und Evangelium"-Komposition.

Hirschvogels Radierung ist besonders vom Vorbild des Wittenberger Titelblattes abhängig, denn die Vorstellung vom Niederwerfen des Satans ähnelt der in Hirschvogels Arbeit. Anders als bei Dürer, wo einige Wesen der Hölle im Hintergrund dem Treiben tatenlos zusehen, zeigte Hirschvogel die überwundenen Höllenmächte als Gefesselte, die nun machtlos bleiben müssen. Der Herr gab seinem Sohn die Gewalt, die Verstorbenen zu befreien und zu erretten (vgl. den Vers über der neutestamentlichen Radierung), so wie David von Gott die Kraft zum Sieg über den bösen Goliath erhalten hatte. Die zu einem Strom angewachsene riesige Menge auferstandener Toter hat sich in der Radierung 63.b bereits vom Hades entfernt und strebt dem Himmel zu, anders als bei Dürer, wo die ersten Erretteten zunächst noch der Befreiung der übrigen Seelen beiwohnen.

Der typologische Vergleich der beiden Szenen ist naheliegend und war bereits sowohl in der Biblia pauperum⁴⁰⁰ als auch in der Concordantia caritatis⁴⁰¹ hergestellt worden. Aber nur in der Augsburger Ausgabe des „Spiegels menschlicher behaltnis" trifft man auf eine Darstellung, die bereits Hirschvogels Form des Sieges über den Teufel vorwegnimmt (Abb. 17),⁴⁰² wenn es sich in diesem Fall auch nicht um die Darstellung der Höllenfahrt Christi handelt.

Der Zeitpunkt der Höllenfahrt hatte nie kanonisch festgestanden, da von ihr in den Evangelien nicht erzählt wird und nur eine Andeutung davon im Brief des Paulus an die Epheser zu finden ist (Eph 4,9). Hirschvogel fügte die Vorhöllenszene direkt nach dem Tod Christi am Kreuz – also noch vor Kreuzabnahme und Beweinung – ein, letztere folgt unter 64.b.

Taf. 64 a. Kains Brudermord und Flucht – b. Beweinung Christi
Das nächste neutestamentliche Bild vermischt verschiedene Darstellungstypen, so daß eine genaue Benennung des Bildthemas nicht vollkommen eindeutig getroffen werden kann, gemeint ist aber der Moment nach der Kreuzabnahme und vor der Grablegung. Der Leichnam Jesu, den Joseph von Arimathia und Nikodemus soeben vom Kreuz genommen haben, wird nun auf ein Tuch am Boden zu Füßen des Kreuzes gelegt; Nikodemus hält den toten Körper von hinten, so daß der Oberkörper Christi aufrecht und in Dreiviertelansicht zu sehen ist. Zur rechten Seite Christi kniet Maria und greift stützend unter das Tuch: In diesem Motiv

---

396 So in den „Allegoriae", MPL 175, 693.
397 Henry 1987, S. 103; zur allgemeinen Ikonographie: M. Bauer: Die Ikonographie der Höllenfahrt Christi von ihren Anfängen bis zum 16. Jahrhundert, Diss. Göttingen 1948; K. Wessel: Der Sieg über den Tod, Berlin 1956; E. Lucchesi-Palli: Höllenfahrt Christi, in: LCI, Bd. 2, Sp. 322–331; Schiller, Bd. 3, S. 41–66.
398 Kat. London 1992, S. 165f.
399 Meder 1932, S. 126f.; Kat. Nürnberg 1971, S. 321–324.
400 Cornell 1925, S. 286f.
401 Schmid 1954, Sp. 847f.
402 Breitenbach 1930, S. 222–225.

klingt noch die Vorstellung einer Pietà nach. Als einzige Figur wird diejenige vorne rechts im Bild eindeutig als klagend gezeigt: Sie vergräbt das Gesicht in ihren Händen.[403]

Mit dem Niedersetzen des Körpers nach der Kreuzabnahme orientierte sich Hirschvogel an Darstellungen der Grablegung, für die der Holzschnitt Cranachs d.Ä. aus der Passionsfolge von 1509 stehen kann.[404] Auch dort steht Maria hinter dem toten Christus, den Nikodemus und Joseph von Arimathia in das Grab legen, und zwar mit Hilfe des Tuches, das vorher schon bei der Kreuzabnahme verwendet worden war. Das unterstützende Zugreifen durch Maria hat einen Vorläufer z.B. in Mantegnas Kupferstich mit der Grablegung.[405] Dort jedoch greift sie an beide Seiten des Tuches und klagt sehr viel deutlicher als in Hirschvogels Illustration. Auch der die Hände ringende Johannes trägt noch dazu bei, daß die italienische Arbeit erheblich theatralischer wirkt als Hirschvogels Darstellung stillen Charakters, in der die Figur des liegenden Christus das Zentrum ist. Darin besteht ein visueller Anknüpfungspunkt zur alttestamentlichen Szene, die genaugenommen das typologische Gegenüber nicht korrekt zu repräsentieren vermag.

Eine Bildkombination des Heilsspiegels, die eine Verknüpfung der Beweinungen Christi mit der des toten Abel vorstellte,[406] hatte Hirschvogel nicht für die „Concordantz" genutzt.[407] Der Holzschnitt mit dem Thema des Brudermordes in der Kölner Bibel von 1478 verbindet drei Episoden aus der Erzählung von Kain und Abel. Hinten opfern die beiden an einem Altar. Ihre Opfergaben – Lamm und Ährengarbe – sind dort formal nicht unterschieden, doch die nach unten schlagenden Flammen bei Kain zeigen an, daß sein Opfer nicht angenommen wurde. Nach Kains Mordtat klagte der Herr ihn an und verstieß ihn. An diesen Punkt der Erzählung knüpfte Hirschvogel an, denn er zeigte neben den beiden Opferaltären mit dem tot am Boden liegenden Abel auch den vor dem strafenden Herrn fliehenden Kain.

Die seitwärts ausgestreckten Arme Abels ermöglichten nicht nur die Deutung auf das Opfer Christi am Kreuz hin, wie sie auch Hugo von St. Victor vollzog: „Cain interfecit Abel, et Judaeorum populos Christum patibulo affixit".[408] Abel fügt sich zudem auch in den kompositionellen Zusammenhang aller vier Darstellungen des aufgeschlagenen Zustandes der „Concordantz" – Folioausgabe ein: In diesen vier Radierungen kommt stets einem am Boden Liegenden besondere Bedeutung zu. Inhaltlich bestehen aber keine Gemeinsamkeiten, nur daß die beiden Liegenden des oberen Bildpaares (der Satan und Goliath) bösen Charakter hatten, während unten zwei gute Menschen den Tod gefunden haben.

65.a.* Salbung des Leichnams Jakob – b.* Die Salbung in Bethanien
Mit der folgenden nicht illustrierten, Begebenheit der Salbung Christi durch Maria Magdalena wird in der Vita Christi chronologisch wieder ein Sprung zurück gemacht.

Jesus war bei einem Mahl in Bethanien zu Gast gewesen, als Maria Magdalena ein Alabastergefäß mit Salböl brachte, es zerbrach und den Inhalt über sein Haupt goß. Der Vers 65.b der Textausgabe der „Concordantz" erwähnt außerdem noch die Wut der Jünger über diese,

---

403 Ob es sich um Johannes oder um Maria Magdalena handelt, ist nicht klar zu erkennen.
404 Kat. Basel 1974, Bd. II, S. 475. Zur Ikonographie: Aurenhammer 1967, S. 357–374; E. Lucchesi-Palli und L. Hoffscholte: Beweinung Christi, in: LCI, Bd. 1, Sp. 278–282; G.v.d. Osten: Beweinung Christi, in: RDK, Bd. 2, Sp. 457–475; Schiller, Bd. 2, S. 187–192 zur Beweinung, S. 181–185 zur Grabtragung.
405 Kat. London 1992, S. 201.
406 Breitenbach 1930, S. 209–213.
407 A. Ullrich: Kain und Abel in der Kunst – Untersuchungen zur Ikonographie und Auslegungsgeschichte, Bamberg 1981; Aurenhammer 1967, S. 8–10; G. Henderson: Abel und Kain, in: LCI, Bd. 1, Sp. 5–10; Ders.: Kain, in: LCI, Bd. 2, Sp. 471–474; L. Reygers: Abel und Kain, in: RDK, Bd. 1, Sp. 17–27.
408 „Allegoriae in vetus testamentum", MPL 172,640; die gleiche Deutung in Honorius' „Speculum Ecclesiae" (MPL 172, 848).

ihrer Meinung nach, Verschwendung („Den zanck der Juengern merckt Christus wol"). Bereits Christus selbst deutete das Ereignis als einen Vorläufer auf die Salbung nach seinem Tode („Das deuet das man mich begraben sol"), weshalb die Einfügung der Salbung in Bethanien an dieser Stelle des Zyklus durchaus gerechtfertigt werden kann (Mt 26,12): „Denn daß sie diese Salbe auf mein Leib goß, daß hat sie getan für mein Begräbnis".

Allein im Speculum humanae salvationis war die Salbung durch Magdalena aufgenommen worden, dort jedoch wiesen Manasse im Gefängnis und die Rückkehr des verlorenen Sohnes voraus auf Christus.[409] In der „Concordantz" steht auf der alttestamentlichen Seite die Salbung des Leichnams Jakob aus dem Buch Genesis 50,1–3, die von seinem Lieblingssohn Joseph veranlaßt worden war und von Josephs Dienern und Ärzten, vierzig Tage dauernd, vollzogen wurde.

66.a.* Tobit begräbt Tote – b.* Grablegung Christi
In dieser ebenfalls nur durch die Verse der Textausgabe überlieferten typologischen Entsprechung steht der Grablegung Christi der Hinweis auf die apokryphe Erzählung von Tobit gegenüber, der Tote begrub. In Assyrien, wohin die Israeliten verschleppt worden waren, hatte es Progrome gegen sie gegeben. Trotz des Verbotes durch den assyrischen König Sanherib bestattete der fromme Tobit die Erschlagenen.

Für die Grablegung Christi boten sich aus dem Alten Testament mehrere Analogien an, die sich im Repertoire der Biblia pauperum und den ihr verwandten Kompendien finden lassen. Die Typen in der Biblia pauperum sind: Joseph wird in den Brunnen und Jonas von den Seeleuten in das Meer geworfen;[410] die Bestattungen Abrahams (Gn 25,9) und Sauls (I Rg 31) wurden in der Concordantia caritatis danebengestellt[411] und das Speculum fügte den um Abner trauernden David (IV Rg 3,22–39) und Josuas Begräbnis (Ios 24,29–31) hinzu.

Innerhalb dieser Vierergruppe 65./66. stehen Salbungen und Begräbnisse von Toten inhaltlich im Vordergrund, wodurch eine Verknüpfung der vier einzelnen Themen erzielt wurde.

Taf. 67 a. Jonas wird vom Fisch verschlungen (Jon 2,1) – b. Die Wächter am Grab Christi
Eine Variation zur oben genannten gängigen Typologie von Grablegung und Meerwurf des Propheten stellt diese, wieder illustrierte, Analogie dar. In der „Concordantz" stehen jetzt im Zentrum der Betrachtung der Aufenthalt von Jona im Wal und von Christus im Grab, denn beide hatten jeweils drei Tage darin verbringen müssen.

Hirschvogel zeigte in seiner Radierung, wie der „Große Fisch" (Jon 2,1) Jona gerade verschlingt – es sind nur noch die Beine Jona sichtbar. Damit stellte Hirschvogel sich in die Tradition der Umsetzung dieser Szene (vgl. z.B. Sebald Behams Holzschnitt aus den „Biblischen Historien"). Im Vergleich zu Behams kleinformatigem Holzschnitt befinden sich im Schiff bei Hirschvogel zwar mehr Seeleute, aber er wählte dasselbe Motiv wie Beham, um den Sturm außer durch hohe Wellen noch zusätzlich zu kennzeichnen: Der Hauptmast des Schiffes bricht durch und die Segel sind stark gebläht.

Um nun den Aufenthalt Jona im Bauch des Wals mit dem Aufenthalt Christi im Grab nicht nur durch Text,[412] sondern auch im Bild zu parallelisieren, wählte Hirschvogel die Darstellung des verschlossenen Grabes, an dem drei Soldaten wachen. Es steht in der Grabeshöhle, die Hirschvogel durch die geraden Wandflächen wie ein Zimmer wirken läßt.

---

409 Breitenbach 1930, S. 158–161.
410 Cornell 1925, S. 284f.
411 Schmid 1954, Sp. 874f.
412 Durch die auch sprachlich sehr ähnlich lautenden Formulierungen in den Versen zu den beiden Illustrationen („Ins Walfisch rachen er drey tag schlieff" und „drey tag er [d.h. Christus] darinnen schlieff") wird die Analogie unterstrichen.

Zum ersten Mal erschien diese typologische Bezugnahme bereits in der Bibel selbst, wo in Mt 12,40 die Worte wiedergegeben wurden, mit denen Christus selbst die Jona-Legende als Zeichen für seine dreitägige Grabesruhe typologisch ausdeutete.[413]

Zusätzliche und ebenfalls schon lange vor der „Concordantz" gängige weitere alttestamentliche Präfigurationen werden mit den Bibelstellenangaben neben der Jona-Radierung angeboten: „Gen.37.d." ist die Erzählung von Joseph, der in die Zisterne geworfen wird, und „Dan.6.d." die von Daniel in der Löwengrube. Sowohl Daniel als auch Joseph hatten einige Zeit in ihren „Gefängnissen" zu verbringen. Damit werden zwar bekannte Typen des Alten Testaments in der „Concordantz" wiederverwendet (s.o. Nr. 66), doch werden sie nicht unter der Notwendigkeit ausgewertet, zur Grablegung passen zu müssen. Es steht der Aspekt des Abgeschlossenseins im Vordergrund.

Taf. 68 a. Jonas wird vom Fisch ausgespien – b . Auferstehung Christi
In der neutestamentlichen Radierung 68.b ist wie in der Darstellung darüber wieder die Grabkammer Christi gezeigt, nun jedoch ist das Grab Christi näher an die Bildvorderkante gerückt. Es sind jetzt, anders als in 67.b, vier Wächter, je einer an jeder Ecke des Sarges, die von der glänzenden Helligkeit bei der Auferstehung geblendet werden; drei halten die Hände vor ihre Gesichter, nur einer schläft. Der Auferstandene, mit der rechten Hand den Segensgruß spendend, steigt hoch aufgerichtet und einen Fuß auf den Sarkophag setzend aus seinem Grab, dessen aufgestoßener Deckel nun schräg zwischen Kammerrückwand und Grab lehnt.

Das Heraussteigen Christi aus dem geöffneten Sarkophag ist nicht sehr oft dargestellt worden; meist wurde Christus aus dem Grab emporschwebend gezeigt.[414] Diesen Typ vertritt Dürers Holzschnitt mit der Auferstehung innerhalb der „Großen Passion" (1510) oder aber es wurde Christus stehend und triumphierend vor dem verschlossenen Sarkophag gezeigt, wie z.B. im Holzschnitt eines anonymen Meisters in der „Leien Bibel" von 1540.

Jedoch kann ein Ausschnitt aus der linken Hälfte von Peter Flötners breitformatigem (134 x 574 mm), in zwei Blöcken gedrucktem Holzschnitt der „Neuen Passion Christi" von 1533/34 als geeigneter Vergleich neben Hirschvogels Radierung gestellt werden, in dem auch vier Soldaten, sich am Grab aufhaltend, zu sehen sind, jedoch schwebt Christus über dem verschlossen gebliebenen Grab.[415] Die Darstellung des Inneren der Grabeshöhle, wie bei Hirschvogel, ist selten zu finden, die rechte Predellatafel von Mantegnas Altar in San Zeno zu Verona ist dafür ein Beispiel (1457–59, heute Tours, Musée des Beaux-Arts). Auch dort tritt Christus mit dem linken Bein voran aus dem Grab heraus.[416]

Der Auferstehung gegenübergestellt ist die Befreiung des Jona aus dem Rachen des Fisches – eine der häufigsten typologischen Verweisungen überhaupt,[417] denn wie Christus überwand Jonas den Tod und konnte nicht nur allein dadurch zur Präfiguration der Auferstehung werden: Auch er entstieg seinem „Grab". In Hirschvogels Radierung gibt der Wal den Propheten am Ufer Ninives frei. Er ergreift den Baum und zieht sich an Land. Ein betontes Greifen nach einem Baum ist als ein eher ungewöhnliches Motiv zu bezeichnen. In dem aus der Cranach-

---

413 So auch in Lc 11,30.
414 So beobachtet von Aurenhammer 1967, S. 232-24; vgl. auch die Abbildungen in anderen sehr zahlreichen Arbeiten über die Ikonographie der Auferstehung Christi: O. Schönewolf: Die Darstellung der Auferstehung Christi, Leipzig 1909; H. Schrade: Die Auferstehung Christi, Leipzig/ Berlin 1932; W. Braunfels: Die Auferstehung Christi, Düsseldorf 1951; R. Lange: Die Auferstehung Christi, Recklinghausen 1966; P. Wilhelm: Auferstehung Christi, in: LCI, Bd. 1, Sp. 201–218; H. Schrade: Auferstehung Christi, in: RDK, Bd. 1, Sp. 1230–1240; Schiller, Bd. 3, S. 68–88.
415 Bange 1926, S. 6f.; Scribner 1981, S. 99f.; Kat. Nürnberg 1983, S. 233.
416 Kat. London 1992, S. 39–42.
417 So z.B. im Heilsspiegel, s. Abb. 221; Breitenbach 1930, S. 232–236.

Werkstatt stammenden Titeldruck für Martin Luthers Auslegung des Buches Jona, erschienen in Wittenberg bei Michael Lotter im Jahre 1526, wurden mehrere Szenen aus der Vita des Propheten miteinander verbunden.[418] Unten rechts auf dem Blatt ist die Ausspeiung des Propheten gezeigt, den der Wal an Land wirft. Der Einleitungsholzschnitt zum Buch Jona in der Wittenberger „Vollbibel" von 1534 vereinigte alle auch im Titelblatt von 1526 vorkommenden Szenen, wegen des Bildformats jedoch in etwas veränderter Verteilung.

Die Verse unter den beiden Illustrationen der „Concordantz" beschreiben nicht nur das Geschehen und stellen die typologische Verknüpfung her, sondern zitieren auch die Anfangsworte des österlichen Kirchenliedes „Christ ist erstanden". An eine ebenfalls schon in der Biblia pauperum und Heilsspiegel nachweisbare weitere alttestamentliche Parallele zur Auferstehung, nämlich Samson, der sich aus seiner Gefangenschaft in der Stadt Gaza befreite, indem er die Tore der Stadt aushob und forttrug, ist in der „Concordantz" durch die Bibelstellenangabe „Iud.16.a." (d.h. Jud 16,3) erinnert.[419]

69.a.* Samson mit den Toren von Gaza – b.* Das leere Grab Christi
Es folgen nun wieder vier nicht illustrierte Verspaare, in denen Ereignisse nach dem Tod Christi behandelt werden.

Thematisch sehr eng mit der Auferstehung ist die Vorstellung von Christus verbunden, der aus seinem Grab erstanden ist und ein leeres Grab zurückließ. Die Verse auf der neutestamentlichen Seite preisen dies: „Do man zu morgens den steyn auffdeckt ‖ Do was er schon erstanden vom tod ‖ Deß danken wir nun all vnd loben Gott".

Errettung steht auch in der Erzählung von Samson im Vordergrund, der sich aus seiner Gefangenschaft in der Stadt zu befreien vermochte, indem er die Stadttore aushob. Diese Typologie hat ein lange Tradition. So erscheint die gegenseitige Auslegung des sich befreienden Samson und der Auferstehung Christi in den „Allegoriae" Hugos von St. Victor.[420] Die bildhafte Sprache der vierten Zeile des Distichons 69.a („So thet er drauß vber das feld gon") läßt vermuten, daß an eine Darstellung ähnlich der Dürers (im Hintergrund oben links) gedacht wurde.

70.a.* Das Purimfest – b.* Das Osterfest
Weniger konkrete Ereignisse als vielmehr ein jüdisches und ein christliches Fest setzt dieses Verspaar in Analogie zueinander.

Nachdem Esther den Plan Hamans, die Juden des Perserreiches zu vernichten, vereitelt hatte, führten die Erretteten zur Erinnerung daran das sog. Purimfest (hebräisch für „Losfest") ein.[421]

Zum Dank für die Auferstehung Christi begehen die Christen das Osterfest. Jesus, der „Erretter / der vns erloesen thut ‖ Hat fuer vns geben sein leyb vnd blut" heißt es im Vers der neutestamentlichen Seite, womit die Parallele zum alttestamentlichen Fest gezogen wird: Erlösung und Errettung und deren feierliches Begehen sind die zentralen Begriffe für die typologische Zusammenstellung, die ein Vorbild in den „Glossa ordinaria" hat, wo die Verse Est 9,20–32 auf die Gläubigen hin gedeutet werden, die die Auferstehung als Fest des Dankes fei-

---

418 Kat. Basel 1974, S. 360.
419 Cornell 1925, S. 287; Henry 1987, S. 106.
420 „Samson apportans portas Gazae ascendit montis supercilium, et Christus fractis portis inferni, ascendit in coelum", MPL 175, 680.
421 R. Wischnitzer: The Esther Story in Art, in: P. Goodman (Hg.): The Purim Anthology, Philadelphia 1949, S. 222–249; sowie außerdem: H. van de Waal: Rembrandt and the Feast of Purim, in: Oud Holland 89 (1969), S. 199–223.

ern.⁴²² Für die bildliche Umsetzung der neutestamentlichen Szene in der „Concordantz" ist wahrscheinlich eine Darstellung der Frauen am Grabe vorgesehen gewesen.

Erlöst fühlten sich die Juden auch, als der syrische Feldherr Nikanor endlich durch Judas Makkabäus überwältigt worden war (II Mach 15,36), woraufhin in Zukunft dieser Tag als Festtag begangen wurde. Allein die Bibelstellenangabe „2.Mach.15.e." macht auf dieses zweite alttestamentliche Vorbild aufmerksam, das im Paar 85.b nochmals vorkommt und dort auch als Radierung ausgeführt wurde.

F. Die Erscheinungen des Auferstandenen

71.a.* Der leidende Gottesknecht – b.* Der Auferstandene erscheint Maria Magdalena
Für die Erscheinung des auferstanden Christus vor Maria von Magdala („Noli me tangere", in der „Concordantz" nicht illustriert) waren für Hirschvogel/Perenius sowohl in der Biblia pauperum als auch in der Concordantia caritatis entsprechende Begebenheiten des Alten Testaments zu ermitteln gewesen, nämlich die Braut des Hoheliedes, die ihren Geliebten findet (Cant 6), Daniel in der Löwengrube, dem der Prophet Habakuk erscheint, sowie Moses, der vor dem Gesetzesempfang die Berührung des Berges Sinai verboten hatte (Ex 19,12 f.).⁴²³ Mit diesen Präfigurationen wurde entweder das Erscheinen des Auferstandenen hervorgehoben oder das Verbot der Berührung, das der als vermeintlicher Gärtner vor die klagende Maria Magdalena tretende Christus aussprach, als sie ihn erkannte (Jo 20,17).⁴²⁴

Von diesen alttestamentlichen Typen wurde in der „Concordantz" keines übernommen, vielmehr wurden Worte des Jesaia ausgewählt, womit nicht ein Ereignis, sondern eine Prophetie in den Zyklus aufgenommen wurde, was selten der Fall ist. Im 53. Kapitel des Buches Jesaia kündigte der Prophet den kommenden Sohn Gottes an, der alle Sünden der Menschheit auf sich nehmen wird. Im Distichon der „Concordantz" werden Worte aus dem Bibelkapitel aufgegriffen – „Er nimbt an sich all vnser kranckheit || Auff seinem rucken wie ein schaff" ableitbar von „Doch wahrlich unsere Krankheiten hat er getragen" (Jes 53,4), „wie ein Schaf, das vor seinen Scherern verstummt" (Jes 53,7) – doch vermag die Gegenüberstellung mit der Noli me tangere-Begebenheit nicht zu überzeugen, denn zwischen ihr und der Erscheinung Jesaia vermag man keine Ähnlichkeiten zu erkennen. Erst durch die Verse zu 71.a wird deutlich, daß Hirschvogel/Perenius die Kombination mit der Noli me tangere-Szene, als Maria Magdalena die Wundmale Christi sah, durch Hinzuerfinden des nicht bei Jesaia stehenden Vorzeigens seiner Wunden („(...) || Das leydt / er mit seinen wunden anzeygt") zu rechtfertigen versuchten – eine rein willkürliche Paarbildung.

72.a.* Der zweifelnde Mose – b .* Der ungläubige Thomas
Wie in allen vier Abschnitten von 71. bis 74. steht auch in diesem Verspaar ohne Illustration eine Erscheinung Christi im Vordergrund, diesmal die vor dem Apostel Thomas, der erst an die Auferstehung zu glauben gewillt war, als er seine Finger in die Seite Christi gelegt hatte.

Ähnlich zweifelnd verhielt sich auch Mose bei seiner Berufung durch den Herrn, der ihn zum Anführer der Israeliten auf dem Zug aus Ägypten gemacht hatte. Mose erbat vom Herrn

---

422 MPL 113, 748.: „Vel quia quietis animarum et resurrectionis corporum merito feriatio a fidelibus (...) celebratur." In seiner Predigt über Mt 28,1 (Auferstehung Christi) zog auch Luther die Parallele zum alttestamentlichen Passahfest, s. WA 17, I, 86f.

423 Cornell 1925, S. 288f.; Schmid 1954, Sp. 847f., Nr. 106.

424 Die in der „Concordantz" angegeben Bibelstelle („Marc.16.B.") behandelt das Noli me tangere nicht so ausführlich wie Jo 20, 17.

Zeichen, mit denen er seine Erwählung beweisen könne. Zuerst vollzog sich das Stabwunder (s. die Illustration zu 52.a) und danach das Wunder von der leprösen Hand, die wieder gesund wurde, als Mose sie unter sein Hemd steckte.

Die Zusammenstellung unter 72. wird durch die äußerliche Gleichheit der Handlungen von Thomas und von Mose begründet, an deren Ende die vollkommene Überzeugung von den Erscheinungen des Herrn bzw. Christi steht; im gleichen Sinne argumentierte Isidor von Sevilla, wenn er am Ende des Kapitels über die lepröse Hand Mose den ungläubigen Thomas setzte, „dum agnoverit Dominum Salvatorem."[425]

Die Erzählung des ungläubigen Thomas ist bereits in der Concordantia caritatis zu finden, doch stand dort als alttestamentliche Präfiguration neben dem Ringen Jakobs mit dem Engel zusätzlich auch Isaak, der die Hände Jakobs betastete, um zu fühlen, ob es wirklich sein Sohn Esau war, der zur Erlangung des Segens vor ihn getreten war.

Zumindest bei drei Erzählungen (71.b, 72.a und b) stehen Zweifel und Unglaube im Mittelpunkt, wodurch eine sinnvolle Zusammenstellung der Vierergruppe im Großen und Ganzen überzeugend erreicht wurde.

Taf. 73 a. Joseph erzählt seine Träume – b. Christus erscheint den Jüngern
Der noch junge Joseph hatte zwei Träume gehabt, die er seinem Vater und seinen Brüdern erzählte: Die zwölf Getreidegarben der zwölf Brüder lagen auf dem Felde, als sich plötzlich elf der Garben vor der des Josephs verneigten. Seine Brüder reagierten neidisch, denn sie legten den Traum als ein Zeichen der Bevorzugung und Vormachtstellung Josephs aus. Als er danach noch seinen Traum von Sonne, Mond und den elf Sternen erzählte, verstanden seine Brüder auch diesen Traum wieder als gegen sie gerichtet und haßten Joseph nur noch mehr.

Die Radierung Hirschvogels folgt dem Bibeltext sehr genau: Der junge Joseph steht inmitten seiner elf Brüder wie vor seinem Vater Jakob und weist mit seiner rechten Hand zum Himmel hinauf, wo man, von Wolken umgeben Sonne, Mond und elf Sterne erkennt. Auf einem hügelig erhöhten Feld sind die elf Halmbündel vor Josephs Garbe aufgestellt.

Vor eine weite Landschaft stellte ein Schüler Marcantons die Traumerzählung Josephs.[426] Seine Brüder stehen oder lagern am Boden und am Himmel stehen die Garben und die Gestirne um Joseph; beide sind von Kreisen umgeben und dadurch von der Wirklichkeit abgesondert, anders als bei Hirschvogel, wo die Objekte aus den Träumen real in die Landschaft eingefügt sind. Darin steht sie Georg Pencz' Darstellung von 1544 näher.[427] Durch eine zweibogige Fensteröffnung wird der Blick auf eine weite Landschaft freigegeben, in der links das Getreide steht, rechts eine Stadtsilhouette und darüber die Gestirne, wobei hier fälschlicherweise zwölf Sterne gezeigt sind.

Kamen die Traumerzählungen Josephs vor der „Concordantz" bei Werken mit biblisch-typologischem Inhalt nicht vor, so gehört das neutestamentliche Gegenstück zum gängigen Repertoire; es ist aus Lc 24 die dritte Erscheinung des Auferstandenen, der vor seine Jünger trat. In der Biblia pauperum war diese Begebenheit mit der Rückkehr des verlorenen Sohnes und Joseph verbunden worden, der sich seinen Brüdern nach seinem Verkauf an die Ismaeliten zu

---

425 MPL 83, 291.
426 Raphael Invenit 1985, S. 74, Nr. 14; Davidson 1985, S. 74. Vgl. zur Ikonographie des Themas: A. Wengenmayr: Die Darstellung der Geschichte und Gestalt des ägyptischen Joseph in der bildenden Kunst, Diss. München 1952;

U. Nilgen: Joseph von Ägypten, in: LCI, Bd. 2, Sp. 423–434.
427 Landau 1978, S. 64 und 83; die Inschrift oben rechts ist fehlerhaft: „IOSPH.RECENS.ET.PATRI.ET. SROTRIBUS (STATT FRATRIBUS) || SONIMIUM. (STATT SOMNIUM) SVVM || M.D.XXXXIIII".

erkennen gab (Gn 45,1–15), und in der Concordantia caritatis außerdem noch mit dem jüdischen Grundbesitzer Boas, der den Schnitter grüßt (Rt 2, 1–7).

In der „Concordantz" wird aber nicht die Erscheinung selbst als Schlüsselereignis für die typologische Kombination genutzt, sondern die Verheißung des göttlichen Willens. So wie Joseph auserkoren gewesen war, waren es auch die Jünger Christi, die erwählt worden waren, die Lehre Christi in der Welt zu verbreiten. Um ihnen dies mitzuteilen war der Auferstandene, den Hirschvogel mit der Kreuzesfahne zeigte, vor seine Schüler und Maria getreten, die daraufhin andächtig auf die Knie fielen. Verschiedene Einflüsse hat Hirschvogel für diese Radierung verarbeitet:[428] Zum einen Darstellungen des Auferstandenen, der Petrus in sein apostolisches Amt einsetzt, wie z.B. Diana Scultoris Kupferstich nach einer Federzeichnung Raphaels für einen seiner Teppichkartons,[429] außerdem aber auch Darstellungen vom Erscheinen Josephs vor seinen Brüdern, wie z.B. in einer, wiederum aus der Marcanton-Schule stammenden Arbeit von 1540. Das Geschehen ereignet sich dort, wie die Christus-Szene bei Hirschvogel, in einem Innenraum; gemeint ist in der Radierung zu Vers 73.b das „Obergemach" nach Act 1,13, der Saal, in dem sich die Jünger nach dem Abendmahl aufhielten. In der italienischen Arbeit ist Joseph in leichter Schrittstellung vor seine Brüder getreten, die, allesamt kniend, erstaunt und andächtig zurückweichen. Es ist wahrscheinlich, daß dieser Stich trotz des unterschiedlichen Themas auf Hirschvogel gewirkt hat. Änderte er auch die Wandgestaltung mit Muschelnischen in der italienischen Graphik in eine getäfelte Wand mit Girlanden um, sind dennoch Ähnlichkeiten verblieben: Die Tür in der linken Wand, die Bodenfliesen oder die Haltungen des Bruders mit den gekreuzten Armen, den Hirschvogel für die Figur der Maria rezipierte. Für die Gestalt Christi dürfte sich Hirschvogel an Darstellungen erinnert haben, die Christus zeigen, als er mit der Kreuzesfahne seiner Mutter erschien (z.B. Hans Schäufeleins Holzschnitt aus dem „Speculum passionis" von 1507).

Taf. 74 a. Himmelfahrt des Elia – b. Himmelfahrt Christi (Lc 24,50–52)
Noch einmal waren die Jünger bei einer Erscheinung Christi zugegen, nämlich der Himmelfahrt, die Hirschvogel für das Verspaar 74.b illustrierte und dies in der Weise, wie sie der Evangelist Lukas in 24,50–52 schilderte. Mit zum Segen erhobenen Armen fährt Christus aus der Mitte der Apostel auf einem Wolkenband zum Himmel auf. Sie sind vor ihm niedergekniet und blicken überrascht aufwärts, einer von ihnen wirft seine Arme andächtig empor.

Hirschvogels Radierung entspricht einer oft anzutreffenden ikonographischen Gestaltung.[430] Sehr verbreitet ist die Vorstellung von den kreisförmig um den Ölberg knienden Jüngern und Maria. Ein Holzschnitt aus der Serie für die „Leien Bibel" zeigt diese Auffassung, wobei jedoch – im Gegensatz zu Hirschvogels Illustration – von Christus nur noch die Füße und der Mantelsaum zu erkennen sind, sowie die Fußabdrücke, die Christus auf dem Ölberg hinterließ; sie sind in der „Concordantz" nicht gezeigt worden. Sehr ähnlich zur Gestaltung in der Illustration für die „Concordantz" ist ein Stich von Nicolas Beatrizet, der 1541 nach einer Zeichnung Raphaels entstand.[431] Auch in dieser italienischen Arbeit knien die Jünger rings

---

428 W. Medding: Erscheinungen Christi vor den Aposteln, in: LCI, Bd. 1, Sp. 671f.; I. Haug: Erscheinungen Christi, in: RDK, Bd. 5, Sp. 1291–1310 und 1327–1349; Schiller, Bd. 3, S. 106–108.
429 Shearman 1972, S. 96f.; Raphael Invenit 1985, S. 130 und S. 561; Knab/Mitsch/Oberhuber 1983, S. 517 und 607; zu Leben und Werk Diana Scultoris: Kat. Wien 1966, S. 180f.
430 H. Schrade: Zur Ikonographie der Himmelfahrt Christi, in: Vorträge der Bibliothek Warburg 1928/29 (1930), S. 66–190; H. Gutterlet: Die Himmelfahrt Christi in der bildenden Kunst von den Anfängen bis ins hohe Mittelalter, Leipzig/Straßburg/Zürich 1935; A.A. Schmid: Himmelfahrt Christi, in: LCI, Bd. 2, Sp. 268–276; Schiller, Bd. 3, S. 141–164.
431 Raphael Invenit 1985, S. 596, Nr. 1; M. Vasselin: La fortune gravée de Raphael en France – Aperçu historique et critique, in: Kat. Paris 1983/84, S. 37 – 45 und S. 19; Knab/Mitsch/Oberhuber 1983, S. 601; zu Leben und Werk Beatrizets: Kat. Wien 1966, S. 189.

um Christus, wobei auch dort die hinteren von ihnen leicht erhöht positioniert sind, so daß ihre Köpfe trotz der Perspektive sichtbar bleiben. Besonders nahe stehen einander bei Hirschvogel und Beatrizet die Figuren Christi. Nicht nur der Segensgestus ist gleich, sondern vor allem die – bei Hirschvogel etwas reduzierte – geschwungene Haltung Christi. Jedoch bleiben auch Unterschiede festzuhalten: Bei Beatrizet ist der Mantel Christi bis zur Hüfte herabgerutscht, so daß sein Oberkörper frei ist. Abgesehen von einer Faltenbahn, die von der Hüfte bis zum Knöchel Christi verläuft, zeigt das Gewand Christi bei Beatrizet vielfache Brechungen, wohingegen bei Hirschvogel ein Tuch segelförmig um den Oberkörper Christi gebläht ist, ein Motiv, das aus Arbeiten Raphaels und seiner Nachfolger bekannt ist (z.B. Jacopo Francias „Venus mit Winkelmaß").

Das Alte Testament bot zwei Himmelfahrten an, die derjenigen Christi beigestellt werden konnten: Die des Henoch (Gn 5,24) und die des Elia; beide haben sowohl in der Biblia pauperum als auch der Concordantia caritatis und dem Speculum Aufnahme gefunden.[432] Die Gegenüberstellung beruht auf früheren Exegesen des Alten Testaments, von denen hier nur an die Hugos von St. Victor in dessen „Allegoriae" erinnert sei.[433] Die Entrückung des Propheten Elia in den Himmel wurde auch für die „Concordantz" als Präfiguration ausgewählt, deren Illustration Hirschvogels Kenntnis von anderen Darstellungen des Themas erkennen läßt.[434] In einem „feurigen Wagen mit feurigen Rossen" (IV Rg 2,11) steht Elias und übereignet seinen Mantel seinem Nachfolger Elisa direkt in die Hände, was nicht der biblischen Schilderung entspricht, in der Elisa nur den zur Erde gefallenen Mantel aufhob. Das feurige Zweigespann stellte Hirschvogel als von vielen Flammen umloderte Lichterscheinung dar; sogar aus den Mäulern der Rosse schlagen Flammen. Die Konstellation von zum Himmel auffahrendem Wagen und dem auf der Erde kniend zurückgebliebenen Elisa gibt bereits der 1534 erschienene Holzschnitt der Wittenberger „Vollbibel" wieder. Wie üblich ist der Meister M.S. auch hier wieder sehr erzählfreudig gewesen, denn man erkennt auch den Fluß Jordan, auf den Elisa geschlagen hatte und der sich daraufhin teilte, womit angezeigt wurde, daß die Wunderkraft des Elia auf ihn übergegangen war. Am Ufer liegt der von Elia zurückgelassene Mantel. Erhard Schöns Buchillustration für die „Lyon-Bibel" von 1518 zeigt in der linken Hälfte, wie sich Elias in traurig-schmerzvoller Geste seine Kleider zerreißt (IV Rg 2,12). Elias wirft gerade den Mantel herab. Rechts ist die in der Bibel bald darauf folgende Szene, in der Elisa von den Knaben der Stadt Bethel verspottet wird (s. in der „Concordantz" die Illustration zum Vers 85.a).

Für diese Vierergruppe ist wieder ein inhaltlich verbindendes Motiv zu erkennen: Sowohl Joseph als auch Elias und die Jünger wurden in den hier illustrierten Erzählungen gesegnet, woraufhin ihr weiteres Leben unter dem Schutz Gottes, bzw. Christi stand.

G. Die Gründung der Kirche und das Wirken der Apostel

Taf. 75 a. Moses empfängt die Gesetzestafeln – b. Ausgießung des Heiligen Geistes
In den illustrierten typologischen Zusammenstellungen des Spätmittelalters wird der Gesetzesempfang durch Mose auf dem Berg Horeb stets mit Pfingsten, der Ausgießung des Heiligen Geistes in Verbindung gebracht; dies sowohl in der Biblia pauperum, als auch in der Con-

---

[432] Cornell 1925, S. 290f.; Schmid 1954, Sp. 849f., Nr. 116; Breitenbach 1930, S. 236–241.

[433] „Eliae percussit aquas, et divisae sunt hic atque illinc, et transiit Eliseus. Elevatio Eliae ascensionem Domini significat", MPL 175, 714f.

[434] M. Lawrence: Three Pagan Themes in Christian Art, in: Festschrift für Erwin Panofsky, New York 1961, S. 323–334; E. Lucchesi-Palli und L. Hoffscholte: Elias, in: LCI, Bd. 1, Sp. 607–613; K.-A. Wirth und L.v. Wilckens: Elia (Elias), in: RDK, Bd. 4, Sp. 1372–1406; Schiller, Bd. 3, S. 141 und 159.

cordantia caritatis und dem Speculum humanae salvationis.[435] Eine Tradition für die gegenseitige Auslegung der beiden Ereignisse existiert folglich auch in der Kirchenväterliteratur, wofür Honorius Augustodunensis drittes Buch der „Gemma animae" stehen kann.[436] Die theologische Begründung für den Vergleich der beiden Szenen liegt offen zutage: Mit der Gesetzesübergabe an Mose begann die Zeit unter dem Gesetz, die mit dem Pfingstereignis endete; mit ihm setzte das Zeitalter der Gnade nach dem Tod Christi ein. Der Vers über der Pfingstdarstellung in der „Concordantz" spricht vom Heiligen Geist, „der vns auß dem gesetz ind warheit weyst."[437]

Die Übergabe der Gesetzestafeln durch den Herrn an Mose zeigte Hirschvogel im Vordergrund auf einer hügelig ansteigenden und links schroff abbrechenden Anhöhe, die gemeinsam mit der Wolkenerscheinung um Gott das Bild annähernd diagonal aufteilt. Im Mittelgrund knien die Israeliten vor dem Goldenen Kalb, das sie in der Zeit der Abwesenheit Mose als Gegenstand der Anbetung gegossen hatten. Die Kombination der Darstellungen von Mose mit dem Zeltlager des Volkes ist als üblich anzusehen, wie dies z.B. für das frühe 16. Jahrhundert ein Holzschnitt der „Lyon-Bibel" zeigt, von Erhard Schön geschaffen.[438] Die Anbetung des Goldenen Kalbes war im „Concordantz"-Zyklus bereits als Illustration zum Vers 17.a aufgenommen worden. Dort war die Gesetzübergabe an Mose weit im Hintergrund gezeigt gewesen.

Die Erfüllung Mariä und der Apostel mit dem Heiligen Geist geschieht in der Radierung Hirschvogels im bereits unter 73.b genannten „Obergemach", auf dessen gefliestem Boden entlang der Wände gereiht die Apostel knien, einige von ihnen betend, einige miteinander sprechend. Obwohl sie in der Pfingsterzählung nicht erwähnt wird, nimmt Maria den exponierten Platz in der Mittelachse des Bildes ein – sie ist die „mater apostolorum". Auch sie kniet, und ihre Hände sind vor der Brust gefaltet. Die von der Taube unter der Decke im Strahlenkranz ausgehenden Feuerzungen haben sich auf ihren Köpfen niedergesetzt. Eine Besonderheit der Illustration der „Concordantz" ist die Darstellung des Pfingstgeschehens im „Obergemach" aus Apg 1,13. Zwar ist dieser Typ besonders in Italien seit dem 14. Jahrhundert verbreitet (z.B. Fresko des Andrea di Bonaiuto, Florenz, S. Maria Novella, Spanische Kapelle, 1365–67), aber nur selten auch in der deutschen Kunst des 16. Jahrhunderts anzutreffen, wo Darstellungen des Pfingstwunders in freier Landschaft zahlenmäßig vorherrschen (vgl. z.B. den anonymen Holzschnitt in der „Leien Bibel"; dort, wie bei Hirschvogel, ist Maria durch ihre mittige Position besonders hevorgehoben).[439] Auf einem Metallschnitt von der Hand Holbeins d.J. aus dem Jahre 1519 für den Vaterunser-Zyklus im lateinischen Wochengebetbuch „Praecatio Dominica"[440] des Erasmus von Rotterdam vollzieht sich das Pfingstwunder vor einem Gebäude. In Matthias Gerungs Holzschnitt von 1546 gewährt eine hohe Bogenstellung Einblick in das Innere des Hauses der Apostel – gerade fallen die Feuerzungen herab.[441] Außer den üblichen Anwesenden drängen von außen Gläubige hinein, unter

---

435 Cornell 1925, S. 291f.; Schmid 1954, Sp. 849f., Nr. 120; Breitenbach 1930, S. 242–247.
436 Cap. CXLVII, dem Abschnitt zu Pfingsten, in dem die Übergabe der Gesetzestafeln als alttestamentliches Vorbild hingestellt wurde: „Pentecosten idcirco antiquus populus celebrat quia in illa die legem per Moysen acceperat."; MPL 172, 683.
437 Vgl. auch Kat. Göttweig 1991, S. 105f.
438 Dieses Schema zeigte Ostendorfers Holzschnitt von 1544; M. Lierani: Iconografia di Mosè, in: Bibliotheca sanctorum 9 (1967), S. 629–649; E. Mahl: Die „Mosesfolge" der Tapisseriensammlung des Kunsthistorischen Museums in Wien, in: Wiener Jahrbuch für Kunstgeschichte 63 (1967), S. 7–38; H. Schlosser: Mose, in: LCI, Bd. 3, bes. Sp. 286.
439 Zur Ikonographie des Pfingstbildes und zur Unterscheidung der unterschiedlichen Darstellungstypen vgl. S. Seeliger: Die Ikonographie des Pfingstwunders unter besonderer Berücksichtigung der deutschen Buchmalerei des Mittelalters, Düsseldorf 1958; Ders.: Pfingsten, in: LCI, Bd. 3, Sp. 415–423; Schiller, Bd. 4, 1, S. 11–20; K. Falkenau: Pfingsten – Ikonographie, in: Marienlexikon, Bd. 5, S. 189–191.
440 Erschienen 1523 in Basel, geschnitten nach Holbeins Entwurf vom Monogrammisten CV, dessen Signatur auf einigen der Blätter wiederkehrt; Kat. Basel 1960, S. 316.
441 Dodgson 1908, S. 213.

ihnen auch ein König mit seinem Gefolge, der von einem der Apostel Einlaß zu erhalten wünscht. Die Mächte des Bösen, verkörpert durch Phantasiewesen, den Papst und verschiedene Geistliche, treten nach links aus dem Bild heraus, den Höllenflammen entgegen.

Neben der inhaltlichen Analogie zwischen den beiden Illustrationen des 75. Paares bemühte sich Hirschvogel auch darum, eine kompositionelle zu finden, wenn er auch die Apostel wie Mose kniend darstellte. Zwar knien auch die Juden vor dem Goldenen Kalb, doch besteht zwischen diesen beiden Gruppen keine inhaltliche Parallele, denn die Israeliten hatten sich zu diesem Zeitpunkt einem falschen Gott zugewandt.

Bekannt aus der Biblia pauperum ist ebenso der zweite, durch die Bibelstellenangabe „3.Reg.18." angezeigte Typus zum Pfingstbild: Das Urteil Gottes am Berg Karmel, dessen Bedeutung (s. Kapitel I.3.39. mit der Darstellung Elia am Karmel) in diesem Zusammenhang klar ist: Auch dabei fiel vom Himmel „das Feuer des Herrn herab" und entzündete den Opferstier des Elia.

Taf. 76 a. Nadab und Abihu vom Feuer verzehrt (Lv 10,1) – b. Ananias und Saphira fallen zu Boden und sterben (Act 5,1–11)
In der „Concordantz" wird der Zusammenhang zwischen Altem und Neuem Testament nicht nur für heilsgeschichtliche Ereignisse der Vita Christi hergestellt, berücksichtigt und in den Zyklus eingebunden, sondern es wurden vom Paar 76. an auch neutestamentliche Ereignisse außerhalb der vier Evangelien, dabei besonders viele aus der Apostelgeschichte, nämlich zwölf, verwendet.

Eines der ausgefallenen, weil selten dargestellten Beispiele dafür ist die Szene vom Tod des Ananias und seiner Frau Saphira (Act 5,1–11). Die beiden hatten nicht den vollständigen Erlös eines Grundstückverkaufs den Aposteln dargebracht, sondern einen Teil davon für sich behalten, obwohl ausgemacht war, daß die neu zu Christus bekehrten Gläubigen alles gemeinsam zu besitzen hätten. Als Petrus Ananias zur Rede stellte, fiel dieser tot zu Boden und wurde danach von jungen Männern fortgetragen, was Hirschvogel in der mittleren Bildebene verbildlicht hat. Nach drei Stunden kam Saphira, die ebenso wie ihr Mann log, woraufhin Petrus ihr sagte: „Siehe, die Füße derer, die deinen Mann begraben haben (...), sie werden dich hinaustragen". Jenen Moment der Strafandrohung durch Petrus wählte Hirschvogel aus, der sich vermutlich von einem prominenten und zu seiner Zeit weit verbreiteten Vorbild vor allem thematisch anregen ließ.[442] Einer der Kartons Raffaels, die Vorzeichnungen für Teppiche in der Sixtinischen Kapelle sind und heute im Victoria & Albert Museum in London aufbewahrt werden,[443] hat ebendieses Thema zum Gegenstand. Die Komposition war ca. 1516 durch Marcantonio Raimondi auf Kupfer nachgestochen worden.[444] Allerdings ist Raffaels Darstellung bibeltreuer aufgefaßt als die Augustin Hirschvogels, denn die Szene wird in einem Innenraum wiedergegeben, wo die Apostel erhöht auf einem Podest stehen und Ananias vor ihnen tot zu Boden gestürzt ist. Zwar besteht eine Motivübernahme aus dieser Arbeit Marcantons in der Haltung des rechten Armes des Ananias, den Hirschvogel offensichtlich für Saphira aufgenommen hat, die das unterschlagene Geld fallengelassen hat. Ihre bildparallele Position mit geschlossenen Beinen an der Bildkante erinnert an die Figur des Paris in einem Holzschnitt Jörg Breus d.J.; wenn auch seine Beine übergeschlagen sind, machen doch seine Armhaltung und sein Blick hinauf zu einer vor ihm stehenden Person eine Abhängigkeit wahrscheinlich.

Das im Vers zur Radierung von Hirschvogel „gähling sterben" bezeichnete Geschehen wird in Parallele zu einem alttestamentlichen Ereignis gesetzt, das zunächst ebenfalls ungeläufig anmutet.

---

442 Zur Ikonographie der Szene: Réau 1955–59, Bd. III, 1, S. 1087; W. Braunfels: Petrus, Apostel, in: LCI, Bd. 8, Sp. 166–174.

443 Shearman 1972, S. 21–24 und 99–101.

444 Kat. Paris 1983/84, S. 388f.; Raphael Invenit 1985, S. 132 und S. 568.

Am Berg Sinai hatte Moses die Regeln für den Opferdienst festgelegt. Seinen Bruder Aaron und dessen Söhne, Nadab und Abihu, setzte er als Priester ein. Doch beide brachten Jahwe „ein ungehöriges Feueropfer dar" (Lv 10,1) – sie verbrannten Gegenstände, die nicht in den Opferbestimmungen vorgesehen waren. Zur Strafe dafür fiel Feuer vom Himmel und verbrannte die beiden. In der Illustration zur „Concordantz" sind die beiden Brüder von einem Flammenmeer umgeben. Einer von ihnen liegt bereits tot am Boden – Flammen züngeln unter seinem Körper hervor. Der andere scheint, von den Flammen gerade erfaßt, vergeblich um Gnade zu flehen – auch er hat sein Weihrauchfaß zu Boden fallen lassen.

Für diese dramatische Begebenheit, die in der Bibel selbst in nur zwei Versen erzählt wird, finden sich außerordentlich viele Illustrationen in der bildlichen Ausstattung von Bibeln etwa seit 1500.[445] Sie alle stehen in enger Verwandtschaft zu Hirschvogels Darstellung. Den Anfang macht der großformatige Holzschnitt der Kölner Bibel. Dort schlagen den beiden Brüdern Flammen aus ihren Weihrauchfässern entgegen und zusätzlich werden sie von den vom Himmel kommenden Flammen getroffen, was in der Bibel ebenso erzählt wurde. Auch hier ist einer der Brüder sterbend zu Boden gestürzt, während der andere noch mit dem Feuer kämpft. Erhard Schöns Illustration für die „Biblia cum concordantiis veteris et novi testamenti"[446] stellt eine nur stilistisch veränderte Fassung des Bildes in der Kölner Bibel dar. Die gleiche Bildaufteilung wählte Holbein d.J. für die „Icones".[447] Er stellte, der Bibel genau folgend, zwei Räucherpfannen dar, eine von ihnen hat der rechts liegende und sterbende Bruder herunterfallen lassen, der andere wird vom Feuer überwältigt.

Die inhaltliche Parallele der beiden Erzählungen wurde von Hirschvogel auch optisch sichtbar gemacht, wie oft schon zu beobachten gewesen war, nämlich durch ähnliche Kompositionen der Radierungen: Diesmal durch die Haltung der zu Boden fallenden Männer. Die Verse sprechen von „falsch opffern", die durch Gott bzw. Petrus bestraft wurden, da die nun Sterbenden versucht hatten, Huld und Ansehen mit unrechten Taten zu erwerben. Man beachte aber den Fehler im Vers zu 76.a, wo Nadab und Abihu als die Söhne Jorams (Name zweier Könige aus IV Rg 3–10 und IV Rg 8,16–24, korrekt wäre „Aarons" gewesen) bezeichnet werden; es dürfte sich um einen Irrtum des Setzers handeln.

Im Buch Numeri fanden Hirschvogel/Perenius noch einen zusätzlichen Vorläufer zur neutestamentlichen Begebenheit: Den Untergang der Rotte Korah aus Nm 16, 20–35. Auf dem Zug der Israeliten zurück ins gelobte Land erhoben sich der Levit Korah, Datan, Abiram und 250 andere Männer gegen Mose und Aaron. Sie warfen den beiden vor, sich über die doch eigentlich gleichberechtigte Gemeinde zu stellen. Mose befahl ihnen, mit Räucherpfannen im Bundeszelt zu erscheinen. Ihr dort dargebrachtes Opfer wurde nicht erhört, und wegen ihres Ungehorsams gegen den Herrn öffnete sich die Erde, verschlang alle, die zu Korah gehörten, und die übrigen 250 Männer wurden vom Feuer verbrannt.

Keine der beiden Hauptszenen der Zusammenstellung läßt sich in mittelalterlichen typologischen Büchern finden und dies aus zwei Gründen: Erstens war die Typologie dort stets christozentrisch orientiert, das chronologische Gerüst und die Themenwahl nahezu ausschließlich auf Christus hin ausgerichtet und zweitens wurden Erzählungen der Apostelgeschichte bestenfalls als Parallelen zu Taten Christi ausgesucht (z.B. in der Concordantia caritatis: Christus heilt den Gichtbrüchigen – Paulus heilt den Vater des Publius, Act 28,7). Anders dagegen verhielt es sich in der mittelalterlichen exegetischen Literatur. Im Abschnitt zur Apostelgeschichte, Kapitel 5 der „Glossa ordinaria" wurde dieses Ereignis auf die alttestamentliche Erzählung von Nadab und Abihu hin gedeutet: „Legum initia

---

445 Kat. Göttweig, S. 106.
446 Röttinger 1923, S. 119.
447 Kästner 1985, S. 213f.

war eine wichtige Notwendigkeit. Auch der Holzschnitt des Monogrammisten M.S. für die erste gedruckte deutsche „Vollbibel" von 1534 ist ein weiteres Beispiel dafür, wie die Zwölf-Steine-Szene üblicherweise in engen Zusammenhang mit dem Zug durch den Jordan gestellt wurde. Dieser Meister zeigte wichtige Elemente der Episode deutlicher als Hirschvogel es tat: So bäumt sich oben rechts das Wasser auf Gottes Befehl hin auf (bei Hirschvogel weicht es zurück) und die zwölf Steine werden zu einem Monument aufeinandergeschichtet und nicht wie in der „Concordantz" wahllos im Flußbett verteilt. Etwas mehr an den Rand gedrängt ist die Aufschichtung der Steine im Holzschnitt eines Meisters des Baldung-Kreises für die „Leien Bibel" von 1540.

In der „Concordantz" werden die zwei Begebenheiten gegenüber der Darstellung in der „Vollbibel" von 1534 räumlich getrennt, was aber durch die typologische Auslegung erklärbar wird, ist die Steinaufrichtung doch auf die Aussendung der zwölf Apostel bezogen worden – eine Szene für die es eine umfangreiche Bildtradition festzuhalten gilt.[458]

Um alle Völker der Welt in der neuen Lehre zu unterrichten, erhielten die Apostel vom auferstandenen Christus den Auftrag, hinauszuziehen und ihre Missionstätigkeit aufzunehmen. Jörg Breu d.Ä. zeigte auf einem heute in der Augsburger Staatsgalerie aufbewahrten und 1514 datierten Tafelgemälde,[459] wie in einer weiten Landschaft die Apostel in der Tracht von Pilgern auseinandergehen. Einer von ihnen wird schon im Mittelgrund wandernd gezeigt, andere verabschieden sich noch voneinander, wieder andere bereiten sich noch auf die Wanderschaft vor; über allen schwebt Gottvater. Sehr ähnlich hatte Breu einige Jahre danach (1525/30) eine Zeichnung aufgebaut (Berlin, Kupferstichkabinett),[460] aber auch hier fehlt, anders als bei Hirschvogel, die Figur Christi.

Holbeins d.J. Metallschnitt mit dem Apostelabschied diente als Schmuck des Titelblattes der Schrift „Commentarii initiatorii in quattuor Evangelia" des vom schweizerischen Protestantismus beeinflußten französischen Theologen Jacob Faber (gedruckt in Basel bei Cratander im März 1523).[461] Hier trägt jeder der durch Spruchbänder benannten Apostel einen Schlüssel, der allein dem Apostel Petrus zusteht, und der etwas abseits stehende Paulus liest aus einem Buch vermutlich den Sendungsbefehl vor, der als Schriftzug an der Vorderseite des von zwei umrankten Säulen getragenen Architravs steht: „ITE IN MVNDVM VNIVERSVM, ET PRAEDICATE EVANGELIVM OMNI CREATVRAE" (Gehet in die ganze Welt und predigt das Evangelium allen Kreaturen; Mc 16,15). In sechs Paaren gehen daraufhin die Apostel auseinander.

Eine alternative Bildgestaltung zu den in einer Landschaft verteilten Aposteln zeigt Michael Ostendorfers Altar aus der Regensburger Neupfarrkirche im oberen Abschnitt der Mitteltafel (entstanden um 1545; heute Regensburg, Museum der Stadt).[462] Wie schon bei zwei der oben genannten Beispiele schwebt Gottvater über der Szene, auf dem darunter von Engeln gehaltenen Spruchband wird Lc 9,35 zitiert („Dis ist Mein Lieber Son, Den solt ir Hören.LVC.9"). Ostendorfer fügte auch deutlicher als andere Künstler den Berg ins Bild ein, auf den Christus die Jünger aus Anlaß der Aussendung befohlen hatte (Mt 28,16). Er steht vor der halbkreisförmig aufgestellten Jüngergruppe und spricht den Sendungsbefehl aus.[463]

---

458 A. Katzenellenbogen: The Separation of the Apostles, in: Gazette des Beaux-Arts 35 (1949), S. 81–98; Ders.: Apostel, in: RDK, Bd. 1, Sp. 811–829, bes. Sp. 814–816; Schiller, Bd. 1, S. 166 und Bd. 3, S. 118–120.

459 Über die ursprüngliche Verwendung der Tafel ist nichts mehr bekannt, s.: Staatsgalerie Augsburg – Städtische Kunstsammlungen, Bd. 1, Altdeutsche Gemälde, 3. Aufl. München 1988, S. 30f.

460 Kat. Paris 1984, S. 446.

461 Hollstein 1954ff, Bd. 14 A, S. 89; Kat. Basel 1960, S. 312; Kat. Nürnberg 1983, S. 340f.

462 450 Jahre evangelische Kirche in Regensburg 1542–1992, Ausst.-Kat. Regensburg, Museum der Stadt 1992, S. 273–276.

463 Die untere Bildhälfte zeigt eine evangelische Gemeinde, die eine Predigt hört. Das Spruchband beim Prediger zeigt die Worte „Thut Busse. Vnd glaubt Dem Euangelio etc.MAR. 1." – die erste der 95 Thesen Luthers.

Hirschvogel folgte diesen verschiedenen Gestaltungsmöglichkeiten kaum – nur mit dem Auszug in Paaren stimmt er mit ihnen überein. Groß im Vordergrund steht bei ihm der segnende Christus, vor dem sich die Apostel ehrfürchtig verneigen. Fast die gesamte übrige Bildfläche füllt ein Gebirgsblock mit durchlaufenden Wegen, auf denen bereits Apostel entlangziehen. Diese Komposition steht Mantegnas Fresko am linken oberen Teil der Nordwand der Orvetarikapelle in der Eremitani-Kirche in Padua nahe, das die Berufung der Söhne des Zebedäus in den Kreis der Jünger Christi zeigt.[464] Jacobus und Johannes knien dort vor dem in Schrittstellung stehenden Christus, neben ihm sieht man Petrus und Andreas und im Boot rechts den sein Netz einholenden Zebedäus. Dominant wie bei Hirschvogel ragt hinter allem ein von Wegen durchzogenes Bergmassiv auf, das den Blick in die hintere Bildebene nur rechts davon zuläßt. Wegen des abweichenden Themas und der deutlichen Unterschiede in der Detailgestaltung (z.B. bei Gewändern oder Haltungen) und vor allem wegen des Umstandes, daß dieses Fresko niemals in graphischen Techniken reproduziert worden war, es also nicht sicher erklärbar ist, wie Hirschvogel an die Komposition Mantegnas gelangt sein könnte, soll der Vergleich nur dazu dienen, die Andersartigkeit der „Concordantz"-Radierung zur geläufigen Gestaltung des Themas zu verdeutlichen.

Für die hinter dem Bildpaar steckende typologische Überlegung gibt es in früheren typologischen Zyklen keine Parallelen, wohl aber mehrere in der exegetischen Literatur des Mittelalters, wie beispielsweise in den „Allegoriae" Hugos von St. Victor: „Duodecim lapides, quos duodecim filii Israel sustulerunt de Jordane, significat apostolicae fidei et vitae firmitatem"[465] oder aber auch in Isidors „Liber Numerorum", in dem er im Kapitel über die Zahl zwölf und ihr Vorkommen in der Bibel sowohl die Apostel nannte („duodenarius est numerus apostolorum"), als auch die zwölf Steine („propter aeternitatis testimonium de Jordanis lapides duodecim auferuntur").[466] Allein mit der Zahl zwölf kann diese etwas oberflächliche Analogie begründet werden, so wie im Bildpaar darüber mit der Zahl drei (Dreieck und Dreifaltigkeit). Die zwölf Steine stehen als Präfiguration für die Apostel mit der gleichen Zahl – eine inhaltlich gleiche Bedeutung ist aber nicht zu erkennen.

79.a.* Die ungläubigen Israeliten in Meriba – b.* Die ungläubigen Korinther
Die schon in 49.a behandelte Begebenheit des Quellwunders Mose wird hier – nicht illustriert – nochmals in fast gleicher Weise typologisch ausgewertet. Für die Zweifel der Israeliten, die nicht mehr glaubten, daß der Herr mit ihnen sei und ihnen auf der Wüstenwanderung beistehe, fanden Hirschvogel/Perenius eine Parallele aus dem ersten Brief des Paulus an die Korinther, in dem er sie ermahnt, sie mögen nicht über das Abendmahl streiten. Es hatten sich zwei Parteien gebildet, deren eine das Abendmahl nicht ernstnahm, weil sie nicht glaubte, damit ein Werk zum Gedächtnis Jesu zu vollziehen.

Für diese äußerliche gegenseitige Auslegung von Stellen aus dem Alten und dem Neuen Testament gibt es keine frühere Parallele.

80.a.* Der Herr bezeichnet die Völker – b.* Bezeichnung der 144.000 Auserwählten Israels
An dieser Stelle der Textausgabe der „Concordantz" wird bereits von einer Stelle der Offenbarung des Johannes ausgegangen, obwohl danach noch mehrere Ereignisse aus der Apostelgeschichte folgen werden.

Um die „Knechte Gottes" vor Schaden beim Endgericht zu bewahren, bezeichnete ein Engel die 144.000 Erwählten der 12 Stämme Israels, jeweils 12.000 jedes Stammes, auf ihren Stirnen mit dem göttlichen Siegel.

---

464 Vgl. zuletzt Kat. London 1992, S. 94–110.
465 MPL 175, 671.
466 MPL 83, 192f.

Durch den Propheten Jesaia hatte der Herr schon früher eine Ankündigung der Apokalypse gegeben (Is 66,17): Mit einem Zeichen wird er diejenigen benennen, die dem Gericht werden entrinnen können.

Diese Szenen sind aus typologischen Zusammenhängen nicht bekannt. Wohl aber dürfte der Ausgangspunkt der Gedankenführung der Bezeichnung Auserwählter bei Illustrationen zur Apokalypse zu suchen sei, wie z.B. Hans Schäufeleins Holzschnitt aus dem Buch des „Newen testaments Teütsch", Augburg 1523.[467]

Taf. 81 a. Das Haus Gottes – b. Gott wohnt nicht in Tempeln*
Wie im vorangehenden Paar sind es auch unter 81. einige Verse aus dem prophetischen Buch Jesaia, die eine Überlegung anboten, die sich im Hinblick auf das Neue Testament auslegen ließ.

Im 66. Kapitel (Verse 1f.) gibt der Prophet Jesaia die Worte des Herrn wieder, mit denen er vor äußerlichem Glauben warnte. Es genüge nicht, dem Herrn einen Tempel zu bauen, denn er thront im Himmel und nicht auf Erden – allein in den Herzen der demütigen und gottesfürchtigen Menschen lebe Gott. Die Illustration zu diesen Versen existiert in nur noch einem einzigen Abzug im Besitz der Bamberger Staatsbibliothek. Sie zeigt den Herrn mit der Sphaira als Weltenrichter beim Jüngsten Gericht auf einem Himmelsbogen sitzend, seine Füße auf die Erdkugel gestellt, die einen Durchblick zwischen zwei Felsmassiven hinaus auf ein Meer zeigt. Für dieses ikonographische Schema kann als Vergleich Hans Schäufeleins Holzschnitt aus dem „Memoriale der Tugend" von 1534 stehen, wo der thronende Christus mit der Weltkugel zu Füßen zwischen „benedeyten" und „maledeyten" unterscheidet.[468]

Etwa gleichlautend zu Is 66,1f. sind im 17. Kapitel der Apostelgeschichte die Verse 24 und 25 formuliert, auf die sich der Vierzeiler der neutestamentlichen Seite in der Versausgabe der „Concordantz" bezieht: Der „Herr des Himmels und der Erde wohnt nicht in Tempeln".

So gibt es hier nicht die Typologie zweier Ereignisse festzuhalten, sondern eine Parallele von Gedanken, die gleichen Inhalts sind. Auch Martin Luther befaßte sich mit der Jesaiastelle, die er in seiner Festpostille zum Stephanstag 1527 ausführlich im Sinne von Act 17,24 f. (worin Paulus spricht) interpretierte.[469] Der von Menschenhand geschaffene Tempel vermag in keinster Weise dem wirklichen Wohnort Gottes, dem weiten Himmel, gleichzukommen.

Taf. 82 a. Das Mysterium der sieben Makkabäerbrüder (II Mach 7,4) – b. Steinigung des Stephanus (Act 7, 54–60A)
Die Illustrationen zum 82. typologischen Paar sind nur in zwei Einzelblättern erhalten, bzw. wurden nur in die verslose Ausgabe der „Concordantz" eingebunden, so daß die dazugehörenden Verse nicht beigedruckt sind und nur der Textausgabe entnommen werden können.

König Antiochus wollte die Juden von ihrem Glauben abbringen und hatte die sieben Makkabäerbrüder und ihre Mutter Salomone zwingen wollen, Schweinefleisch zu essen. Diese weigerten sich jedoch, denn lieber wollten sie sterben als die mosaischen Gesetze mißachten. Da ließ der König sie alle durch Folterungen umbringen. Die Verse erzählen diese Begebenheit nach: „Ee sie woltn thun wider Moyses pot || Gaben sich gar willig in tod".

Die bei den Brüdern angewandten Foltermethoden schildert das zweite Makkabäerbuch nacheinander und in aller Ausführlichkeit. In der Illustration Hirschvogels liegt der erste von

---

467 Schreyl 1990, Bd. I, S. 154–156
468 Schreyl 1990, Bd. I, S. 158. Dieses Motiv zeigt auch ein Email des Klosterneuburger Ambos,

vgl. Buschhausen 1980, S. 80–83.
469 Gedruckt im Dezember 1523; WA 17, 2, 336f.

ihnen auf einem Rost, unter dem Holz entzündet wurde. Das Martyrium des ersten, des Wortführers der Brüder, war laut Bibel jedoch folgendermaßen vonstatten gegangen: Nachdem man ihm die Zunge herausgeschnitten und ihm die Hände und Füße abschlagen hatte, ließ man den Verstümmelten in einer Pfanne braten. Die Foltermethode stimmt zwar nicht mit der in der „Concordantz" gezeigten überein, doch folgte Hirschvogel insofern dem Bibeltext, als er die Mutter und die übrigen Brüder dabeistehend und standhaft zusehend zeigt (vgl. II Mach 7,4).

Obwohl die beiden Makkabäerbücher apokryph sind, läßt sich eine, wenn auch geringe Darstellungstradition finden, wofür zwei Beispiele aus dem späten 15. und dem 16. Jahrhundert aufgeführt seien:[470] Die 1488 bei Anton Koberger in Nürnberg erschienene und illustrierte Ausgabe der Heiligenviten Jacopo de Voragines („Legenda aurea") enthält auch einen breitformatigen Holzschnitt des Martyriums des ersten Bruders der Makkabäer – am Fuße des Foltertisches stehen die übrigen sechs und ihre Mutter.[471] Ein Knecht setzt an, ihm die rechte Hand vom Arm zu trennen. Wie bei Hirschvogel wohnen der Prozedur außerdem noch Antiochus selbst und weitere Knechte bei. Aus dem Umkreis Heinrich Vogtherrs d.Ä. stammt der Holzschnitt dieses Themas für Rihels „Leien Bibel". Über einem Stein sind dem Gefolterten die Hände abgeschlagen worden. Im Gegensatz zur Illustration der „Legenda aurea" schreit der Gemarterte nicht, sondern leidet still. Die Idee zu der deutlich andersartigen Folterung in der „Concordantz"-Illustration könnte Hirschvogel über einen Stich Marcantonio Raimondis erhalten haben,[472] in dem das Martyrium des Heiligen Laurentius gezeigt wird, der bekanntlich auf einem Rost verbrannt wurde. Jedoch unterscheidet sich bei Hirschvogel die Haltung des Gefolterten entscheidend von der des Laurentius Raimondis. Letzterer versuchte sich noch gegen sein Schicksal zu erheben, wohingegen der Makkabäer am Rahmen des Rostes festgebunden ist. Lediglich die Physiognomie des Makkabäerbruders kommt der des Laurentius nahe (vgl. die kräftig ausgebildeten Schenkel und die starke Muskulatur), doch handelt es sich hier um ein Stilphänomen, das in nahezu allen figürlichen Darstellungen Hirschvogels anzutreffen und von Arbeiten der Raffaelschule ableitbar ist.[473]

Als Gegenüberstellung aus dem Neuen Testament eignete sich das Martyrium eines Diakons der Apostel, Stephanus, des ersten Märtyrers der christlichen Kirche (Act 7, 54–60). Stephanus hatte in Jerusalem die christliche Lehre besonders eifrig gepredigt, weshalb man ihn vor den Hohen Rat führte. Dort bekannte er sich weiterhin zum christlichen Glauben und beschrieb eine Vision: „Ich sehe den Himmel offen und den Menschensohn zur Rechten Gottes sitzen." Darüber erzürnten die Ankläger so sehr, daß sie Stephanus vor die Stadt brachten, um ihn zu steinigen. Hirschvogel zeigte, wie die Peiniger mit voller Wucht beginnen, Steine auf den am Boden knienden Stephanus zu werfen. Er betet für die Steine werfenden Männer (Act 7, 60: „Herr, rechne ihnen diese Sünde nicht zu") und hinter ihm stehen die Zeugen aus Act 7, 58, die ihre Oberkleider abgelegt haben, von denen Hirschvogel eines im Vordergrund liegend wiedergibt. Am oberen Bildrand steht die Erscheinung, die Stephanus bei der Verurteilung hatte.

Hirschvogel ging mit seiner Radierung sehr ins Detail. Dies wird umso deutlicher, wenn man sie mit früheren Darstellungen dieses Martyriums vergleicht. Um 1505 entstand der unbe-

---

470 E. Wind: Maccabean Histories in the Sistine Ceiling, in: Festschrift C.M. Ady, London 1960, S. 312–327; A.v. Euw: Die Makkabäerbrüder – Spätjüdische Märtyrer der christlichen Heiligenverehrung, in: Monumenta Judaica – 2000 Jahre Geschichte und Kultur der Juden am Rhein – Handbuch zum Ausst.-Kat. Köln, Stadtmuseum 1963/64, S. 782–786; J. Paul und W. Busch: Makkabäische Brüder, in: LCI, Bd. 3, Sp. 144f.

471 Schramm 1920, Bd. 17, Nr. 128.

472 B.F. Davidson: Marcantonio's Martyrdom of San Lorenzo, in: Bulletin of the Rhode Island School of Design 47 (1960/61), S. 1–6; Kat. Wien 1966, S. 101; Kat. Lawrence 1981, S. 14f.; Kat. Wien 1987, S. 207f.; L'Opera Incisa di Adamo e Diana Scultori, hg. v. Paolo Bellini, Vicenza 1991, S. 249–251.

473 S. zum Stil der Figuren in den „Concordantz"-Radierungen Kap. II. 5. 2. dieser Arbeit.

zeichnete Einblattholzschnitt Baldung Griens zu diesem Thema.[474] Dort kniet Stephanus in der gleichen Haltung wie bei Hirschvogel, jedoch zum Betrachter gewandt. Von der Seite und von hinten werfen drei Knechte des Hohen Rates Steine auf ihn. Auch ein Künstler aus dem Umkreis Heinrich Vogtherrs d.Ä. bildete die Stephanusmarter für die „Leien Bibel" ab, wo die Schergen in dramatischen Bewegungen große Steine auf Stephanus niederwerfen, was zwei von ihnen mit tiefer Freude erfüllt, deutet man ihren lächelnden Gesichtsausdruck.

In diesem Fall handelt es sich bei Hirschvogels Radierung um eine reine Wortillustration, da nur allgemeine Übereinstimmungen zu anderen Darstellungen des Themas bestehen (die Gebetshaltung des Stephanus ist zu allgemein geläufig, als daß eine wirkliche Vorbildwirkung der Arbeit Baldungs zu postulieren wäre).

In der Biblia pauperum kam der Tod der sieben makkabäischen Brüder als alttestamentliche Vorausdeutung der Geißelung Christi vor,[475] während die Steinigung des Stephanus in diesem typologischen Werk unbekannt ist. Die inhaltliche Beziehung zwischen beiden ist jedoch etwas vielschichtiger als sonst in der „Concordantz": Nicht nur, daß es sich um zwei Martyrien handelt, die mit dem Bekenntnis zu Mose bzw. Christus begründet wurden, zudem gehörte auch Stephanus einer Gruppe von sieben Männern an, nämlich dem Sieben-Männer-Kollegium, das der Gruppe der Hellenisten in der Jerusalemer Urgemeinde vorstand.

83.a.* Die Berufung Mose – b.* Die Bekehrung Pauli
In typologischen Werken vor der „Concordantz" spielten die Ereignisse der Apostelgeschichte so gut wie keine Rolle.[476] In der „Concordantz" dagegen folgen nach der Passion Christi auch Ereignisse der „Acta Apostolorum"; nun, nach der Steinigung des Stephanus, in der 83. Zusammenstellung die Bekehrung des Apostels Paulus. Saulus war bei der Verfolgung von Juden in Jerusalem besonders eifrig gewesen. Als er nach Damaskus geflüchtete Menschen nach Jerusalem zurückbringen wollte, wurde er von einem hellen Licht geblendet, in dem ihm der auferstandene Christus erschien und ihn fragte: „Saul, warum verfolgst Du mich?" Dieses Ereignis bekehrte ihn, er erhielt sein Augenlicht wieder und von da an missionierte er die Heiden.

Mose wiederfuhr ähnliches, was im dritten Kapitel des Buches Exodus erzählt wird. Ein Engel des Herrn erschien ihm in einer Feuerflamme, die aus einem Dornbusch hervorschlug. Darin erschien Gott, der ihn dazu berief, die Israeliten aus der ägyptischen Gefangenschaft zu führen.

Im Gegensatz zur Darstellung in 4.a, wo die Dornbusch-Szene als Präfiguration der Hirtenanbetung eingesetzt wurde, sind nun die Aspekte der Lichterscheinung, der Blendung und der Berufung für die typologische Auslegung bedeutsam, die in dieser Form als Neuschöpfung zu gelten hat. Einen Kampf um Wahrheit und Christentum führte auch der enge Mitarbeiter des Paulus, Timotheus, der von Paulus aufgefordert wurde, Glauben und gutes Gewissen zu behalten, um beide an jene weiterzugeben, die „am Glauben Schiffbruch gelitten haben" (I Tim 1,19). Auf diese Stelle des Paulusbriefes an Timotheus verweist die Angabe „Timoth.1.b.c." neben dem Vierzeiler auf der neutestamentlichen Seite.[477]

---

474 Kat. Karlsruhe 1959, S. 267, Nr. 65; M. Mende 1970, S. 43.
475 Cornell 1925, S. 295-297.
476 Begründet werden muß dieser Umstand damit, daß in ihnen allein die Vita Christi das chronologische Gerüst bildet. Neben dem Pfingstereignis ist die einzige Ausnahme in der Concordantia caritatis zu finden: Petrus, der Tabea erweckt (Act 9, 36), verwendet als „Antitypus" der Erweckung der Tochter des Jairus durch Christus – was natürlich nicht der strengen Definition von Typologie entspricht, ist doch die Apostelgeschichte ein Teil des Neuen Testaments.
477 Die Stellenangabe könnte sich auf den zweiten Brief an Timotheus beziehen, wo im ersten Kapitel Petrus ebenfalls über die Berufung des Timotheus zur Predigt des Evangeliums schreibt (Vers 8-11).

Die Gleichartigkeit der Berufung des Timotheus mit der des Paulus unterstrich auch Luther in seiner Predigt über das 16. Kapitel der Apostelgeschichte: „Timotheus in primo adventu Pauli fuit conversus" (WA 15,612, gedruckt in Wittenberg 1526).

84.a.* Vision des Jesaia vom Versammeln der Völker (Jes 43,21) – b .* Vision des Petrus vom Reinen und Unreinen (Act 10,12)
Als der Apostel Paulus eines Tages auf dem Dach seines Hauses stand, hatte er eine Vision: Ein Tuch mit allerlei Tieren, reinen und unreinen, („alle vierfüßigen und kriechenden Tiere der Erde und Vögel des Himmels", Act 10,12) kam vom Himmel und eine Stimme befahl ihm, davon zu essen. Petrus weigerte sich, Unreines zu essen, doch die Stimme hielt ihm entgegen, daß er von Gott rein Gemachtes nicht für unrein halten solle. Die Bedeutung seiner Vision verstand Petrus erst, als er in Caesarea erleben konnte, wie auch Nichtjuden von seiner Predigt ergriffen wurden und um die Taufe baten: Auch die Heiden (mit ihnen waren in der Vision die Unreinen gemeint) ließ er auf den Namen Jesu taufen.

Das an Visionsschilderungen so reiche Buch Jesaia bot eine dazu typologisch gut vergleichbare Geschichte an. Der Herr kündigte dem Propheten an, daß eines Tages, wenn alle Völker und alle Tiere erkannt haben würden, daß er der einzige Gott sei, sie zusammenkommen, an ihn glauben und seinen Ruhm verkünden werden (Jes 43,21).

Ebenfalls von dem Gedanken der Zusammenführung unterschiedlicher Menschen durch den Glauben getragen, stehen die anderen kurzen Geschehen, auf die durch Stellenangaben neben den alttestamentlichen Versen hingewiesen wird. Der Prophet Micha sagte voraus, daß der Herr alles zusammenbringen werde, „was zersprengt ist", um daraus ein starkes Volk zu machen (Mi 4,6–8). Und der Priester Esdra berichtete, wie alle von Gott erweckten Völker der Juden sich am Ende der Verbannung in Persien aufmachten, um Gott zum Dank den Tempel in Jerusalem zu bauen (I Esd 1).

Übergreifender Gedanke dieser nicht-illustrierten Vierergruppe 83./84. ist die Hinwendung zu Gott, womit dem eine inhaltliche Verbindung zwischen den vier Erzählungen erreicht wird.

H. Das Weltgericht

85.a. Elisa von den Knaben verspottet – b. Judas Makkabäus siegt über Nikanor
Eine Begebenheit, die in der Bibelillustration der frühen Neuzeit höchst verbreitet war und in so gut wie jedem Zyklus zum Alten Testament zu finden ist, fügte auch Hirschvogel in die Radierungsfolge der „Concordantz" ein: Die Verspottung des Elisa durch die Kinder der Propheten. Auf dem Wege nach Bethel begegneten ihm Knaben, die sich mit den Rufen „Komm heraus, Kahlkopf!" über ihn lustig machten – „Schryen jm laut kalkopff hindennach", wie es im Vers zur Illustration der „Concordantz" heißt. Elisa verfluchte sie ob ihrer Tat und plötzlich kamen aus einem Wald zwei Bären hervor und töteten 42 von den Kindern. Hirschvogel nahm sowohl die Verspottung als auch die Tötung durch die Bären vor den Toren der Stadt in seine Illustration auf. Er scheint hier wiederum von früheren Darstellungen des Themas nur Anregungen empfangen zu haben. Die Überlieferungsreihe in der Bibelillustration setzt mit dem Holzschnitt für die Kölner Bibel ein. Dort ist die Verspottung mit der Himmelfahrt des Elia verbunden, die kurz zuvor stattgefunden hatte. Auf der rechten Bildseite wird die Verspottung nicht so klar von der Tötung durch die Bären getrennt wie bei Hirschvogel, der durch eine erhöhte Erdscholle die beiden Teile der Erzählung kompositionell, und damit ist auch zeitlich gemeint, voneinander schied. Holbeins Holzschnitt in den „Icones" ist der Kölner Darstellung inhaltlich noch stark verpflichtet, wenn auch die deutliche Zweiteilung von Himmelfahrt und Verspottung wie in der Kölner Bibel aufgehoben ist und beide Erzählungen

in einen einheitlichen Bildraum gestellt sind.[478] Wegen der geringen Bildfeldgröße ist die Illustration der Elisa-Episode für Rihels „Leien Bibel" auf die Tötung der Knaben reduziert (sie sind deutlich älter dargestellt als durch den Bibeltext vorgegeben), von denen zwei erschrocken zu fliehen versuchen. Auffällig ist dort auch, daß Elisa nicht wirklich kahlköpfig dargestellt wurde, so wie in allen anderen Beispielen.

Obwohl Hirschvogel die Verspottung des Elisa sehr deutlich in den Vordergrund stellte, hatte er sie nicht als alttestamentliches Vorbild für die Verspottung Christi verwendet,[479] sondern für den Sieg des Judas Makkabäus über den syrischen Feldherrn Nikanor aus dem apokryphen zweiten Makkabäerbuch 8,1–7. Als Heiden Jerusalem zerstört und über den Namen des Herrn gelästert hatten, entschied sich Judas Makkabäus diese Taten zu rächen, nahm die Stadt wieder ein und tötete viele der Ungläubigen. Philippus, ein Vertrauter König Antiochus' IV. in Jerusalem, ließ nun Nikanor zum Heerführer gegen die Juden wählen. Dieser hatte neunzig Juden als Sklaven genommen, die er verkaufen wollte, um mit dem Erlös eine Steuerschuld bei den Römern zu begleichen. Damit versündigte er sich am Volk der Juden und da der Herr auf der Seite der Juden stand (symbolisch dargestellt durch das von Wolken umgebene Feuerschwert am oberen Bildrand), verlor Nikanor den Kampf gegen Judas Makkabäus, legte sein Prachtgewand ab, kam wie ein entlaufener Sklave aussehend daher und beklagte die Vernichtung seines Heeres. Diese vorbildlose typologische Gruppierung beruht auf folgenden Gemeinsamkeiten: Die Verspottung von gläubigen Juden (bzw. Elisa) und die Tötung der Heiden, die Jerusalem hatten verkommen lassen (bzw. die Tötung der Knaben von Bethel). Es gelang Hirschvogel aber nicht, diese Überlegungen auch im Bild umzusetzen. In der neutestamentlichen Illustration erkennt man nur das wilde Treiben der Heiden in Jerusalem und das Schlachtgeschehen. Im Vordergrund der „Concordantz"-Radierung ist die in diesem typologischen Zusammenhang völlig bedeutungslose Rückgabe der gemachten Sklaven an den jüdischen Heerführer durch Nikanor zu sehen. Bei der Verbildlichung des untergehenden Jerusalem lehnte sich Hirschvogel an Darstellungen des Falls der Mauern Jerusalems an (s. die Illustration unter 86.a), die übrigen Bildelemente haben als Wortillustration zu der äußerst entlegenen Erzählung zu gelten, für die kein ikonographisches Vorbild existiert.[480]

Als andere alttestamentliche Erzählung steht als Bibelstellenangabe neben den Versen die Erzählung vom Propheten zu Bethel, der ungehorsam gegen die Gebote Gottes gewesen war und deshalb von einem Löwen zerrissen wurde (III Rg 13,21–25).

Taf. 86 a. Fall der Mauern Jerichos – b. Das Erscheinen der sieben Posaunenengel (Apc 8 u. 9)

Es ist bereits festgestellt worden, daß in das typologische Programm der „Concordantz" auch drei Episoden aus der Apokalypse aufgenommen wurden, was bei Zyklen dieses Prinzips eher ungewöhnlich ist. In der Concordantia caritatis z.B. wurde lediglich der Traum Josephs von der Ankündigung der Schwangerschaft Mariae dem apokalyptischen Weib, das schwanger wird, gegenübergestellt (Apc 12,2). Beim Klosterneuburger Emailwerk des Nikolaus von Verdun zeigen die letzten zwei Bildreihen zwar einige apokalyptische Motive (z.B. Auferstehung der Toten, das Himmlische Jerusalem), doch sind diese nicht mehr typologisch aufgebaut.[481] Für die „Concordantz" ist jedoch festzustellen, daß in ihr die letzten vier typologischen Zusammenstellungen das Endgericht zum Thema haben.

Eines der apokalyptischen Ereignisse ist das Erscheinen der sieben Posaunenengel aus Apc 8 und 9, die Hirschvogel als Cherubim zeigte, die am Rand der Himmelsscheibe in ihre Posau-

---

478 Kästner 1985, S. 259.
479 So in die Bildfolge der Biblia pauperum eingefügt; vgl. Cornell 1925, S. 275.
480 Zur Ikonographie einiger Erlebnisse des Judas Makkabäus: J. Paul: Judas Makkabäus, in: LCI, Bd. 2, Sp. 448f.
481 Röhrig 1955, S. 83–85; Buschhausen 1980, S. 80–87.

nen blasen, von deren Lärm auf der Erde unterschiedliche Naturkatastrophen ausgelöst werden; Erdbeben und Feuer kommen über die Welt, ein Berg stürzt ins Meer, Mond und Sonne verfinstern sich und ein Abgrund tut sich auf, um nur die Unheilszeichen zu nennen, die in der Illustration deutlich zu erkennen sind. Zusätzlich ist über einem Wolkenband der Priesterengel gezeigt, der die Gebete, die von der Erde zu Gott aufsteigen, sammelt und danach den Rauch und das Feuer seines Fasses auf die Erde wirft (Apc 8,3). Neben Gottvater am Altar schwebt der wehescheiende Engel, den Hirschvogel ebenfalls als Cherub abbildete. Sowohl nach der Vulgata als auch der Bibelübersetzung Luthers war es jedoch ein Adler („corvus") gewesen, der mit lauter Stimme den Menschen auf der Erde drohte (Apc 8,13) – ein Irrtum Hirschvogels.[482]

Teil der Dürer-Apokalypse von 1497/98 ist ein Holzschnitt, der die von den sieben Posaunenengeln ausgelösten Schreckenszeichen zeigt.[483] Über einer aus der Vogelperspektive überschauten Landschaft ergießen sich die Fanfarenstöße, Feuer fällt herab, ein Adler stößt die dreifachen „Wee"-Rufe aus und im oberen Bilddrittel stehen Gott und der Priesterengel hinter einem Blockaltar. Trotz einiger zu beobachtenden Unterschiede (es sind Engel gezeigt, nicht nur Cherubim, die Landschaft erhält viel mehr Raum zugestanden) sind aber auch noch Ähnlichkeiten zu Hirschvogels 50 Jahre später entstandenen Radierung zu sehen, die eine, wenn auch geringe Abhängigkeit von Dürer erkennen lassen (Sonne und Mond, der zur Erde fallende Feuersturm). Weniger beladen ist die Bildfläche in Matthias Gerungs Holzschnitt aus der Serie zur Apokalypse von etwa 1545.[484] Teilweise erhalten dort die Engel gerade erst ihre Posaunen von Gott, im Mittelpunkt steht der Racheengel im Wolkenkranz (so wie es in der Luther-Übersetzung beschrieben ist), unter dem Engel gehen schon Bäume in Flammen auf und ein Schiff ist gekentert. Gerung zeigte auch – genauer als Hirschvogel – wie der Priesterengel mit seinem Rauchfaß die Gebete an den Herrn weitergibt.

Den Posaunen kommt bekanntlich auch bei der Einnahme der Stadt Jericho zur Zeit des Heerführers Josua eine besondere Aufgabe zu. Hirschvogels Radierung zeigt, wie die starken Mauern und kräftigen Türme der Stadt vom Posaunenschall Risse bekommen und zusammenstürzen. Sechs Tage lang hatten die Priester die Bundeslade still um die Stadt getragen, als sich am siebten auf Josuas Befehl hin lautes Kriegsgeschrei erhob, die Priester in die Trompeten bliesen und damit die Einnahme der Stadt durch die Israeliten begann, bei der geplündert und gemordet und zuletzt die Stadt noch angezündet wurde. Wenn auch Hirschvogels Radierung im Hintergrund Unsicherheiten in der Wiedergabe von Größenverhältnissen zeigt, hängt sie doch stark von anderen Darstellungen vorhergehender Jahre ab.[485]

In Hans Sebald Behams Holzschnitt zum Thema, geschnitten für die „Biblischen Historien" von 1533, sind es nur zwei Priester, die die Bundeslade tragen, vor und hinter ihnen spielen die übrigen Teilnehmer am Zug ihre Instrumente, während im Hintergrund Jericho zusammenstürzt.

Auch im Holzschnitt des Meisters M.S. für die Wittenberger „Vollbibel", ein Jahr später – 1534 – erschienen, fehlt das bei Hirschvogel vorkommende Motiv der Einnahme der Stadt, jedoch befiehlt auch hier Josua von links her sein jubelndes Heer. Die Priester blasen hier in Hörner, womit dem Text der Vulgata gefolgt wird, wo in Jos 6,8 von Hörnern („bucinas") die Rede ist; die Lutherbibel, für die dieser Holzschnitt geschaffen wurde, spricht nur von Posaunen.

---

482 Aurenhammer, S. 185; W. Neuss: Apokalypse, in: RDK, Bd. 1, Sp. 751–781; Schiller, Bd. 5, S. 48 49, 51 und 62–68.
483 Meder 1932, S. 55, Nr. 170.
484 Strauss 1975, S. 249; Dodgson 1908, S. 203–210.
485 J. Paul: Josue, in: LCI, Bd. 2, Sp. 440; Jericho, LCI, Bd. 2, Sp. 329f.

113

Kompositionelle Übereinstimmungen zwischen dem alt- und dem neutestamentlichen Bild in der „Concordantz" gibt es keine, und es sind nur die Posaunen, die die Zerstörungen auslösen und die damit einen inhaltlichen Schlüssel für die Zusammenstellung bilden. In den Versen wird außerdem noch die Siebenzahl hervorgehoben („syben tag", „Syben priester", „Syben Engel"). Walahfried Strabo deutete das achte Kapitel der Apokalypse bereits so, wie es in der „Concordantz" mit Bildern und Versen getan wird:[486] „In hac (...) tertia visione sunt septem angeli canentes tubis ad destructionem inimicorum, ad similitudinem illorum qui canentes tubis destruxerunt moenia Jericho." Die Eroberung Jerichos war auch in der Concordantia caritatis bereits vorgekommen; dort steht sie zunächst in typologischer Verbindung mit der Rüge der heuchlerischen Pharisäer, von denen Christus glaubte, sie ehrten Gott nur mit Worten, seien aber seiner Lehre gegenüber verschlossen (Mt 15,–9; ähnlich wie Jericho für die Israeliten verschlossen blieb). Die Einnahme Jerichos wird in ihr daneben noch mit der Auferstehung der sieben Brüder aus Mt 22,25–33 verbunden.[487]

87.a.* Ankündigung der Sintflut (Gn 6,13–22) – b.* Ankündigung des letzten Tages
Die letzte nicht illustrierte Vierergruppe beginnt mit der Ankündigung der Sintflut durch Gott aus Gn 6,13–22. Als er gesehen hatte, daß die Menschen böse waren („die Erde ist voller Frevel von den Menschen", Gn 6,13), beschloß er, sie zu vernichten und ließ die Sintflut über die Erde kommen. Die Verse zu diesem Ereignis in der „Concordantz" gehen außerdem ausführlich auf den Befehl an Noah ein, der aufgefordert wurde, die Arche zu bauen. Im Falle der Illustration wäre dieser Moment potentiell zwar die Grundlage für die Darstellung gewesen, doch für die typologische Auslegung ist das ohne Belang, denn die neutestamentliche Entsprechung beschränkt sich auf eine Rede Christi über die Endzeit, in der er das Endgericht ankündigte (Mt 24,29–31). Dabei werden „gleych (...) wie zu der zeyt Noe" – wie es in den Versen formuliert ist – sich die Sonne und der Mond verfinstern. In der synoptischen Stelle Lc 21,25 sagte Christus zusätzlich noch das „Tosen und Wogen des Meeres" voraus, vor dem sich die Völker nicht zu retten wissen werden. Die darauf folgende Erscheinung des Sohnes des Menschen vermag eine weitere typologische Parallele zur alttestamentlichen Stelle zu bilden. Er wird kommen, um die Auserwählten zu versammeln, wie bei der alttestamentlichen Sintflut der Herr erschienen war, um Noah und die Tiere zusammenzubringen und sie damit zu erretten.

88.a.* Der Tag des Herrn – b.* Der Beginn des Gerichts
Auf der neutestamentlichen Seite von Abschnitt 87. ist eine Stelle aus den Evangelien zwischen zwei Ereignisse der Apokalypse einfügt worden. Unter 88. werden nun die Erzählungen zur Apokalypse weitergeführt, wenn aus Kapitel 14 der Offenbarung die Erzählung von der Ernte auf der Erde durch den Engel mit einer Sichel ausgewählt wurde.

Dazu fügt sich durch äußerliche Ähnlichkeit der Begebenheiten die Vision des Ezechiel, in der der Herr dem Propheten die Vernichtung der Ägypter und des Pharao ankündigte. Dabei werden sich nicht nur die Gestirne verfinstern, sondern er wird auch sein Schwert schwingen, mit dem er das Volk der Ägypter vernichten und „die Pracht Ägyptens verheeren" wird (Ez 31,13).

Die Vision eines vergleichbaren Untergangsszenarios wird im 13. Kapitel des Buches Jesaia geschildert und für die „Concordantz" als weitere alttestamentliche Parallele in Form eines Bibelstellenverweises übernommen. Über die Stadt Babel wird der Herr seine himmlischen Heerscharen senden, die mit den „Werkzeugen seines Zorns" (Is 13,5) die sündigen Babylonier von der Erde tilgen werden. Dabei werden sich – wie in der Ezechielsvision – Sonne, Mond und Sterne verfinstern (Is 13,10).

---

486 MPL 114, 725.   487 Schmid 1954, Sp. 841f.

Taf. 89 a. Die Weherufe über die Frevler – b. Die Weherufe über die Schriftgelehrten und Pharisäer

Allein auf Wehe-Rufen, die Drohungen begleiten, beruht die typologische Zuordnung der beiden illustrierten Ereignisse unter 89.

In einer seiner Reden warnte Christus das Volk vor den Schriftgelehrten und Pharisäern, die sich zwar als Nachfolger Mose sahen und auf genaueste Befolgung des alttestamentlichen Gesetzes drängten, dies aber nur heuchlerisch, weil sie selbst sich nicht daran hielten. Über sie rief Christus ein siebenfaches Wehe, verfluchte sie als Blinde und Toren, Schlangen und Natterngezücht, das „inwendig voll von Totengebeinen und Unrat" sei (Mt 23,27) und kündigte ihnen ihr blutiges Ende an.

Ein sechsfaches Wehe hingegen findet man im alttestamentlichen Buch Jesaia, wo der Prophet den Wucherern, Trinkern, Lügnern und allen anderen lasterhaften Menschen den Zorn Gottes ankündigte, der die Unterwelt für sie öffnen wird, wo sie vernichtet werden würden.

Die beiden Illustrationen der „Concordantz" zu diesen beiden Bibelstellen weisen untereinander nur geringfügige Differenzen auf. In den Ecken der Radierungen schwebt je ein Cherub. Aus ihren Mündern stoßen sie Wolken aus, die zur Bildmitte hin wehen. In und um ein Oval (gemeint ist damit der Erdkreis) steht das Wort „Wee" siebenmal geschrieben; dies steht für die Wehe-Rufe, deren Inhalt in den Versen über der Radierung kurz nacherzählt wird. Auch auf der alttestamentlichen Seite sind es sieben Weherufe, deren Schriftzüge ins Bild eingefügt sind, obwohl in Is 5 nur von sechs die Rede ist, die in den Versen über der Radierung in korrekter Zahl vorgestellt werden. Mit den Cherubsköpfen, die in den hier verarbeiteten Bibelstellen nicht erwähnt sind, ist die Vorstellung von den vier Windengeln aus Apc 7,1 aufgegriffen. Sie standen an den vier Ecken der Erde und hielten die Winde fest, damit bei der Bezeichnung der Auserwählten mit dem göttlichen Siegel nichts auf Erden bewegt werde. Z.B. in Dürers Apokalpse von 1497/98[488] sind diese Windengel dargestellt, jedoch nur als Köpfe, die die Winde fortblasen. Den Cherubim in der „Concordantz" kommen jene geflügelten Köpfe etwas näher, die zum gängigen Repertoire von Weltkarten gehören, wo sie für die 12 Winde der Welt stehen: z.B. auf der Weltkarte von Dürers Hand (etwa 1515), die in zwei Blöcken für Johannes Stabius, den Astronomen am Hofe Maximilians I. gedruckt wurde.[489] Sie zeigt die östliche Hemisphäre der Erde in ihrer Kugelgestalt und gibt damit das neue Weltbild zu Beginn des 16. Jahrhunderts wieder. Dieses Werk war Augustin Hirschvogel, der auch Kartograph gewesen war (s. Kap. I.1), ganz bestimmt bekannt.

Noch mehr solcher Klagen und Weherufe fanden sich in der Bibel; auf diese wird wie üblich durch zusätzliche Stellenangaben auf der alttestamentlichen Seite hingewiesen. Auf eine weitere Stelle aus dem Buch Jesaia ist mit „Isai.17.a" hingedeutet, wo tosendes Meer und gewaltige Winde den Untergang der Assyrer besiegelten (Is 17,12–14). Der Prophet Micha empfing das Wort des Herrn, der mit einem Weheruf über das Verschwinden redlicher und frommer Menschen klagte (Mi 7,1–6). Der Prophet Habakuk schaute das Angesicht des Herrn, der einen Weheruf über den gottlosen, stolzen Mann ausrief, der gewinnsüchtig und rücksichtslos nur für sein eigenes Wohl sorgte (Hab 2,5–20).

---

488 J. Meder 1932, S. 155; Kat. Nürnberg 1971, S. 320–321. Hans Schäufeleins Holzschnitt desselben Themas folgt der Komposition Dürers sehr genau, S. Abb. 255; Oldenbourg 1964, Nr. 640.

489 Dessen Wappen unten links, das Wappen des Kardinals Matthias Lang oben links. Vgl. J. Meder 1932, S. 244; E. Weiss: Albrecht Dürers geographische, astronomische und astrologische Tafeln, in: Jahrbuch der kunsthistorischen Sammlungen des allerhöchsten Kaiserhauses 7 (1888), S. 209–213; Kat. Nürnberg 1971, S. 171 und 174. Als ein weiteres Beispiel für Windengel auf Weltkarten sei nur die 1482 in Ulm gedruckte „Cosmographia" des Claudius Ptolemäus genannt, s. Kat. Nürnberg 1987, Nr. 18.

Taf. 90 a. Die Reue der Gottlosen (Dn 12,2) – b. Scheidung der Guten und Bösen im Endgericht

Mit dem letzten Bildpaar gelang es Hirschvogel, ein eigentlich einheitliches Geschehen durch Hinzufügen verschiedener Elemente des Alten und Neuen Testaments in zwei Abschnitte aufzuteilen.

Sinnvollerweise beschließt das Jüngste Gericht die Bildfolge der „Concordantz", so wie es auch im Speculum humanae salvationis ist, wo das Jüngste Gericht – aus dem Neuen Testament – mit den klugen und törichten Jungfrauen und dem neutestamentlichen Gleichnis von den anvertrauten Pfunden (Mt 25,14–30) verglichen wurde,[490] also nicht wie üblich alt- und neutestamentliches Geschehen in gegenseitiger Deutung gesehen. Hirschvogel ging anders vor.

In der linken Radierung erstehen die reuigen Sünder aus ihren Gräbern (Dn 12,2). Vier von ihnen halten Lichter nach oben. Dieses Motiv ist der Ikonographie der klugen Jungfrauen entnommen (Mt 25,1–13), die für ausreichend Öl in ihren Lampen gesorgt hatten, wie es eine der klugen Jungfrauen aus der zwölfteiligen xylographischen Folge der „Klugen und törichten Jungfrauen" des Berner Malers Nikolaus Manuel Deutsch von 1518 zeigt.[491] Für Weltgerichtsbilder ist die Einfügung der Jungfrauen nicht völlig ungewöhnlich. Auf einer Tafel Wolfgang Krodels d.Ä. (1528 entstanden, ursprünglich in der Ratsstube im Rathaus von Schneeberg im Erzgebirge; heute Wörlitz, Gotisches Haus)[492] gehen einige kluge Jungfrauen links aus dem Bild, während hinter ihnen zahlreiche Männer und Frauen aus Gräbern entsteigen, um ihnen zu folgen.

In Hirschvogels Radierung gesellt sich eine kleine Herde von Schafen aus der Parabel von den Schafen und Böcken dazu, die in Mt 25,32 f. und außerdem auch als Symbole für die Guten und Bösen im Endgericht vorkommen: Denn wie der Herr diese voneinander sonderte, so trennte „der Hirt die Schafe von den Böcken".[493] Eines der Schafe hat sich auf seine Hinterhufe gestellt, die anderen schauen empor zu Gottvater und Christus auf dem Regenbogen, der in Weltgerichtsbildern ein gängiger Bestandteil ist:[494] In seiner Federzeichnung von etwa 1540 (München, Graphische Sammlung) zeigte Wolf Huber[495] das Jüngste Gericht in sehr ähnlicher Perspektive wie Hirschvogel, jedoch sind nur die guten Auferstehenden gezeigt und allein Christus als Weltenrichter thront über dem Geschehen; einige Heilige auf Wolken sind Christus näher und beten ihn an.

Hirschvogel vermochte die optische Verbindung zum neutestamentlichen Bild herzustellen, indem er die beiden Enden des Regenbogens jeweils in einem der Bilder stehend darstellte. Im rechten, dem neutestamentlichen Bild erscheinen Christus und Gottvater nochmals, unter ihnen entweichen die Bösen des Endgerichts. Ein Auferstehender und der mittlere Mann im Vordergrund halten erloschene Öllampen nach unten und werden so zu Gegenfiguren der alttestamentlichen Seite; sie weisen freilich zurück zu den törichten Jungfrauen aus Mt 25,1–13, die das Öl vergessen hatten und demzufolge die Tür zu ihrem Bräutigam (d.h. Christus) verschlossen fanden (z.B. aus der Serie der „Klugen und törichten Jungfrauen" von Nikolaus

---

490 Breitenbach 1930, S. 273–276.
491 W. Lehmann: Die Parabel von den klugen und törichten Jungfrauen – Eine ikonographische Studie mit einem Anhang über die Darstellung anderer Parabeln Christi, Diss. Berlin 1916; L. Stumm: Nikolaus Manuel Deutsch von Bern als Bildender Künstler, Bern 1925, S. 65–69; Nikolaus Manuel Deutsch – Maler, Dichter, Staatsmann, Ausst.-Kat. Bern, Kunstmuseum 1979, S. 404–409; Kat: Paris 1984, S. 486f.
492 Dasein und Vision – Bürger und Bauern um 1500, Ausst.-Kat. Berlin (DDR), Altes Museum 1989/90, S. 112f.
493 Auch in der Concordantia caritatis erscheint dieser Gedanke, s. Schmid 1954, Sp. 843f.
494 S. Rösch: Der Regenbogen in der Malerei, in: Studium Generale 13 (1960), S. 418–429; zuletzt: K. Falkenau: Regenbogen, in: Marienlexikon, Bd. 5, S. 428f.
495 Winzinger 1979, Bd. I, S. 116; Kat. London 1988, S. 161f.

Manuel Deutsch). Hier findet man nun auch die durch den Hirten von den Schafen der rechten Seite geschiedenen Böcke. Einige von ihnen flüchten aufgeschreckt nach rechts aus dem Bild heraus, wobei Hirschvogel sich den Scherz erlaubte, zwei von ihnen bei der Begattung zu zeigen.

In den jeweils oberen äußeren Ecken der Radierungen kommen noch Personifikationen hinzu. Seit der Antike schon wurde die Sonne, die bei Hirschvogel natürlich auf der Seite der Guten steht, durch einen Sonnenwagen dargestellt. Hirschvogel schien sich für dieses Bildmotiv an Elia, der im feurigen Wagen zum Himmel auffuhr, erinnert zu haben (vgl. Radierung zu Nr. 74.a). Ihm entspricht rechts eine dicke Alte mit der Fackel. Sie ist als die Personifikation des Mondes zu identifizieren, deren brennende Fackel anzeigt, daß Nacht ist. Durch ihren Ritt auf einem Widder erinnert sie an eine Zeichnung Albrecht Altdorfers von 1506. Sie zeigt eine Gruppe von halbbekleideten Hexen in einer nächtlichen Szene. Andere Hexen reiten auf Böcken mit langen Hörnern in den Himmel empor.[496]

Sonne und Mond, Licht und Finsternis, Erlösung und Verderben finden also in diesem Bildpaar zusammen, und zwar in einer Form, bei der verschiedene ikonographische Motive ineinandergeflossen sind, die zusammengenommen für die Ikonographie des Jüngsten Gerichts unüblich sind.[497]

Die Verse zu den Radierungen unterscheiden, wie es schon die Illustrationen bildlich tun, zwischen den Auserwählten und den „vermaledeyten", die einen „yetz kinder Gots seind", die anderen „leyden biß ans end". Hirschvogel/Perenius vermochten zum Jüngsten Gericht fünf zusätzliche Parallelen aus der Bibel in das System von Typus und Antitypus einzubringen: Aus Prov 3,1–12 einen Spruch Salomonis, in dem er zur Gottesfurcht und zur Beachtung der Gebote mahnte, durch die der Mensch „Gunst und Beifall (...) vor Gott" finden würde; außerdem Amos, der vor dem Tag des Gerichts warnte, an dem alle, die ein üppiges Leben geführt hatten, keine Gnade finden würden (Am 6,1–8) sowie aus dem vierten Buch Esdra (2,1–3) die Worte Christi, der dem in Ägypten geplagten Volk Israel eine freudenvolle Heimkehr versprach und ihnen, trotz seines Zorns, die Sünden gegen den Herrn vergab.

Seine Gewißheit über die Wiederkunft Christi am Tag des Gerichts, an dem gottlose Menschen dem Feuer übergeben würden, drückte Simon Petrus im zweiten Brief an die Gemeinde aus (II Pet 3,1–10). Und der Prophet Jesaia sah in einer Vision (Is 13) bereits das noch bevorstehende Gericht über die Völker voraus, vor dem zwar Mensch und Tier zu flüchten versuchen würden, es für sie aber kein Entrinnen geben werde. Auf diese beiden Bibelepisoden wird auf der neutestamentlichen Seite durch Stellenangaben hingewiesen.

---

496 Kat. Rom 1972/73, S. 29; Mielke 1988, S. 34f.
497 Aus der umfangreichen Literatur zum Jüngsten Gericht: A. Springer: Das Jüngste Gericht – Eine ikonographische Studie, in: Repertorium für Kunstwissenschaft 7 (1884), S. 375 – 404; H. Schrade: Das Weltgericht in der deutschen und niederländischen Kunst des Spätmittelalters, Heidelberg 1926; G. Spiekerkötter: Die Darstellung des Weltgerichts von 1500–1800 in Deutschland, Diss. Berlin 1939; B. Brenk: Weltgericht, in: LCI, Bd. 4, Sp. 523–523; C. Harbison: The Last Judgment in Sixteenth Century Northern Europe – A Study of the Relation Between Art and the Reformation, New York/London 1976, S. 230, Anm. 92 kennt zwar Hirschvogels Radierung, kann jedoch keines der Bildmotive erklären und kam für die gesamte „Concordantz" zu dem Schluß: „there are still many problems to be solved in connection with the series as a whole"; B. Boerner: Par caritas par meritum. Studien zur Theologie des gotischen Weltgerichtsportals in Frankreich, in: Scrinium Friburgense, Bd. 7, Freiburg 1998.

II. Zweiter Teil: Auswertung

1. Verhältnis der „Concordantz" zu typologischen Zyklen des Spätmittelalters

A. Biblia pauperum, Speculum und Concordantia Caritatis

Im Kapitel zur Gesamtschau über den geplanten Umfang und Inhalt der „Concordantz" (Kap. I.3.) wurde bei jeder typologischen Paarung auch vermerkt, ob es für sie bereits Vorläufer in früheren Bildzyklen gab, die das Prinzip der biblischen Typologie vermittelten.[1] Es erwies sich, daß in der „Concordantz" zwar auf die illustrierten Zusammenstellungen des spätmittelalterlichen Schrifttums (Biblia pauperum, Speculum humanae salvationis und Concordantia caritatis) rekurriert wurde, zumindest was das Prinzip der antithetischen Kombinationen betrifft.[2] Trotz ihres grundsätzlichen Einflusses auf die Ausarbeitung des theologischen Programms gilt es aber festzustellen, daß im Detail dennoch mehrere bedeutende Unterschiede bestehen. Schon die grobe statistische Auswertung allein der zwei Hauptthemen jeder typologischen Gruppe (also ohne die zusätzlichen Bibelstellenangaben neben den Versen) vermag zu zeigen, wie innovativ die Bildkombinationen in der „Concordantz" sind: Nur 31 von 90 finden sich in gleicher Form auch in der Biblia pauperum, dem Heilsspiegel oder der Concordantia caritatis (genaue Übernahmen sind beispielsweise die Paare 33., 42. oder 75.), die übrigen 59 sind nicht in ihnen vorgebildet.

Vielfach sind einzelne biblische Ereignisse aus typologischen Bildserien entnommen, die dann neu kombiniert wurden. Beispielhaft soll dafür an das 49. Paar erinnert werden, bei dem die Szene des Quellwunders Mose in Beziehung zur Verleugnung Petri gesetzt wurde. War diese Erzählung der Vita Mose in der Biblia pauperum bereits aufgegriffen worden (sie ist dort dem Lanzenstich des Longinus beigestellt), wählten Hirschvogel/Perenius die in ihr nicht vorkommende Verleugnung Petri, die jedoch in anderem Zusammenhang in der Concordantia caritatis gängig gewesen war (s. Kap. I. 3. 49.). Wiederholt sind auch Fälle anzutreffen, bei denen versucht wurde, zu einer typologisch gängigen Szene ein gänzlich neues Gegenbild zu finden. Besonders häufig wurden neutestamentliche Ereignisse neu aufgenommen. In Kombination Nummer 67. stellten Hirschvogel/Perenius neben die gängige Jonaerzählung aus dem Alten Testament die Szene der Wächter am Grab Christi. Üblich war in diesem Zusammenhang auf der neutestamentlichen Seite die Grablegung Christi (s. Kap. I. 3. 67.). Ähnliche Bemühungen um neue neutestamentliche Szenen lassen sich auch in den Kombinationen 22., 73., 77. oder 86. erkennen, bei denen Worte Christi, seine Erscheinung vor den Jüngern, die Trinität und die Posaunenengel aus der Apokalypse erstmals typologisch ausgewertet wurden (s. jeweils im betreffenden Kapitel). Natürlich ist auch der umgekehrte Fall zu finden, wenn z.B. für die Rückkehr der Heiligen Familie, entgegen den üblichen alttestamentlichen Typen, die Rückkehr Mose aus Midian zur Präfiguration gemacht wurde (Bildpaar 11.). Eben das war auch bei der 36. oder z.B. der 66. Kombination zu beobachten, bei denen ebenfalls der alttestamentliche Typus als neu zu gelten hat (Bestrafung Gehasis, Tobit begräbt Tote). Zuletzt gibt es noch Fälle, wo gänzlich neue typologische Vergleiche ersonnen wurden. Auf diese stößt man sehr häufig und vor allem dann, wenn Teile und Bücher der Bibel ausgewer-

---

1 Neben den nur wenigen, schon in der Bibel aufgestellten Typologien (60. – Eherne Schlange/Kreuzigung Christi, 67. – Jonas im Wal/Christus im Grab, 77. – Eckstein/Dreifaltigkeit), ist in ihnen die hauptsächliche Quelle zu sehen.

2 S. dazu weiter unten. Die sehr vereinzelte und bruchstückhafte Übernahme einiger weniger Typologien aus der Kirchenväterliteratur kann hierbei weitestgehend vernachlässigt werden. Es ließen sich allein die Kombinationen unter 26., 38., 56., 59., 61., 70., 72., 74. und 78. ganz oder zumindest für einen Teil der Zusammenstellung aus Werken der Patrologie ableiten (s. die entsprechenden Abschnitte in Kapitel I. 3), nur einmal auch aus einem Werk Luthers (81.). Sonst sind offenbar bildliche Quellen vorrangig wichtiger gewesen.

tet wurden, die in früheren Zyklen dieses Prinzips keine Berücksichtigung gefunden hatten. Besonders die Gleichnisreden Christi (z.B. bei Nr. 23.b), Worte Christi (z.B. in Nr. 22.b), Szenen der Apostelgeschichte (z.B. Nr. 84.b), der Offenbarung des Johannes (z.B. Nr. 89.b) und der Makkabäerbücher (z.B. 85.a) sind dafür zu nennen. Außerdem ist auffällig, daß viele Bibelgeschichten vorkommen, die eigentlich geläufig sind und in Bibelzyklen des frühen 16. Jahrhunderts zum gängigen Repertoire gehörten, doch in der „Concordantz" erstmals typologisch ausgewertet wurden. Hirschvogel/Perenius gelang es, für so bekannte Erzählungen wie Jakobs Traum von der Himmelsleiter (13.a), den Jakobssegen (31.a), Lot, der aus Sodom geführt wird (38.) oder auch Daniel in der Löwengrube Gegenbilder aus dem anderen Bibelteil zu finden (so auch unter 29., 46., 55., 61. oder 79.). Ungeläufige Sonderfälle gilt es dann festzuhalten, wenn die Bibel willkürlich von Hirschvogel/Perenius ausgeschmückt wurde. So ist das Vorzeigen der Wunden Jesaia eine nicht in der Bibel vorkommende Erfindung, nur um ein Gegenbild zur Seitenwunde Christi zu erhalten. Auch beim Einfügen der so wichtigen Episode des Jüngsten Gerichts, für das es kein alttestamentliches Gegenüber gibt, zeigten die beiden Kreativität, indem sie diese eine Szene auf zwei Bildfelder verteilten und jeweils einige Elemente aus Altem und Neuem Testament hinzufügten. Alle diese verschiedenen Formen von Erweiterungen der vorbildhaften mittelalterlichen Kompendien begründen den besonderen Reiz in der Beschäftigung mit der „Concordantz" und machen die Bedeutung des Werkes deutlich. An diesen Punkten wird auch offenkundig, welch genaue Bibelkenntnis die Auftraggeber und möglicherweise auch Hirschvogel hatten und sie sowohl für die altestamentliche als auch die neutestamentliche Seite teils sehr entlegene Bibelstellen aufspürten, um sie in den Zyklus einzuführen (z.B. 10.a – Mihal verhilft David zur Flucht, 21.a – Elias von Raben genährt, 24.b – Ährenessen der Jünger oder 84.a – Vision des Jesaia).

Über diese inhaltlichen Gemeinsamkeiten und Unterschiede dürfen aber die formalen, wie Seitenaufbau oder Anteil und Verteilung von Text und Bild, nicht vergessen werden.

Der Ursprung der Biblia pauperum liegt wohl um die Mitte des 13. Jahrhunderts, und zwar im südöstlichen Deutschland. Illuminierte Handschriften sind jedoch erst aus den Jahren ab dem frühen 14. Jahrhundert überkommen.[3] Ein konkreter Titel für dieses Werk ist aus seiner Entstehungszeit nicht überliefert – es führte ursprünglich wohl überhaupt keinen. Die Herkunft des heute gebräuchlichen Namens erklärt sich aus der nachträglichen Eintragung von späterer Hand im Wolfenbütteler Exemplar (Sign.: 5.2. Aug. 4) aus der Mitte des 14. Jahrhunderts: „Hic incipit bibelia pauperum". Auch die Handschrift München, Bayerische Staatsbibliothek, cod. lat.12717 aus dem Augustiner-Chorherrenstift in Ranshofen wird eingangs und am Schluß Biblia pauperum genannt.[4] Im Zuge des Aufkommens des Buchdrucks verlor die Biblia pauperum keineswegs an Bedeutung: Es entstanden seit etwa 1450 Ausgaben, deren Bilder und lateinische, bzw. deutsche Texte auf einem gemeinsamen Holzblock geschnitten wurden (sog. Blockbücher). Sie erfuhr dadurch nun erheblich höhere Exemplarzahlen als noch die Manuskripte, erlaubten doch die Holzblöcke tausende von Abzügen und damit eine noch weitere Verbreitung des Bildes als vor der Mitte des 15. Jahrhunderts.[5] Die früheste Ver-

3 Vgl. zu diesen grundsätzlichen Fragen die Arbeiten von Cornell 1925; G. Schmidt 1959, S. 77–87; Unterkircher/Schmidt 1962, S. 16 und 32f. Zusammenstellung und Bewertung der weiteren Literatur zur Biblia pauperum bei Wirth 1978, bes. Sp. 852.

4 G. Schmidt 1959, S. 41 und 49; Thomas 1970, S. 192; C. H. Von Heinecken: Kurze Abhandlung von der Erfindung, Figuren in Holz zu schneiden und von den ersten in Holz geschnittenen und gedruckten Büchern, in: Nachrichten von Künstlern und Kunstsachen, Bd. 2, Leipzig 1768/69, S. 117–156.

5 Dazu Cornell 1925, S. 310–312; A.M. Hind: An Introduction to a History of Woodcut, London 1935, S. 224; E. Soltész im Anhang zu: Biblia pauperum – Die vierzigblättrige Armenbibel in der Bibliothek der Erzdiözese Esztergom, Budapest 1967; Wirth 1978, Sp. 844f., Henry 1987, S. 4 und zuletzt: The Bible of the Poor – A Facsimile and Edition of the British Library Blockbook C.9d.2 – Translation and Commentary by Albert C. Labriola and John W. Smeltz, Pittsburgh 1990.

sion dieser Blockbuchausgaben wurde deshalb für die vorliegende Untersuchung stets für Vergleiche mit der „Concordantz" herangezogen.

Seit der Veröffentlichung der Arbeit von Lutz und Perdrizet[6] hielt man die Fragen nach dem Autor des Speculum, seiner Entstehungszeit und seinem Entstehungsgebiet für beantwortet: Als Urheber galt ein Mitglied des Dominikanerordens in Straßburg. Durch den Einschub in zwei Speculum-Handschriften des späteren 14. Jahrhunderts (Paris, Bibliothèque Nationale, Lat. 9584; ebd. Arsenal 593) schien das Entstehungsjahr mit 1324 gesichert („nova compilatio edita sub anno domini M°CCC24°"). Von diesen Vorstellungen mußte nach den Untersuchungen von Neumüller und Schmidt[7] abgerückt werden. Stilistische Beobachtungen sprechen dafür, daß das Speculum schon gegen Ende des 13. Jahrhunderts in Italien (sehr wahrscheinlich Bologna) entstanden war und von dort aus nach Deutschland gelangte,[8] wo Repliken des Bologneser Archetypus entstanden. Der Titel des Werkes deutet seinen Inhalt an: „Salvationis", bzw. in der deutschsprachigen Version „Behaltnis" (d.h. Erlösung) zeigt, daß die Erzählungen des Alten Testaments nur als Vorstufen für die sehr viel bedeutsameren Taten Christi gesehen wurden, der durch seinen Opfertod die Menschheit von der Sünde befreite.[9] Neben den heute noch sehr zahlreich erhaltenen Handschriften (über 300, von denen ein großer Prozentsatz illustriert ist), gab es gedruckte Ausgaben mit lateinischen Texten und auch solche in deutschen oder französischen Übersetzungen. Die in der vorliegenden Arbeit oft im Bild zitierten Ausgaben sind zum einen der mit 192 Bildern ausgestattete Augsburger Druck von 1473 (bei Günther Zainer); den lateinischen Texten bei den Illustrationen am Ende eines jeden Kapitels ist dort eine deutsche Prosaübersetzung beigegeben. Ebenso organisiert und mit mehr Holzschnitten ausgestattet ist zum anderen der 1476er Druck bei Bernhard Rihel in Basel; er beinhaltet 278 Holzschnitte (mit 23 Wiederholungen). Einige wenige von ihnen zeigen auch Bilder mit außerbiblischen Themen, so z.B. aus der Profangeschichte der Antike.[10]

Die für die Bildgruppen der „Concordantz" sehr viel weniger bedeutsame Concordantia caritatis hat es in auflagenstarken Blockbuchausgaben nie gegeben. Sie ist die jüngste und zugleich umfangreichste der Zusammenstellungen nach typologischem Prinzip (156 Bildgruppen).[11] Zwischen 1345 und 1351 entstanden (der Verfasser Abt Ulrich war in diesem Zeitraum Abt des niederösterreichischen Zisterzienserstiftes Lilienfeld), führt sie zusätzlich zu den biblischen Themen auch Heiligenviten und Vorbilder aus der Naturgeschichte in den typologischen Bilderkreis ein. Die heute bekannten, teilweise unvollständig erhaltenen Manuskripte, 24 an der Zahl, sechs davon illustriert, stammen alle aus österreichischen oder süddeutschen Klöstern, also im weiteren Sinne der Region, der auch Hirschvogels und Perenius' „Concordantz" entstammt. Auffälligste Übereinstimmung zwischen beiden Werken ist der Titel, der in der mittelalterlichen Handschrift wie schon im Speculum auf das Heilswerk Christi hinweist: Zu übersetzen ist der lateinische Titel, der in einigen der Handschriften so auch eingetragen worden ist, mit „Harmonie der Heilsgeschichte" oder auch „Übereinstimmung im Liebeswerk", betont also ebenfalls wie die „Concordantz" von 1547/50 die Gemeinsamkeit zwischen beiden Bibelteilen und die Erlösungstat Christi.

---

6 Lutz/Perdrizet 1907/09 und anschließend daran Röhrig 1959, S. 92

7 Speculum humanae salvationis – Vollständige Faksimile-Ausgabe des Codex Cremifanensis 243 des Benediktinerstifts Kremsmünster. Mit einem Kommentar von Willibrord Neumüller OSB, 2 Bde., Graz 1972; dazu die Rezension G. Schmidt 1974.

8 Zusammenfassend und weiterführend: Wirth 1985, S. 125f. und S. 190–192, dort besonders auch Anm. 3 und 7

9 Vgl. dazu: Klapper 1953, Sp. 237f. und P. Schmidt 1962, S. 44.

10 Ohly 1988, S. 31. Vgl. Kat. Nürnberg 1983, S. 336; A. Henry: The Woodcuts of „Der Spiegel menschlicher Behaltnis" in the Editions by Drach and Rihel, in: Oud Holland 99 (1985), S. 1–15; Kat. Nürnberg 1987, Nr. 12.

11 Schmid 1954, Sp. 835f.; Röhrig 1959, S. 93.

Nach dieser grundsätzlichen Besprechung der drei Handschriften- bzw. Blockbuchgruppen sollen einige der Übereinstimmungen genauer behandelt werden, die zwischen ihnen und der „Concordantz" von 1550 bestehen, besonders bezüglich des Seitenaufbaus, der Texte und kompositionellen Phänomene innerhalb der Illustrationen.

Im geöffneten Zustand der „Concordantz alt vnd news Testaments" bieten sich dem Betrachter die Radierungen zu Vierergruppen geordnet, bei denen sich die jeweils gegenüberliegenden Paare oben und unten gegenseitig erklären. In den Blockbuchausgaben der Biblia pauperum dagegen steht im aufgeschlagenen Zustand auf jeder Seite eine in sich geschlossene typologische Gruppe. Obwohl nebeneinander stehend, fehlt die inhaltliche Beziehung. Jede dieser insgesamt 50 Bildgruppen in der Biblia pauperum besteht aus drei Szenen, zwei zum Alten, eine zum Neuen Testament gehörend, die durch Säulen voneinander getrennt und von Arkaden gerahmt sind. Für die „Concordantz" wurde also das Arrangement gegenüber der Biblia pauperum auf zwei Illustrationen mit inhaltlichen Gemeinsamkeiten reduziert und nur manchmal sind ein zusätzlicher zweiter oder dritter alttestamentlicher Typus als Bibelstellenangabe neben die Verse gestellt worden. Außerdem war als weiterer inhaltlicher Unterschied in der „Concordantz" auf das Einfügen von Weissagungen durch die Darstellung einzeln als Halbfiguren gezeigter Propheten und ihnen beigegebener Verszitate verzichtet worden. Einzige Ausnahme sind 5.a (Bileam) und 37.a (Jesaias),[12] wo im Gegensatz zu früheren Zyklen die Propheten in einen szenischen Zusammenhang gestellt wurden. Allein in den Bibelversangaben neben den Vierzeilern stehen noch einige wenige weitere Prophetensprüche (z.B. bei 84.a eine Weissagung des Propheten Micha).

Die Bildverteilung im Augsburger Speculum ist als willkürlich zu bezeichnen. Auf den gegenüberliegenden Seiten stehen vier inhaltlich zusammengehörende Begebenheiten, eine aus dem Neuen, drei aus dem Alten Testament beisammen.

Drei Arten von Schriftbeigaben gibt es auf den Seiten der Biblia pauperum zu erkennen:[13] Zum einen Zitate aus Bibelversen, die den Propheten auf Spruchbändern beigegeben sind, zum anderen Tituli, die den Inhalt des Bildes angeben, ohne jedoch das typologische Konzept zu unterstreichen oder zu erklären. Sie dienen allein der Identifikation der Szenen darüber. Mit den Lektionen in Prosaform in den oberen Ecken der Seite paraphrasierte der Verfasser Texte der Bibel und gab ihnen gelegentlich die Typologien beschreibende Erklärungen bei. Sehr viel weniger variantenreich sind die Textteile einer Seite des Speculum: Über jeder Illustration gibt eine Überschrift den Inhalt des Bildes an und außerdem ist die dazugehörige Bibelstelle durch eine Kapitelangabe bezeichnet. Unterhalb eines jeden Bildes steht in den Blockbuchausgaben ein mehrzeiliger Prosatext, in dem Betrachtungen zum Inhalt, also auch die typologischen Deutungen, angestellt werden. In den Handschriften des Heilsspiegels waren diese Texte noch in gereimter Form unter die Miniaturen gesetzt.

Die in der Concordantia caritatis stets auf der recto-Seite niedergeschriebenen Texte sind Evangelienperikopen mit Erläuterungen.[14] Die Verse zu den Radierungen der „Concordantz", die aus symmetrischen Gründen über, bzw. unter die Radierungen gestellt sind, haben im Gegensatz zu den oben besprochenen Texten einen zumeist anderen Charakter, der jedoch von Fall zu Fall verschiedene Züge trägt.[15] Überwiegend erzählen sie den Inhalt der biblischen Historien nach, die Hauptgegenstände des Analogiepaares sind. Ausnahmslos in den Versen zum neutestamentlichen Geschehen wird dann der typologische Bezug

---

12 Sowie Jesaias nochmals in der Textfassung unter 71.
13 Zu den Textformen in der Biblia pauperum sehr ausführlich und genau Wirth 1978, Sp. 849–852 und Henry 1991, S. 274f.
14 Tietze 1905, S. 29.
15 Zu den Versen und ihrem Verhältnis zu den Illustrationen vgl. die Ausführungen in Kap. II .3.

zwischen beiden Erzählungen aufgezeigt, indem am Versanfang Worte wie „Also", „Dergleichen" oder „Darumb" stehen, mit denen dann die Nacherzählung der neutestamentlichen Begebenheit eingeleitet wird. Überschriften, die zur Betitelung einer Radierung dienen würden, fehlen ganz.

Eine enge Übereinstimmung zu den Blockbuchausgaben der Biblia pauperum besteht beim Phänomen der „Bild-Assimilation".[16] Sie tritt auf, wenn der Illustrator versuchte, inhaltliche Bezüge und den Sinnzusammenhang zwischen den Szenen beider Testamente auch im Bild durch Entsprechungen zwischen den Kompositionen oder einzelnen Bildelementen sichtbar zu machen. Bei der Betrachtung der Illustrationen in Abb. 7, dem sechsten Bildpaar der Blockbuch-Biblia pauperum, fällt auf, daß jede Mutter in den drei Darstellungen betend vor ihrem Sohn gezeigt ist.[17] Vergleichbare Analogien sind oft auch für die „Concordantz" zu beobachten gewesen. Im jeweiligen Abschnitt des ersten Teils der Arbeit war auf solche Phänomene hingewiesen worden (z.B. I.3.11. Moses kehrt aus Midian zurück, die Heilige Familie aus Äypten, I.3.17 Armhaltungen, I.3.34. Segensgestus, I.3.42. Niederstürzende oder I.3.60 Blicke). Wie bei der Biblia pauperum gibt es sie sowohl innerhalb der Bildpaare als auch, und das seltener, innerhalb der vier beieinanderstehenden Szenen des aufgeschlagenen Zustands. Übereinstimmungen können entweder kompositioneller Art sein (z.B. 63./64., wo jeweils eine tote Figur am Boden liegt) oder auch, und das häufiger, inhaltlicher (55./56., wo jeweils die Hauptperson eine schwere Prüfung zu durchstehen hat, 73./74., wo Segen erteilt wird oder 83./84., wo die Hauptpersonen sich zu Gott hinwenden). Natürlich ließen sich derartige Parallelisierungen nicht immer herstellen, doch ist das Bestreben nach kompositionellen Angleichungen von inhaltlich miteinander verbundenen Szenen in beiden Büchern klar erkennbar. Zumindest in der Biblia pauperum geschah dies einerseits, um auch Leseunkundigen den Zugang zur typologischen Interpretationsweise der Bibel auf anschauliche Weise zu ermöglichen und andererseits, um die Auslegung durch optische Mittel zu verstärken.[18] Um solche Vierergruppen zu erhalten, ging Hirschvogel in einigen Fällen sogar so weit, daß er die von der Bibel vorgegebene Chronologie der neutestamentlichen Ereignisse mißachtete, wie im Paar 65./66., zu dessen Illustration es leider nicht mehr kam. Dort steht die Salbung des lebenden Christus durch eine Frau in Bethanien zwischen Begebenheiten um den bereits toten Christus. Mit dieser Verschiebung wurde aber erreicht, daß vier Salbungen, bzw. auf Grablegungen vorbereitende gute Werke zusammenstehen.

Aufschlußreich ist es auch, zusammenfassend zu betrachten, auf welche Weise die Kombinationen in der „Concordantz" funktionieren. Auf Ähnlichkeit der Situation, also des Inhalts, beruhen 73 der 90 Zusammenstellungen (z.B. 5. – Weissagungen, 31. – Segnungen, 49. – Verleugnungen). Siebenmal bildet die theologische Ausdeutung der Ereignisse die Grundlage für die Verbindung (z.B. in Paar 4. – Beginn der Erlösung, 22. – Schätze sammeln, und allen weiteren Gleichnisreden, wie 26. oder 29., sowie z.B. im 43. oder 53. Paar). Neben der äußerlichen Angleichung durch kompositionelle Übereinstimmungen (s.o.) kamen noch achtmal willkürliche und oberflächliche Begründungen für die Kombinationen hinzu, die oft nur auf einzelnen Begriffen beruhen (z.B. 39. – Empfang von Zeichen, 51. – Blendung, 52. das Material Holz, 77. und 78. – übereinstimmende Zahlen oder 81. – gleichlautende Bibelworte). Jedoch sind die Arten der Typologie nicht als Schubladen anzusehen, in die sich jede einzelne Zusammenstellung genau einordnen ließe, denn ihre Grenzen und Übergänge sind in vielen Fällen fließend und nicht genau definierbar.[19]

---

16 Begriff geprägt von G. Schmidt 1974, S. 156.
17 Solche Versuche zur Bild-Assimilation sind in typologischen Werken ein nicht seltener Kunstgriff. Zur Bild-Assimilation in den Blockbuchausgaben der Biblia pauperum: Henry 1991, S. 272f. Das Phänomen tritt aber z.B. auch im Klosterneuburger Emailwerk des Nikolaus von Verdun auf; dazu außerordentlich genau und ausführlich: Dahm 1989, S. 178.
18 Groll 1990, S. 44–46.
19 Vgl. Engelhardt 1927, S. 26–28 zu den verschiedenen Formen der biblischen Typologie.

Eine letzte enge Verwandtschaft der „Concordantz" zu Speculum und Concordantia caritatis besteht im Prolog des Autors, der vor die Bildfolge gestellt ist.

Die Vorrede in der Concordantia caritatis läßt vermuten, daß die Schrift dem niederen Klerus als Hilfsmittel beim Verfassen von Predigten dienen sollte. Dem würde auch entsprechen, daß die meisten Exemplare in ungeschmückten Texthandschriften überliefert sind, um damit einen Fundus anzubieten.[20]

Sehr viel ausführlicher ist der Prolog in Handschriften des Speculum. Der Autor schrieb, er beabsichtige mit seiner „neuen Zusammenstellung", die Ungelehrten zu unterrichten („Incipit prohemium cuiusdam nove compilacionis / Cuius nomen et titulus est Speculum humanae salvacionis", „... propter de contentis huius libri compilavi / Et propter pauperes predicatores apponere curavi").[21] Er wolle jedoch nicht die gesamte Heilsgeschichte nacherzählen, damit er dem Leser nicht überdrüssig werde: „Particulam historiae mihi congruam solummodo recitabo / Totam historiam per omnia nolo recitare / Ne legentibus et audientibus taedium videar generare."[22]

Zumindest im letzten Punkt unterscheidet sich Hirschvogels und Perenius' Absicht von der des Speculum-Autors, denn in der „Concordantz" ist die Heilsgeschichte in breitester Ausführlichkeit wiedergegeben worden. Hinsichtlich des Publikums steht die „Concordantz" dem Heilsspiegel wiederum näher: „Hab auch ich mich nit den hochgelerten / sonder denen die eines geringen verstandts sind / beflissen / auß Alt vnnd Newen Testament die zusamen fugung etlicher figuren verglichen", heißt es da (vgl. die Wiedergabe der drei Varianten der Vorrede im Kap. III.1.–III.3. im Anhang). Die in der „Concordantz"-Vorrede vorkommenden Schlagworte „geringen verstandts", „zusamen fugung" und „als wenn einer etwas fur ein spiegel helt" stellen außerdem Anspielungen auf die Titel der Biblia pauperum, der Concordantia und des Speculum dar.

Diese Hinweise mögen genügen, um zu einem Erkennen der Gemeinsamkeiten und Unterschiede der „Concordantz" zu mittelalterlichen typologischen Kompendien, die für sie vorbildhaft waren, zu gelangen. Hirschvogel und Perenius kannten diese Zyklen und bauten auf deren Prinzipien die „Concordantz" auf; einiges übernahmen sie, aber vielfach erweiterten sie die früheren Konzepte. Auch die Zahl der Bildgruppen hatte in ihr erheblich zugenommen: Waren es in der gedruckten Biblia pauperum im Höchstfall 50 und im gedruckten Heilsspiegel zwischen 50 und 60 gewesen, war mit der „Concordantz" die Zahl 90 erreicht. Aus heutiger Sicht ist jedoch nicht mehr genau bestimmbar, wie sich die Zusammenarbeit der beiden Männer genau gestaltete und wem von beiden welcher Anteil an der Ausarbeitung des Programms zukommt. Ob nun Perenius zunächst die typologischen Kombinationen entwickelte und schriftlich festhielt, diese Hirschvogel als Programm vorlegte und er danach die Illustrationen schuf, und ob Perenius bis zu seinem Tode 1548 während der Arbeit Hirschvogels noch Einfluß auf die Gestaltung der Radierungen hatte, kann nicht mehr geklärt werden. Möglich ist auch, daß Hirschvogel einige Zusammenstellungen dem Zyklus beisteuerte, nicht nur über seine genaue Kenntnis zeitgenössischer Bibelillustration, sondern auch dadurch, daß er sich schon zu Beginn der 30er Jahre des 16. Jahrhunderts mit dem Prinzip der biblischen Typologie beschäftigt hatte. Das beweisen sieben Zeichnungen Hirschvogels, die im folgenden Abschnitt besprochen werden.

---

20 Schmid 1954, Sp. 27; G. Plotzek-Wiederhake: Concordantia caritatis, in: Lexikon des Mittelalters, Bd. 3, München/Zürich 1986, Sp. 116.

21 „Hier beginnt die Vorrede dieser neuen Zusammenstellung / deren Name und Titel Heilsspiegel ist", „Deshalb habe ich den Inhalt dieses Buches zusammengetragen und deshalb habe ich dafür gesorgt, daß die Prediger es den Armen vorsetzen"; vgl. Klapper 1953, Sp. 238; Thomas 1970, S. 221 und 225.

22 „Ich habe nur die Teile der Geschichte vorgetragen, die mir passend schienen, um nicht die ganze Geschichte vorzutragen, damit ich bei den Lesern und Hörern keinen Überdruß erzeuge"; vgl. Thomas 1970, S. 225.

B. Hirschvogels typologische Zeichnungen von ca. 1533

Zum zeichnerischen Werk der frühen Schaffensjahre Hirschvogels legte J.S. Peters 1976 ihre Dissertation vor und publizierte zusätzlich danach noch einen ausführlichen Aufsatz, so daß es in diesem Rahmen genügen soll, die sieben besagten typologischen Zeichnungen vorzustellen, einige Probleme zu ihnen darzulegen und sie in Zusammenhang mit dem „Concordantz"-Zyklus zu stellen.[23]

Alle sieben Zeichnungen sind mit Feder in schwarzer Tinte (einige Bereiche sind mit braunen Schraffuren versehen) auf Blättern ausgeführt, deren Höhe sich jeweils etwa um 210 mm bewegt, ihre Breite jeweils bei 160 mm liegt (siehe die folgende Auflistung). Im Zentrum eines jeden Blattes steht in einem Bildfeld in der Form eines gedrückten Spitzbogens eine Szene des Neuen Testaments, umgeben von einem Rahmen, in dessen unterem Teil eine alttestamentliche Historie dargestellt ist. Die Themen im einzelnen:

Nr. 1 Anbetung der Könige / Die Königin von Saba vor Salomo; 206 x 160 mm
(Berlin, Kupferstichkabinett SMPK; Inv.Nr. 5469),

Nr. 2 Darstellung Christi / Samuel vor Eli gebracht; 212 x 154 mm
(Rotterdam, Museum Boymans-van Beuningen; Inv.Nr. N-136)

Nr. 3 Christus vor Hannas / Micha weissagt den Tod Ahabs; 208 x 157 mm
(Rotterdam, Museum Boymans-van Beuningen; Inv.Nr. D–1–282)

Nr. 4 Christus vor Pilatus / Daniel von den Babyloniern vor Nebukadnezar angeklagt
(verschollen)[24]

Nr. 5 Kreuzigung / Opferung Isaaks; 208 x 161 mm
(London, Print Room of the British Museum, Inv.Nr. 1949–4–11–114),

Nr. 6 Christus am Kreuz / Eherne Schlange; 204 x 154 mm
(London, Print Room of the British Museum, Inv.Nr. 1949–4–11–113)

Nr. 7 Grablegung Christi / Jonas vom Wal verschlungen
(ehem. Rotterdam, Museum Boymans-van Beuningen; Inv. Nr. D–1–128; verschollen).

Obwohl die Zeichnungen weder datiert noch monogrammiert sind, ist die Autorschaft Hirschvogels nicht anzuzweifeln: Es existiert noch ein achtes Blatt, auf dem nur die Vorzeichnung für einen fensterartigen Aufbau zu erkennen ist, wie er die übrigen sieben Zeichnungen kennzeichnet (Budapest, Szépművészeti Múzeum, Inv. Nr. 90).[25] Auf der Rückseite trägt das Blatt aber eine der Jagdszenen, wie sie für Hirschvogel typisch sind und von denen es noch zahlreiche weitere Varianten gibt.[26]

---

23 Peters 1976, S. 81–111; Peters 1979 mit Abbildungen und genauen Beschreibungen auf S. 384–386 und 390–392; s.a. Baumeister 1938/39, S. 203–206.

24 Bereits bei der ersten Publikation der Zeichnungen konnte C. Dodgson (Miszelle in: Vasari Society 10 (1935), S. 13) nur nach einer Photographie des Blattes urteilen.

25 Peters 1976, S. 367 und 385f.

26 Diese werden seit dem späten 18. Jahrhundert als Werke Hirschvogels identifiziert: das Inventar der Kunstsammlung Paul von Prauns verzeichnete 1797 Hirschvogels „chasses faites à la plume". C.T. Murr: Description du Cabinet de Monsieur Paul de Praun à Nuremberg, Nürnberg 1797, S. 54. Vergleiche zuletzt zu den Zeichnungen: Peters 1976, S. 12–31; Peters 1979, S. 365–367 und S. 385.

Der Seitenaufbau der typologischen Zeichnungen erinnert wegen des Rahmens, der das Mittelbild – das deshalb wie ein Tafelbild in einer ersten Ebene wirkt – in illusionistischer Weise umgibt, an ein Aufteilungsschema, das in der flämischen Buchmalerei seit der Mitte des 15. Jahrhunderts anzutreffen ist. Für dieses Gestaltungsprinzip prägte O. Pächt den Begriff „inverted window-aspect".[27] Und tatsächlich läßt sich ein Weg von Hirschvogels Zeichnungen zurück zur Brügger Buchmalerei des dritten Jahrzehnts des 16. Jahrhunderts finden, der an zwei der Zeichnungen verdeutlicht werden soll.

Bei der Darbringung Christi, die sich in einem hohen Kirchenraum zuträgt, kniet Maria vor dem Altar, auf den sie gerade den Taubenkäfig stellt. Gewissermaßen auf der Darstellungsebene dahinter, bzw. dem das Mittelfeld auf drei Seiten umgebenden Rahmen, ist gezeigt, wie der kleine Samuel von Hanna zum Hohepriester Eli gebracht wird (I Rg 1,25–28). Die handelnden Personen befinden sich aber nur im unteren Marginalbereich: Zum Altar, unter einem Baldachin stehend, führen drei Stufen hinauf, wo auch vier Säulen stehen. Die gleiche Szenenaufteilung gibt es auch bei der Überbringung Samuels an Eli auf fol. 44r im Gebetbuch des Kardinals Albrecht von Brandenburg: Hanna, Elkana und ihre Begleiter sind, über Stufen kommend, vor Eli getreten und aus Platzgründen – die Malerei ist von einem Textfeld umfangen – ist der Altar im mittleren Abschnitt der rechten Randleiste wiedergegeben. Jenes Gebetbuch (Ms. IX 19, ehem. Aachen, Slg. Ludwig, heute Malibu/Ca., J.Paul Getty-Museum) besteht aus 337 Blättern mit 41 Miniaturen und wurde um 1518/1530 von dem Brügger Miniator Simon Bening geschaffen.[28] Die Zuschreibung an diesen Künstler ermöglichte das Monogramm „SB" auf fol. 336r, das auf den nach 1500 in Brügge tätigen Simon Bening bezogen werden kann.[29] Der Auftraggeber, Kardinal Albrecht von Brandenburg (1490 – 1545), erschließt sich aus dem Wappen auf fol. 1v:[30] Es hat 14 Felder und hebt besonders das Magdeburger hervor.[31] Seit 1518, dem Jahr seiner Ernennung zum Kardinal von S. Crisogono in Rom, war es Bestandteil seines Wappens: Seit damals stattete er die Stiftskirche in Halle, die zuvor die Kirche des Dominikanerklosters gewesen war, prachtvoll aus. 1529/30 kam noch das kurbrandenburgische Wappen hinzu;[32] das Gebetbuch muß also in der Zeit zwischen diesen beiden Daten entstanden sein, denn im Wappen des Gebetbuches fehlt das brandenburgische Wappenfeld.[33] Albrecht war Bening wahrscheinlich auf einer Reise zu Kaiser Maximilian nach Brüssel begegnet, für dessen Tochter, Margarete von Österreich, Bening bereits gearbeitet hatte.[34] U. Steinmann konnte feststellen, daß der Text der Handschrift dem 1521 in der Augsburger Offizin von Sigmund Grimm und Marx Wyrsung gedruckten Gebetbuch („Gebet und betrachtungen des Lebens des mittlers gottes und des mentschen unsers herrens Jesu Christ") folgt.[35]

27 O. Pächt: The Master of Mary of Burgundy, London 1948, S. 32.
28 A.W. Biermann: Die Miniaturenhandschrift des Kardinals Albrecht von Brandenburg (1514–1545), in: Aachener Kunstblätter 46 (1975), S. 18, Nr. 4 und S. 48–104; W. Weber (Hrsg.) und J.M. Plotzek (Bearb.): Das Gebetbuch des Kardinals Albrecht von Brandenburg, Ausst.-Kat. Mainz, Landesmuseum 1980; Euw/Plotzek 1982, S. 286–313.
29 Dies gestatteten die von W.H.J. Weale publizierten Namenslisten flämischer Miniatoren der Zeit um 1500 (Les enlumineurs de Bruges, in: Le Beffroi (1864/65), S. 306–359 und ebd. (1872/73), S. 118–139). S. auch die Miszelle von W.H.J. Weale: Simon Binnink – Miniaturist, in: Burlington Magazine 8 (1905), S. 355f., in der man erfährt, daß Bening 1516 einen Gildebeitrag in Brügge entrichtete.
30 Euw/Plotzek 1982, S. 286–288.

31 Vgl. Albrecht Dürers Portrait Albrechts von 1519; der sog. „Kleine Kardinal"; Meder 1932, Nr. 100; Hütt 1988, S. 1915. S.a. Kat. Mainz 1990, S. 132.
32 Vgl. Albrecht Dürers Portrait Albrechts von 1523; Meder 1932, Nr. 101; Hütt 1988, S. 1916. Zuletzt Kat. Mainz 1990, S. 134f.
33 Euw/Plotzek 1982, S. 291.
34 Zum Verhältnis Albrechts zur Kunst: H. Reber: Albrechts Begegnungen mit der Kunst, in: Erzbischof Albrecht von Brandenburg (1490–1545) – Ein Kirchen- und Reichsfürst der Frühen Neuzeit, hg.v. F. Jürgensmeier (Beiträge zur Mainzer Kirchengeschichte, Bd. 3), Frankfurt am Main 1991, S. 277–295, bes. S. 278f. Zu den Handschriften, die für ihn geschaffen wurden zuletzt: Kat. Mainz 1990, S. 189–211.
35 U. Steinmann 1964, S. 139–143.

Einer Seite mit Text und alttestamentlicher Illustration steht im aufgeschlagenen Manuskript Ms. IX 19 stets eine neutestamentliche Begebenheit gegenüber. Im Falle der Darbringung Samuels ist es auf fol. 43v wie auch bei Hirschvogels Zeichnung, die Darbringung Jesu. Sie unterscheidet sich jedoch stark von Hirschvogels Auffassung, z.B. dadurch, daß Maria das Jesuskind gerade in die Arme Simeons gibt. Es ist vielmehr ein Holzschnitt Wolf Hubers, den Hirschvogel für seine Federzeichnung im Gegensinn übernahm, was besonders die Figur der Maria, die Haltung Simeons, die Altarform und mit gewissen Varianten auch der Kirchenraum erkennen lassen.

In den 30er Jahren wandte sich Albrecht von Brandenburg an einheimische Miniaturisten, allen voran an Mitglieder der Nürnberger Familie Glockendon[36] und ließ für sich aus unbekannten Gründen mehrere ältere Manuskripte relativ getreu kopieren, so auch das Bening'sche Gebetbuch.[37] In der Bibliotheca Estense zu Modena wird eine Handschrift aufbewahrt (Ms. Est. 136), die von Nikolaus Glockendon geschaffen wurde und dem Gebetbuch Aachen/Malibu aufs engste folgt.[38] Jede der Miniaturen darin, die die gleiche Größe haben wie die Zeichnungen Hirschvogels, ist mit seinem aus N und G ligierten Monogramm versehen. Als terminus ante quem der Vollendung des Manuskriptes hat das Todesdatum Nikolaus Glockendons zu gelten (15. April 1534). Der Vorlage folgte er aber nicht in allen Punkten genau. Als gravierendste Veränderung fällt vor allem die Vereinigung von alt- und neutestamentlicher Szene auf einem Blatt ins Auge – der Textbereich, d.h. der Beginn eines jeden Gebets, steht auf einer eigenständigen Seite, die der Miniatur folgt. Außerdem ist das Rahmengeschehen, die Darbringung Samuels, nun auf der linken Rahmenseite wiedergegeben, doch was die übrigen Elemente anbelangt, folgte Glockendon seiner Vorlage genau, z.B. der Treppengestaltung, dem Altaraufbau, dem Schild mit der Bibelstellenangabe oder der Szene im Kirchenraum, bei der nicht nur die Verteilung, sondern auch die Haltungen der Figuren übereinstimmen, nur daß das Gewand Simeons weniger prächtig bestickt ist. Ist es im Falle der Seite mit den Darbringungen so, daß Hirschvogels Zeichnung als freie Variation der beiden Gebetbuchminiaturen zu gelten hat (sie steht aufgrund ihres Aufbaus der Glockendon'schen Fassung näher als der von Bening), kann als ein zweites Beispiel das Blatt mit der Gruppe Kreuzigung Christi/Eherne Schlange aufgeführt werden, bei dem Hirschvogels Zeichnung der Nürnbergischen Miniatur sehr viel nähersteht, aber auch dem flämischen Werk mehrere Elemente entnommen sind.[39]

Eine Menschengruppe, angeführt von Maria und Johannes, tritt von rechts an das Kreuz Christi heran, das schräg im Bild steht. Am Fuße des Kreuzes würfeln Soldaten um die Kleider Christi und im Bildmittelgrund sind gerüstete Soldaten zu sehen, einer von ihnen auf einem Pferd (wahrscheinlich Longinus). Den Rahmen füllt links der hohe Kreuzstamm mit der Ehernen Schlange, zu der Mose hinaufweist. Seitlich liegen die von den Schlangen zu Tode gebissenen Israeliten, dahinter nähern sich die Einsichtigen, von denen einer auf die Bronzeschlange zeigt. Einige Zelte sind im Hintergrund zu erkennen. Im von Bening illuminierten Gebetbuch sind die Begebenheiten aus Altem und Neuem Testament wieder auf zwei Seiten – fol. 242v und fol. 243r – verteilt. Hirschvogels Kreuzigungsszene hat nur wenig mit dieser Miniatur gemein: Neben gewissen Ähnlichkeiten bei der Stadtsilhouette besonders die Stellung des Kreuzes und den Engelschor darüber im Himmel. Bei Bening spielt indes vielmehr die Anbetung des Gekreuzigten eine Rolle – und auch bei der alttestamentlichen Schilderung

---

36 P. Strieder: Glockendon, in: Neue deutsche Biographie, Bd. 6, S. 458f.; Neudörfer 1875, S. 143 betont, daß Nikolaus Glockendon vom Kardinal besonders protegiert worden war.

37 Euw/Plotzek 1982, S. 311f. Vgl. zu beiden Handschriften zuletzt: A. Tacke: Der katholische Cranach – Zu zwei Großaufträgen von Lucas Cranach d.Ä., Simon Franck und der Cranach-Werkstatt (1520–1540) (Schriften zur Berliner Kunst, Bd. 2), Mainz 1992, S. 166–169.

38 Lit. dazu: Fava/Toesca 1924; Fava/Salmi 1973, Bd. 2, S. 179–185.

39 Ausführlich vergleicht Peters 1979, S. 360–367 die Zeichnungen Hirschvogels mit den beiden Manuskripten; s.a. Steinmann 1964, S. 148.

ist wenig Übereinstimmendes zu erkennen. Allein die beiden Baumstämme unterhalb des eingeschalteten Bildes – von denen jedoch der rechte nur noch ein Stumpf ist – und die auf dem Bauch liegende Figur im Vordergrund erinnern noch etwas an das flämische Vorbild. Im Modeneser Gebetbuch verschob Glockendon, wie später auch Hirschvogel, das Kreuz mit der Schlange in die linke untere Ecke der Seite und füllte zusätzlich den freien Raum um das mittlere Miniaturfeld mit Pflanzen. Ob allerdings die Idee zur Veränderung der Kreuzigungsszene gegenüber der Vorlage aus Brügge von Hirschvogel stammte, von dem sie Glockendon (der seine Arbeit spätestens 1534 beendet hatte) danach übernahm, oder ob es sich umgekehrt verhalten hat, ist kaum mit Sicherheit klarzustellen. Festzuhalten gilt jedoch: Beide Nürnberger Künstler haben sich mit ihrer Vorlage kreativ auseinandergesetzt, übernahmen sie diese keineswegs nur minutiös, sondern bereicherten sie mit neuen Einfällen.[40] Eine Zusammenarbeit der beiden Künstler liegt aber offen zutage. Warum aber nur sieben von insgesamt 42 ganzseitigen Miniaturen Glockendons das Interesse Hirschvogels gefunden haben, oder ob einst noch mehr Zeichnungen existiert haben, wird ebenso ungelöst bleiben müssen. Es kann in diesem Rahmen nicht darum gehen, detaillierte Vergleiche zwischen den drei Werkgruppen durchzuführen. Betrachtet man jedoch auch die stilistischen Veränderungen Hirschvogels gegenüber Benings und Glockendons Miniaturen, so fällt auf, daß Hirschvogel beispielsweise nicht die Gewandformen mit ihren langen Faltenbahnen und ihren teilweise kräftigen Brechungen übernahm. Er übersetzte z.B. die Gewänder der Frauen bei der Darbringung Samuels in zeitgenössische Kleider oder vereinfachte die Erscheinung der Personen und veränderte deren Haltungen, indem er z.B. die von den Schlangen angegriffenen Männer in abwechslungsreicheren Bewegungsmotiven darstellte, als die bei Bening unbewegt Darniederliegenden. Für Hirschvogel wird es sich bei diesen Zeichnungen um Übungen gehandelt haben, mit denen er sich kompositionell und inhaltlich, hingegen nicht stilistisch, zu schulen versuchte.

In unserem Zusammenhang sind sie insofern bedeutsam, weil sie beweisen, daß Hirschvogel schon etwa 15 Jahre vor der umfangreichen Illustrationsserie der „Concordantz" mit Problemen der biblischen Typologie in Berührung gekommen war. Die Kombinationen des flämischen Gebetbuches sind den typologischen Gruppen der Biblia pauperum sehr viel stärker verpflichtet, als es später die Zusammenstellungen der Radierungen der „Concordantz" sein werden. Allein die Zusammenstellung Nr. 3 ist eine Kombination aus in der Biblia pauperum unbekannten Bibelszenen, denn die Szene von Christus vor Hannas ist nicht Bestandteil ihrer typologischen Gruppen. Alle anderen Zusammenstellungen des Bening'schen Gebetbuches lassen sich so auch in der Biblia pauperum finden.[41] Möglicherweise ist in diesem Umstand die Ursache für die Motivation Hirschvogels zu suchen, möglichst viele andere und neue Verknüpfungen als die althergebrachten für die „Concordantz" aufzustellen.

Die Handschriften der Glockendons stellen eine späte Nachblüte der Buchillumination dar und sind eine Reaktion auf die Druckkunst, die in dieser Zeit schon zur gängigen Technik für die Illustrierung von Büchern geworden war. Damit verdeutlicht sich, daß das Manuskript Glockendons im Vergleich z.B. zur gedruckten „Concordantz" als ein Kunstobjekt anzusehen ist.

Es ist auch darauf hinzuweisen, daß in den Zeichnungen nur je eine Historie aus jedem Bibelteil miteinander zu einem Paar verbunden wurde, wie es auch später, zumindest bezüglich der Illustrationen, in der „Concordantz" geschah. Auch darin unterscheidet sie sich von den mittelalterlichen Zyklen, deren Aufbauprinzip mit zwei alttestamentlichen Vorbildern durchaus noch in späteren Jahrzehnten Nachfolge gefunden hatte: Bei Jacob Corneliszoon van Oostsanens Holzschnitten der sog. „Großen Passion" (Serie von 12 Blättern, 1511–14), ist jeweils

---

40 Euw/Plotzek 1982, S. 312 vermuten ohne Begründung, daß Hirschvogels Zeichnungen auf Glockendon gewirkt hätten.

41 Steinmann 1964, S. 166–169; Euw/Plotzek 1982, S. 287–291.

die neutestamentliche Szene schon durch ihre Größe den beiden alttestamentlichen übergeordnet. Auch der von J.P. Filedt Kok aus Fragmenten rekonstruierte Monumentalholzschnitt von der Hand van Oostsanens, in Zusammenarbeit mit Lucas van Leyden um 1530 in Amsterdam herausgegeben, folgte den Kombinationen der Biblia pauperum aufs engste.[42] Er war ursprünglich in vier Reihen von je sechs Zusammenstellungen konzipiert gewesen (jeder neutestamentlichen Darstellung in quadratischem Bildfeld waren je zwei alttestamentliche Vorbilder in bogenförmiger Rahmung beigestellt; außerdem ein Prophetenpaar), die der niederländischen Ausgabe der Blockbuch-Biblia pauperum entnommen waren. Den Illustrationen waren allein die zugehörenden Bibeltextstellen hinzugesetzt – je nach Ausgabe in niederländischer, französischer oder lateinischer Sprache – also anders als beim mittelalterlichen Vorbild, wo die typologischen Gruppen durch die Texte erklärt und ausgelegt wurden.

2. Verhältnis der „Concordantz" zu Büchern des 16. Jahrhunderts mit biblischen Illustrationen

Die Ausstattung von gedruckten Bibeln mit Illustrationen nahm seit der Zeit vor 1500 einen großen Aufschwung. War die erste gedruckte Bibel (die Gutenbergbibel von 1456) noch eine ausschließliche Textbibel gewesen, deren Seiten nur einige Schmuckinitialen und Randleisten aufwiesen,[43] wurde schon sehr bald danach damit begonnen, dem Text Holzschnitte beizugeben. Die erste gedruckte deutsche Bibel mit einer geschlossenen, je nach Ausgabe 113- bzw. 123teiligen Holzschnittfolge war die in Köln bei Heinrich Quentell oder Bartholomäus von Unckel um 1478/79 erschienene, deren Illustrationen einige Male im Zusammenhang mit „Concordantz"-Radierungen genannt wurden.[44] Jeder einzelne der einfachen Konturholzschnitte gibt den Inhalt des dazugehörenden Bibelabschnittes sehr wortgetreu wieder und zeigt zumeist mehrere Episoden einer Erzählung (vgl. z.B. Geschichte von Kain und Abel). Jedoch hatte der Meister dieser Holzschnitte eine Vorlage verwendet, eine illuminierte Historienbibel[45] kölnischer Herkunft aus der Mitte des 15. Jahrhunderts, die heute die Berliner Staatsbibliothek (PK) besitzt (Ms.germ.fol. 516).[46] Die darin enthaltenen 100 Federzeichnungen gaben nicht nur die Ikonographie der Illustrationen vor, sondern auch weitestgehend ihre Kompositionen. Ob es möglicherweise eine gemeinsame Vorlage für Handschrift und gedruckte Bibel gab, ist nicht zweifelsfrei zu klären.[47] Für die in der Kölner Holzschnittbibel zu findenden Apokalypse-Illustrationen konnte sich der Holzschneider jedoch nicht auf das Manuskript stützen – in ihm ist die „Offenbarung" nicht illustriert worden.

In vielen der bebilderten Gesamtbibelausgaben seit dieser Zeit und bis weit in das 16. Jahrhundert hinein ist folgendes Phänomen besonders auffällig: Die Bebilderung beschränkte sich fast ausschließlich auf das Alte Testament und die Apokalypse, zumeist gibt es im neutesta-

---

42 J.P. Filedt Kok: Een Biblia pauperum met houtsneden van Jacob Cornelisz. en Lucas van Leyden gereconstrueerd, in: Bulletin van het Rijksmuseum 36 (1988), S. 83–116.

43 A. Kapr: Johannes Gutenberg – Persönlichkeit und Leistung, Leipzig 1986; P. Raabe: Gutenberg, Weinheim 1990; C. Schneider: Gutenberg – Der Erfinder und seine Bücher, in: Gutenberg – 550 Jahre Buchdruck in Europa, Ausst.-Kat. Wolfenbüttel, Herzog August-Bibliothek 1990, S. 45–52.

44 Die etwas frühere, 1475, in Augsburg herausgebrachte, Bibel weist nur 71 Holzschnitte auf, wobei es sich überwiegend um figürliche Initialen handelte; vgl. Kautzsch 1896; Kölner Bibel – Mit einer Einführung von Wilhelm Worringer, München 1923, S. 5–15; T.R. Ahldén: Die Kölner Bibel-Frühdrucke – Entstehungsgeschichte und Stellung im niederdeutschen Schrifttum, Lund/Kopenhagen 1937, S. 12–24; Neuss 1948, Sp. 528f.; S. Corsten: Die Kölner Bilderbibeln von 1478, in: Gutenberg-Jahrbuch 1957, S. 72–93; Oertel 1977, S. 12f.

45 D.h. es fehlen die prophetischen Bücher, die Briefe und die Offenbarung des Johannes.

46 Zu diesem Manuskript: Zimelien – Abendländische Handschriften des Mittelalters aus den Sammlungen der Stiftung Preußischer Kulturbesitz Berlin, Ausst.-Kat. Berlin, Sonderausstellungshalle der Staatlichen Museen 1975/76, Wiesbaden 1975, S. 154f; Kat. Nürnberg 1983, S. 285f.

47 Kautzsch 1896, S. 16–25.

mentlichen Teil nur Autorenbilder zu Beginn eines jeden Evangeliums.[48] Einzige Ausnahme davon ist die in Venedig bei Lucantonio di Giunta erstmals 1567 gedruckte „Malermi-Bibel" (nachträglich bezeichnet nach dem Übersetzer Niccolò Malermi), deren kompositionell und künstlerisch sehr anspruchslose bildliche Ausstattung – kleinformatig und zumeist an der Kölner Bibel orientiert – mit ihrer siebten Auflage 1490 einsetzte: Sie zeigt 210 Bilder zum Alten Testament und 176 zum Neuen Testament.[49] Sichere Begründungen für diesen Befund (ist doch das Neue Testament heilsgeschichtlich bedeutsamer als das Alte) sind kaum zu finden, immer häufiger wurde zuletzt jedoch darauf hingewiesen, daß die Erzählungen des Neuen Testaments sehr viel geläufiger waren als die des älteren Bibelteils, dessen Inhalt durch die vermehrte Darstellung bekannter und vertrauter gemacht werden sollte.[50] Ebenso glaubte C.G. Nesselstrauß, daß die Worte und Taten Christi schon derart bekannt waren und eine so hohe Bedeutung für den Gläubigen hatten, daß sie einer Verbildlichung nicht mehr bedurften.[51] Für die „Concordantz" konnte die stärkere Hervorhebung des Alten Testaments nicht beibehalten werden, denn in ihr besteht zwischen den beiden Bibelteilen ein Gleichgewicht. Und dies zeigt sich nicht nur durch das gleichberechtigte Nebeneinander in den Bild- bzw. Textpaaren, sondern auch noch beinahe ebenso ausgewogen bei den verarbeiteten Bibelstellen insgesamt, wo 132 alttestamentliche und 111 neutestamentliche biblische Erzählungen einander gegenüberstehen (vgl. die Auflistung im Anhang III.7.).

Obwohl, wie in Kap. II.1.A. durch Vergleich mit tatsächlichen und möglichen Vorbildern deutlich zu machen versucht wurde, die „Concordantz" stark von zur Mitte des 15. Jahrhunderts gedruckten typologischen Bildfolgen abhängig ist, kam der hohe Anteil von alttestamentlichen Themen an der Bibelillustration der Zeit seit etwa 1500 den Überlegungen Hirschvogels und Perenius' ebenso zugute. Nicht nur, daß eine Fülle der Radierungen in der „Concordantz" auf ikonographischen Schemata beruht, die zu ihrer Zeit geläufig und verbreitet waren, die Kenntnis von Werken mit alttestamentlichen Illustrationen verhalf den beiden auch zu einer Vermehrung der typologischen Bildergruppen. Wie bei der ikonographischen Analyse der Radierungen mehrfach festgestellt werden konnte, lieferten nicht nur die biblischen Erbauungsbücher der Biblia pauperum oder des Heilsspiegels die thematischen Vorlagen für das sehr ähnlich aufgebaute Programm der „Concordantz" mit ihren paarweisen Zusammenstellungen. Darüber hinausgehend kam auch den Illustrationen auf Einzelblättern, in Bibelausgaben und „Bibelbilderbüchern" (sog. „Figuren-Bibeln", s. dazu unten) besondere Bedeutung zu, aus denen Themen gewählt wurden, die in typologischen Zusammenhängen bis dahin unbekannt gewesen waren. Es seien beispielhaft einige alttestamentliche Beispiele nochmals genannt: 37. – Jesaias und Christus klagen, 51.a – Moses spricht zum Volke, 52.a – Verwandlung des Stabes Mose, 53.a – Bitterwasser von Mara, 59.a – Samson zerstört den Tempel, 61.a – Amalekiterschlacht, 73.a – Joseph erzählt seine Träume, 76.a – Nadab und Abihu vom Feuer verzehrt, 78.a – Aufrichtung der zwölf Gedenksteine oder 86.a

---

48 So zu beobachten in der Kölner Bibel mit 101 Holzschnitten zum A.T. und 22 zum N.T. – diese alleinig zur Apokalypse – und auch in der Lufft'schen „Vollbibel" von 1534 (mit 71 Illustrationen zum A.T., 4 Evangelistenbildern und 10 Bildern zur Apokalypse); vgl. Oertel 1977, S. 16f., Kratzsch 1982, S. 105–108.

49 Ebd., S. 14f. Auflage von 1494 mit insgesamt 52 zusätzlichen, neuen Holzschnitten zu beiden Bibelteilen; Exemplar in Wolfenbüttel, Herzog August-Bibliothek, Sign.: 169.1 Theol. 2°.

50 Knappe 1980, S. 148.

51 C.G. Nesselstrauss: Die Holzschnitte Lucas Cranachs d.Ä. zur 1. Ausgabe des Neuen Testaments von Luther und Traditionen der deutschen Wiegendrucke, in: Lucas Cranach – Künstler und Gesellschaft – Referate des Colloquiums zum 500. Geburtstag von Lucas Cranach d.Ä., Wittenberg, Staatliche Kunsthalle 1972, Wittenberg 1973, S. 98–101. Ähnlich argumentierte auch Netter 1953, S. 57f.: sind für den Christen die Geschichten des Neuen Testaments Gegenstand des Glaubens und damit stets gegenwärtig, so ist das A.T. ein Zeugnis der vergangenen Geschichte der Menschheit und die Johannesvision eine Erzählung von der zukünftigen Geschichte, die beide der Illustration bedurften, um anschaulicher zu werden. Vgl. zusätzlich: Starcke 1983, S. 542.

– Fall der Mauern Jerichos. Für diese Historien, die zumeist nahezu in allen Büchern mit Bibelillustrationen vorkommen,[52] mußte dann ein neues Gegenüber aus dem Neuen Testament gefunden werden, da ein solches ja in der Biblia pauperum oder den ihr verwandten Werken noch nicht vorgeprägt worden sein konnte. Daß Hirschvogel zu spätmittelalterlichen Erbauungsbüchern sowie zu neuen illustrierten Bibeln und biblischen Bilderbüchern Zugang hatte, steht außer Frage. Einerseits hatte er für den Wiener Bischof gearbeitet (s. Abb. 1), andererseits waren zur Mitte des 16. Jahrhunderts schätzungsweise drei Viertel der Wiener Bevölkerung lutherisch orientiert gewesen, unter denen die aktuellen Bilderserien, die zum allergrößten Teil aus protestantischen Kreisen stammten, sicherlich stark verbreitet waren.[53]

Selbst noch für die in der „Concordantz" nicht mehr illustrierten, doch vorkommenden Szenen kann nachgewiesen werden, daß Hirschvogel/Perenius Themen für ihr Werk über zeitgenössische Illustrationen fanden. So sind die nur in der Textausgabe überlieferten Ereignisse von Tobit, der Tote begräbt (66.a), Raphael und Tobias (73.a) oder die Bekehrung Pauli (83.b) häufig verbildlichte Themen gewesen.[54]

Die Bedeutung von zeitgenössischen Zyklen zum Alten Testament dürfte hiermit demonstriert worden sein, so daß nur ergänzend darauf hinzuweisen ist, daß in sehr wenigen Fällen Hirschvogel/Perenius den umgekehrten Weg wählten, d.h. von der neutestamentlichen Szene ausgingen, für die Vorbilder vorhanden gewesen waren. 20.b – Barmherziger Samariter und 49.b – Verleugnung Petri sind aber wahrscheinlich die einzigen Beispiele, die, nach graphischen Vorlagen gestaltet, neu in den typologischen Bilderkreis aufgenommen wurden und für die dann ein alttestamentliches Gegenbild gesucht werden mußte. Auch hier lassen sich wieder einige nicht-illustrierte Themen auf andere biblische Bildfolgen zurückführen (z.B. 80.a – Bezeichnung der Völker und 80.b – Bezeichnung der 144.000 Auserwählten, übliche Bilder in Apokalypsezyklen; z.B. Dürer).

Wie ging nun Hirschvogel neben der allgemeinen thematischen Orientierung im Detail mit den zeitgenössischen Bibelbildern um, die ihm als Vorbilder dienten? Die Radierung zu Vers 52.a stellt ein Beispiel dafür dar, daß Hirschvogel zu Themenideen kam, indem er sonst simultan gezeigte Szenen voneinander trennte und zu einzelnen Bildern machte (die Stabverwandlung Mose war bei der üblichen Ikonographie sehr oft im Hintergrund der Szene von Mose vor dem brennenden Dornbusch zu finden). Erheblich häufiger ist jedoch zu beobachten gewesen, daß Hirschvogel die verschiedenen, zum Verständnis oft notwendigen Stufen einer fortlaufenden Erzählung in einem einheitlichen, zusammenhängenden Landschaftsraum darstellte. Die Illustrationen 35.a (Der Verkauf Josephs verbunden mit dem Versenken Josephs im Brunnen im Hintergrund der Illustration) oder 78.a (Aufrichtung der zwölf Gedenksteine und das Tragen der Bundeslade durch den Jordan) sind dafür als Beispiele zu nennen. Stehen in diesen Radierungen die typologisch wichtigen und zeitlich jüngsten Episoden räumlich und dominierend im Vordergrund,[55] so ist bei 58.b (Judas bringt die Silberlinge zurück und erhängt sich) Judas zweimal – und dies irritierend direkt nebeneinander – ins Bild gebracht worden. Nicht nachvollziehbar ist es, warum Hirschvogel in zwei Radierungen die im typologischen Zusammenhang entscheidende Szene nur in den Mittelgrund der Radierung stellte; so in 36.a – Elisa bestraft Gehasi (der Betrug Gehasis findet sich räumlich dahinter) und in 54.a – Opferung Isaaks (der holztragende Isaak ist darin nur seitlich und klein eingefügt). Zweifellos aber ist der zentrale Beweggrund für die ausführliche Schilderung biblischer

---

52 Z.B. ist die Szene von Nadab und Abihu außer in den im Abschnitt 3.76. genannten drei Ausgaben auch noch in der Lübecker Bibel oder den „Biblischen Historien" illustriert; vgl. die Zusammenstellung bei Kästner 1985, Bd. I, S. 213f. und Bd. II, S. 837

53 Czeike 1984, S. 40.

54 So z.B. in Kupferstichserien des Georg Pencz, der in den 30er und 40er Jahren ein besonders starkes Interesse für alttestamentliche Geschichten entwickelt hatte; vgl. Landau 1978, S. 8.

55 Dies ist schon allgemein für „Simultanbilder" festgestellt worden: Kluckert 1974, S. 120.

Geschichten mit ihren Nebenepisoden, dem Betrachter möglichst viele Details jedes biblischen Berichtes zu zeigen, was den lehrhaften Charakter der „Concordantz" verdeutlicht.

Eine andere Bedeutung erlangen für die „Concordantz" die Illustrationen in biblischen Bilderfolgen seit 1500, wenn mit ihrer Hilfe aus Biblia pauperum und Speculum bekannte Themen gestalterisch verändert wurden und sich Hirschvogel mehr an zeitgenössischen Vorlagen orientierte. Beispielhaft sei zurückerinnert an 19.a – Joseph wird in die Zisterne hinabgelassen, 39.a – Elias am Berg Karmel oder 40.a – Joab ersticht Amasa, die im Gegensatz zu den reduzierten und aus der Sicht von 1547/50 altertümlichen Darstellungen der spätmittelalterlichen Kompendien erheblich ausführlicher erzählen. Zeitgenössische Vorlagen benutzte Hirschvogel entweder nur zur allgemeinen Orientierung über die übliche Darstellungsweise eines Themas (z.B. bei Radierung 17.a – Tanz ums Goldene Kalb oder 35.a – Verkauf Josephs), denn mit der Gestaltung biblischer Themen hatte er sich zuvor nur sehr selten befaßt (s. dazu unten noch weitere Hinweise), oder aber, dies nur gelegentlich, weil bestimmte Elemente einer „Vorlage" sein Interesse fanden. Erinnert sei dabei an die Illustration zu den Versen 44.a – die Rückenfigur bei Christus vor Kaiphas, die in 51.b nochmals erscheint, die Armhaltung Hiobs in 55.a, 63.a – das Niederstechen des Satans in der Vorhölle oder den auf einem Rost liegenden Makkabäer in 82.a. Diese Vorbilder, denen er in unterschiedlichem Maße folgte (das Spektrum reicht von der Übernahme ganzer Kompositionen bis zum Herausgreifen einzelner Bewegungsmotive), stammten entweder aus der deutschen Kunst (11.b, 86.b – Dürer, 39.a – Holbein, 44.b – Beham, u.a.m.) oder der italienischen Druckgraphik (55.a – Raimondi, 73.b – Umkreis des Marcanton, 74.b – Beatrizet u.a.m.). Die auffällige Affinität zu Arbeiten Mantegnas teilte Hirschvogel mit anderen seiner Zeitgenossen.[56] Selbst die Kenntnis von Zeichnungen – also Unikaten – anderer Meister scheint möglich, und zwar jener Künstler, denen er auf seinen Wanderungen durch das Donaugebiet begegnet sein dürfte (für 16.b – Wunderheilungen Christi/Wolf Huber; 90.b – Jüngstes Gericht/Albrecht Altdorfer).

Die für die „Concordantz" beobachtete Methode der auswählenden Übernahme von Elementen aus Werken anderer Künstler hatte Hirschvogel schon in Arbeiten angewandt, die vor 1547 entstanden waren, dem Jahr des Beginns der Arbeit an der „Concordantz". An einer Radierung mit der Darstellung der Kreuztragung, einem Einzelblatt von 1545, läßt sich besonders eindrücklich zeigen, wie er aus Vorlagen nur einige Bestandteile herausgriff, die ihm reizvoll schienen.[57] Er rezipierte für dieses Blatt Einzelheiten aus Hans Sebald Behams Holzschnitt des gleichen Themas für die achtteilige Passionsserie von 1521. In beiden Arbeiten verläuft der Zug um den kreuztragenden Christus unterhalb eines doppelten Torbogens. Christus ist unter der Last des Kreuzes in die Knie gesunken, bei Hirschvogel hält einer der Kriegsknechte den Kreuzesbalken und daher kann Christus seine Arme segnend ausbreiten – er spricht zur Frau hinter ihm (Veronika?). Neben dem im Zusammenhang des Themas gänzlich ungeläufigen Architekturmotiv übernahm Hirschvogel aus Behams Holzschnitt noch das zu Christus weisende Kind und die nach vorn gebeugte Haltung des Mannes neben ihm, der aber ein anderes Aussehen hat.

In einigen seltenen Fällen können in der „Concordantz" Veränderungen gegenüber dem Vorbild jedoch auch eine andere Motivation haben. Wegen des Strebens nach kompositioneller Angleichung von zwei miteinander verbundenen Darstellungen können Figuren umgruppiert oder Bewegungsmotive umgeformt sein. An vier Beispiele sei dafür nochmals kurz erinnert. Die Radierung 15.a (Versuchung im Paradies) ist ableitbar von Darstellungen des Sündenfalls. Doch weil das Gegenüber die Versuchung Christi ist, wurde Adam anders als üblich gezeigt: Er weist vorwurfsvoll auf Eva und auf die Schlange, die ihn zu verführen versuchen –

---

56 Mielke 1988, S. 103.

57 Schwarz 1917, S. 61 und 162; Kat. Paris 1984, S. 466.

die Schuldfrage wird so auf zeichenhafte Weise geklärt. Wird dafür der Bildsinn der Vorlagen, die das ikonographische Schema übermittelten, verändert, so ist es z.B. in Bild 39.a nur die Haltung des Elia beim Urteil am Karmel. Zeigten die Holzschnitte in der Wittenberger „Vollbibel" von 1534 und der „Leien Bibel" von 1540 Elisa mit zurückhaltenden Bewegungsmotiven, wählte Hirschvogel einen emotional aufgebrachten Elia, um der Armhaltung Christi am Ölberg nahezukommen: Beide knien und gestikulieren mit geöffneter Armhaltung. In der Radierung 50.a zeigte er Mose, wie er direkt auf das Tote Meer einschlägt. Üblich war es, daß er mit seinem erhobenen Stab den Befehl zum Zurückweichen des Meeres nur symbolisch unterstützte; doch nun konnte die Szene als Gegenbild zur Geißelung Christi aufgefaßt werden. Einen vergleichbaren Fall gibt es für 66.b zu konstatieren, wo Christus aus dem Grab heraussteigt, wie es eben auch Jonas getan hatte, als ihn der Fisch freigab. Dies war z.B. im Speculum humanae salvationis nicht so deutlich hervorgehoben worden.

Insgesamt nur fünfmal findet man in der „Concordantz" Themen illustriert, die ohne eigene ikonographische Tradition sind (2.a – Isai sendet David aus, 20.a – Ephraimiten pflegen die Gefangenen, 36.a – Bestrafung Gehasis, 47.a – Haman und Mardochai und 85.b – Judas Makkabäus siegt über Nikanor). In diesen Fällen war Hirschvogel zu Neuschöpfungen gezwungen gewesen. Für die Radierung 11.a, deren Thema (Moses kehrt aus Midian zurück) hier erstmalig illustriert wurde, ist zwar keine frühere Formulierung zu finden, dafür aber lehnt sie sich deutlich an den ikonographischen Typ der Rückkehr der Heiligen Familie aus Ägypten an – nur die beteiligten Personen wurden ausgetauscht. Ähnliches war auch bei der Radierung 73.b (Christus erscheint den Jüngern) zu bemerken gewesen, die auf einer Vorlage mit dem Thema Josephs, der sich seinen Brüdern zu erkennen gibt, basiert.

Auf ein letztes Phänomen bei der Bildgestaltung in der „Concordantz" sei noch aufmerksam gemacht. Wenn zu beobachten war, daß ein und dieselbe Erzählung zweimal auftrat, modifizierte Hirschvogel die kompositionelle Gestaltung. Ist diese Umänderung bei 1.b und 2.b (Verkündigung an Maria) noch relativ gering, sind bei 45.b und 51.b (Ecce Homo) jedoch deutliche Abwandlungen zu bemerken gewesen (s. Kap. I.3.45 und I.3.51): Der Betrachterstandpunkt war geändert worden, Christus stand einmal auf einem Podium, das andere Mal vor dem Gerichtsgebäude, die urteilende Menge war einmal aufgebracht, in 51.b sehr viel besonnener dargestellt worden. Erscheint eine Szene zweimal im Bild, wie in diesen Beispielen der Fall, so hat sich stets auch der inhaltliche Bedeutungsschwerpunkt geändert (Unglaube der Maria und Aussendung des Engels bei den Verkündigungen; mögliche Errettung Christi und Position vor dem Volk bei den Ecce Homo-Darstellungen). Bei gleichbleibender Bedeutung wurde auf eine zweite Illustration verzichtet und die Geschichte dann einzig als Bibelstellenangabe neben die Verse gesetzt (z.B. Daniel in der Löwengrube oder Elias am Berg Karmel).

Neben der illustrativ-schmückenden Funktion, die den Bildern in Bibelausgaben seit dem späten 15. Jahrhundert zukam, konnte mit ihnen auch eine pädagogische Absicht verbunden sein. Hierfür sei ein Zitat Martin Luthers angeführt, das im Vorwort zum Passionale („Betbüchlein") von 1521 nachzulesen ist, und zeigt, daß er sich der Wirkung der Bibelillustration bewußt war:[58]

„Ich habs fur gut angesehen das alte Passional buechlin zu dem bett=buechlin zu thun, allermeist umb der kinder und einfeltigen willen, welche durch bildnis und gleichnis besser bewegt werden, die Goettlichen geschicht zu behalten, denn durch blosse wort odder lere, wie Sant Marcus bezeuget, das auch Christus umb der einfeltigen willen eitel gleichnis fur yhn prediget habe. (...) Denn ichs nicht fur boese achte, So man solche geschichte auch ynn Stuben und

---

58 Die Holzschnitte darin waren auch für Hirschvogel wichtig gewesen.

ynn kamern mit den spruechen malete, damit man Gottes werck und wort an allen enden ymer fur augen hette, und dran furcht und glauben gegen Gott ubet. Und was solts schaden, ob ymand alle furnemliche geschichte der gantzen Biblia also lies nach einander malen yn ein buechlin, das ein solch buchlin ein leyen Bibel were und hiesse? Fur war kan man dem gemeinen man die wort und werck Gottes nicht zu viel odder zu offt furhalten (...).“[59]

M. Stirm interpretierte diese Forderung Luthers nach Illustration der Heiligen Schrift folgendermaßen: „Was Luther eine Laienbibel nennt, ist ein biblisches Bilderbuch für Kinder und einfache Menschen, das weder offenbaren oder verkündigen noch lehren soll, sondern einfach das Behalten der gehörten biblischen Geschichten, deren Text auch angegeben ist, erleichtern."[60]

Eine solch pädagogische Absicht ist schon dann mit der Bebilderung erfüllt worden, wenn die Illustrationen auf den direkt folgenden Bibeltext zu beziehen sind, wie z.B. in der Kölner Bibel oder auch der Wittenberger „Vollbibel" von 1534.[61] Anders dagegen sind Illustrationen in Erbauungsbüchern (den im 16. Jahrhundert sog. „Figuren-Bänden") einzuschätzen.[62] Z.B. in Holbeins „Icones" stehen sie gleichrangig bei den neu geschaffenen Texten. Die Bebilderung ist in diesen Büchern zwar biblischen Inhalts, aber nicht mit einem Textzitat aus der Bibel verbunden, sondern mit einem Bildgedicht, das den Inhalt des Bildes und damit der Bibel nacherzählt und oft auch interpretiert. Hier geht es weniger um das Memorieren einzelner biblischer Historien, als vielmehr um ihre Vermittlung.[63] In den „Icones" z.B. ist die ins Bild gesetzte Bibelstelle über jedem Holzschnitt genannt, außerdem steht unter ihm zusätzlich ein kurzer lateinischer Text, der den Inhalt der Illustration angibt. Unter ihr wird in einem Vers der Bildinhalt in französischer Sprache nacherzählt. In den „Biblischen Historien" (Frankfurt am Main 1539), illustriert mit Holzschnitten nach Hans Sebald Beham, bezeichnen sehr kurze Überschriften mit Bibelstellenangaben den Bildinhalt. In den zu Blöcken aufgeteilten lateinischen Versen unter den Bildern stehen jedoch exegetische Überlegungen im Vordergrund.[64] In der „Concordantz" treten zwar keine Überschriften auf, doch können die Verse als Abkömmlinge der Verse in jenen „Figuren-Bänden" angesehen werden, weil auch sie erzählen und zugleich erklären.

Bedeutung erlangten zu dieser Zeit in religiösen Büchern auch Titelblätter, die oftmals einen mehrzeiligen Titel tragen und mit diesem eine Inhaltsangabe anbieten.[65] So ist auf dem Titelblatt der „Concordantz" nicht nur allein der Titel des Buches genannt, man liest außerdem darin noch Angaben über Auftraggeber und Künstler sowie die Aussage, daß im Band Bilder („Figuren") und Texte zu finden sind. Als Beispiel eines vergleichbaren Titelblattes können Behams „Biblische Historien" genannt werden: Sowohl dem Band zum Alten Testament („Biblische Historien ‖ kunstlich furgemalet ‖ durch den wolberümten Sebald Behem ‖ Malern zu Franckfurt") als auch jenem zum Neuen Testament („Lere / Leben / vnnd Sterben Jesu Christi ‖ Inhalt des gantzen Newen Testaments ‖ Künstlich furgebildet") ist jeweils

---

59 WA 10, II, 458f.
60 Stirm 1977, S. 85.
61 R. Hiepe: Erbauungsbuch, in: RDK, Bd. 5, Sp. 941f.
62 „Figura"/ „Figuren" ist der frühneuzeitliche Ausdruck für Bilder; Warncke 1987, S. 63.
63 Vgl. H. Beck: Die religiöse Volksliteratur der evangelischen Kirche Deutschlands in einem Abriß ihrer Geschichte (= Handbibliothek der praktischen Theologie Bd. 10, Abt. C), Gotha 1891, S. 73; „Bibelillustration der Reformationszeit war ihrem Wesen nach Exegese, Erläuterungsmittel für den Bibelleser. Sie vermittelte ihm als deutendes, belehrendes und als episodisches Bild einen Schatz von Vorstellungen, der seinem Verständnis wie seinem Gedächtnis in der fremden Welt des Alten Testaments und gewisser Teile des Neuen Testaments eine Stütze und Einführung sein sollte." Vgl. auch P. Schmidt 1935, S. 236.
64 Röll 1992, S. 202f.
65 A. Schmitt: Zum Verhältnis von Bild und Text in der Erzählliteratur während der ersten Jahrzehnte nach der Erfindung des Buchdrucks, in: Text und Bild, Bild und Text – DFG-Symposion 1988, hg.v. Wolfgang Harms (Germanistische Symposien – Berichtband XI), Stuttgart 1990, S. 168–182.

ein solches Titelblatt beigegeben worden. Im Gegensatz zu dem der „Concordantz" tragen sie keine Illustrationen, sondern nur einen Text, wie z.B. auch die „Icones" von 1538 (vollständiger Titel: „Icones || Historia- || rvm veteris || Testamenti * || Ad uiuum expressae, extremèaque dilligentia emenda- || tiones factae, Galicis in expositione homeo- || teleatis * ").[66]

Neben der Illustrierung sind für Bibelausgaben des 16. Jahrhunderts, doch ganz besonders für „Figuren-Bände" mit biblischem Inhalt, sind Vorreden typisch, die an den Leser und Benutzer gerichtet sind. Solche Geleitworte sollen den Zweck einer Erklärung der Nutzungsweise und des Bestimmungszweckes der Bücher erfüllen.[67] Da auch in der „Concordantz" ein derartiger Prolog zu finden ist (und zwar in drei Varianten, vgl. Kap. I.2.1. bis I.2.4. und III.1.–3.) darf nicht versäumt werden, ihn im Zusammenhang anderer Vorreden in gedruckten Büchern der Zeit mit biblischem Inhalt zu sehen.

Eine der frühesten und ausführlichsten Vorreden gibt es in den „Icones"; darin wandte sich der Pariser Buchdrucker und Dichter Gilles Corrozet, Autor auch der Verse bei den Holzschnitten,[68] mit folgenden Worten an die Leser:[69]

„Ces beaux portraictz d'exemplaire,
Monstrant qu'il fault au Seigneur Dieu complaire:
Exciterant de luy fait service,
Retirerant de tout peché, et vice:
Quand ils serent insculpez en l'esprit,
Comme ils sont paintez, et couches par escrit.
(...)
Mettez au lieu, et soyent vos chambres ceintes
Des dictz sacrez, et des histoires sainctes,
Telles que sont celles que voyez ay
en ce livret. Et si faites ainsi,
Grandz et petis, les ieunes et les uieulx
Auront plaisir, et au coeur et au yeulx."

(„Diese schönen Beispielbilder zeigen,
daß man Gott dem Herrn gefällig sein soll:
regen an, ihm Dienst zu tun,
erlösen von allen Sünden und Lastern:
wenn sie in den Geist einbeschrieben wären
wie sie gemalt und durch die Schrift niedergelegt sind.
(...)
Bringt sie an einen Ort, und seien es eure Kammern, geschmückt
mit heiligen Worten und heiligen Geschichten
So wie jene, die ihr in diesem Büchlein seht.
Und wenn sie so gemacht sein werden,
werden Groß und Klein, Jung und Alt,
Freude an ihnen haben, sowohl im Herzen als auch mit den Augen")

---

66 D.h.: „Darstellungen der Geschichten des Alten Testaments. Nach dem Leben und mit äußerster Sorgfalt und Vervollkommnung gemacht, Französisch in der Auslegung auf den Menschen hin".

67 M.E. Schild: Abendländische Bibelvorreden bis zur Lutherbibel, Gütersloh 1970.

68 Röll 1992, S. 204.

69 Diese Vorrede ist in der in großer Menge vorhandenen Literatur zu den „Icones" bislang unbeachtet geblieben. Sie wird hier nach der Ausgabe Lyon, 1547, in Ausschnitten zitiert [Wolfenbüttel, Herzog August Bibliothek, Sign.: 1089.13 Theol. (1)].

Alle Bevölkerungsschichten werden also dazu aufgerufen, die biblischen Bilder genau zu betrachten und sie sich einzuprägen, um dadurch zu Glauben und Gottgefälligkeit angeregt zu werden. Der Gedanke der Ausschmückung von Zimmern und dem Hinzusetzen von biblischen Versen lehnt sich, wie leicht zu erkennen ist, an das oben zitierte Vorwort Luthers zum Passional von 1522 an.

Auch Hirschvogel/Perenius trafen in ihrer Vorrede (von der ja drei Varianten existieren; vgl. Anhang Kap. III.1. bis III.3.) Aussagen über den Benutzerkreis des Buches: Nicht die „hochgelehrten", sondern „die eines geringen verstandts sind" sollten seine Leser und Betrachter sein. Das von W. Röll angesprochene Problem, welcher Personenkreis wegen der hohen Preise der Werke als Käuferschicht überhaupt in Frage kam,[70] stellt sich auch hier. War z.B. in der Vorrede der „Neuen biblischen Figuren" (1564, Frankfurt am Main, mit Holzschnitten Jost Ammans)[71] auch die Bedeutung der Bilder für Steinmetze und Schreiner betont worden, die sie als Vorbilder ihrer Arbeiten benutzen sollten, wird man bei der „Concordantz" wohl vorrangig von – allgemein formuliert – biblisch Interessierten auszugehen haben, bzw. den zu belehrenden Schülern, die die von Perenius gegründete, protestantisch orientierte Schule besuchen würden.[72]

Gibt es dazu in der „Concordantz" nur kurze Angaben, so läßt sich aus der Vorrede in der „Leien Bibel" von 1540 das Anliegen biblischer Bilderbücher sehr viel genauer entnehmen und sich sicher auch auf vergleichbare andere Werke wie die „Concordantz" übertragen. Die Vorrede zur „Leien Bibel" verfaßte der Drucker des Werkes, Wendelin Rihel, selbst.[73] Für ihn stand der pädagogische Nutzen des Werkes im Vordergrund. Die 181 Illustrationen sollen nicht nur als eine Art Gedächtnishilfe, sondern auch zum inhaltlichen Verstehen der biblischen Geschichten dienen und zwar nicht nur für Erwachsene, sondern auch für Jugendliche:

(Bilder) „disen (...) nutz mit sich bringen / das sie bei meniglich die gedechtnis fürderen vnd bei einfaltigen Leie vnd der juget / auch den verstand heller machen. Dann die kleinverstendige vnd kindische leut / schawen an die bilder / vnd vnder des bedencken sie die Historie desto fleissiger / so damit abgebildet sind."[74]

Eine vergleichbare Intention hatte schon der Vater Wendelin Rihels verfolgt, Bernhard Rihel, der ebenfalls Drucker gewesen war und im Vorwort der Basler Speculum-Ausgabe von 1476 darauf hinwies, daß „Aber die vngelehrten die sollent vnderwiset werden, in den bucheren d'leygen, dz ist in dem gemelt (...). So wil ich mit d'gottes hylffe ein leyenbuch machen."[75]

Neben dem Bild kommt in der Basler „Leien Bibel" aber auch dem Wort große Bedeutung zu. In einem Satz ist über dem Holzschnitt der Inhalt der jeweiligen Geschichte in wenigen Stichworten wie in einer Überschrift festgehalten und unter dem Holzschnitt steht ein vierzeiliger Reim, der Hauptaussagen der Erzählung zusammenfaßt. In der Vorrede („Zum Leser") erfährt man, daß, ausgehend vom Wort der Bibel, der Leser religiös, didaktisch und auch moralisch unterwiesen werden soll. Für Kinder hat dabei, wie betont wird, das Bild eine höhere Bedeutung:[76]

Die Bilder und „histori" mögen „die mueter jren kindern (...) für augen legen / vnnd also jnen fil heilsamer werck Gottes / one grosse muehe / ja mit lust vnd freuden einscherpffen."

---

70 Röll 1992, S. 232f.
71 P. Tanner: „Neue künstliche Figuren Biblischer Historien in Gotsförchtiger ergetzung andächtiger hertzen", in: Kat. Basel 1984, S. 185f.
72 Schwarz 1917, S. 36.
73 Kohls 1972, S. 354–361.
74 Gassen 1983/84, S. 22.
75 Zitiert nach Gassen 1983/84, S. 38.
76 Vgl. P. Schmidt 1935, S. 232.

Es besteht also ein gegenseitiger Nutzen zwischen Bild und Text, wenn die Bilder dazu auffordern, ihren Inhalt im beigestellten Text nachzulesen:

„(...) durch soliche figuren mag man Memorieren vnd in gedechtnis nemen was einer lißt (...) / so man bey yetlicher figur lißt vnd soll suchen nach den capitlen (...) / dis nit allein lustig / sonder auch nutz vnd behaltlich um nachzudencken."[77]

Auch in der Vorrede der „Concordantz" wird etwas über ihre Zielsetzung ausgesagt, und zwar mit Hilfe eines Wortes Christi („Geht in die Schrift / die gibt zeugnus von mir"; genau dazu fordern die Autoren auf, wenn sie Bibelstellen neben die Verse setzten, mit deren Hilfe die entsprechenden Erzählungen leichter gefunden und nachgelesen werden sollten). Übereinstimmend mit dem oben Gesagten verstanden Hirschvogel/Perenius die „Concordantz" als pädagogisches Hilfsmittel, als Arbeits- und Anschauungsmaterial für das Bibelstudium. Dafür sprechen, abgesehen von den Bibelstellenangaben, auch noch drei andere Aspekte. Es war auffällig, daß bei manchen Illustrationen auch mehrere Nebenszenen mit aufgenommen wurden, die kaum typologisch bedeutsam sind, aber die Haupterzählung noch ausschmücken, indem sie die vorhergehenden und nachfolgenden Momente darstellen. Dies kann nur eine Erweiterung sein (12.a, neben Naamans Heilung auch die davorliegende Bitte um Heilung), aber auch erheblich mehr, wie z.B. in Radierung 16.b, die nahezu alle Wunderheilungen Christi auf einmal zeigt. Hier wird der Wunsch nach Umsetzung möglichst vieler Abschnitte der Bibel erkennbar, wie auch aus dem Paar 43., das ja nicht typologisch fundiert war, doch auf den Sündenfall konnte nicht verzichtet werden, es sollten alle zentralen Geschichten der Bibel im Buch vorkommen. Die didaktischen Absichten Hirschvogels und Perenius' spiegeln sich auch in der sehr oft festzustellenden Texttreue, durch die viele Details des Textes ihren Weg in die Illustrationen gefunden haben: So in 19.b, 33.b, 37.b oder auch 39.a. Besondere erzieherische Aufgaben sind dann erfüllt, wenn Episoden vorkommen, mit denen eine moralische Belehrung erreicht werden konnte. Vor allem die folgenden: 23.a ruft zu Hilfsbereitschaft auch gegenüber Feinden auf, 26. warnt vor Ehebruch, die Vierergruppen 37./38. und 81./82. ermahnen zur Bekehrung und rufen zu Vertrauen und Ehrfurcht gegenüber Gott auf, und 48. zeigt, daß Gerechtigkeit stets siegt. Derartige Themen waren in biblischen Zyklen in dieser Menge zuvor nicht vorgekommen. Die nachhaltige Behandlung biblischer Geschichten in sehr großer Zahl konnte mit dem typologischen Prinzip erfolgreich erreicht werden. Mit der Aufteilung der Bildseiten wurden inhaltliche Bezüge und Gemeinsamkeiten zwischen beiden Bibelteilen nur zu deutlich vor Augen geführt, wozu überdies durch die Verse ein weiterer Teil beigetragen wurde – sie wirken auch in der reinen Textausgabe besonders leicht begreifbar. Die Darstellungen der „Concordantz" sind zugleich Wiedergabe und Interpretation der biblischen Historien und bewirken das einfühlsame Verstehen der theologischen Zusammenhänge. Einer auch in der „Concordantz" zu beobachtenden kompositionell größtmöglichen Gleichsetzung der Illustrationspaare und -vierergruppen kommt angesichts einer für die Mitte des 16. Jahrhunderts noch hoch anzusetzenden Zahl von Analphabeten[78] besondere Relevanz zu. Zusätzlich zu den Versen (s. Kap. II.3.) konnte so auch mit Hilfe der Illustrationen die Bibel ausgelegt und den Textteilen der „Concordantz" eine zusätzliche Sinnschicht gegeben werden, deutlich werdend z.B. durch Figurenhaltungen, die oft in allen vier gleichzeitig sichtbaren Darstellungen auftreten (z.B. in 1./2. oder 63./64.) und dadurch auch optisch Relationen zu erläutern vermochten. 1560 wurde die Bedeutung der Bebilderung von Bibeln in der Vorrede der „Biblischen Figuren des / Alten vnd Newen Testaments"[79] wie folgt ausgedrückt:

---

77 Aus der Vorrede des „Neüw Testamet" von 1527 und '29 bei Johannes Grüninger in Straßburg, zitiert nach Gassen 1983/84, S. 37.

78 R. Engelsing: Analphabetentum und Lektüre – Zur Sozialgeschichte des Lesens in Deutschland, Stuttgart 1973, S. 32–41.

79 Kat. Basel 1984, S. 194.

„Zuletzt auch umb der Eynfeltigen Christen willen, so die Schrifft nicht lesen konnen, und dannoch lust und lieb darzu haben, denen werden dise Figuren on zweifel auch dester lieblicher und troestlicher und gleich als ein Leyen Bibel seyn."

Unter künstlerisch-technischem Aspekt soll im Hinblick auf die Stellung der „Concordantz" im Rahmen der Bibelillustration des 16. Jahrhunderts in Deutschland noch darauf hingewiesen werden, daß dieses Buch am Beginn einer Entwicklung steht, bei der der Buchholzschnitt durch Tiefdrucktechniken (Kupferstich und Radierung) ersetzt wurde. Erst 1568 erschien in Nürnberg ein Werk ähnlichen Umfangs, dies dann mit Kupferstichen: Virgil Solis' „Ein new künstlich Betbüchlein".[80]

3. Wechselbeziehungen zwischen Bild und Text

Weil die enge räumliche Verknüpfung von Bild und Text in der „Concordantz" eine starke Abhängigkeit der beiden Teile voneinander schon allein optisch nahelegt und ja auch eine eigenständige Textausgabe existiert, dürfen die Reimpaare in dieser Untersuchung nicht vernachlässigt werden.[81]

Abgesehen von ihrer Funktion als Bildlegenden (s. dazu unten) muß vor allem davon ausgegangen werden, daß mit den Versen das Programm des Zyklus' erstellt und festgehalten wurde. Die neunzig – wahrscheinlich allesamt, doch zumindest größtenteils – von Peter Perenius verfaßten Verszusammenstellungen[82] werden Hirschvogel als thematische Vorgaben und Inhaltsanweisungen für die Illustrationen gedient haben.

Da es sich um Radierungen handelt, war es nicht wie in mittelalterlichen Blockbüchern möglich gewesen, Bild und Text auf einer Druckplatte zusammenzufassen; die Texte mußten in einem zweiten Vorgang mit Holzlettern gesondert hinzugedruckt werden.[83] Irrtümer in einigen Folioexemplaren der „Concordantz" beim Arrangement der Verse zu den Illustrationen[84] legen es nahe, daß zuerst die Illustrationen gedruckt, danach dann die Vierzeiler hinzugefügt wurden.

Es ist nach genauerer Betrachtung der Verse notwendig festzustellen, daß die Verse in der Mehrzahl beschreibenden und nacherzählenden Charakter haben und sie damit das Verstehen der biblischen Geschichten auch ohne genaue Bibelkenntnis ermöglichen.[85] Jedoch wurden auch noch andere Aussageformen gewählt, die es zu differenzieren gilt.

Besonders tiefgehend und wirksam sind die Verse, wenn der Leser direkt angesprochen wird, wofür einige Beispiele genannt seien: 22.b („Samlet gut schetz"), 23.a („Deins widersachers esel hilff du"), 47.b („Darumb seyt barmhertzig den armen ‖ Laßt euch jr in demuth erbarmen") oder 81.a („Wo woelt ir mir ein wonung bawen"). Über eine Beschreibung gehen die Verse auch dann hinaus, wenn direkte Rede der handelnden Personen eingefügt wird, was die

---

80 Vgl. Kat. Nürnberg 1987, Kat. Nr. 102.
81 Wuttke 1979, S. 54, Anm. 8: „Eines der auffälligsten Symptome [der Trennung von Kunstgeschichte und Philologie, Anm. d. Verf.] ist die Isolierung von Illustrationsgraphik vom dazugehörigen Text in Abbildungswerken, dies selbst bei bequem als Ganze reproduzierbaren Einblattdrucken."
82 S. den Text des Titelblattes (Abb. II) und das Nachwort des Index zur Folioausgabe, Kap. III. 4. im Anhang.
83 Der zweifache Druckvorgang war seit etwa 1500 übliche Praxis, s. Rosenfeld 1935, S. 29.
84 Vgl. den Nachweis von vertauscht gedruckten Versen bei den Exemplaren der Sammlungen in Berlin und Hamburg im Anhang Kap. III. 9.
85 In Auswahl sei an die Verse der Paare 21. und 63. erinnert, oder aber an die Verse zu den Illustrationen 37.b und 78.a, die das im Bild zu Sehende nur beschreiben.

Verse zu verlebendigen vermag. Solche Passagen werden meist mit „spricht" (7.b oder 38.b) oder mit ähnlichen Wörtern eingeleitet („schryen sie" – 19.a, „bot" – 31.b oder „fragt" – 49.b).

Obwohl die Illustrationen von einer großen Nähe zum Bibeltext gekennzeichnet sind, gibt es in den Versen wörtliche Bezüge zu ihm so gut wie nie. Genaue Zitate kommen nicht vor, allenfalls Paraphrasierungen, wie eine z.B. für 55.a festgestellt wurde. Durchaus hilfreich für das gründliche Verständnis der Geschichten kann es sein, wenn in den Versen Ereignisse angesprochen werden, die das Bild nicht zeigt. Im Vers 2.a wird außer auf die Aussendung Isais zu seinen Brüdern auch auf die darauf folgenden Ereignisse hingewiesen: Er wird nicht nur seinen Brüdern Essen bringen, sondern danach noch das Volk Israel von Goliath befreien. In der Radierung zu 76.b sieht man zwar die beiden Missetäter Ananias und Saphira niederstürzen und sterben, erfährt aber erst durch die Verse, warum dies geschah (auf Grund ihres Betruges).

Ganz besonders häufig jedoch unterstützen und erklären die Vierzeiler die typologische Auslegung der Zusammenstellungen und heben die gewünschten Bedeutungen hervor. Sie sind dadurch ganz wesentlich für das volle Verständnis der Bilder, die das wörtlich Mitgeteilte vom optischen Eindruck her bekräftigen.[86] Dies kann durch die Betonung der entscheidenden Momente geschehen, auf denen die Kombination beruht. In 33. z.B. (Davids Empfang – Einzug Christi in Jerusalem) wird das durch ähnliche Wortwahl erreicht: Alle zwei wurden mit Gesang empfangen („mit weyber gsang" – „Also sangen die Juden gmein"), beider Einzug war „selig" und beiden schlug in der Folge Haß entgegen (Saul „darnach mit wehr auff jn thet schiessen" – „Auß blindheit toedten sie selbs Christum"). Vielfach wird das Anführen von Parallelen zum alttestamentlichen Ereignis auf der neutestamentlichen Seite durch „also" (17.b), „auch" (60.b), „dergleich" (24.b), „dermassen" (12.b), „gleych" (87.b), „noch mer" (59.b) oder „solch" (53.b) eingeleitet. Auf diese Weise wird in den meisten Verspaaren die Bedeutung des älteren Bibelteils für das Verständnis des Neuen Testament hervorgehoben und der verbindende Aspekt einzelner Geschichten deutlich gemacht, wie es bei Versen in Zyklen nach typologischem Prinzip zumeist die Regel ist.[87]

Wie die sog. „lectiones" bei den Darstellungen in der Biblia pauperum in den oberen Bildecken unterstützen die Vierzeiler der „Concordantz" die typologischen Deutungen.[88] Hinzu kommt aber auch, daß jeder von ihnen auf den Bibeltext zurückverweist (die Angabe der erarbeiteten Bibelstelle steht daneben) und oftmals zusätzlich noch synoptische Evangelienstellen aufzählt (z.B. 24.b, 29.b, 50.b oder 60.b) oder weitere typologische Parallelstellen nennt (z.B. bei 1.a, 30.a, 44.a, 84.a und vielen anderen mehr).

Ob die ästhetisch zweifellos unerheblichen und sprachlich unbeholfenen Verse[89] auch als Merkverse für die biblischen Erzählungen gedacht gewesen sind, muß offen bleiben. Ihre

---

86 Vgl. die Beobachtungen von Harasimowicz 1990, S. 267 zur Verwendung von Texten bei Kunstwerken biblischen Inhalts.

87 S. die fundierten und verallgemeinernden Ausführungen dazu bei Harasimowicz 1990, bes. S. 267.

88 Wirth 1978, Sp. 851; die Texte in der Biblia pauperum stellten marginale Kommentare und Gedächtnishilfen dar, vgl. M.W. Driver: The Image Redux – Pictures in Blockbooks and What Becomes of Them, in: Kat. Mainz 1991, S. 350.

89 Meist erscheint der Reim gesucht und erzwungen, es treten, sehr selten zwar, auch sich nicht wirklich reimende Versschlüsse auf (z.B. 3.a „zusamen" / „grunen"). Allgemein ist es für Verse in „Figuren-Bänden" der Frührenaissancezeit in Deutschland üblich, daß ihr qualitativer Wert gering ist; s. dazu besonders die Ausführungen von Rosenfels 1935, S. 42; Röll 1992, S. 199. Das wohl erste Beispiel für biblische Historienbilder, denen ein eigens gedichteter Reim beigegeben wurde, ist das „Memorial der Tugend" von 1534, in Augsburg gedruckt (Abb. 11); vgl. Schreyl 1990, S. 154–156). Sie haben einen sehr ähnlichen Aussagewert wie die der „Concordantz": Den Bildinhalt mit Worten darzustellen, zu deuten und den Leser anzusprechen.

gereimte Form läßt aber auf eine mnemotechnische Funktion schließen.[90] In ihnen ist allerdings sehr stark der geistige und theologische Hintergrund zu erkennen, vor dem die „Concordantz" entstand. In direkt an den Leser gerichteten Bemerkungen werden wiederholt christliche Feiertage und auch Glaubensgrundsätze angesprochen. Bei der Schilderung Christi Gefangennahme (40.b) wird gleichzeitig an den Gründonnerstag erinnert und das Osterfest erhält sogar einen eigenen Vers (70.b). Der Gedanke von der Erlösungstat Christi wird so oft wiederholt, daß er als einer der zentralen Gedanken des gesamten Zyklus' verstanden werden muß. Besonders bei den Ereignissen im Vorfeld der Kreuzigung Christi ist dies der Fall: 50.b (Geißelung) – „Vnd vns zu vnser seel seligkeit", 52.b (Vorbereitung des Kreuzes) – „Vnd errett vns auß des Teueffels band", 54.b (Kreuztragung) – „fuer vns suender", 57.b (Kreuzannagelung) – „Das er vns in dem Paradeyß bracht" oder 60.b (Kreuzbesteigung) – „Mit seim tod vns die erloesung schenkt". Diese Feststellungen leiten über zum folgenden Kapitel, in dem der Herkunft dieser Glaubensinhalte genauer nachgegangen wird, um damit ein besseres Verständnis einiger ikonographischer Besonderheiten zu gewinnen, wie den Umformulierungen gängiger ikongraphischer Schemata oder der Aufnahme neuer Themen.

4. Religionsgeschichtliche Einordnung der „Concordantz"

Etwa seit dem Ende des ersten Drittels des 16. Jahrhunderts hat es einen Wandel der Auftraggeberschaft für Kunstwerke gegeben. Die katholische Kirche war zu sehr in den Glaubenskonflikten engagiert und die höfischen Kreise, besonders im Ostteil des Reiches, in die Abwehr der Türkenbedrohung verstrickt. Der Privatmann begann nun wichtigster Kunstförderer zu werden und besonders die zum Protestantismus Übergetretenen nutzen die Möglichkeit, ihrem Glauben und ihren religiösen Vorstellungen in Kunstwerken Ausdruck zu verleihen.[91]

In Kapitel I.1 war bereits festgehalten worden, daß die theologische Position des Auftraggebers der „Concordantz", Peter Perenius, vom lutherischen Bekenntnis bestimmt war. Aus Luthers Schriften, insbesondere seinem bibelexegetischen Werk, hatte Perenius Anregungen für einige der typologischen Bildpaare entnommen (z.B. bei den Paaren 13. und 61.). Sind also solche Einflüsse in Details zu erkennen, liegt die Frage nahe, ob nicht auch die dem Programm der „Concordantz" zugrundeliegende typologische Argumentationsweise ebenfalls in der lutherischen Theologie – zusätzlich zu den mittelalterlichen Quellen – verankert werden kann und inwieweit reformatorischen Glaubensinhalten in den Darstellungen Ausdruck gegeben wurde.

Die „Concordantz" ist als ein Zeugnis in der Reihe jener Werke zu sehen, die, „im Bann einer theologisch-geistigen Auseinandersetzung" entstanden, bislang kaum erarbeitet sind und sich heute in einem nur sehr bruchstückhaften Bild darstellen, wohl dadurch begründet, daß jene Werke zumeist von unbekannten Meistern geschaffen wurden und oft nur durchschnittliche künstlerische Qualität haben.[92] Protestantische Kunst ist als in sich geschlossener Komplex nie bearbeitet worden, einerseits, weil die sich teilweise stark unterschiedenen Lehrmeinungen einzelner Reformatoren verschiedene Voraussetzungen für das Entstehen von Kunstwerken geschaf-

---

90 Diese Frage wurde bereits angesprochen von G. Schmidt 1959, S. 84; Unterkircher/Schmidt 1962, S. 15 und Wirth 1978, Sp. 849.

91 Dieses Phänomen ist bislang, soweit ich sehe, allein von Steinböck 1975, S. 408f. bemerkt und gewürdigt worden. Es entstehen in dieser Zeit z.B. besonders viele Epitaphien. So befinden sich in der Marienkirche zu Pirna/Sa., seit 1539 als protestantische Gemeindekirche genutzt, etwa 50 Grabdenkmäler aus dieser Zeit und bis ins 18. Jahrhundert hinein; E.-H. Lemper: St. Marien in Pirna, München 1991, S. 22f.

92 Einer der wenigen Forscher, die diese Hürden zu überwinden versuchen, ist Jan Harasimowicz, s. dessen Arbeiten, bes. Harasimowicz 1990, aber auch: Steinböck 1975 und H. Oertel: Die protestantischen Bilderzyklen im niedersächsischen Raum und ihre Vorbilder, in: Niederdeutsche Beiträge zur Kunstgeschichte 17 (1978), S. 102–132.

fen hatten; andererseits wurde von einzelnen Reformatoren vielfach scharfe Kritik an Bildern geübt, die bis zur Bilderfeindlichkeit reichen konnte. Die Vorstellung von einer vorherrschenden „Abtuhung der Bylder"[93] mag ebenfalls zur weitestgehenden Vernachlässigung von protestantischer Kunst geführt haben.[94] Doch, wie oben (Kap. II.2.) gesehen, gab es keine generelle Ablehnung religiöser Bildwerke – so hatte Luther sie für den kirchlichen Gebrauch durchaus empfohlen, dies gerade unter dem Eindruck des Wittenberger Bildersturms (1524), der durch Andreas Bodenstein von Karlstadt initiiert worden war, einem Fakultätskollegen Luthers.[95]

Noch immer muß die Frage gestellt werden, wann ein Werk überhaupt reformatorisch, bzw. protestantisch genannt werden kann. Nach W. Steinböck[96] liegt protestantische Kunst dann vor, wenn sie Themen zeigt, die seit den späten 1520er Jahren in protestantisch gesinnten Auftraggeberkreisen bevorzugt wurden und die besondere thematische Schwerpunkte in der Ikonographie aufwiesen, womit vor allem die gesteigerte Darstellung von Szenen des Alten Bundes gemeint ist und dabei die Bevorzugung von Erzählungen, aus denen das wohlwollende und heilbringende Wirken Gottes spricht (Errettung Jona, Jakobs Traum von der Himmelsleiter, Hiobs Leid und Erlösung).

Als zweites Merkmal möchte ich die ikonographische Umformulierung gängiger Themen erkennen. Ikonographische Besonderheiten biblischer Themen in der Kunst der Reformation sind von der Forschung bisher zumeist umgangen oder nicht beachtet worden, denn hierbei ist interdisziplinäres Vorgehen gefordert. Sieht man von den groben Linien ab, die F. Ohly in seinen Aufsätzen aufzeigte,[97] standen in den zahlreichen Ausstellungskatalogen des Lutherjahres die publikumswirksamen „propagandistischen" und „agitatorischen" Bildwerke, wie z.B. Flugblätter und -schriften, im Vordergrund, mit denen gegen Papsttum und Mönchtum polemisiert wurde, was aber nur ein Aspekt reformatorisch gesinnter Kunst ist.[98]

Zum dritten spielt nun das „Andachtsbild" keine Rolle mehr, das im Mittelalter für das Publikum Gegenstand der Anbetung und Ausdruck seiner Frömmigkeit gewesen war. Neben bildlichen Darstellungen verhalfen die nun vermehrt hinzugefügten belehrenden Inschriften und Spruchbänder dem Betrachter zu einem Verständnis der Glaubensinhalte und zur präzisen Erklärung der Bildinhalte.[99] Ein solch lehrhafter Charakter war oben (bes. in den Kapiteln

---

93 So der Titel eines Traktates Karlstadts, der frühesten Behandlung der Bilderfrage (18. 1. 1522); vgl.: Ohn' Ablass von Rom kann man wohl selig werden – Streitschriften und Flugblätter der frühen Reformationszeit, hg.v. Germanischen Nationalmuseum Nürnberg, mit einer Einführung von Konrad Hoffmann, Nördlingen 1983, Quelle IV; Reinitzer 1983, S. 141f.

94 H. v. Poser und Gross-Naedlitz: Protestantische Kunst, in: Marienlexikon, Bd. 5, bes. S. 330; M. Stirm 1977.

95 K. Müller: Luther und Karlstadt – Stücke aus ihrem gegenseitigen Verhältnis, Tübingen 1907; H. Haase: Karlstadt als Prediger in der Stadtkirche zu Wittenberg, in: W. Merklein u.a.: Andreas Bodenstein von Karlstadt 1480–1541 – Festschrift der Stadt Karlstadt zum Jubiläumsjahr 1980, Karlstadt 1980, S. 59–83; Kat. Nürnberg 1983, S. 383.

96 Steinböck 1975, S. 409f.

97 Lucas Cranachs „Gesetz und Evangelium"-Bilder – Glaubenszeugnisse der Reformation, sowie: Im Kelch vermittelte Gnadenwirkungen der Strahlen des Passionsbluts Christi und Außersakramentale Gnadenwirkungen der Strahlen des Passionsbluts Christi, alle drei in: Ohly 1985.

98 S. die Beispiele in: Kat. Berlin 1983, Kat. Hamburg 1983 und Kat. Nürnberg 1983; vgl. dazu den Artikel von R. Haussherr: Jubiläumsmaßnahmen: Rückblick auf einige Ausstellungen des Lutherjahres 1983, in: Kunstchronik 37 (1984), S. 421–437.

99 Kat. Schallaburg 1974, S. 224; Harasimowicz 1990. Ein besonders extremes Beispiel für Texte bei Kunstwerken zeigt das Retabel des Altars der evangelischen Spitalkirche in Dinkelsbühl/Mittelfranken. Im „Mittelbild" sind die Einsetzungsworte zum Abendmahl zitiert („Trinket alle daraus ...", Mt 26, 27f.), die Seitenflügel tragen die Zehn Gebote, also beides für den Glauben grundsätzliche Texte – einen aus dem Alten und einen aus dem Neuen Testament; vgl. Kat. Hamburg 1983, S. 116 und Kat. Nürnberg 1983, S. 402f. Zur Bedeutung der Einsetzungsworte für die Lehre Luthers s. Althaus 1962, S. 323–330.

II.2. und II.3.) im Zusammenhang der Bibelillustration des frühen 16. Jahrhunderts konstatiert worden. Trotz dieser beiden wichtigen Neuerungen bleibt eine große Zahl von Werken in ihrer Bildsprache noch „katholisch-mittelalterlich", denn nicht alles, was protestantischen Kreisen entstammt, muß zugleich auch reformatorisch in der Thematik sein,[100] wie dies auch für die meisten Radierungen in der „Concordantz" gezeigt werden konnte, deren Bildthemen weitgehend schon vor dem 16. Jahrhundert geläufig gewesen waren. Die Vermittlung biblischer Geschichten, von denen Luther meinte, daß sie es wert seien, behalten zu werden und dem „gemeinen Mann" oft vor Augen gehalten werden müßten,[101] ließ sich durch die Methode der biblischen Typologie ganz besonders einsichtig erreichen. Seit etwa 800 war die typologische Denkform in bibelexegetischen Werken zu finden gewesen[102] und es ist keineswegs so, daß Martin Luther diese spekulative allegorische Methode der Bibelauslegung gänzlich ablehnte.[103]

F. Ohly hat in seinen Untersuchungen[104] jedoch die Traditionsverbundenheit Luthers, was die Typologie betrifft, herausgearbeitet.[105] Luther selbst hatte sich, wie die in Kap. I.3. genannten Zitate gezeigt haben, besonders in seinen letzten Lebensjahren trotz seiner früheren Ablehnung häufig dieser Auslegungsmethode bedient, nützten ihm doch die Erzählungen des Alten Testaments als Hinweise und Erläuterungen für die Heilsereignisse im Leben Christi: Ausgehend vom Vers Jo 3,14, in dem Jesus selbst die typologische Vorstellungsweise im Rückgriff auf die Eherne Schlange fundamentierte, richtete Luther „seine Aufmerksamkeit (...) nicht auf kultische oder geschichtliche Zustände und Personen [des Alten Testaments, Anm. d. Verf.], sondern auf Stellen, wo er Christus real zu finden glaubt."[106] Kaum anders war den Geschichten des Alten Testaments ein Sinn abzugewinnen, als durch die typologische Auslegung, sollten es nicht nur bloße Erzählungen aus alter Zeit bleiben.[107] In ihnen offenbart sich der Wille Gottes, der das Handeln der Menschen in alttestamentlicher Zeit bestimmte, so wie er in der von dort aus gesehen zukünftigen neutestamentlichen Zeit die Menschwerdung Christi herbeiführte:

„Alle geschicht und wort Gottes sind vor zeytten auff den kuenfftigen Christum gericht, der hernach kam, an wilchen sie haben alle mueßt gleuben, wie auch Abraham sahe hyndersich den widder ynn der hecken und nam und opffert yhn, das ist, er gleubt an den Christum, der komen sollt hernach und geopffert werden."[108]

Nicht wie eine Erläuterung von Typologie durch ein Beispiel, sondern direkt wie eine Anleitung zum selbständigen Heraussuchen allegorischer Vorausdeutungen im Alten Testament auf Christus hin, erscheint die Stelle zu Jo 3,14 („wie Mose in der Wüste eine Schlange erhöht

---

100 Steinböck 1975, S. 410f.
101 WA 10, II, 458f, s.o. Kap. II. 2.
102 Meier 1976; Ohly 1988, S. 22 und S. 28–31.
103 So noch zu lesen bei G. Ebeling: Evangelische Evangelienauslegung – Eine Untersuchung zu Luthers Hermeneutik, München 1942, ND Darmstadt 1962, S. 8. Grundlage für Ebelings Schlußfolgerung waren die nur einmal von Luther gemachten Äußerungen, mit denen er sich gegen die ausufernde und übertriebene Allegorisierung einiger Kirchenväter wandte: (Ich habe) „selbs viel zeit im Gregorio, Hieronymo, Cypriano, Augustino, Origine verderbet und verloren, (...) Denn die Veter haben zu irer zeit eine sonderliche lust und liebe zu den Allegoriis gehabt, sind damit umbher spacieret und alle Bücher vol geklickt. Origines ist fast ein Fuerst und Koenig über die Allegorien und hat die gantze Bibel durchaus vol solcher heimlicher deutung gemacht, die denn nicht eines drecks werd sind. (...) Origines hat Christo damit viel schaden gethan" (zitiert aus den Predigten über das zweite Buch Mose, 1524, in Wittenberg unter dem Titel „Eyn Unterrichtung wie sich die Christen ynn Mosen sollen schicken" erschienen; WA 16, 68f.).
104 Besonders Ohly 1985, S. 1–15; Ohly 1988, S. 42.
105 Vorher schon angedeutet durch Bornkamm 1948, S. 209–221.
106 Ebd., S. 212.
107 Ebd., S. 214.
108 „Epistel des Sonntags Septuagesima", sog. „Fastenpostille" von 1525, WA 17, II, 134.

hat, also muß der Menschen Sohn erhöht werden") in der „Auslegung des dritten und vierten Kapitels Johannis" von 1538/40:[109]

„Aber der Herr weiset uns darmit den rechten grieff, Mosen (...) auszulegen, und gibt zu verstehen, das Moses mit allen seinen geschiechten und Bildern auff in deute und auff Christum gehoere. (...) alle Historien in der heiligen schrieft, so sie recht angesehen werden, gehen auff Christum"[110]

Ähnlich ist ein Abschnitt in Luthers Auslegung des ersten Petrusbriefes zu verstehen,[111] in dem er den Aufruf zur Taufe aus I Pet 3,21 („das Wasser (...), das jetzt im Gegenbild auch euch rettet") ausdeutete:

„(...) das alte Testament hatt gedeutet auff Christum, das new aber gibt uns nu das, das zuvor ym Alten verheyssen und durch die figuren bedeut ist gewesen."[112]

Der Begriff „Figuren", den Luther hier als Übersetzung des in der Septuaginta in I Pet 3,21 verwendeten „αντιτυπος"[113] und in der Vulgata mit „figura" wiedergegebenen Wortes auswählte, hat doppelte Bedeutung: Einerseits gebrauchte er es als Bezeichnung für den neutestamentlichen Teil eines typologischen Paares, aber auch, wie oben bereits gesehen, als Ausdruck für „Bild" im Sinne von Kunstwerk.[114]

Zahlreiche weitere Stellen vergleichbaren Inhalts könnten genannt werden,[115] doch sollen diese genügen, um zu zeigen, welche Wertschätzung die typologische Auslegung bei Luther noch immer hatte. Neben einzelnen speziellen typologischen Deutungen in der „Concordantz" spielten Schriften Luthers auch insofern eine Rolle, als Perenius und Hirschvogel diese Auslegungsmethode, die Luther an mehreren Stellen empfohlen hatte, aufgriffen, um mit ihr biblische Geschichten besonders eingängig zu präsentieren. Im Verbund mit Luthers Vorstellung von einer Laienbibel (vgl. die Ausführungen in Kapitel II.2) war so die theoretische Grundlage für das Entstehen der „Concordantz" gelegt. Im Wissen um den protestantischen Ursprung der „Concordantz" drängt sich die Frage auf, wo in der „Concordantz" konkrete „protestant features"[116] ausgedrückt wurden? In sechs Radierungen zum Neuen Testament können solche belegt werden.

Bei der Besprechung der Abendmahlsdarstellung (34.b) war aufgefallen, daß das Motiv der Verräterbezeichnung gänzlich fehlte, wohingegen das gemeinsame Mahl der Jünger mit Christus betont wurde. Christus wird gezeigt, wie er Brot austeilt, das einer der Jünger bricht, und wie er den Kelch reicht, den einer der Jünger gerade mit Wein füllt. Zur Akzentsetzung auf das Gemeinschaftsmahl tragen außerdem die in Kreisform sitzenden Jünger bei, die am Abendmahl teilnehmen, das wie ein liturgischer Vorgang verläuft.

---

109 WA 47, 66.
110 Vgl. Althaus 1962, S. 92.
111 Erschienen in erster Auflage 1523 in Wittenberg bei Nickel Schierlentz.
112 WA 12, 275.
113 Goppelt 1939, S. 4f.
114 Althaus 1962, S. 91; s.a. mein Kapitel II. 2.
115 Siehe z.B. auch WA 10, I, 1: „Das neu Testament ist nit mehr denn ein Offenbarung des alten" (Kirchenpostille 1522, erschienen Wittenberg 1525ff. in mehreren Auflagen) oder die „Vorrede auf das Alte Testament" (1523): „So wisse nu, das dis buch eyn gesetz buch ist, das do leret was man thun vnd lassen sol, vnd daneben anzeyget exempel vnd geschichte wie solch gesetze gehalten oder vbertretten sind, gleich wie das newe testament eyn Evangeli odder gnade buch ist vnd leret, wo mans nemen sol, das das gesetz erfuellet werde, (...) sind auch ym alten testament neben den gesetzen, etliche verheyssung vnd gnaden spruche (...) die von (...) vergebung der suende ynn Christo verkundigen." (WA DB 8, 12; vgl.: S. Raeder: Luther als Ausleger und Übersetzer der Heiligen Schrift, in: Leben und Werk 1983, bes. S. 261–264).
116 Parshall 1986, S. 110; die Herausarbeitung dieser Elemente vermißten L.B. Parshall und P.W. Parshall in der Schwarz'schen Monographie über Hirschvogel.

Wie Hirschvogel/Perenius in ihrem Vers unter der Radierung betonen, waren das von Christus ausgeteilte Brot und der Wein Zeichen dafür, daß sie „seins tods solten indenck sein". Auch für Luther war das Abendmahl vorrangig ein Mahl zum Gedächtnis an den Tod Christi.[117] Zusätzlich stand für den Reformator auch der Aspekt der Sündenvergebung im Mittelpunkt seiner Abendmahlslehre. Im „Sermon von dem newen Testament"[118] lehrte er, daß dieses Sakrament auch Vergebung der Sünden bringt, wie sie Jesus in den Einsetzungsworten (Mt 26,27 f.) versprach (WA 6,358.). „Zur Versiegelung, „daß solch Gelübde unwiderruflich bleibt", stirbt Jesus darauf, gibt seinen Leib und Blut dafür und hinterläßt beides zum Zeichen."[119] In der Radierung ist das freiwillige Hingeben von Brot und Wein, Symbole des kommenden Geschehens, deutlich betont.

Ist in der Darstellung des Abendmahls ist der Einfluß der Theologie Luthers nur sehr unterschwellig und nicht vollkommen beweisbar zu erkennen, so spiegeln sich dessen Vorstellungen in der Radierung zu Vers 63.b (Christus in der Vorhölle) deutlicher wieder, bei der der Auferstandene im Typ des „Christus victor" gezeigt ist – der Darstellung, bei der er mit der Auferstehungsfahne den Teufel, der im Rachen der Hölle sitzt, niederkämpft und durchbohrt. Dieses bereits im 12. und 13. Jahrhundert häufig anzutreffende Motiv (z.B. auf einem der Täfelchen des Klosterneuburger Emailwerks, wo Christus den gefesselten Höllendrachen niedertritt) wurde im 16. Jahrhundert wieder aufgegriffen und ist eines der typischen, meist verbreiteten Motive der Reformationskunst,[120] da sich mit ihm die Vorstellung von Christus als dem Überwinder von Tod und Teufel anschaulich verbildlichen läßt. Wenige Jahre vor der „Concordantz" war diese Vorstellung bereits in der „Gesetz und Evangelium"-Allegorie im rechten unteren Bildbereich dargestellt gewesen (Abb. 6).

Christus nahm den Kampf mit den Mächten der Hölle ebenso wie seinen Tod am Kreuz freiwillig auf sich.[121] Die Sünde und der Teufel wollten Christus wie alle anderen Menschen auch verdammen. Doch Christus überwand und tötete sie. Christus „ist das hymelisch Bild, der vorlassen von gott, alß eyn vordampter, und durch seyn allermechtigst liebe die hellubirwunden, bezeugt, das er der liebst sun sey, und unß allen dasselb zu eygen geben, ßo wir also glauben."[122]

Auch in der Hölle nahm er wie zuvor am Kreuz das Leiden aller Menschen auf sich und erlöste sie damit – dies erklärt, weshalb der Strom der Sünder, ganz anders als in früheren Darstellungen des Themas, der Hölle bereits den Rücken zugewandt hat und errettet zum Himmelreich hinaufsteigt:

„Christus ist nicht dazu gestorben, daß du ein Suender bleibest, sondern die Suende getötet und zerstört werde, dass du forthin Gott (...) liebest."[123] Durch seine Auferstehung „macht er unß gerecht unnd loß von allen suenden".[124]

Zwar ist die Vorstellung von der Sündenerlösung der Menschheit durch Christi Heilswirken allen christlichen Religionen eigen, doch im evangelischen Glauben ist sie der beherrschende Gedanke.[125] Der Beistand Gottes war zuerst im Alten Testament offenbar geworden, als er

---

117 Althaus 1962, S. 330f.
118 1520; WA 6,353ff.; erschienen Wittenberg 1525.
119 Althaus 1962, S. 320f.; WA 6, 358 und 359f.
120 Schiller, Bd. 3, S. 39–41 und 63.
121 So mehrfach in Luthers Vorlesung zum Brief des Paulus an die Galater interpretiert, WA 57, 22–32 erschienen in mehreren Auflagen 1535 bis 1538 bei Lufft in Wittenberg; Althaus 1962, S. 183.
122 WA 2,691: „Ein Sermon von der Bereitung zum Sterben", 1519; noch im gleichen Jahr in Wittenberg bei Johann Grünenberg erschienen.

123 WA 49, 783.
124 WA 2, 140; „Eyn Sermon von der Betrachtung des heyligen leydens Christi"; erstmals 1519 in Wittenberg gedruckt.
125 Vgl. zur sog. „Erlösungslehre" Luthers: B. Steffen: Erlösung, in: Evangelisches Kirchenlexikon, Bd. 1 (1956), bes. Sp. 1131; Art. Erlösung, in: Christliche Religion, hg.v. P.O. Simmel S.J. und R. Stählin (Das Fischerlexikon, Bd. 3), Frankfurt am Main 1957, S. 74–76; H. Deuser: Rechtfertigung, Rechtfertigungslehre, in: Evangelisches Kirchenlexikon, Bd. 3 (1923), S. 1459–1466.

das Volk Israel aus der ägyptischen Gefangenschaft erlöste. Offenkundig wurde die Erlösung der Menschheit dann im Werk Christi, der von Gott gesandt war. Im Sinne von I Kor 15,3 („Christus ist gestorben für unsere Sünden") ist das Erlösungswerk Christi in den Ereignissen zwischen Judasverrat und Auferstehung zu finden. Als „leidender Gottesknecht", der stellvertretend Leiden auf sich nahm (s. das Verspaar 71. der „Concordantz"), entmachtete Christus den Satan und trat für die sündige Menschheit ein. Dieser Gedanke sprach in der „Concordantz" ja schon aus dem Bildpaar 43., wo dem Beginn der Passion (d.h. dem Verrat durch Judas) der Sündenfall der Stammeltern gegenübergestellt war. Auch der katholische Glaube kennt zwar die Erlösungsvorstellung, doch stellt er den Aspekt der Sünde viel stärker in den Vordergrund: Nach dem Ungehorsam Adams ist die Sünde auf die gesamte Menschheit übergegangen (im Sinne von Rom 5,12); nur der Mensch selbst kann sie durch Buße überwinden, was eine im Gegensatz zur evangelischen Vorstellung erheblich pessimistischere Sichtweise ist.

Die gleiche Auffassung vom Erlösungswerk wie in der Illustration zur Höllenfahrt steht hinter der Thematik der Radierung 59.b, die die Kreuzbesteigung Christi zeigt. Einer der zentralen Gedanken der theologischen Lehre Luthers ist, daß statt der Mächte der Hölle durch seinen Kreuzestod nun Christus der Herrscher über die Menschheit wird.[126] Stellvertretend für die gesamte sündige Menschheit tritt Christus an ihre Stelle, übernimmt für sie alle Schuld und leistet damit gegenüber Gott Genugtuung:

„(...) daß Christus gottes Son für uns steet und alle unser sünde auff seynen halß genommen hatt, und ist die ewige genuegk thounge für unnser sünde und versoenet uns vor got dem vatter: wer den glauben hat, der gehoert eben zu diesem sacrament, dem kan weder teüffel, hell noch sünde schaden."[127]

Die Illustration zum Vers 59.b ist geradezu die bildliche Gestaltung dieser Stelle aus Luthers Schriften. Sie stellt eine Variante der Umsetzung dieses Gedankens in der „Gesetz und Evangelium"- Allegorie dar (Abb. 6).[128] Dort war auf der linken Bildhälfte der Mensch gezeigt, der zwar die Möglichkeit der Einhaltung der von Mose gegebenen Gesetze hatte, doch sich nicht an sie hielt, folglich von Tod und Teufel zum Fegefeuer getrieben wird. Glaubt der Mensch aber – so auf der rechten Bildhälfte dargestellt – an Christus und seine Auferstehung, wie er es von Johannes gezeigt bekommt (Jo 1,29: „Siehe, das ist Gottes Lamm, welches der Welt Sünde trägt"), so empfängt er den Heiligen Geist und die Gnade des Herrn. Allein Christus war es, der „den Teueffel Hell gar alles band, Drumb er vnser erloeser ist gnant", wie es die Verse zu 59.b formulieren.[129]

Nahe an der Vorstellung von der Erlösung der Menschheit durch Christus steht auch die Einfügung des Christuskindes, das bei der Verkündigung an Maria (1.b und 2.b) in einer Lichterscheinung von Gottvater zur Erde gesandt wird. Doch ist dieses Motiv auch früher schon in nicht-protestantischen Werken zu finden, so daß hier nur von einer Übernahme eines ikonographischen Details gesprochen werden kann, das sich aber sinnreich zu den Aussagen der „Concordantz" fügt.

---

126 Althaus 1962, S. 177.
127 WA 10, III, 49; Sonntagspredigt Luthers von 14.3. 1522; mehrfach gedruckt seit 1522, s. WA 10, III, LXXII–LXXV. Althaus 1962, S. 178.
128 Althaus 1962, S. 218–238.
129 Sinngemäß sehr ähnlich zieht Luther ein Fazit zur Erlösungslehre: „Denn darumb ist er von todten aufferstanden (...), das er die suende, tod und Helle gar tilge und wegnehme und uns auch zur newen ewigen gerechtigkeit und ewi-gen leben bringe" (zitiert aus „Ein schoene Predigt von dem Gesetz vnd Evangelio", gedruckt in Wittenberg bei Hanns Lufft 1537. Diese Predigt stellt eine Erläuterung zur „Gesetz und Evangelium"-Allegorie dar, wie sie Cranach d.Ä. etwa sieben Jahre zuvor als Holzschnitt geschaffen hatte – überraschenderweise wurde er bisher noch nie mit dieser Predigt Luthers – sie ist als Primärquelle anzusehen – in Beziehung gebracht.

Auffällig sind im Zyklus der „Concordantz" die Darstellungen zu den Versen 55.b und 56.b (Nachfolger Christi), in denen nicht Christus die Hauptfigur ist. Das Thema der mitleidenden Nachfolge des Menschen war in typologischen Zyklen bis dahin unbekannt gewesen, läßt sich theologisch aber sinnreich zur sog. „Kreuzestheologie" Luthers ordnen.[130] Mit ihr hatte Luther folgende Vorstellung zu kennzeichnen versucht: Der Gläubige vermag Gott nicht nur durch dessen gute Werke zu erkennen, die er Christus und der Menschheit brachte (z.B. Krankenheilungen), sondern auch durch jene, mit denen er ihnen Leid zufügte. Gott offenbarte sich auch im Leiden der Passion Christi und in seiner Kreuzigung, bei der Christus durch Gott für die Menschen geopfert wurde. Der Gläubige muß erkennen, daß Christus mit seinem Kreuzestod von Gott ewiges Leben gegeben wurde. Durch die Kreuzigung Christi zeigte Gott, daß er den Menschen beisteht, denn er sandte ihnen Christus, der Leid auf sich nahm, um die Menschen von der Sünde zu befreien. Genauso muß der Christ leiden, muß Anfechtungen, Verfolgung, Unglück ertragen, um zu guter Letzt Heil zu erlangen und beim Jüngsten Gericht Gnade zu erfahren.[131] Dieser Gedankengang spricht auch aus den Versen 55.b und 56.b (beide auch illustriert); Christus erwarb bei Gott durch die Kreuznahme Gunst, und ebenso ist der Mensch aufgefordert, das Kreuz auf sich zu laden, denn dem Menschen „will Gott (...) das ewig (leben) geben" (55.b).

Trotz dieser Bezugspunkte zum lutherischen Bekenntnis und zu Darstellungen, die reformatorischen Glaubensgrundsätzen einen bildhaften Ausdruck gaben, folgt die Zitation der Bibelstellen in der „Concordantz" nicht der Lutherbibel (Luthers Übersetzung des Neuen Testaments lag seit 1522 gedruckt vor, die des Alten seit 1534), sondern der Vulgata. Wahrscheinlich war Perenius bei der Ausarbeitung des Programms nur eine lateinische Bibel zugänglich gewesen, wie sonst ließe sich erklären, daß nicht nur die Geschichtsbücher des Alten Testaments mit ihren lateinischen Abkürzungen angegeben sind („Gen."/ „Gene.", „Exo."/ „Exod." usw.), sondern auch alle anderen Bibelteile („Iudic." statt „Ri.", „Prover." statt „Spr.")? Nur in zwei Fällen findet man doch Abweichungen, nämlich in 18.a und 40.a der Textausgabe, wo „1.Sam." und „2.Sam." statt „1.Reg" und „2.Reg" stehen. Obendrein haben ja auch apokryphe Bücher Aufnahme in die „Concordantz" gefunden, die Luther bei seinen Bibelbearbeitungen nicht berücksichtigt hatte (s. Anhang).[132]

5. Augustin Hirschvogel und seine künstlerischen Quellen

A. Die Landschaftsdarstellung

Die wesentlichsten Beiträge zu Kenntnis und Bewertung der Landschaftszeichnungen und -radierungen Hirschvogels sind die Arbeiten von M. Forster und J.S. Peters.[133] Ihre gründlichen Untersuchungen vermochten die bis dahin bestehenden Vorstellungen zu vertiefen, nach denen Augustin Hirschvogel ein später Nachfolger der sog. „Donauschule" gewesen war, deren früheste Vertreter im ersten Drittel des 16. Jahrhunderts im Donauraum zwischen Regensburg und Wien tätig gewesen waren.[134] Als Hirschvogel 1546 Nürnberg verließ, um nach Wien zu ziehen, kam er durch diese Region, wie die zeichnerische Aufnahme der Stadt Passau aus dem selben Jahr zu beweisen vermag. In seiner über eine Monographie zu Wolf Huber hinausgehenden Arbeit über diesen Künstler vermutete F. Winzinger, daß Hirschvogel

---

130 Althaus 1962, S. 34–42.
131 G. Ebeling: Martin Luthers Weg und Wort – Grundbegriffe reformatorischen Christentums, in: Kat. Hamburg 1983, S. 35. Die verschiedenen, hierfür grundlegenden Zitate aus den Schriften Luthers genannt bei Althaus 1962, S. 36–39.
132 Vgl. Kat. Göttweig 1991, S. 69.

133 Forster 1973; Peters 1976; Peters 1979.
134 Stange 1964, S. 6 und 127; F. Anzelewsky: Albrecht Altdorfer und das Problem der Donauschule, in: Kat. Paris 1984, bes. S. 10 und 14; zur Forschungsgeschichte: P. Vaisse: Überlegungen zum Thema Donauschule, in: Kat. Paris 1984, S. 149–163; Mielke 1988, S. 11.

damals Zugang zur Werkstatt Hubers in Passau gefunden hätte.[135] Seit dem Passauer Aufenthalt gab es in Hirschvogels Werken Elemente, die den Einfluß Hubers verraten. Mit der schon in der Einleitung gemachten Gegenüberstellung einer Federzeichnung Hubers[136] mit der Radierung B. 61 Hirschvogels kann dies näher analysiert werden. Es dominiert in beiden Arbeiten ein hölzerner Steg, der zwar bei Hirschvogel niedriger und kürzer, in seiner Konstruktion aber gleich dem Hubers aufgebaut ist. Große Unterschiede bestehen bei der Vegetation im Vordergrund (anstelle des Busches und der Weide bei Huber setzte Hirschvogel einen über die Bildfläche ragenden Baum in das rechte Bildviertel und begrenzte das Blatt links mit einem weiteren Baum) und auch der Hintergrund ist gänzlich verschieden: Ist das gegenüberliegende Ufer in der Zeichnung Hubers von Wiesen und Bäumen gesäumt, hinter denen Hausdächer, Türme und eine Kirche aufragen, so gestaltete Hirschvogel den Horizont mit sanften Hügeln und baumbestandenen Hängen. Hirschvogel wußte also sehr wohl selbständig mit der Vorlage umzugehen, jedoch gelang es ihm nicht, mit Hilfe des Steges den Bildraum perspektivisch zu erschließen, vielmehr staffelte er drei Bildschichten hintereinander.

Weil aber die Radierungen der „Concordantz" bisher noch nicht unter stilistischen Aspekten untersucht worden sind, soll dies hier geschehen. Beginnend mit den landschaftlichen Kompositionen, werden im dann folgenden Kapitelabschnitt die Figurenauffassungen Hirschvogels näher betrachtet, bevor im dritten Unterkapitel die Architekturdarstellungen einer Prüfung unterzogen werden sollen.

Besonders auffällig sind für die Raumauffassung in den Illustrationen der „Concordantz" die weitläufigen Landschaften, die z.T. in vogelperspektivischem Überblick gegeben werden. Je höher die Horizontlinie liegt, desto stärker ist dieses Phänomen, das z.B. in den Radierungen 1.a (Elisa erweckt den Sohn der Sunamitin), 49.a (Moses schlägt Wasser aus dem Felsen) oder 57.a (Jakob ringt mit dem Engel) auftritt. Sehr viel häufiger ist jedoch eine Schichtung der Bildebenen zu beobachten, die zusammengefügt dann tiefe Panoramen ergeben: z.B. spielt sich in den Illustrationen zu den Versen 21.b (Speisung der 5000), 33.a (Triumph Davids) oder auch 61.a (Amalekiterschlacht) die hauptsächliche Handlung im Vordergrund ab, im Mittelgrund sind zumeist dann vorherliegende oder folgende, seltener sich gleichzeitig abspielende Ereignisse zu erkennen (letzteres nur in Nr. 57.a – Jakob ringt mit dem Engel). Ganz im Hintergrund, klein und oft nur durch Figurensilhouetten dargestellt, dann folgt eine letzte Terrainstufe (z.B. 33.a – Triumph Davids). Oft betonte Hirschvogel einzelne Aktionsräume, wenn er sie durch Bodenerhebungen voneinander schied: Beispielsweise in 2.a (Isai sendet David zu seinen Brüdern), 10.b (Flucht nach Ägypten), 47.a (Haman und Mardochai), 63.a (David siegt über Goliath), 85.a (Elisa von den Knaben verspottet) oder durch einen Flußlauf wie in 57.a (Jakob ringt mit dem Engel). Hirschvogel gelang es nur außerordentlich selten, diese Bildebenen dann schlüssig miteinander zu verknüpfen. Beim Bild zu Vers 5.a (Bileams Weissagung) z.B. verläuft zwar die Reihe der Opferaltäre sich verjüngend hin zum Hintergrund, doch schwebt die Esels-Szene perspektivisch unrichtig darüber, sie ist zudem in ihrem Größenverhältnis nicht mit den übrigen Bildgegenständen plausibel abgestimmt. Solchen wie gebaut wirkenden Kompositionen stehen heterogene Bildräume gegenüber, bei denen sich Hirschvogel um einen Tiefenzug bemühte, der zumeist diagonal verläuft, ein typisches Merkmal für viele der Landschaftszeichnungen Hirschvogels.[137] In dieser Hinsicht besonders gelungene Beispiele sind die Radierungen zu 43.a (Sündenfall), wo der Fluß die Darstellung durchzieht, 50.a (Untergang der Ägypter), wo sich der Zug der Israeliten bis zum Horizont erstreckt oder 56.a (Elia beruft Elisa), wo die Ackerfurchen durch die gesamte Bildebene ver-

---

135 Winzinger 1979, S. 44.
136 Berlin, Kupferstichkabinett; Kat. Paris 1984, S. 402.
137 So beobachtet von G. Seelig in: Das Berliner Kupferstichkabinett – Ein Handbuch zur Sammlung, hg. v. A. Dückers, Berlin 1994, S. 137, Kat.Nr. III.64.

laufen. Versuche, zeitlich getrennte Ereignisse mit ähnlichen Kunstgriffen räumlich zu verbinden, gibt es zwar (62.b – Öffnung der Seite Christi oder 63.a – David siegt über Goliath), doch bleiben trotz der verbindend eingesetzten Wege oder Geländefalten die Hintergrundlandschaften nur Kulissen für die vorn sich bühnenartig abspielenden, groß ins Bild gesetzten Vorgänge.[138]

Zu bemerken sind auch unterschiedliche Prinzipien bei der Darstellung der Hauptszenen. Sie können entweder in das gesamte Geschehen eingebunden (bei 49.a steht Moses inmitten der anderen Israeliten) oder aber monumental an die Bildvorderkante gesetzt sein (in 55.b z.B. füllen Christus und der ihm nachfolgende Mann mehr als drei Viertel der Bildhöhe aus).

Außer bei Innenraumszenen sind als durchgängiges Motiv Hügel- bzw. Bergketten in der Ferne als Horizontabschlüsse eingefügt.[139] Im Gegensatz zum mit kräftigem Strich gegebenen Vordergrund erscheinen sie wegen der zarten Ätzung und der Umrißhaftigkeit sehr leicht.[140] Zumeist sind es sanfte, niedrige Hügelzüge und gerade deshalb fallen die seltenen Versuche Hirschvogels, dabei Abwechslung zu erzeugen, besonders auf. So gibt es auch bewaldete Hügel (2.a – Isai sendet David aus oder 3.a – Aarons blühender Stab), Burgen und Städte, die auf den Hügelkuppen sitzen (12.a – Moses kehrt aus Midian zurück) oder unvermittelt aufsteigende, schroffe Felsformationen (z.B. in den Radierungen 10.b – Flucht nach Ägypten, 50.a – Untergang der Ägypter oder 60.b – Kreuzbesteigung Christi).

Diese eben genannten Motive sind es, die auch in anderen Werken Hirschvogels vorkommen und an den „Donaustil" denken lassen. Hügel am Horizont, die zumeist nur in Konturen wiedergegeben sind, aber durchaus auch baumbewachsen sein können, findet man schon zu Beginn des 16. Jahrhunderts bei Arbeiten Albrecht Altdorfers (1517/20), die aber letztlich ableitbar sind von den etwas schrofferen, unbewaldeten Formen der Hügelketten bei Lucas Cranach (z.B. im Hintergrund der Ruhe auf der Flucht mit Engelreigen von 1509). In diesem Holzschnitt ragt im Mittelgrund plötzlich ein gewaltiger Felsen auf, eine gestalterische Komponente, die auch bei Wolf Huber gefunden werden kann, von Hirschvogel aber in der Erscheinung gemildert wurde. Von Bäumen bestandene Hänge, wie sie in der „Concordantz" bei Radierung 2.a vorkamen, gab es in üppigerer Form auch schon bei Altdorfer.

Ein stark den künstlerischen Phänomenen der „Donauschule" verpflichtetes Element bei Hirschvogel ist die Darstellung von Bäumen.[141] Sie erscheinen zumeist nur einzeln stehend (so in den Radierungen 21.b, 53.b, 63.a oder 76.b; nur in 44.a ist es eine Waldlichtung) und Hirschvogel zeigte sie in drei durchgängig auftretenden Typen. Auffällig sind die von der Weide abgeleiteten Bäume (z.B. 43.a oder 63.a). Ihre meist kahlen Zweige und Äste sind dürr und stehen besenartig in die Höhe, sind mit sehr kalligraphisch-schwungvollem und flüchtigem Strich ausgeführt. Vorläufer davon findet man besonders bei Wolf Huber (Berlin, Kupferstichkabinett), Hirschvogel aber gab ihnen schlankere Stämme und längere Äste. In den Radierungen zu den Versen 11.a oder 12.b hängen einige Zweige wie Fäden von den Ästen herab, sie wirken wie abgestorben[142] – eines der typischsten Erkennungsmerkmale für Werke der „Donauschule". Ein anderer Baumtyp ist der üppig belaubte, dies jedoch oft nur in der Baumkrone, dessen Blattwerk durch schlingenartige Strichführungen dargestellt wurde. Mit solch musterartigen, ins abstrakt-ornamental gehenden, schlaufenhaften Strichführungen stellte auch Huber Laubwerk dar. Bei seinen Federzeichnungen geschah dies aber in weicheren Formen, was mit der andersartigen Technik zu begründen ist, die eine noch stärker „ondulierte" Kalligraphie zuließ. Sind die Bäume näher im Vordergrund zu sehen, so ist jedes

---

138 Forster 1973, S. 12–16.
139 Baumeister 1938/39, S. 205.
140 So schon für die Zeichnungen Hirschvogels beobachtet im Kat. Coburg 1975/76, S. 44.

141 Beth 1910, S. 139–149.
142 Forster 1973, S. 44–47; Kat. Coburg 1975/76, S. 44.

Blatt einzeln gestochen und genau gezeigt; es sitzen dann immer nur wenige von ihnen an den Zweigen.

Schaut man sich die Gestaltung eines Baumstammes bei Hirschvogel näher an, läßt sich auch dabei eine Verwandtschaft zum Stil Hubers finden. Die Binnengliederung der Bäume erzielte Huber durch Kreuzschraffuren, deren Striche geschwungene Linienführungen haben, wodurch die Rundung des Baumes wiedergegeben wird. Bei Hirschvogel ist meist der ganze Baumstamm von Linien überzogen (Radierung 58.a); nicht so ist dies z.B. bei der Radierung 37.b. Dort wo Äste vom Stamm abgehen, setzte er dann ebenfalls Kreuzschraffuren ein (Radierung 58.b).

Bei allen diesen Details fällt Hirschvogels sehr zügig ausgeführter, kalligraphischer, flüchtig werdender Strich auf.[143] Für ihn war die gerade erst entwickelte Technik der Radierung[144] die ideale Methode, seinen zuerst für Zeichnungen entwickelten Stil in ein druckgraphisches Medium zu übersetzen. Die Linienführung wirkt in den Radierungen ebenso sparsam und duftig wie bei seinen Federzeichnungen, wodurch besonders die Hügel- und Bergketten im Hintergrund wie aufgelöst wirken; weil sie meist nur wenig oder gar keine Binnenstruktur aufweisen, erscheinen sie wie transparent (so besonders in den Radierungen zu 5.a, 12.a und 40.a).[145] Schon bei seinen frühesten erhalten gebliebenen Zeichnungen aus den 30er Jahren hatte Hirschvogel bestimmte Landschaftselemente formelhaft ausgebildet und immer wieder in seine Arbeiten eingefügt (z.B. Hügelketten oder vereinzelt stehende Bäume; Budapest, Szépmüvèszeti Mùzeum),[146] die auch für sein spätestes Werk wichtig blieben. Auch seine kleinliche Strichführung, die z.B. im Original der Radierung 15.a zu erkennen ist und sogar zur Punktierung reduziert sein kann, behielt er bei.[147] Die also offenkundig rasch gearbeiteten Radierungen erhalten daher den Charakter von Serienware, vergegenwärtigt man sich zudem, daß er allein im Jahre 1548 47 Platten radierte (s. Anhang III.8.), durchschnittlich also pro Woche etwa eine.

B. Stil der Figuren

In der zumeist überbordenden Üppigkeit der Landschaft in Gemälden und Graphiken der „Donauschule" wirken Figuren oftmals nur wie Staffage (vgl. Albrecht Altdorfer: Christus am Ölberg, Berlin, Kupferstichkabinett). Diese Dominanz der Landschaft ließ sich für die Radierungen der „Concordantz" selbstverständlich nicht beibehalten, denn handelnden Personen kommt in den biblischen Erzählungen stets die zentrale Bedeutung zu. Hirschvogel sah sich nun also mit der Aufgabe konfrontiert, vorrangig figurale Blätter schaffen zu müssen – eine für ihn neue Arbeit. Für Personendarstellungen in der „Concordantz" holte er sich Anregungen aus aktueller und in seiner Zeit besonders geläufiger Graphik.

Versucht man, die einzelnen Figuren und die stilistischen Eigenarten ihrer Darstellung näher zu bestimmen, fällt vor allem auf, daß die Bilder nie statisch wirken, da die meisten Figuren in Bewegung gezeigt sind. Schrittstellungen und ausgreifende Armhaltungen lassen sich in jeder Radierung finden. Selbst bei so ruhigen und andächtigen Begebenheiten wie der Anbetung durch die Hirten (4.b) ist zumindest das Christuskind strampelnd wiedergegeben. Die

---

143 Kat. Wien 1967/68, S. 9.
144 W. Wegner: Aus der Frühzeit der deutschen Ätzung und Radierung, in: Philobiblion – Vierteljahresschrift für Buch- und Graphiksammler 2 (1958), S. 178–190. Als erste Radierungen, noch auf Eisen und nicht auf Kupfer wie in der Folge, gelten Daniel Hopfers Martyrium der Hl. Katharina (1515) und einige Arbeiten Dürers, von denen der sitzende Schmerzensmann und Christus am Ölberg die beiden frühesten sind (1515).
145 Kat. Coburg 1975/76, S. 44.
146 Um 1530/35, Peters 1976, S. 112–114.
147 P. Holm: Die Landschaftszeichnungen des Wolfgang Huber, in: Münchner Jahrbuch für Bildende Kunst 7 (1930), S. 54.

oft dramatischen Gesten von Figuren sind vielfach inhaltlich motiviert, sollen doch ihr Erschrecken oder ähnlich heftige Gefühlsregungen ausgedrückt werden (z.B. in 77.b – Dreifaltigkeit, 75.b – Pfingsten, 55.a – Hiob erfährt von seinem Unglück). Dies trifft aber nicht für die auffällig häufigen Schrittstellungen zu, in denen beispielsweise Balak in Radierung 5.a, Gideon in der Illustration 9.a oder Adam in 15.a gezeigt sind. Sogar eindeutig nur als „Dabeistehende" gemeinte Figuren, wie die Diener hinter Naaman (12.a), der Engel bei der Taufe (12.b) oder die Soldaten bei der Kreuzigung (61.b) setzte Hirschvogel im Kontrapost oft fast tänzerisch bewegt mit erhobenem Fuß ins Bild. Solche Bewegungsmotive entwickeln sich meist bei den „serpentinata"-Gestalten, die auffällig häufig zu sehen sind (Isai in 2.a, Judas in 35.b und besonders deutlich in der Radierung 51.b als Rückenfigur oder der Christus mit Hüftschwungmotiv in 74.b). Ein eindrucksvoller Höhepunkt dieses Spannungsreichtums ist mit dem akrobatisch zu nennenden Fallen eines Soldaten vor Christus, der sich zu erkennen gibt (42.b), erreicht. Mit all diesen Motiven verrät Hirschvogel die stilistische Herkunft seiner Figuren, die kaum noch etwas mit denen der deutschen Meister der Jahre nach 1500 gemein haben, so wie es noch bei Hirschvogels Darstellung der Kreuztragung nach Beham von 1545 gewesen war.[148]

Für Hirschvogels Figurendarstellungen sind die schon in Kapitel I.3. gelegentlich zitierten Arbeiten der Nachfolger Raffaels von Bedeutung gewesen, die im Norden Europas in großer Zahl verbreitet waren.[149] Besonders in den Kupferstichen des Kreises um Marcantonio Raimondi (sein Oeuvre umfaßt etwa 300 bis 350 Blatt) erscheinen Figuren mit denselben dramatischen Gesten, die aber, wie bei Hirschvogel, trotz ihrer oftmals übersteigerten Bewegungen wie versteinert wirken.[150] Sie erwecken den Anschein blockhafter Schwere und wirken wie Skulpturen, da sie zudem sehr plastisch aufgefaßt sind: Durch ihre oft füllige Körperhaftigkeit und ihre volle Plastizität vermitteln sie einen schwergewichtigen Eindruck, der besonders durch starke Muskeln, kräftig ausgebildete Sehnen und durch die mächtigen Gewanddraperien erkennbar ist. Bei Hirschvogels Figuren sind die ungeschlachten, dicken Schenkel und andere athletisch ausgebildete Körperteile teilweise noch deutlicher hervorgehoben (z.B. bei den geißelnden Männern in Radierung 50.b oder dem von vorn sichtbaren, um das Goldene Kalb tanzenden Mann in der Radierung 17.a) und zeichnen sich durch die wie nasse Tücher anliegenden Gewänder ab, ja können sogar noch unter Rüstungen erkennbar bleiben (bei den Soldaten in den Radierungen 42.b und 43.b). Die Kleidung selbst kennzeichnen lange Röhrenfalten (bei den Männern rechts in 16.b oder dem versuchten Christus in 15.b, wo eine durchgängige Falte von seiner linken Schulter bis zum rechten Fuß verläuft); auch dafür kommt den Arbeiten Raimondis eine vorbildhafte Funktion zu. Von dessen Schülern wiederum wurden solche Phänomene aufgegriffen; aber es gibt bei ihnen auch frei flatternde und weniger eng anliegende Gewänder, die vielfach gebrochen sein können. Solche Motive erweckten nicht das Interesse Hirschvogels, der es vorzog, in seinen Kompositionen üppige Faltenbahnen vorzuführen, die oft um die Hüften geschlungen sind, wie z.B. bei einigen der Figuren in 51.a oder 51.b. Sie liegen deutlich als weitere Schicht über den eng anliegenden Gewändern und sind gegebenenfalls vom Wind segelartig gebläht zurückgerissen und mit flatternden Gewandenden gezeigt (bei Gottvater in 52.a). Diese Phänomene waren auch schon für Arbeiten der Raffaelnachfolge (und dort abzuleiten von Raffael selbst) zu bemerken gewesen. Zuletzt sei noch auf ein anderes stilistisches Merkmal der Gestalten bei Hirschvogel hingewiesen, das sich ebenfalls aus den zum Vergleich angeführten Arbeiten herleiten läßt: In der „Concordantz" haben die Figuren (z.B. Joseph in 3.b oder Balak in 5.a) sehr kleine Köpfe, die auf den klobigen und zugleich gelängten Körpern sitzen. Ganz ähnlich trifft dies

---

148 S. Kap. II. 2.; Schwarz 1917, S. 61 und 162; Kat. Paris 1984, S. 466.
149 Siehe besonders die umfassende Dissertation Oberheide 1933, S. 171–179, der zahlreiche Beispiele für den Einfluß der Kunst der Nachfolger Raffaels auf nordalpine Kunst des 16. Jahrhunderts zusammentrug; Kat. Wien 1966, S. 85.
150 Shoemaker 1981, S. 13f.

auch für die Köpfe in Werken der reifen Phase Raimondis zu, dessen manieristisch zu nennendes Formideal (besonders veränderte Proportionen der Figuren) von Hirschvogel vielfach aufgenommen wurde.

Ein anderer Einfluß Raimondis besteht bei der Darstellung von Haaren: Die flach und flämmchenförmig am Kopf anliegenden Haare (beim Nachfolger Christi in 55.b oder Judas in 40.b) gibt es ebenso in den Kupferstichen Raimondis und seinen Schülern zu sehen wie die ebenfalls flammenartig am Kopf wehenden Haarsträhnen (bei Hirschvogel z.B. in der Radierung 21.a bei einem der knienden Männer aus der Stadt Baal-Salisa oder bei dem Mann am Pflug in Radierung 56.b).

Neben solchen stilistischen Details waren bei den Einzelbetrachtungen der Radierungen auch einige Figuren aufgefallen, die „wörtliche" Übernahmen aus Drucken Marcantons und seines Kreises waren. Zurückerinnert sei an den Leichnam Goliaths (33.a), Melchisedek in 34.a, die Rückenfigur des Soldaten (44.b), das Sitzmotiv Hiobs (55.a), den zum Himmel auffahrenden Christus (74.b) oder das Martyrium des Stephanus für die Radierung zu Vers 82.b.

In einem überblickenden Fazit können für die künstlerische Qualität der „Concordantz"-Radierungen sowohl positive als auch negative Besonderheiten festgehalten werden. Hirschvogel bemühte sich stets, was die Bildräume betrifft, in sich stimmige Darstellungen zu schaffen. In ihnen fallen neben den außerordentlich abwechslungsreich und schlüssig bewegten Figuren auch reizvolle Motive in einigen Hintergrundlandschaften auf: Besonders auf die Städtchen, zwischen Hügeln eingebettet (21.b, 59.b, 85.a) oder an idyllischen Ufern gelegen (11.a, 56.b), und auf die Burganlagen, die über manchen Szenen stehen (21.a, 56.b), ist hinzuweisen. Jedoch unterliefen Hirschvogel auch einige qualitative Mißgeschicke, die ihre Ursache wohl in der zügigen Arbeit an der Bildfolge haben. Vor allem sind auffällig: In manchen Fällen stimmen die Figurenproportionen nicht (z.B. der zu lange Arm des Apostels vorn rechts beim Abendmahl – 34.b oder die zu kurzen Unterschenkel Elisas in 85.a) und die Gesichtszüge, die durchgängig ausdruckslos und schematisiert, oft auch nur grob angedeutet sind (12.a); aus ihnen spricht weder Wut (Kaiphas in 44.b), noch Leid (Jesaias in 44.a), noch Freude (Israeliten in 49.a), die die Beteiligten in diesen Szenen ausdrücken müßten. Auch in den stilistisch für Hirschvogel vorbildhaften italienischen Arbeiten treten solche wie versteinert wirkenden Gesichter auf. Emotionen werden allein durch Gesten vermittelt, im äußersten Fall ist ein offener Mund Zeichen für Erstaunen. Auch die Perspektive von Gegenständen mißlang Hirschvogel dann und wann (Schaubrotetisch in 3.a, Brandopferaltäre in 5.a oder die Leiter in 59.b). Einen etwas negativen Eindruck vermitteln auch Baumkronen, die er in einigen Radierungen nur flüchtig zeichnete (z.B. 44.a). Ebenso eilig hingeworfen sind oftmals Hintergrundfiguren und -staffagen, die allein durch ihre Umrißlinien angegeben, schemenhaft wirken (z.B. 33.a). Zum teilweise unvollkommenen Eindruck tragen besonders die von Hirschvogel leer belassenen, großen Himmelsflächen bei (52.a, 52.b) und die fehlenden Hintergründe, bei denen sich die figürlichen Szenen vor dem Nichts abspielen (z.B. 50.b).

War Hirschvogels Landschaftsauffassung also von der jahrelangen Schulung durch Arbeiten des „Donaustils" geprägt, orientierte er sich für die Wiedergabe von Figuren an der damals aktuellen und leicht zugänglichen Druckgraphik Italiens. Ebenso sind einige Architekturdarstellungen in den Radierungen durch Werke der italienischen Renaissance beeinflußt, wofür im folgenden Abschnitt Beispiele aufgeführt seien.

C. Die Architekturdarstellungen

Darstellungen von Gebäuden finden sich in den Radierungen der „Concordantz" zumeist nur als Hintergrundstaffagen. Ist in den Illustrationen wie zu den Versen 11.b (Rückkehr aus Ägypten) oder 56.b (Nachfolger Christi am Pflug) nur irgendeine Stadt gemeint, die Teil der Landschaftskulisse bleibt, läßt oft der inhaltliche Zusammenhang, z.B. in 37.b (Christi Wehklage über Jerusalem), 45.b (Ecce Homo I) oder 86.a (Fall der Mauern Jerichos) klar werden, daß es bestimmte Städte sind, die jedoch ebenfalls nur erfundene „Ansichten" sind. Selten ging Hirschvogel über die kulissenhafte Verwendung der Gebäudeszenerie hinaus und benutzte Architektur als raumbildendes Element. Zu nennen wären dafür die Radierungen 15.b (Versuchungen Christi) und 85.a (Verspottung des Elisa), wo jeweils ein Gebäude diagonal in der Bildfläche steht, womit ein Tiefenzug und eine Verknüpfung der Raumebenen zumindest angedeutet werden.

Architektur ist also überwiegend nur ein Teil der Landschaft; neben Stadtsilhouetten sind vor allem einzelne Gehöfte (56.a – Elia beruft Elisa), Dörfer (55.a – Hiob erfährt von seinem Unglück) oder Burganlagen (11.b – Rückkehr aus Ägypten) in die Illustrationen aufgenommen worden, die der realen, zeitgenössischen Umgebung Hirschvogels entnommen sein dürften. Sie können zu Phantasieansichten vermischt sein: 37.a – nordalpiner Kirchturm neben einem Gebäude, das wie die Engelsburg in Rom erscheint, oder 45.b – Burganlage und Stadttor mit Rundfenster im Kleeblattbogengiebel, der entfernt an Kirchenfassaden Mauro Codussis in Venedig erinnert (z.B. S. Giovanni Crisostomo). In einigen wenigen Illustrationen stechen aber Architekturen durch Besonderheiten deutlich hervor. An ihnen läßt sich – wie schon bei einigen oben genannten Aspekten der Figurendarstellungen – Hirschvogels Vorliebe für Formen erkennen, die der italienischen Renaissance entstammen.

Mit dem Triumphbogen fand er einen geeigneten Bautyp zum Ausdruck von Ruhm. In 12.a (Heilung Naamans) und 33.a und b (Triumph Davids/Einzug Christi in Jerusalem) arrangierte er diese Ehrentore so, daß sie die festlichen Ereignisse unterstützen. Für die Elemente von Triumphbögen konnte Hirschvogel z.B. auf Schriften Leon Battista Albertis zurückgreifen, der sich grundlegend theoretisch mit diesem Thema auseinandergesetzt hatte.[151] Hirschvogel fügte stets skulpturalen Schmuck in Zwickelfeldern, Nischen oder Giebelbekrönungen hinzu, der aber wegen seiner Kleinheit und geringen Detaillierung in keinem der Fälle näher gedeutet werden kann.[152]

Besonders dominant sind in zwei Illustrationen Kirchengebäude eingefügt: In 15.b (Versuchungen Christi) und 77.a (Der verworfene Eckstein). In beiden Fassaden ist Hirschvogels Kenntnis von Architekturtraktaten seiner Zeit zu erkennen. Besonders charakteristisch ist für die Fassade in 15.b die Gliederung durch die Pilaster zwischen denen sich das Portal und zwei Nischen befinden, und außerdem der Dreiecksgiebel, in dem ein offenbar blindes Rundfenster eingeschrieben ist. Eine gewisse Verwandtschaft zeigt sich deshalb mit einer Tempelfassade, wie sie z.B. in der deutschen Ausgabe der „Zehn Bücher von der Architektur" des Vitruv zu finden ist (erste deutschsprachige Übersetzung durch Walther Rivius, erschienen in Nürnberg 1548 – im gleichen Jahr entstand Hirschvogels Radierung):[153] Trotz der Unter-

---

151 Alberti erklärte die Triumphbögen als stehengebliebene Stadttore, was Hirschvogels Vorstellung in Bildpaar 33. sehr entgegenkommt. Albertis kunsttheoretische Arbeit „De re aedificartoria libri decem" war 1485 in Florenz erschienen, vgl.: L.B. Alberti: Zehn Bücher über die Baukunst, ins Deutsche übertragen von M. Theuer, Wien/Leipzig 1912, S. 438–441; W. Deiseroth: Der Triumphbogen als große Form in der Renaissancebaukunst Italiens – Studien zur Entwicklungsgeschichte der profanen und sakralen Schaufront des 15. und frühen 16. Jahrhunderts, Diss. München 1970, S. 23–33.

152 Gemeint sind wahrscheinlich Viktorien und Kriegsgötter.

153 1543 war in Straßburg eine lateinische Ausgabe des Vitruv herausgegeben worden. Die Illustrationen darin orientieren sich an der italienischen Vitruv-Edition Como, 1521; s. zu den verschiedenen Vitruv-Ausgaben: G.K. Lukomski: I maestri della architettura classica da Vitruvio allo Scamozzi, Mailand 1933, S. 65–78; H.W. Kruft: Geschichte der Architekturtheorie – Von der Antike bis zur Gegenwart, München 1985, S. 72–79, bes. S. 78 (zu Rivius).

schiede im Detail (quadratische Fensteröffnungen zu Nischen mit bogenförmigem Abschluß geändert, Portal reicht bis zum Gebälk), ist die Aufteilung der Fassade vergleichbar.

Der die Illustration 77.a dominierende Tempelbau wird besonders von einem Portikus mit vier Säulen ionischer Ordnung gekennzeichnet, dessen Dreiecksgiebel die Kuppel über dem zentralen Tempelraum überschneidet. Dieser hat links und rechts noch eine Achse mehr als der Portikus und in die Wandflächen ist jeweils ein quadratisches Fenster eingefügt. Eine solche Gebäudeform könnte Hirschvogel aus einem Holzschnitt abgeleitet haben, wie er in Serlios fünftem Buch („Il Quinto libro d'architettura (...) nel quale si tratta di diverse forme de'tempi sacri", also speziell zum Kirchenbau) erscheint.[154] Vergleichbar zu diesem idealen Zentralbau ist hierbei der auf vier Pilastern, diesmal korinthischer Ordnung (bei Hirschvogel ionischer Ordnung, wie im untersten Geschoß der Kirche bei Serlio) ruhende Dreiecksgiebel, der bei Serlio unterhalb einer Kuppel steht, wenn diese auch auf einem höheren Tambour sitzt als bei Hirschvogel. Die Fassade beider „Bauten" ist besonders von leeren Nischen und von Pilastern gekennzeichnet, die hochrechteckige Mauerfelder voneinander trennen, in deren oberem Bereich je eine kleine rechteckige Fensteröffnung sitzt. Anstelle des kuppelbekrönenden Tempiettos bei Serlio setzte Hirschvogel eine in eckiger Form aufgemauerte Laterne, um eine architektonisch sinnvolle Form für den dreieckigen Schlußstein zu schaffen.

Wie bei den Landschaften gibt es auch bei Innenraumansichten in der „Concordantz" Darstellungen unterschiedlicher Qualität zu beobachten. Zumeist spielt sich die Handlung auf einem Bühnenraum vor einer Wandfolie ab, wie z.B. bei 9.b (Darstellung Christi) oder 17.b (Vertreibung der Händler aus dem Tempel). Einen auffallend suggestiven Effekt erreichte Hischvogel durch Einblicke in Guckkastenbühnen, mit denen er eine perspektivische Wirkung schuf. Besonders in den Radierungen 67.b und 68.b (Grabkammer Christi) gelang ihm dies eindrucksvoll, und durch schachbrettartig verlegte Fliesen vermochte er die Perspektive noch zu verstärken (73.b – Christus erscheint den Aposteln, 75.b – Pfingsten). In der Illustration 1.b (Verkündigung an Maria) sind zusätzlich noch rautenförmige Felder in die quadratischen Fliesen eingelegt. In den Bodenfliesen findet man bei einigen Radierungen ihre Entstehungsdaten einbeschrieben – diese Jahreszahlen paßte Hirschvogel stets der perspektivischen Ansicht an (z.B. in 1.b, 50.b oder 73.b).

Ganz besonders auffällig ist die Hallenarchitektur in der Bethesda-Radierung (16.a). Die bildliche Umsetzung des Innenraumes ist durch die Angaben in Jo 5,1-4 bestimmt. Zwar ist er in diesen Bibelversen mit „quinque porticus" (fünf Hallen) beschrieben, Hirschvogel aber stach eine tonnengewölbte, fünfschiffige Halle, unter deren breitem Mittelschiff sich das Wasserbecken befindet. Die Höhe der Säulen mit ionischen Kapitellen, auf denen ein Architrav ruht, verjüngen sich perspektivisch, bis am Ende der Halle (wegen des kirchenartigen Raumes ist man versucht, den Ort mit „Chorbereich" zu bezeichnen) auf hohen Säulen ein Thermenfenster ruht. Dieses Motiv verweist wiederum auf das Traktat Serlios, in dem Thermenfenster häufig bei Sakralarchitekturen vorkommen, doch ließ sich für die Gesamtanlage der Architektur in der Radierung zu Vers 16.a in keiner der bisher genannten illustrierten Abhandlungen zur Architektur eine vergleichbare Anlage finden, deren Kenntnis Hirschvogel offenkundig hatte, wie oben mit möglichen Vorbildern zu zeigen versucht wurde.

---

154 Illustration aus dem fünften Buch der „Sette libri dell'architettura" (erstmals 1547 in Paris veröffentlicht). Vgl. W.B. Dinsmoor: The Literary Remains of Sebastiano Serlio, in: Art Bulletin 24 (1942), S. 55–91 und 115–154, M. Rosci: Il trattato d'architettura di Sebastiano Serlio, Mailand 1966; Sebastiano Serlio: I sette libri dell'architettura (Biblioteca di architettura urbanistica, teoria e storia 3), 2 Bde., Bologna 1978; H.W. Kruft: Geschichte der Architekturtheorie – Von der Antike bis zur Gegenwart, München 1985, bes. S. 85.

6. Wirkung der „Concordantz" und Ausblick

Nachdem die „Concordantz" eine nur geringe Auflage erreichte (der Zahl der Abzüge war wegen der weichen Metallplatte und ihrer schnellen Abnutzung eine natürliche Grenze gesetzt, denn zudem reicht die Ätzung bei der Radierung nicht sehr tief in die Platte) und vorrangig der theologischen Unterweisung diente, liegt es nahe anzunehmen, daß sie kaum Verbreitung bei Künstlern gefunden hat, auf die Bildideen oder Kompositionen des „Concordantz"-Zyklus gewirkt haben könnten, was sich auch bestätigt: Nur drei Werke, die nach dem Erscheinen der „Concordantz" entstanden, lassen in unterschiedlichem Maße eine Kenntnis der Arbeiten Hirschvogels erkennen.

Sehr nahe der Samariterdarstellung (20.b) steht ein Kupferstich, der mit „PM" monogrammiert ist (Wolfenbüttel, Herzog August-Bibliothek). Nach F. Brulliot[155] steht dieses Monogramm demjenigen des Pieter Molijn d.Ä. (geboren in Haarlem um 1600) nahe. Die Haltungen und Proportionen der Personen und des Esels auf dem Kupferstich stimmen mit denen der Hirschvogel'schen Radierung überein. Auch die Position des Baumes ist gleich, nur der Hintergrund ist verändert: Die Stadtsilhouette ist auf eine Kirche reduziert und einer der tatenlos Vorbeiziehenden geht links in Richtung eines kleinen Haines davon. Die Datierung (wie beim Blatt Hirschvogels „1549") ist im Kupferstich auf der anderen Bildhälfte als bei Hirschvogel zu sehen. Ob die Datierung des Nachahmers jedoch dem wirklichen Entstehungsjahr des Blattes entspricht, kann nicht festgestellt werden; würde sie es, so müßte er Zugang zu Hirschvogels Atelier gehabt haben, um schon so früh – ein Jahr vor dem Erscheinen der „Concordantz" – eine Radierung aus ihr gesehen haben zu können. Dann könnte es sich aber auch nicht um Molijn handeln, der zu dieser Zeit noch nicht lebte, sondern um einen noch nicht identifizierten Meister.

Eines der Blätter aus der verslosen Ausgabe der „Concordantz" hat offenbar auf einen Holzschnitt Hans Brosamers für den „Catechismus für die Gemeine-Pfarrherr und Prediger" gewirkt, der 1550 in Frankfurt am Main gedruckt worden war. Die darin zu findende Darstellung des Tanzes um das Goldene Kalb zeigt mehrere der 1549 entstandenen Radierung 17.a verwandte Motive. Zwar rückte Brosamer die tanzenden Juden mehr in die Bildmitte, aber einige von ihnen sind in Bewegungen gezeigt, die auch bei Hirschvogels Arbeit zu finden sind. So hebt der Mann in der Bildmittelachse, der einen Hut in seiner linken Hand hält, das linke Bein in einer ebenso ausschreitenden Bewegung wie bei Hirschvogel der Mann mit dem Dolch. Beide führen jeweils eine Frau an der Hand, die ihn anschaut. Der bei Brosamer links im Bild seinen linken Arm freudig emporwerfende Mann erscheint in der Radierung der „Concordantz" in der Bildmitte. Auch den wütenden Mose griff Brosamer für seinen Holzschnitt auf, jedoch machte er aus ihm einen tanzenden Israeliten. Die Armhaltungen der beiden sind gleich. In übereinstimmender Position mit der Radierung ragt in der rechten Bildhälfte ein Felsmassiv empor, auf dessen Plateau sich die Übergabe der Gesetzestafeln an Mose vollzieht. Dieser Holzschnitt ist der einzige der Serie für den „Catechismus" von 1550, der den Einfluß der nur wenige Monate zuvor erschienenen „Concordantz" erkennen läßt.

Für die Radierung 45.a (Daniel in der Löwengrube) war in Kapitel I.3.45. festgehalten worden, daß die Wahl des Bildmotivs des in die Grube schauenden Königs Darius als ungewöhnlich anzusehen ist. Dieses Motiv könnte Sebastian Franck für die dreibändigen „Icones Biblicae" von 1638/42 aus Hirschvogels Radierung entnommen haben.[156] Allein das Motiv des Darius mit seinen Begleitern ist als vergleichbar anzusehen. Die besonnene Haltung Daniels

---

155 F. Brulliot: Dictionnaire des monogrammes, marques figurées, lettres, initiales, noms abrégées, Paris 1832, ND Wiesbaden 1970, Bd. 1, S. 383, Nr. 2916; vgl. auch: G.K. Nagler: Die Monogrammisten, Bd. IV, München 1877/79, S. 649, Nr. 2047 und 2048.
156 Warncke 1987, S. 92.

ist aber eine ganz andere und bei Franck ist es keine Grube, in der Daniel von den Löwen umgeben ist, sondern ein Verlies, das durch hohe Bogenstellungen gekennzeichnet ist.

Waren die drei angeführten Arbeiten mehr oder weniger starke Rückgriffe auf die „Concordantz" direkt, soll an dieser Stelle aber auch betont werden, daß das typologische Aufbauprinzip mit der „Concordantz" nicht seinen letzten Vertreter in der bildenden Kunst hatte. Besonders die katholische Kunst der Gegenreformation war es, die sich dieser Methode wiederum annahm und sie für illustrierte Bücher, aber auch für Kirchenausstattungen erneut aufleben ließ und damit ebenfalls didaktische Funktionen verknüpfte.[157] Einige Beispiele seien im Folgenden angeführt, wobei jedoch zweierlei zu betonen ist: Erstens, daß die folgende Zusammenstellung einen stark zufälligen Charakter hat, denn noch fehlen zusammenfassende Bearbeitungen nachmittelalterlicher, typologischer Zyklen, und zweitens, daß keines der nun folgenden Werke direkt von der „Concordantz" abhängig ist, weder von den Kombinationen, noch von einzelnen Darstellungen in ihr. Es geht hier allein um das Aufzeigen weiterer Beispiele, deren eingehende Analyse noch aussteht, daher muß hier auf detaillierte Bemerkungen verzichtet werden: Dies aus Gründen der thematischen Beschränkung der vorliegenden Arbeit und stärker noch wegen der zum allergrößten Teil noch am Anfang stehenden Forschungssituation.

1627 erschien in Freiburg/Br. eine Kupferstichfolge (Bartholomäus Wagner: „Homiliarum Centuria de Tempore et Sanctis Postill"), bei der einer Szene aus den Evangelien in den vier Zwickeln einer Seite Ereignisse des Alten Testaments zugeordnet wurden.

Der Titelkupfer zu den gesammelten theologischen Schriften des Jesuiten Georg Stengelius (München 1634f.) zeigt in einem zentralen Medaillon die Auferstehung Christi, die durch die Emmaus-Jünger (Lc 24,13–35) und Samson mit den Toren Gazas gedeutet wird. Hinzu kommen zwei emblematische Motive: Die Taube mit dem Ölzweig und der aus der Asche emporfliegende Phönix.[158]

Szenen der Genesis sind in zwei illustrierten Werken des Johann Christoph Arnschwanger Episoden des Lebens Jesu gegenübergestellt.[159]

Ein anderer Jesuitenpater, Jakob Masen, folgte der Seitengliederung des Titelkupfers von Stengelius, erweiterte aber die Zahl der typologischen Gegenüberstellungen zu einem umfangreichen Zyklus mit dem Titel „Dux viae ad vitam puram, piam, perfectum per Exercitia spiritualia" (Trier 1667).[160]

Protestantischen Ursprung wiederum hat die von Thomas Hopfer gestochene Folge „Neun schöne ‖ Fürbilder deß Alten Testaments ‖ mit Ihren ‖ Gegenbildern des Neuen Testaments ‖ vor 24 Jahren in der Neu= erbauten ‖ Evangelischen Kirchen zum Heiligen Creutz ‖ in ‖ Augsburg/ ‖ In Neuen underschiedlichen Predigten erklaeret", Tübingen 1678.[161]

Von katholischer Seite stammen zwei Werke des Johann Ulrich Krauss: Von 1694 das „Biblische Engel= Und Kunstwerk, alles das jenige Was in Heilger Göttlicher Schrifft Altes und Neues Testament Von den Heiligen Engeln Gottes derer Erscheinungen (...) zu finden ist (...). Mit Fleisz zusammen getragen, in Kupfer gestochen und verlegt von Johann Ulrich Krausèi

---

157 Ebd., S. 125–127.
158 Kat. Göttweig 1991, S. 96.
159 „Betkammer", Nürnberg 1660 und „Neue Bet-Kammer", Nürnberg 1667 (Wolfenbüttel, Herzog August-Bibliothek, Sign.: Th 108 und Th 109).
160 A. Backer und C. de Sommervogl S.J.: Bibliothèque de la Compagnie de Jésus, Bd. 5, Sp. 683f.
161 Wolfenbüttel, Herzog August-Bibliothek, Sign.: Th 1301.

(...) In Augspurg Anno MDCXCIV" und von 1706 das Buch „Sacrum Oculorum et Animorum oblectamentum oder heilige Augen- und Gemüthslust".[162] Im „Biblischen Engel-Werk" wurden auf 30 Bildseiten ausschließlich Geschichten einander gegenübergestellt, bei denen im Auftrag Gottes Engel Wunder bewirkt hatten.[163] Nicht immer waren dabei Szenen des Alten und Neuen Testaments kombiniert worden, wie beispielsweise bei der Heilung von Kranken am Teich Bethesda (Jo 5), gestellt neben Tobias, der seinen Vater heilt (aus Tob 11). In der „Augen- und Gemütslust" hatte Krauss konsequenter typologisch argumentiert und die Gegenüberstellungen wurden zusätzlich von Emblemata und „curieusen Sinnbildern" ergänzt, die in Bildfeldern, umgeben von aufwendig ornamentierten Rahmen, zu sehen sind.[164]

Gegen die Mitte des 18. Jahrhunderts erschien Johann Wiedners „Kinder Gottes Kreutz-Schule" (Augsburg 1738), die in 40 Kupferstichen großformatige Darstellungen aus dem Leben Jesu und kleine Kartuschen mit Szenen aus dem Alten Testament kombinierte, also – vorläufig hypothetisch – als Abkömmling der Krauss'schen „Augen- und Gemütslust" anzusehen ist.

Auch nicht-illustrierte exegetische Werke, die sich die typologische Auslegung der Bibel zum Ziel gesetzt hatten, gibt es einige im 17. Jahrhundert zu verzeichnen. 1614 und 1616 erschienen in Wittenberg die beiden Bände der „Passio Typica" des Friedrich Balduin, die in 20 Paarungen die alttestamentlichen Vorbilder zu zentralen Ereignissen der Passion Christi betrachten. Theodor von Essen dagegen deutete allein die Geschehnisse des Buches Jona auf die Leidensgeschichte Christi hin: Seine Überlegungen wurden 1645 in Stralsund unter dem Titel „Passionale Typicum/das ist Passionalbüchlein: Wie das bittere leiden und Sterben (...) Christi Jesu im Alten Testament ist fürgebildet worden". Eine 50teilige, nicht bebilderte Zusammenstellung bot August Pfeiffer in seinem „Passions- und Osterspiegel" von 1683 (gedruckt in Leipzig) an.[165]

Gibt es schon im Bereich der illustrierten Bücher, von denen hier nur einige kurz aufgezählt wurden, Forschungslücken, verhält es sich bei Kirchenausstattungen nicht anders. Vier Monumente seien dafür vorgebracht.

Die Deckenfresken des Zisterzienserklosters Neuzelle in der Lausitz (Brandenburg) umfassen ein typologisches Programm, das neutestamentlichen Darstellungen in großen querformatigen Feldern des Mittelschiffs in den Seitenschiffen hochovale Fresken mit alttestamentlichen Erzählungen beistellt. Das 1268 gegründete Kloster gehörte seit 1370 zum Königreich Böhmen, das auch die Lausitz umfaßte, ehe sie 1635 kursächsisch wurde. Jedoch gehörte das Kloster weiterhin zur zisterziensischen Ordensprovinz Böhmen, Mähren und Lausitz.[166] In dieser Zeit wurde es barockisiert: Unter dem noch erhaltenen spätgotischen Netzgewölbe wurde eine neue Decke eingezogen, die 1654 bis 1658 ihren Freskenschmuck durch den Italiener Johannes Varnet erhielt. Die Zusammenstellung der stilistisch vom niederländischen Manierismus geprägten Bilder folgt jedoch genau den Gruppen der Biblia pauperum.[167]

---

162 Reichl 1933, S. 3–11.
163 Faksimile dieses Buches in der Serie: The Printed Sources of Western Art, ed. by Th. Besterman, Bd. 6, Portland (Or.) 1972; Kat. Göttweig 1991, S. 107–113.
164 Reichl 1933 stellte in seiner Untersuchung der Bücher von Krauss ihre Funktion als Musterbücher für Ornamentik noch über ihre Aufgabe der Vermittlung biblischer Themen.
165 Zu allen drei Werken: A. Wiesenhütter: Die Passion Christi in der Predigt des deutschen Protestantismus von Luther bis Zinzendorf, Berlin 1930, S. 35–37.
166 Vgl.: E. Badstübner und H. Magirius: Das Kloster Neuzelle (Das christliche Denkmal, Hf. 125), Berlin (DDR) 1990², S. 1–5.
167 K. Weyers: Die Stifts- und Wallfahrtskirche von Neuzelle, Leipzig 1985, S. 45; E. Badstübner: Die Ikonographie des Klosters Neuzelle, in: Sitzungsberichte der Kunstgeschichtlichen Gesellschaft zu Berlin, N.F. Hf. 38 (1990), S. 14–16.

Ebenfalls eine zisterziensische Gründung war das Kloster Mariä Himmelfahrt in Osek (Ossegg/Nordböhmen). 1713/14 wurde dort die Freskierung der Mittelschiffdecke durch Johann Jakob Stefens von Steinfels begonnen und in der Nachfolge im Jahre 1719 durch Wenzel Lorenz Reiner beendet.[168] Sehr ähnlich wie in Neuzelle zeigen dort die querovalen Deckenfelder neutestamentliche Begebenheiten. Ihre alttestamentlichen Vorbilder sind in den Stichkappen in hochovalen bzw. dreipassigen Feldern aufgenommen.

Eine Kuriosität bildet der barocke Heilig Grab-Prospekt des Klosters Neuzelle.[169] Fast lebensgroß auf Leinwand und Holz gemalte Kulissenfiguren wurden während der Karwoche bühnenbildartig aufgestellt. Jeder Passionsszene ist dabei ein alttestamentliches Vorbild hinzugestellt worden. 1751 hatte Joseph Felix Seifrit die Modelle zu den Figuren gezeichnet, die dann von 17 urkundlich überlieferten Künstlern und Handwerkern ausgeführt wurden.[170]

Selbst im 19. Jahrhundert noch wurde die typologische Denkweise als Grundlage für ein umfassendes Ausmalungsprogramm einer Kirche verwendet. Nach Kartons von Joseph von Führich, der auch das Programm erdacht hatte, wurde in der Altlerchenfelder Pfarrkirche im VII. Wiener Gemeindebezirk in den Jahren vor 1860 ein Freskenzyklus ausgeführt , bei dem einander – verteilt in den Seitenschiffen, im Mittelschiff und auch in den Kuppelpendentifs der 1848 bis 1850 erbauten Kirche – alt- und neutestamentliche Szenen gegenüberstehen.[171]

Weil die in diesem Kapitel genannten, zeitlich teilweise sehr weit nach der „Concordantz" entstandenen typologischen Werke, inhaltlich und ikonographisch zumindest noch nicht im Detail untersucht worden sind, kann und soll hier keineswegs eine direkte Verbindung zu den Darstellungen der „Concordantz" gezogen werden. Festzuhalten aber bleibt, daß auch noch im 17. und 18. Jahrhundert die gegenseitige Auslegung der beiden Testamente eine oft gebrauchte Methode blieb, die sich für immer neue Zusammenstellungen anbot. Nach meinen Beobachtungen scheinen offenbar, wie das Schema z. B. bei Krauss zeigt, vollständige und sklavische Rückgriffe auf die mittelalterlichen Zyklen der Biblia pauperum und ihrer Verwandten eher selten zu sein (eine Ausnahme davon sind die Deckenfresken in Neuzelle).

7. Zusammenfassung

Die Texte und Untersuchungen früherer Autoren zu diesem im Auftrag des ungarischen Reformators Peter Perenius vom aus Nürnberg stammenden Künstler Augustin Hirschvogel illustrierten, umfangreichen Werk vermittelten ein uneinheitliches und daher verwirrendes Bild: Weder herrschte Klarheit über die verschiedenen Ausgaben der „Concordantz", noch über den gesamten überlieferten Bestand an Illustrationen, die teilweise nur als Einzelblätter erhalten sind. Noch im Vorwort des Neudrucks der grundlegenden Monographie über Hirschvogel von K. Schwarz mußte der Herausgeber B. Rifkin eingestehen, daß es ihm nicht immer gelungen war, die Themen der Radierungen zu bestimmen, die er, soweit er konnte, in

---

168 W. Turnwald: Die Fresken der Ossegger Stiftskirche, Prag 1937; P. Preiss: Wenzel Lorenz Reiner – Maler des böhmischen Hochbarock, in: Wiener Jahrbuch für Kunstgeschichte 21 (1968), S. 7–31, bes. S. 13f.; ders.: Václav Vavrinec Reiner, Prag 1970; Václav Vvavrinec Reiner 1689–1743 – Skici – Kresby – Grafica, Ausst.-Kat. Prag, Nationalgalerie 1991.

169 H. Sachs: Ein Barockprospekt des heiligen Grabes in Neuzelle, in: Denkmale in Berlin und in der Mark Brandenburg – Ihre Erhaltung und Pflege in der Hauptstadt der DDR und in den Bezirken Frankfurt/Oder und Potsdam, Weimar 1988, S. 236–249.

170 Ebd., S. 246f.

171 Vgl.: J. Führich: Erklärung des Bilderzyklus in der neuerbauten Altlerchenfelder Kirche, Wien 1861; Kunstführer durch die Altlerchenfelder Kirche, Wien 1983, S. 7–21.

einem Anhang des Abbildungsbandes auflistete.¹⁷² Außerdem war es bisher nicht geglückt, alle Radierungen in ihre korrekte Zusammenstellung zu bringen, da es auch Einzelblätter gibt, die sich ohne Kenntnis des genauen Programms nicht in die paarweise Anordnungsstruktur einfügen lassen (z. B. die von mir neu gefundenen Radierungen 47.a und 81.a).¹⁷³ Dadurch konnte die komplexe typologische Struktur des Werkes bislang nicht zur Gänze erfaßt werden; die kompositionell und inhaltlich ebenso durchdachte Anordnung zu Vierergruppen war wegen der ausschnitthaften Betrachtung des Zyklus' ebensowenig beachtet worden. Durch das Hinzuziehen der bei Besprechungen der Serie bisher nicht in ihrer Bedeutung erkannten reinen Textausgaben der „Concordantz" (Wien, Österreichische Nationalbibliothek und Wolfenbüttel, Herzog August Bibliothek) kann nun die Anordnung der Radierungen gesichert festgestellt werden: Nicht nur ermöglichen die in ihr überlieferten Verse, die weitestgehend mit denen bei den Illustrationen übereinstimmen, das richtige Arrangement der ursprünglichen Bildfolge, sondern sie erlauben auch die inhaltliche Wiederherstellung des gesamten Zyklus', dessen Illustrierung von Hirschvogel nach etwa zwei Dritteln abgebrochen wurde, wobei jedoch zu beachten ist, daß Hirschvogel nicht systematisch vorging, wie die Datierungen der Blätter anzeigen.¹⁷⁴ So ergeben sich also statt der bisher bekannten, in früheren Arbeiten vielfach fehlerhaft zusammengestellten 56 typologischen Paare nun 90 – die fehlenden 34 erschließen sich über die Verse der Textausgabe, deren Themen durch die Verse selbst und über die dazugesetzten Bibelstellenangaben zu ermitteln sind: Keinem der früheren Autoren waren die Lücken im Bildzyklus aufgefallen. Wichtige Bestandteile sowohl von typologischen als auch herkömmlichen Passionsfolgen waren nicht als Radierungen erschienen, z. B. die Auferweckung des Lazarus, die Grablegung Christi oder Christus vor Maria Magdalena. Die bisher angenommene Geschlossenheit des Programms war nur eine scheinbare, worin sich die grundsätzliche Andersartigkeit der Serie von 1550 offenbart, die darin liegt, daß in früheren Zyklen nur die wichtigsten Begebenheiten der Leidensgeschichte Christi aufgenommen worden waren. Im Gegensatz dazu ging es in der „Concordantz" aber darum, eine Bilderreihe zu entwickeln, die alle Ereignisse des Lebens Christi beinhalten sollte.

Die nun erreichte korrekte und vollständige Übersicht der Radierungen und biblischen Parallelisierungen (insgesamt 238 verarbeitete Erzählungen; s. Anh. III.6.) läßt ungewöhnliche und deshalb bemerkenswerte Lösungen bezüglich der Themenauswahl, der ikonographischen Gestaltung der Darstellungen und der typologischen Systematik erkennen. Viele Zusammenstellungen mit teils jahrhundertelanger Tradition sind vielfach erweitert worden und mit theologischem Scharfsinn wurde nach neuen typologischen Kombinationen gesucht, wodurch sich die außerordentlich innige Vertrautheit der Autoren der „Concordantz" mit der Heiligen Schrift offenbart: Welcher Anteil an der Ausarbeitung des Programms dabei Hirschvogel oder Perenius zukommt, bleibt Spekulation¹⁷⁵ und ist auch von untergeordneter Bedeutung: Aber Perenius entwickelte als wahrscheinlicher Autor der Verse damit auch gleichzeitig das Programm der Serie; möglicherweise konnte Hirschvogel durch seine Kenntnis zeitgenössischer Bibelillustration noch einige Themen zusätzlich beisteuern.

Nur 31 typologische Gruppen der „Concordantz" konnten in genau gleicher Form in früheren Zyklen dieses Aufbauprinzips gefunden werden.¹⁷⁶ Einige wenige weitere Zusammenstellungen

---

172 „Some efforts have been made here to prepare a complete table of contents for the series (...) and identifying picture subjects whenever possible" (Schwarz 1971, Bd. II, S. 9).
173 B. Rifkin in Schwarz 1971, Bd. II, S. 9: „Determing the final arrangement was difficult, as no two sets of these prints presently known to me are arranged exactly alike, nor are any of these sets complete (...)."
174 S. a. die Auflistung in Kap. III.8.

175 Die Formulierung auf dem Titelblatt ist nicht eindeutig, s. Kap. I.2.2.
176 Nach nur sehr oberflächlicher Betrachtung hatte H. Oertel 1977, S. 10 für die Concordantz behauptet „Die Konkordanzen der Biblia Pauperum werden weithin übernommen" – falls er die Radierungen überhaupt angesehen hat, denn er zählte im Wolfenbütteler Exemplar der „Concordantz" 152 Radierungen, was mit der Realität nicht übereinstimmt, s. Anh.

verrieten die Abhängigkeit von bibelexegetischen Schriften sowohl des Mittelalters aber vor allem auch Luthers, dessen Anhänger Peter Perenius gewesen ist.[177] Vielfach war das Bemühen Perenius' durch die Texte und Hirschvogels durch die Radierungen zu erkennen gewesen, gängige Szenen des Alten Testaments einen anderen Bedeutungsschwerpunkt zu geben und andere Momente der Ereignisse zu betonen, um sie so auf andere neutestamentliche Antitypen beziehen zu können (1.a – Elisa erweckt den Sohn der Sunamitin, 1.b – Verkündigung an Maria; 19.a – Joseph wird in die Zisterne geworfen, 19.b – Gleichnis von den bösen Weingärtnern). Gegenüber den mittelalterlichen Zyklen vergleichbarer Struktur kamen auch neue Themen hinzu, und zwar sowohl auf alttestamentlicher (z. B. 66.a – Tobit begräbt Tote) als auch auf neutestamentlicher Seite (z. B. 67.b – Die Wächter am Grab Christi). Besonders die Zahl neuer alttestamentlicher Historien ist erheblich. Es wurden insgesamt nicht weniger als 50 biblische Geschichten hinzugefügt, die im Rahmen der Methode der Parallelisierung alt- und neutestamentlicher Ereignisse zuvor unbekannt gewesen waren. Einige dieser Themen (z. B. 58.a – Absaloms Tod oder 78.a – Aufrichtung der zwölf Gedenksteine) waren in der zeitgenössischen Bibelillustration des 16. Jahrhunderts geläufig, die seit der Zeit vor 1500 einen gewaltigen Aufschwung genommen hatte und deren Werke durch die Erfindung der Drucktechnik teils sehr hohe Auflagezahlen erreichten.[178] Auch die Idee zur Aufnahme der biblischen Erzählungen in den Zyklus, die nicht mehr als Illustrationen umgesetzt wurden, dürften Hirschvogel/Perenius sehr wahrscheinlich aus verbreiteten Bildfolgen der Zeit erhalten haben. (z. B. 80.b – Bezeichnung der 144.000 Auserwählten). In der Tradition der Bibelillustration dieser Jahre konnten die meisten dieser Radierungen Hirschvogels verankert werden. Als gänzliche Neuschöpfungen haben lediglich fünf der Illustrationen zu gelten.[179] In jenen Fällen, bei denen sich Hirschvogel nicht auf eine Vorlage gleichen Themas stützen konnte, wählte er entweder Illustrationen, die nicht die gleiche biblische Geschichte illustrierten, sondern die einen szenischen Vorgang beschrieben, den Hirschvogel durch Veränderungen dem für die „Concordantz" erforderlichen Bildinhalt anpaßte (z. B. Bildpaar 11. – Rückkehr Mose und der Heiligen Familie), oder er orientierte sich eng am Bibeltext (sog. „Wortillustrationen", z. B. in 16.a – Heilung am Teich Bethesda, 81.a – Das Haus Gottes oder 85.b – Judas Makkabäus siegt über Nikanor). Es muß offenbleiben, in welcher Form Hirschvogel so abstrakte Vorstellungen wie unter 70.a (Das Purimfest) oder 87.b (Ankündigung des letzten Tages) ins Bild umgesetzt hätte.

An einigen Punkten der neunzigteiligen Reihe waren Unstimmigkeiten zu beobachten gewesen: Das chronologische Gerüst, gebildet von den Ereignissen des Neuen Testaments, hielt sich nicht immer an den von der Bibel vorgegebenen Ablauf. So steht die Begnadigung der Ehebrecherin aus Johannes 8 nach der Heilung des Blindgeborenen aus Johannes 9 (25.b/26.b), ja sogar die Verurteilung Christi durch den Hohen Rat unter 41.b (Mt 26, 57 ff.) noch vor der Gefangennahme (Mt 26, 47–54, unter 43), oder die Ecce Homo-Erzählung erscheint zweimal, getrennt durch fünf andere Ereignisse. Zu begründen ist dies mit der Absicht Hirschvogels, auch innerhalb der jeweils zu Vierergruppen geordneten Illustrationen möglichst viele sinnreiche Verbindungen herstellen zu wollen. So passen die beiden beisammenstehenden Radierungen der Judasgeschichte (35.b und 36.b), obwohl zeitlich getrennt, ideal zusammen, und Christus vor dem anklagenden Volk fügt sich inhaltlich ideal zu Christus vor dem anklagenden Kaiphas (44. und 45.b). Drei Ungenauigkeiten waren dort zu entdecken gewesen, wo Bibelstellen der falschen Seite zugeordnet worden waren; so steht die Heilung am Teich Bethesda auf der alttestamentlichen Seite, dies jedoch absichtsvoll (s. Kap. I.3.16). Anders ist es unter 33. und 90., wo Verse aus Zacharias und Jesaia versehentlich auf der neutestamentlichen Seite aufgeführt sind.

---

177 Schwarz 1917, S. 36.
178 Die „Vollbibel" in der Übersetzung Luthers wurde von 1534 bis 1546 in etwa 100 000 Exemplaren gedruckt: vgl. W. Schmidt: Vom Wesen des Buches, in: Ders.: Kleine Schriften, Wiesbaden 1969, S. 23; Starcke 1983, S. 545.

179 2.a – Isai sendet David aus, 20.a – Die Ephraimiten pflegen die Gefangenen, 36.a – Elisa bestraft Gehasi mit dem Aussatz Naamans, 47.a – Haman und Marchodai und 85.b – Judas Makkabäus siegt über Nikanor.

Die Arten der wechselseitigen Erhellungen der beiden Testamente können in dreierlei Hinsicht begründet sein: 1. durch inhaltliche Gleichheit der Situationen (z. B. 21.: Brotvermehrungen); eine Variante davon sind Kombinationen, die auf ähnlichen Gefühlszuständen beruhen (1.a/b – Unglaube über geschehene Wunder 17.a/b – Zorn über ungehöriges Verhalten), 2. durch analoge Bedeutungen (z. B. 57.: Jakob ringt mit dem Engel – Christus ringt am Kreuz mit dem Tod) oder 3. durch äußerliche Bildassimilationen, was aber verhältnismäßig selten vorkommt (z. B. 58.: Absalom und Judas hängen am Baum). Nur zweimal hielt sich Hirschvogel nicht an die typologische Regel: Im 16. Paar stellte er zwei neutestamentliche Szenen einander gegenüber (Heilung am Teich Bethesda – Wunderheilungen Christi), wohl weil die nur noch durch eine Bibelstellenangabe angebotene Erzählung von Elisa und dem Sohn der Sunamitin nicht nochmals dargestellt werden sollte, sowie in 43., wo er auf der neutestamentlichen Seite die inhaltlich-theologische Auswirkung der alttestamentlichen Darstellung plazierte (Sündenfall, der durch den Tod Christi aufgehoben wird), womit der Bedeutungsschwerpunkt auf das Heilswirken Christi gelegt wurde. Bei einer so hohen Zahl von Kombinationen wie in der „Concordantz" vermag eine teils gewaltsame Suche nach zusammenpassenden Begebenheiten mit manchmal inhaltlich sehr oberflächlichen Ergebnissen, was den Sinngehalt der Zusammenstellungen betrifft,[180] nicht zu verwundern: Hierin wird sowohl die Begrenztheit der typologischen Methode erkennbar[181] als auch die Auswechselbarkeit der Elemente im Rahmen des typologischen Denkens. Schon geringfügige Äußerlichkeiten reichen für Kombinationen aus, die dann inhaltlich wenig zu bieten haben (50. – Untergang der Ägypter/Geißelung Christi).

Gegenüber der geringen Zahl der Kombinationen in den sieben Zeichnungen Hirschvogels von etwa 1533 nach einem spätmittelalterlichen Gebetbuch, mit denen sich Hirschvogels schon frühe Beschäftigung mit dem typologischen Bilderkreis dokumentiert, stellt die 17 Jahre später erschienene „Concordantz" mit ihren 90 Paarungen eine außerordentliche Erweiterung dar, die einzig vom mittelalterlichen Speculum mit noch mehr Zusammenstellungen übertroffen wird.

Zweifellos bilden die seit der Mitte des 15. Jahrhunderts auch gedruckt vorliegenden Bücher der Biblia pauperum und des Heilsspiegels die primäre Inspirationsquelle für das Werk Hirschvogels und Perenius', doch nicht nur, daß inhaltlich entscheidende Veränderungen vorgenommen wurden, auch die in ihnen vorgestellte Anordnung der Bilder lösten die Schöpfer der „Concordantz" auf, wenn sie jeweils nur ein alttestamentliches Bild dem neutestamentlichen Ereignis gegenüberstellten, und weitere Typologien allein nur durch Bibelstellen neben den Versen vermerkten. Bei der Vielzahl der Antitypen ließ sich nicht zu jedem von ihnen mehr als ein alttestamentlicher Typus finden, wie es in der Biblia pauperum noch vorgemacht worden war, wo jeweils zwei alttestamentliche Begebenheiten hinzugefügt waren. Wegen des gleichberechtigten Nebeneinanders zweier Szenen bzw. Verse wird der Aspekt der Steigerung von alttestamentlichem zu neutestamentlichem Ereignis nicht mehr so deutlich wie noch in früheren typologischen Zusammenstellungen, wo die Christusszene durch ihre mittige Position betont war.[182] Unbeantwortet muß die Frage bleiben, wieso Hirschvogel, trotz der prinzipiell zu konstatierenden Nähe zur traditionellen Ikonographie in einigen Bildern Details auch entgegen dem Bibeltext veränderte, und zwar ohne erkennbare Gründe: So werden aus drei Grabeswächtern mit einem Mal vier (von 67. zu 68.), zur Trinität mischen sich Elemente einer Transfiguration (77.b), das Martyrium des ersten Makkabäers ist nicht bibelgetreu wiedergegeben (82.a) und den Adler aus der Apokalypse machte er zum Cherub (86.b).

---

180 z. B. beim Verspaar 32. – Ungläubige Schwiegersöhne Lots und die törichten Jungfrauen.

181 Réau 1955–59, Bd. 1, S. 221: Typologien sind oft „un peu tirées par les cheveux"; ähnliches Urteil – sie lassen mitunter Tiefsinnigkeit vermissen – auch bei Unterkirchner/Schmidt 1962, S. 18.

182 So besonders deutlich in der Biblia pauperum oder dem Klosterneuburger Ambo; vgl. Buschhausen 1980, S. 4.

Ähnlich wie es mit dem Andachtsbuch der Biblia pauperum beabsichtigt war, wollten Hirschvogel/Perenius mit der „Concordantz" eine Unterweisung und Belehrung zur vertieften Kenntnis biblischer Geschichten erreichen. Die Verse, die, eigens für die „Concordantz" gedichtet, vor den Illustrationen entstanden waren und das Programm des Buches festlegten, erläutern nicht nur fast immer den typologischen Gedanken hinter einem Paar, sondern erzählen zusätzlich den Inhalt der biblischen Geschichte nach – sie können analog zum stark narrativen, weil sich eng an den Bibeltext lehnenden Charakter der Illustrationen gesehen werden. Durch manche Formulierungen lassen sie das Ziel der „Concordantz" erkennen: Unterweisung in biblischer Geschichte. Diese pädagogische Absicht legt den Schluß nahe, daß Perenius das fertige Buch in der von ihm gegründeten, protestantisch orientierten Schule in Sárospatak (Zeltberg/Nordost-Ungarn), die noch heute besteht,[183] einsetzen wollte, wenn er erst einmal wieder in Freiheit leben würde – sein früher Tod mit 46 verhinderte dies. In den Versen wurden teilweise recht abstrakte Sachverhalte geschildert (z. B. 29.a und b – Der abgestorbene, bzw. der tote Baum, oder 81.b – Gott wohnt nicht in Tempeln), bei denen Hirschvogel fraglos viel Phantasie zu deren bildlicher Umsetzung gebraucht hätte. Keines der Themen dieser Art hat Hirschvogel illustriert; begonnen hat er mit Darstellungen, die ihm in früheren Gestaltungen zugänglich waren oder deren Kompositionen einem detailliert schildernden Bibeltext folgend gestaltet werden konnten.

Auch stilistisch verraten Hirschvogels Radierungen ihre Herkunft aus der zeitgenössischen Druckgraphik. Sind unveränderte Übernahmen aus der deutschen Kunst dabei eher selten anzutreffen (z. B. Dürer bei 10.b – Flucht nach Ägypten oder Beham für 44.b – Christus vor Kaiphas), überwiegen die Zitate aus Arbeiten des Kreises der Nachfolger Raffaels. Dabei sind in ihnen sowohl direkte Motivübernahmen zu finden (z. B. in 55.a – Hiob erfährt von seinem Unglück und 76.b – Ananias und Saphira) als auch die Quellen des Figurenstils Hirschvogels. Während die landschaftlichen Hintergründe in seinen Radierungen aus Arbeiten der sog. „Donauschule" ableitbar sind, ist der Figurenstil vorwiegend von der italienischen Druckgraphik der Jahre nach 1500 geprägt, die auch nördlich der Alpen sehr verbreitet war und vielfach aufgegriffen wurde.[184] Hirschvogel konnte an italienische graphische Blätter (falls er nicht sogar selbst, z. B. von Laibach aus, in den frühen 40er Jahren des 16. Jahrhunderts nach Italien gereist war) über seine Künstlerkollegen gelangt sein, z. B. Dürer oder Georg Pencz, der 1535 in Nürnberg für den verschuldeten Hirschvogel bürgte[185] und der zwischen 1525 und etwa 1530 in Italien bei Marcantonio Raimondi gearbeitet hatte.[186]

Hatte K. Schwarz noch allein die geringe Qualität der Radierungen zur „Concordantz" vor Augen gestanden,[187] erweist sich die „Concordantz" heute als ein Werk zwischen Tradition und Originalität. In Abhängigkeit von theologischen Lehrmeinungen des Mittelalters und den

---

183 A. Keilhauer: Ungarn, Köln 1990, S. 363.
184 Dieses Phänomen hatte Oberheide 1933 mit einer erstaunlichen Zahl von Beispielen in der deutschen Druckgraphik nachgewiesen.
185 Schwarz 1917, S. 134, Urkunde XIV.
186 Landau 1978, S. 18.
187 Obwohl für ihn „ein kleiner Leonardo" (Schwarz 1917, S. 83) - diese Auffassung entstand jedoch hauptsächlich wohl wegen der vielfältigen Tätigkeiten Hirschvogels - tat er die Qualität der Radierungen mit scharfen Urteilen ab: Das sowohl bei den landschaftlichen Teilen („Ebenso wie das Laub sind die Gräser und Sträucher behandelt, auch das Gestein der vielen Felsen wirkt gleichartig, und die Wasserflächen der Seen und Flüsse sind so summarisch angedeutet, daß von einer Richtungsorientierung (...) keine Rede sein kann" [S. 86], der „landschaftliche Hintergrund ist in einer gewissen Hast und ohne sorgsames Abwägen hingeschrieben" [S. 88]), als besonders auch für die Menschendarstellungen, bei denen Hirschvogel an der „gründlichen Schulung und (...) erforderlichen Ruhe des Studiums" mangelte. Die Figuren „bewegen sich unfrei, die Scharniere ihrer Glieder erscheinen steif und ungelenk", erinnern an „Holzpuppen", deren „Proportionen dem Zufall überlassen sind". „Gewänder hängen unordentlich herum" und „Hände und Füße (...) müssen als gänzlich mißglückt angesehen werden" (alle Zitate S. 89). Vgl. auch meine Bemerkungen in Kap. II..5.2.

von ihnen abzuleitenden Bildfolgen sowie den durch sie aufgebauten ikonographischen Konventionen, die bei der Erarbeitung des Zyklusprogramms eine der Grundlagen bildeten, entstand ein Buch, das zugleich höchst kreativ mit diesen ebenfalls typologisch aufgebauten Vorbildern umging: Einzelne, lange bekannte Themen wurden umgedeutet und ihre Darstellungen umgestaltet, althergebrachte typologische Kombinationen wurden verändert und neue entwickelt. Das alte typologische Prinzip wurde aufgegriffen, um in einer Zeit wieder zunehmender Auseinandersetzung mit der Bibel ein Werk vorzulegen, das nicht nur eine umfassende Kenntnis der Heiligen Schrift vermitteln sollte, sondern durch das der Benutzer auch zu einem tieferen Verständnis der Bibel gelangen konnte. Denn noch besser als Bildserien, deren Reihenfolge einfach nur am festgelegten Ablauf der biblischen Bücher orientiert war, eignete sich die eindringliche und daher einprägsame Methode der biblischen Typologie zum Kennenlernen der Geschichten der Bibel besonders gut. Sie werden durch das Wort und besonders durch das Bild vorgestellt, da Hirschvogel – sich der ihm gestellten Aufgabe völlig bewußt – durch kompositionelle Kongruenzen die Argumentation optisch eindrücklich zu untermauern vermochte, die der Betrachter besonders zwischen den zusammengehörenden Paaren entdecken kann – auch Hirschvogel hatte sich also genauestens in die biblischen Erzählungen vertieft. In thematischer und stilistischer Auseinandersetzung vor allem mit zeitgenössischer Graphik und durch lebendige Figurendarstellungen im Stil des aufkommenden Manierismus schuf er eine bedeutende Bildfolge.

Neben der Aufforderung, sich gründlich mit dem Inhalt der Bibel zu befassen (durch die zusätzlichen Bibelstellenangaben unterstützt), sind weitere Ziele des Buches, einen Zusammenhang zwischen göttlicher Offenbarung und Heilsgeschichte herzustellen und überdies den Benutzer theologisch zu belehren: Dabei sind z. B. Hinweise auf Feiertage und deren Bedeutungen (70.b) oder die moralisch wertvollen Gleichnisse (19.b, 20.b, 23.b, 46.b, 47.b) – beides gänzlich unüblich für andere typologische Zyklen – ebenso wichtig wie die Vermittlung von protestantischen Glaubensprinzipien, vor allem der Vorstellungen der Erlösung der Menschheit durch Christus.

Mit der vorliegenden Untersuchung sollte der Versuch unternommen werden, die Illustrationen, deren Inhalte und typologischen Kombinationen in ihrer geplanten und ursprünglichen Form wiederzubeleben und zum Verständnis ihrer Bedeutung beizutragen.

★ ★ ★ ★ ★

III. Dritter Teil: Anhang

1. Vorrede (Variante A) zur Textausgabe

(Wien, Österreichische Nationalbibliothek, Sign.: 20.Dd.327; Wolfenbüttel, Herzog August Bibliothek, Sign.: 248.43 Theol. 4° [1]).

IM anfang schuff Gott Hy=
mel vnd Erden / Sonn vnd Mon /
grund vnd Wasser / vnd allerley
Creaturen auff erden / das sich ein
yetliches zu seines gleychen paret / auch Man
vnd Weyb / denen machet er vnderthenig die
andern Creaturen alle / vnd gab einem yeden
sein gegenwurff / dem rechten aug das linck /
der rechten hand die linck / das ye ein yetlichs
dem andern zu dienstparkeit vnd furderung
des andern sein werck volfuret vnd erkleret /
wie jm von Gott geben were / Also hat auch
Gott das alt vnnd new Testament solcher
massen zusamen gefuget vnd geordnet / das
zu gleycher weyß / eines on das ander nit ver=
standen mag werden / als wenig als die recht
hand on die linck sich nit seubern kan / vnnd
sprechen / ich darff dein nit oder mag dein ge=
rathen / also hat auch Gott das alt vnd new
Testament figurlicher weiß gegen vnd in ein=
ander geflochten / das keines on das ander
nicht volkummen sein mag / noch soll oder
will / recht wie die zwen Cherubin auff dem
gnaden deckel der Laden des bund Gottes. /
So hab auch ich mich / nit den hochgelerten /
sonder denen / die eines geringen verstands

                                                    A ii   (seind)

seind / beflissen / auß altem vnd newen Testa=
ment die zusaemmenfugung etlicher Figuren
verglichen / dermassen als wenn einer etwas
fur ein spiegel helt / allweg desselben gleichen
entgegen sich / oder darinn deßgleichen art
erfert oder erkent / dermassen hat auch Chri
stus selbs alles durch Exempel vnd Concor=
dantzen geredt / weyst vnd lehrt auch vns da
hindersich zu gehn / sprechende / Geht in die
Schrift / die gibt zeugnuß von mir / Vnd
inn den letzten tagen / spricht der Herr /
werden sie in gleichnussen reden / Dar=
    mit der nam des Herren in all
      seinen geschopfen gepreyset
        werde von nun an biß
          inn ewigkeit
           Amen.

            *

2. Vorrede (Variante B) zur Folioausgabe

(z.B. Nürnberg, Germanisches Nationalmuseum, Sign.: St.N. 13.858; Berlin, Kupferstichkabinett).

Im anfang schuff Gott Himmel vnd Erdt
Sonn vnd Mon / Grund vnnd Wasser / vnnd allerley
Creatur auff Erden / das sich ein jedtliches zu seines ge=
leichen baret / auch Mann vnd Weib / den macht er vn=
terthenig die andern Creatur alle / vnnd gab einem jeden sein
gegentwurff / dem rechten Aug das linckh / der rechten Handt die
Linkh / das je ein jegliches dem andern zu dienstbarkeit vnnd fur=
derung des andern sein werck volfieret vnd erkleret / wie jm von
Gott geben were / Also hat auch Gott das Alt vnd New Testa=
ment solcher maß zusamen gefuget vnd geordnet das zu gleicher
weiß / eines an das ander nit verstanden mag werden / als wenig
als die recht Hand an die Linckh sich nit seubern kan / vnd spre=
chen / ich darf dein nit oder mag dein geraten / Also hat auch Gott
das Alt vnd New Testament figurlicher weiß gegen und in ein=
ander geflochten / das keines an das ander nicht volkommen sein
mag noch sol oder wil / recht wie die zwen Jerubim auff gna=
den deckel der Ladt des pundt Gottes / So hab auch ich mich nit
den hochgelerten / sunder denen die eines geringen verstandts
sind / beflissen / auß Alt vnnd Newen Testament die zusamen fu=
gung etlicher Figuren verglichen / dermassen als wenn einer et=
was fur ein spiegel helt / allweg desselben gleichen endtgegen sich /
oder darin deßgleichen art erfert oder erkent / dermassen hat auch
Christus selbest alles durch Exempel vnd Concordantzen geredt/
weist vnd lert auch vns hinder sich zu gehen / sprechende / geht
in die Schrifft / die gibt zeugnus von mir / vnd in den letzten tagen
spricht der Herr / werden sie in gleichnussen reden / darmit
der Nam des Herrn in all seinen Geschopffen
gepreiset werde von nun an biß
in ewigkeit / Amen.

3. Vorrede (Variante C) zur Ausgabe ohne Verse

(Wien, Albertina, Sign.: B.84 Cim. Kasten, Fach VI, Nr. 13.a; Wolfenbüttel, Herzog August Bibliothek, Sign.: 35.3 Geometr.2°)

IM anfang schueff gott himel vnd erdt /
Sunn und Mon / grundt vnd wasser / vnd allerlay
Creatur auff erden / das sich ein jetliches zu seines ge=
leichen paret / auch Man und Weib / den macht er
vnderthenig die andern Creatur alle / vnnd gab einem jeden
sein gegenwurff/ dem rechten aug das linck / der rechten handt
die linck / das je ein jetliches dem andern zu dienstparkait vnd
fürderung des andern sein werck volfieret und erkleret / wie
im von Gott geben were / Also hat auch Gott das alt vnd
New Testament solcher maß zusamen gefuget vnd geordnet
das zu gleicher weiß / eines an das ander nit verstanden mag
werden / als wenig als die recht handt an die linkh sich nit
seubern kann / vnd sprechen ich darff dein nit oder mag dein
geraten / Also hat auch Gott das alt vnd new Testament fi=
gürlicher weiß gegen vnd in einander geflochten / das keines
an das ander nit volkhummen sein mag noch sol oder wil/
recht wie die zwen Jerubin auff dem gnaden deckel der Ladt
des pundt Gottes / So hab auch ich mich nit den hochgeler=
ten / sunder denen die eines geringe verstandt sindt beflissen
auß alt und newem Testament die zuesamen fugung etlicher
Figuren verglichen / der massen als wen einer etwas für ein
spiegel helt / allweg desselben gleichen endtgegensicht / oder
darin des gleichen art erfert oder erkent / dermassen hat auch
Christus selbest alles durch Exempel vnnd Concordantzen
geredt / weist vnnd lert auch vns da hintersich zu
geen / sprechende / geht in die schrifft die gibt zeug=
nuß von mir / vnd in den letzten tagen spricht der
Herr / werden sie in gleichnussen reden darmit
der nam des Herrn in all seinen ge=
schepffen gepreiset werde von nun
an biß in ewigkait / Amen.

4. INDEX ZUR FOLIOAUSGABE UND ZUR AUSGABE OHNE VERSE

Die im folgenden wiedergegebene Auflistung der in der „Concordantz" verarbeiteten Bibelstellen diente in der Folioausgabe zur Ergänzung jener typologischen Paare, die nicht als Illustrationen fertiggestellt wurden und in der Folioausgabe ohne Verse für das Heraussuchen der Bibelstellen, die dort den Radierungen nicht beigeschrieben sind.

Die Numerierung der Paare stimmt weitestgehend mit derjenigen in der Textausgabe – der Grundlage für die Zusammenstellungen – überein. Allein die Paare 41. und 48. fehlen hier, so daß es zu Verschiebungen kam. Mit kursiv in Klammern gesetzten Zahlen habe ich die Nummer des betreffenden Paares in der Textausgabe angegeben. Die Benennungen der Bibelbücher sind teilweise zwar etwas verschieden zu denen der anderen Ausgaben der „Concordantz", doch gibt es tatsächliche Druckfehler nur bei 8. („Matthei. 25.c." statt „2.c.") und 78. („Apoca.7." statt „17."). Mit * hatte Hirschvogel diejenigen Paare bezeichnet, deren Illustrationen er bis zum Erscheinen der „Concordantz" 1550 nicht ausgeführt hatte. Diese Angaben stimmen nicht bei den Paaren 10., 19., 37., 45., 65. *[67.]*, 66. *[68.]* und 85. *[89.]*.

Wichtig ist es, zu bemerken, daß auch vier neue Themen hinzugekommen sind:
81. *[83.]* – Actuum.22.a.: Paulus erzählt dem Volk von seiner Berufung (Apg 22,1–11),
82. *[84.]* – Zephonia.3.d.: Zephonia hört die Worte des Herrn, der die Völker im Glauben zusammenführt (Zeph 3,8–20),
85. *[89.]* – Apoca.8.c.: Die Weherufe des Adlers (Apc 8,13),
87. *[88.]* – Johel.3.b.c.: Der Prophet Joel verkündet das Weltgericht (Joel 3,9–21).

Mit dem Zeichen ☉ versuchte Hirschvogel den Benutzer zum Lesen eines gesamten Bibelkapitels anzuregen, wie er selbst am Ende der Auflistung in einer Art Gebrauchsanweisung vermerkte.

1.			**10.**
4. Regum.4.e		Exodi.2.a	
Genesis.18.b.	Luce.1.b.	*Genesis.27.g	Matthei.2.c.
Judicum.13.c.d.e.		1.Regum.19 a.	
	2.		**11.**
1.Regum.17.c.	Luce.1.c.	2.Regum.2.a.	Matthei.2.c.
	3.	Genesis.31.b	
Numeri.17.a.	Luce.2.a.	Exodi.4.d.	
	4.		**12.**
Exodi.3.a.	Luc.2.b.	4.Reg.5.a.b.c.d.	Matthei.3.b
Michee.5.a.			**13.**
	5.	*Gene.28.b.	Johan.1.e.
Numeri 22.☉	Matth.2.b.		**14.**
	6.	*4.Regu.22.☉	Matthei.5.☉
3.Reg.a.b.c.	Matth.2.b.	(23.a	Luc.4.b.c.
	7.		**15.**
*Exodi.37.a.	Johan.1.☉	Gen.3.☉/25.b.	Mat.4.a.b.
*Esa.42.c/53.☉			**16.**
	8.	2.Regum.4.d.	Matthei.12.☉
Exodi 2.a.			Johan.5.a/11.e
*Gene.27.g.	Matthei.25.c.		**17.**
1.Reg.9.a		Exodi.32.d.	Luce.19.d.
	9.		**18.**
Judicum.6.☉	Luce.2.e.f.	*1.Samuel.19.d	Johan.8.d

167

	19.		38.
*Genesis.37.d.e.	Matthei.21.d.e.	*Gene 19.a.b.c.d.	Johannis.6.g.
	20.		39.
2.Para.28.c.	Luce.10.d.	3.Regum.18.c.d.e.	Matth 26.d.
Esa.58.b.c.			
	21.	2.Samuel 3.f.	40.
4.Regum.4.e.	Johan.6.a.	Machabe.12 e.	Luce.22.d.
3.Regum.17.a		Judicum.3.d.	
	22.		41. [42.]
*Exodi.16.d.	Matth.16.c.d.	Judicum 15.d.	Johannis.18.a
	23.		42. [43.]
*Exodi.23.a.	Luce.14.a.	Genesis.3.b.	Matthei.26.⊙
	24.		43. [44.]
*1.Regu.21.a.b.	Matthei.12.a.	Esai 50.b.	Matthei.6/27.c.
	Luce.6.a.	2.Macha.7.f.	Johannis.19.
	25.		44. [45.]
*Thobie.11.c.	Johan.9.⊙	Daniel.6.⊙	Matth.26.g.
	26.		45. [46.]
*Leuitici.20.b.	Johan.8.⊙	*Daniel.6.c.	Matthei.7.c.
	27.		46. [47.]
*3.Regu.17.c.d.	Luce 7.b.	*Hester.9b.	Luce.16.c.
	Actuum.20.b.		47. [49.]
	28.	Exodi 17 a.	Luce.22.e
*4.Regum.4.d.	Johan.11.c.d.e.	3.Regum.19.a b.	Matthei.26.g.
3.Regum 17.c.			48. [50.]
	29.	Exodi.14.⊙	Matthei.27.d
*Jeremie.11.c.	Luce.3.b.		Johannis.9.a.
	Matthei.3.b.		49. [51.]
	30.	Exodi 34.d.	Johannis.19.a.
Rut.1.c.			50. [52.]
*2.Regum.15.d.	Matth.14.c.d.	Exodi.4.a.	Actuum.5.d.
3.Regum.2.⊙			51. [53.]
	31.	Genesis.15.d.	Actuum.5.d.
*Genesis.48.C.⊙	Matthei.20.c.		52. [54.]
	32.	Genesis.22.⊙	Johannis.19.b.
*Genesis.19.c.	Matthei.25.a.		53. [55.]
	33.	Prouer.3.b.	Luce.3.c.
1.Regu 18.b/4/2.d.		Job.1.2.c.	Matthei.10.d.
2.Macha.10.b	Matthei.2.a.		54. [56.]
Zacharie.9.b.		3.Regu.7.b.	Luce.9.f.
	34.		55. [57.]
Genesis.14.d.	Matthei.21:a:	Genesis.32.⊙	Johannis.19.b.
Exodi.16.d			56. [58.]
	35.	2.Samuel.18.b.	Actuum.1.e.
Gene.37.a			57. [59.]
Regum.2.15.⊙	Luce.22.a	Judicum.16.g.	Luce.23.e.
Judit,.9.e.			58. [60.]
	36.	Numeri.21.b	Johannis.19.b
4:Regum.5.e.	Matth.26:b		59. [61.]
	37.	Exodi.17.c.d.	Johannis.19.c.
*Esai.5.a/42.c.	Matthei.23.d.		60. [62.]
Amos.⊙		Genesis.2.d.	Johannis.19.d.

	61. [63.]		75. [77.]
1.Regum.17.☉	Ephe.4.a.	Psalm.118.c.	Marci.9.a.
	62. [64.]		76. [78.]
Genesis.4.a.b.	Johannis.19.d.	Josua.3.a./4.a.b.	Marci.26.b.
	63. [65.]		77. [79.]
*Genesis.50.☉	Matthei.16.a.	*Exodi.17.b.	Corinth.11.e.
	64. [66.]		78. [80.]
*Thobie.2.☉	Marci.15.e.	*Esai.66.d.	Apoca.7.☉
	Johannis.19.d.		79. [81.]
Jonas.1.☉		Esai.66.a.	Actuum.17.d.
	65. [67.]		80. [82.]
*Genesis.37.d.	Matthei.27.g.	2.Macha.7.☉	Actuum.7.g.
Daniel 6.d.			81. [83.]
	66. [68.]	*Exodi.3.a.	Actuum.9.a./22.a
*Jonas.2.☉	Johan.20.b		82. [84.]
*Judicum.16.a.	Luce.24.a.	Esa.43.☉	
	67. [69.]	*Miche.4.b.	Actuum.10.a.b.
*Judicum.16.a	Matthei.28.a	Zephonia.3.d.	
	68. [70.]		83. [85.]
*Heste.9.e.	Johan.20.a.	4.Regum.2.e.	2 Macha.8.b.
*2.Macha.15.e	Matthei.28.a.	3.Regum.13.e.f.	
	Luce.24.a.		84. [86.]
	69. [71.]	Josua.6.☉	Apoca.8.☉
*Esai.53.☉	Marci.16.b.		85. [89.]
	70. [72.]	Esai.5.☉	Apoca.8.c.
*Exodi.3.☉	Johan.20.d.	*Miche.7.a.	Matthei.23.b.
	71. [73.]	Abacu.2.☉	
Gene.37.a/45.a.	Luce.24.c.		86. [87.]
Thob.12.☉/13.☉		Genesis.6.c.	Matthei.24.
	72. [74.]		87. [88.]
4.Regum.2.b.c.	Matthei.6.b.	Johel.3.b.c.	Apoca.14.d.e.
	73. [75.]		88. [90.]
Exodi.32.☉	Actuum.2.a.	Sapien.5.a.	
3.Regum.18.		Prouer.3.b.	Matthei.25.☉
	74. [76.]	Amos.6.a.	2.Petri.3.a.
Leuit.10.a.	Actuum.5.a.b.	Esai.13.a.b.c.	
Numeri.16.c.			4.b.c.d.

Nach dem dise Figurn nit nach rechter ordnung folgen/ist die vrsach/das anfenger diß wercks dem Gott genandt zu frue gestorben / vnnd ich wie obgemelt allererst auff ein newes solche vnnd andere mer figuren mit sampt den schrifften zusamen hab geordnet (das aber solche schriffte nit darbey gedruckt sind die vrsach) der mancherley sprachen
halben vndterlassen/das ein yeder nach ordenung der obbeschriben Concor dantzen in sein gewenliche oder angeborne sprach zihen oder darzu schreiben müge wie jms gefelt.

    Bey disem zaichen .*. sol verstanden werden die außstehenden figuren
die noch nicht gerissen sind / aber sunst nach ordenung der Concordantzen recht geent.

    Bey disem zaichen .☉., wo oder bey welchen loco das stet/solcher locus sol alweg durchauß gelesen werden.

5. ERLÄUTERTE EDITION DER TEXTAUSGABE DER „CONCORDANTZ"

Die folgende Liste gibt in den kursiv gesetzten Teilen die Verse und Marginalien der nicht illustrierten Ausgabe der „Concordantz" von 1550 wieder. Kürzel und Satzzeichen (auch Virgel) wurden beibehalten, ebenso die Signaturen durch Buchstaben und Zahlen („Kustoden"), die im Original nach jeweils sechs Versnummern zur Bezeichnung des einzelnen Druckbogens dienten (s. Abb. 15).

Das im Bildgedicht beschriebene Ereignis ist für die vorliegende Liste durch die Überschrift in Großbuchstaben von mir kurz benannt worden. Wie im von Hirschvogel aufgestellten Index (s. Kap. III. 4.) gibt ein * hinter der Versnummer an, daß keine Radierung vorliegt. Die Themenbezeichnungen der zusätzlichen Typologien (Bibelstellenangaben neben dem Vers) stehen unter dem Vierzeiler; sie wurden in keinem Fall illustriert. Bei der Angabe der Bibelstelle wurden von mir mit [!] offensichtliche Fehler gekennzeichnet, deren Korrektur nach der Motivbezeichnung vorgenommen wurde.

Die Unterschiede zwischen den Versen der Textausgabe und den Versen über bzw. unter den Illustrationen der Folioausgabe sind so gering, daß auf eine besondere Kennzeichnung verzichtet wurde; diese Unterschiede können ohne Schwierigkeiten durch den Vergleich mit den Abbildungen in Bd. 2 dieser Arbeit erkannt werden. Vers 10.a (II) erscheint nur in der Handschriftenversion (Wien, Albertina).

1.

ELISA ERWECKT DEN SOHN DER SUNAMITIN (IV Rg 4,32-37)

4.Reg.4.e.   *Sunamitin vngelaubig hertz*
Gen.18.b.   *Gebar jrs alters ein sun on schmertz*
Iudic.15. [!]   *Der entschlieff in seiner muter schoß*
                  Elisa weckt jn auff das er gnoß.

Verkündigung der Geburt Isaaks; Gn 18,9-16
Verkündigung der Geburt Samsons; Jud 13,1-6

2.

ISAI SENDET DAVID ZU SEINEN BRÜDERN (I Rg 17,17-18)

1.Reg.17.c.   *Jsai schickt sein sun Dauid auß*
                  Speyß zu bringen von seins vatters hauß
                  Seinen Bruedren sampt Saul zeygt er an
                  Erloesungs volcks vnd Goliaths hon.

3.

AARONS BLÜHENDER STAB (Nm 17,1-8)

Num.17.a   *Die zwoelff ruten legt man zusamen*
                  Darunder des Aarons was grunen
                  Vnd ward getragen zu dem Altar
                  Das jr aller heyl gesundtheit war.

4.

MOSES VOR DEM BRENNENDEN DORNBUSCH (Ex 3,1-5)

Exod.3.a   *Das ellend Egypti wurd erhoert*
Exod.34.d.   *Im busch Horeb in Midian glert*
                  Das Gott Moysen wolt schicken auß
                  Zurloesen das Jsrahelisch hauß.

Moses spricht zum Volke Israel; Ex 34,29-35

5.

BILEAMS WEISSAGUNG (Nm 22,22-24,17)

Num.22.   *Balak zu Bileam schicket auß*
                  Zuuerfluchen das Jsraelisch hauß
                  Bileam verkuendt jm aber das
                  Das das volck von Gott gesegnet was.

1.

VERKÜNDIGUNG AN MARIA (Lc 1,28-31)

Von Gott was vns gesandt auß befelh   *Lucae 1.b.*
     Marie sagen durch Gabriel
     Glaubt sie wie Sunamitin nit
     Jedoch Gots will geschech wie ich bit.

2.

VERKÜNDIGUNG AN MARIA (Lc 1,28-31)

Gsandt von Gott der Engel Marie   *Lucae 1.c.*
     Verkuendt zu peren Jesus on wee
     Auß dem samen Dauid den Heyland
     Was jr vngleubig vnd vnbekandt.

3.

GEBURT CHRISTI (Lc 2,6-7)

Also vns der Heyland Christus grünt   *Lucae 2.a*
     Der geporen was auß Gottes hand
     Vnd was das recht opffer fuer vns all
     Bey ochsen vnd esel in eim stall.

4.

ANBETUNG DES KINDES (Lc 2,15-16)

Also den hirten im feld wurd kuend   *Luc.2.b.*
     Das geboren wirdt ein mensch on suend   *Mich.5.A*
     Von Gott auß Junckfrwlichem stamen
     Erloest die welt/Christus sein namen.

Der Herrscher von Israel; Mi 5,1-5

5.

DIE DREI KÖNIGE VOR HERODES (Mt 2,7)

Von Orient vnd von Occident   *Matth.2.b*
     Kamen die heyling drey Kuenig gnent
     Zeygten Herodi groß wunder an
     Was Gott fuer segen der welt wolt thon.

6.

DIE KÖNIGIN VON SABA VOR SALOMO (III Rg 10,1-13)
- 3.Reg.9.e.   *Sabea hoert in all jrem land*
- 3.Reg.10.b.   *Wie Salomon so weyß wer erkant*
-              *Drumb sie zug auß mit vil gab vnd speyß*
-              *Vnd gab im den aller hoechsten preyß.*

König Hiram schickt Salomo Gold; III Rg 9,27-28

7.*

DIE BUNDESLADE / DER ALTE BUND (Ex 37,1-9)
- Exo.37.a.   *Die Kinder Jsrael wurden gsund*
-           *Welche bliben bey der ladensbund*
-           *Drauff sich die Cherubin zsam kerten*
-           *Und des Einig ein all begerten.*

8.*

DIE TÖTUNG DER KNABEN ISRAELS (Ex 1,15-22)
- Exod.2.a [!]   *Siphra vnd Pua wurden gebetten*
- Gene.27.g.   *Von Pharaon/all knaben zu toedten*
- 1.Reg.19.a.   *Meynt damit das land zu erwerben*
-             *Must zu letzt im roten Meer sterben.*

Esaus Groll gegen Jakob; Gn 27,41-42
David soll getötet werden; I Rg 19,1-3

9.

GIDEONS OPFER (Jud 6,11-24)
- Iudic.6.   *Der Engel Gots zeygt dem Gedeon*
-        *Was er fuer wunder der welt wolt thůn*
-        *Das sah er durch zeychen stets groesser*
-        *Zu sein gantz Jsraels erloeser.*

10.

DIE AUFFINDUNG DES MOSESKNABEN (Ex 2,5)
- Exo.2.a   *Moses wurd gflecht in ein wasser tieff*
- Gen.27.g.   *Die Kuengin jren Jungfrawen rueff*
- 1.Reg.19.A.   *Liebe ziehet verborgen das kind*
-             *Das darnach Jsrael fuert auß suend.*

Jakob flieht vor Esau; Gn 27,42-43
Michal verhilft David zur Flucht; I Rg 19,11-12

- (II.)   *Siphra vnnd Pua wurd geboten*
-        *Von Pharaon all knaben zu todten*
-        *Mose wurd aussetzt zu wasser geburt*
-        *Der darnach ganz Jsrael that guete.*

11.

MOSES KEHRT AUS MIDIAN ZURÜCK (Ex 4,18-23)
- 2.Reg.2.a   *Mose in Midian würdt verkuendt*
- Gen.31.b.   *Zkeren zum Jsraelisch gsind*
- Exod.4.d   *Dann seine feind all abgstorben sind*
-           *Fuert mit eim esel heym weyb vnd kind.*

David kehrt aus Hebron zurück; II Rg 2,1-3
Jakob kehrt nach Kanaan zurück; Gn 31,13-21

12.

NAAMAN WIRD IM JORDAN GEHEILT (IV Rg 5,9-14)
- 4.Reg.5.a.   *Naīmas aussatz wurd widrum̄ gmacht gsund*
- b.c.d.   *Das jm sein gfangne diern macht kundt*
-       *Durch Eliseum empfangen schon*
-       *Zu waschen siben mal im Jordan.*

6.

ANBETUNG DER KÖNIGE (Mt 2,8-11)
- *Also von Sabea drey Kueng groß*   Matth.2.b.
- *Brachten Jesu in Marie schoß*
- *Von gold mirrhen vnd weyrauch vil gschenck*
- *Darmit sie Christi waren indenck.*
-         A iii

7.*

DAS LAMM GOTTES / DER NEUE BUND (Jo 1,29)
- *Solchs einigs ein Johannes außschreyt*   Ioan.1.
- *Vnd auff Jesum von Nazareth deut*   Isa.42.e
- *Spricht/das ist das Lam̄ Gottes on suend*   53.
- *Der vnser prechen all auff sich nimbt*

Der Herr macht das Gesetz groß; Is 42,21
Der leidende Gottesknecht; Is 53

8.*

DER BETHLEHEMITISCHE KINDERMORD (Mt 2,16)
- *Also ließ Herodes erwürgen*   Matth.2.c
- *Das mans gschrey hoert auff den gebürgen*
- *Vil tausend kind in grossen noeten*
- *Begert damit Christum zu toedten.*

9.

DARBRINGUNG JESU IM TEMPEL (Lc 2,22-39)
- *Also Maria in dem Tempel*   Lucae 2.e.f.
- *Opffert Christum zu eim exempel*
- *Den der Simeon benedeyet*
- *Vnd Hanna von jm propheceyet.*

10.

FLUCHT NACH ÄGYPTEN (Mt 2,13-15)
- *Vnd wie Christus lag in der krippen*   Matth.2.c.
- *Auß befelch wurd gflecht in Egypten*
- *Dardurch errett von Herodis hend*
- *Das Gott der welt zu dem besten wendt.*

11.

RÜCKKEHR DER HL. FAMILIE AUS ÄGYPTEN (Mt 2,19-23)
- *Vnd wie Herodes sturb der Tyrann*   Matth.2.c.
- *Der Engel zu Joseph kam mit sam*
- *Befalh jm das er Mariam naem*
- *Sambt Jesu auff eim esel heym kaem.*

12.

TAUFE CHRISTI (Mt 3,13-17)
- *Dermassen auch Joannes zeygt an*   Matth.3.b.
- *Zu tauffen Christum in dem Jordan*
- *Zu vergebung all vnserer suend*
- *Von Got durch den heyling Geyst verkündt.*

13.*
JAKOBS TRAUM VON DER HIMMELSLEITER (Gn 28,10-22)

Gen.28.a.b.	Do Jacob zug auß seim vatterland
	Gott sein Engel auff vnd nider sandt
	Jm schlaff vnd benedeyt auff erden
	Die auß seim samen geborn werden.

14.*
JOSIA LÄSST AUS DEM GESETZBUCH VORLESEN (IV Rg 22, 8-23,3)

4.Reg.22.	Josias in der jugent erkeñt
23.a.	Wie Hierusalem gantz was verblendt
	Durch schrifft sie wieder zu Gott wendt
	Las jn das bůch gsetz biß ans end.

15.
DIE VERSUCHUNG IM PARADIES (Gn 3,1-6)

Gen.3.	Von Gott beschaffen was die menscheit
Gen.25.b.	Die gab sich in eygensinnigkeit
	Auß list der schlangen Adam Eue
	Des kam wir in versuchung vnd wee.

Esau verkauft sein Erstgeburtsrecht; Gn 25,29-34

16.
DIE HEILUNG AM TEICH BETHESDA (Jo 5,1-4)

2.Reg.4.d.	Durch bewegung des Engels was gsund
Ioan.5.a.	Der erst im jar in Bethesda kumbt
	Da lag einer acht vnd dreyssig jar
	Der vor schwacheit nit mocht komen dar.

Elisa erweckt den Sohn der Sunamitin; IV Rg 4,32-37

17.
TANZ UM DAS GOLDENE KALB (Ex 32,19)

Exod.32.d.	Moses auff dem berg Horeb empfieng
	Das Gsetz von Gott vnd abher gieng
	Do er das volk vmbs kalb dantzen sach
	Vor zorn vnd vnwill die Tafel brach.

18.*
DAVID WEICHT DEM SPEER SAULS AUS (I Rg 19,9-17)

1. Sam.19.b.	Dauid thet seim vatter Saul groß gůts
	Spilt auf d'harpff/macht jn froelichs můts
	Bald kam Saul groß zorn an vnd verdrieß
	So entweych jm Dauid vor seim spieß.

19.
JOSEPH WIRD IN DIE ZISTERNE GEWORFEN (Gn 37,23-24)

Gen.37.d.e.	Jsrael thet Joseph aussenden
	Zu seinem bruedern in die frembden
	Do sie jn sahen/schryen sie hell
	Jetz laßt vns toedten den traeumer schnell

20.
DIE EPHRAIMITEN PFLEGEN DIE GEFANGENEN (II Par 28,15)

2.Para.28.c.	Die kinder Ephraims legten an
Isa.58.b.c.	Den gefangnen kleyder vnd salbtens schon
	Fuertens auff eseln gen Hiericho
	Zu jren bruedern/des warens fro.

Wahre Frömmigkeit; Is 58,6-19

13.*
DIE ENGEL GOTTES STEIGEN AUF UND NIEDER (Jo 1,51)

Also Christus den Jungern bekandt	Ioan.1.e.
Das Gott der Herr auff vnd nider sandt	
Die Engel auff des menschen Sun	
Das wir jm sollten nachuolgen thun.	

14.*
CHRISTUS LEHRT IM TEMPEL (Lc 4,16-22)

Jn jugent las Christus im Tempe	Matth.5
Gab den Phariseern exempel	Luc.4.b.c.
Auß den Propheten mit geleychnuß	
Keret euch von suenden vnd thuet bůß.	

Die Bergpredigt; Mt 5,1-7,29
Elia von Raben genährt; III Rg 17,1-6

15.
DIE VERSUCHUNGEN CHRISTI (Mt 4,1-11)

Also Christum vom boesen Sathan	Matth.4.a.b.
Der jn mit betrug vnd list griff an	
Aber jm felet noch alles das	
Dann Gott in versuchung bey jm was.	

16.
DIE WUNDERHEILUNGEN CHRISTI (Mt 12,9-14; Mt 12,22-23; Jo 11,1-46)

Aber do jn Christus sah bleyben	Matth.12.
Macht jn gsund/thet teueffel außtreyben	Ioan.11.e.
Auß den grebern die todten wecket	
Vor seiner gnad krum lam sich strecket.	

17.
CHRISTUS VERTREIBT DIE HÄNDLER AUS DEM TEMPEL (Lc 19, 45-46)

Also auch Christus im tempel gieng	Luc.19.d
Vor zorn vnd grossem vnwill anfieng	
Zuprechen/schlahen/auß zutreyben	
Des keiner im Tempel thet bleyben.	

18.*
CHRISTUS ENTGEHT DER STEINIGUNG (Jo 8,48-59)

Christus dermaß thet in dem Tempel	Ioan.8.e.
Gab den Phariseern gut exempel	
Sie hůben stein auff arm vnd reichen	
Dann thet Christus von jn entweichen.	

19.
GLEICHNIS VON DEN BÖSEN WEINGÄRTNERN (Mt 21,33-39)

Also die knecht vom Haußuatter gsendt	Matth.21.d.e.
Wurden erschlagen im weingart bhend	
Zuletst der recht Erb kam jn ind hend	
Den erschlůgens auch an solchem end.	

20.
GLEICHNIS VOM GUTEN SAMARITER (Lc 10,30-37)

Von Hierusalem gen Hiericho	Luc.10.d.
Ein man gieng/vom feind wurd gschlagen do	
Fuergiengen der Priester vnd Leuit	
Der Samaritan jm gůts teylt mit.	

21.
DIE BROTVERMEHRUNG DURCH ELISA (IV Rg 4,42-44)
- 4.Reg.4.e.   Dem Propheten bracht man zweintzig brot
- 3.Reg.17.a.   Vnd new korn von Balisa der stat
-                   Darmit settiget er hundert man
-                   Vberblibens trůgens das meist daruon.

Elia von Raben genährt; III Rg 17,1-6

22.*
DIE MANNALESE (Ex 16,13-36)
- Exod.16.d.   Moses sagt durch Gott sorgt nit vmb speyß
-             Der Herr eůwrn mangel vñ notdurfft weyß
-             Geyt euch Mann von hymel zu der zeyt
-             Der vil meynt zu haben hunger leydt.

23.*
RETTUNG DES OCHSEN ODER ESELS DES FEINDES (Ex 23,4-6)
- Exo.23.a.   Deins widersachers esel hilff du
-           So du kumbst vngeferlich darzu
-           Darmit erfuellst du Gottes willen
-           Thust dein widersacher mit stillen.

24.*
ABIMELEK GIBT DAVID VON DEN SCHAUBROTEN (I Rg 21,4-7)
- 1.Reg.21.a.b.   Von Abimelech Dauid begert
-              Auß hunger das jn der Priester gwert
-              Gab jm verbotne schawbrot zu essen
-              Das wurd des hungers not zugmessen.

25.*
TOBIAS HEILT SEINEN VATER (Tob 11,7-15)
- Thob.11.c.   Der Son Tobie von der reyß kam
-           Auß beuelch des Engels die vischgall nam
-           Salbt seins vetters augen darmit bhend
-           Macht jn gantz sehend biß an das end.

26.*
WARNUNG VOR EHEBRUCH (Lv 20,10)
- Leui.20.b.   Moses bot den Eebruch zustraffen
-           Wer mit seins nechsten weyb het zschaffen
-           Beyd sollten sie versteynigt werden
-           Wollten sie glueck auff erden.

27.*
URTEIL SALOMONIS (III Rg 3,16-28)
- 3.Reg.3.c.d   Salomon in seim vrteyl außsprach
- 3.Reg.17.c.d   Vnd nach der rechten kindßmutter sach
-              Welchs kind schon zum tod verurteylt was
-              Gab man seinr můter lebendig ind schoß.

Elia erweckt den Sohn der Witwe von Sarepta; III Rg 17,17-24.

28.*
ELISA ERWECKT DEN SOHN DER SUNAMITIN (IV Rg 4,32-37)
- 4.Reg.4.d.   Elisa fand tod den knaben im beth
- 3.Reg.17.c.   Vnd sich zum dritten mal auff jn legt
-           Schrey mit lauter stiṁ in sein mund ein
-           Gab jn lebendig der můter sein.

Elia erweckt den Sohn der Witwe von Sarepta; III Rg 17,17-24

21.
SPEISUNG DER FÜNFTAUSEND (Jo 6,1-13)
- Christus segnet fuenff brot vnd zwen visch   Io.6.a.
- Hieß setzen fünff tausent man zu tisch
- Vnd speysets das sie all hetten gnůg
- Zwoelff koerb vol vbrig man daruon trůg.

22.*
VOM SCHÄTZESAMMELN (Mt 6,19-21)
- Samlet gůt schetz die nit verderben   Matth.6.d.e.
- Auff das das gwůrm nit sein die erben
- Thuet auff den andern tag nit sorgen
- Gott gibt/was jr essen solt morgen.

23.*
GLEICHNIS VOM SABBATTAG (Lc 14,5)
- Jm Gsetz Mosi klerlich gschriben stat   Luc.14.a.
- Volkomen zu feyren den Sabath
- So dir aber dein ochs in bruñ felt
- Im herauß zuhelffen bist du bstelt.

24.*
ÄHRENESSEN DER JÜNGER AM SABBAT (Mt 12,1; Lc 6,1)
- Dergleich die Apostel giengen nach   Matth.12.a.
- Jesu/am Sabath vnd assen roch   Luc.6.a.
- Die außraufften ehern auß not
- Das doch sonst verboten was von Gott.
-             B

25.*
CHRISTUS HEILT DEN BLINDGEBORENEN (Jo 9,1-7)
- Christus fand ein von geburt verblendt   Ioan.9.
- Legts auß sein Juengern das sies versteend
- Macht ein salb von erd vñ speychel gschwind
- Darmit war gsehend der vor was blind.

26.*
CHRISTUS UND DIE EHEBRECHERIN (Jo 8,3-11)
- Christo im Eebruch ein weyb wurd bracht   Ioan.8.
- Er schrieb auff die erden/nun habt acht
- Sprach auch/wo seind deine mißgünner
- Niemands was da/gang hin thůs niṁer.

27.*
AUFERWECKUNG DES JÜNGLINGS ZU NAIN (Lc 7,11-17)
- Als Christus gegen der statt hinein zug   Luc.7.b.
- Ein verstorben man fuer jn rauß trug   Acto 20.b.
- Disem schůff er wider sein Leben
- Thet jn seinr můter gnedig geben.

Wiederbelebung des Eutychus; Act 20,7-20.

28.*
AUFERWECKUNG DES LAZARUS (Jo 11,1-46)
- An Christus der maß auch Martha bgert   Ioan.11.d.e.
- Vnd wurd desselben von jm gewert
- Schry laut das es der verstorben hoert
- Lazare trit herfuer auß der erd.

29.*
DER ABGESTORBENE BAUM (Jer 11,19)

Hier.11.c.   O Juda dich hat der Herr genent
             Vnd fuer ein grůnenden ōlbaum erkeñt
             Weyl du aber in abfall bist blendt
             So wirt dein baum sambt den fruechte brent

30.*
ELISA FOLGT ELIA DURCH DEN JORDAN (IV Rg 2,1-6)

Ruth.1.c.   Elisa schwůr dem Eliseo
2.Reg.15.d. So war der Herr lebt/so bleb ich do
3.Reg.2. [!] Vnd volg dir nach gar biß in den tod
             Verzagt schry wo ist Elisa Gott.

Husai folgt David; II Rg 15,32-35
Ruth folgt Naemi; Rt 1,15-18

31.*
JAKOB SEGNET DIE SÖHNE JOSEPHS (Gn 48,17-21)

Gen.48.c.   Joseph hoert das Jacob wolt sterben
             Nam Manasse Ephraim sein Erben
             Stelts beyd zur rechten vnd lincken fuer
             Das jn der segen Gotts von jm wuer.

32.*
DIE UNGLÄUBIGEN SCHWIEGERSÖHNE LOTS (Gn 19,14)

Gen.19.c.   Die Toechtermenner Loths verlachten
             Der warnung Gottes vnd verachten
             Biß der Herr mit schwefel vnd fewr kam
             Vnd Sodoma alls in grund verbran.

33.
DAVID VON DEN FRAUEN EMPFANGEN (I Rg 18,6-7)

1.Reg.18.b. Empfangen Dauid mit weyber gsang
4.Reg.2.d.   Schlůg Goliam/selig sein eingang
2.Mach.10.b. Aber Saul thet das hart verdriessen
             Darnach mit wehr auff jn thet schiessen.

Elisa von den Prophetenknaben empfangen; IV Rg 2,15
Das Fest der Tempelweihe; II Mach 10,5-8

34.
MELCHISEDEK SEGNET ABRAHAM (Gn 14,17-20)

Gen.14.d.   Loth von feinden ward erledigt
Exo.16.d.   Blib also bey jn vngeschedigt
             Abraham bringt jn auch auß dem streyt
             Melchisedech jm das opffer breyt.

Mannalese; Ex 16,11-18

35.
JOSEPH WIRD VON SEINEN BRÜDERN VERKAUFT (Gn 37,23-28)

Gen.37.e.   Der Brueder neyd bracht Joseph vnrat
2.Reg.15.   Dann jn Juda verkaufft vmb ein spot
Iudit.9.e.   Das jn darnach jr gewissen sagt
             Vnd ein yeder in jm selbst verzagt.

Absaloms Verschwörung gegen König David; II Rg 15
Die Männer von Sichem werden Abimelek untreu; Jud 9,22-34

36.
ELISA BESTRAFT GEHASI MIT DEM AUSSATZ NAMANS (IV Rg 5,19-27)

4.Reg.5.e.   Gehasi still von Elisa kam
             Von Naaman zwen zentner sylbers nam
             Vnd feyr kleyder/meyntens verborgen hon
             Darumb jm der aussatz ward zu lohn.

29.*
JEDER TOTE BAUM WIRD VERBRANNT (Mt 3,10; Lc 3,9)

         Christus im Mattheo dermaß spricht   Luc.3.b.
         Ein yeglicher baume der da nicht   Matth.3.b.
         Bringt gůt fruecht/soll abgehawen werden
         Verbrent zu asch biß in die erden.

30.*
PETRUS FOLT JESUS AUF DEM SEE GENEZARETH (Mt 14,28-33)

         Christo Petrus schwůr auch zu sterben   Matth.14.d.
         Vnd mit jm das reych Gottes erben
         Nun do er auß dem schiff thet tretten
         Jn zweyflung Christum fieng an zu beten.
                                                   B ii

31.*
CHRISTUS UND DIE SÖHNE DER FRAU DES ZEBEDÄUS (Mt 20,20-23)

         Die můter der kind Zebedei   Matth.20.c.
         Bot Jesum/miserere mei
         Setz ein meiner soen zu der rechten
         Den andern zur lincken deinr knechten.

32.*
DIE TÖRICHTEN JUNGFRAUEN (Mt 25,1-13)

         Also die thoerichten Jungfrawen   Matth.25.a.
         Bey der nacht nit theten auffschawen
         Biß der Breuetigam vngwarnet kam
         Vnd sie on brinnende liechter fand.

33.
EINZUG CHRISTI IN JERUSALEM (Mt 21,1-11)

         Also sangen die Juden gemein   Matth.2.a. [!]
         Selig der im Herren reit herein   Zach.9.b.
         Vber ein kleines wurden die stum̄
         Auß blindheit toedten sie selbs Christum.

Einzug des siegreichen Königs von Jerusalem; Sach 9,9-10

34.
ABENDMAHL (Mt 26, 20-29)

         Also auch Christus vngeschedigt wa   Matth.21.a. [!]
         Biß er mitn Juengern das nachtmal aß
         Gab jnen das opffer brot und wein
         Das sie seins tods solten indenck sein.

35.
JUDAS ERBIETET SICH ZUM VERRAT (Lc 22,3-6)

         Dergleichen Judas was auch verblendt   Lu.22.a.
         Vnd Christum inn seim hertzen nit keñt
         Vermeynt durch dreyssig pfennig willen
         Seins verderbens fuernemen zurfuellen.

36.
JUDAS NIMMT GELD VON DEN HOHEPRIESTERN (Mt 26, 14-16)

         Judas dermassen auch mit vil list   Matth.26.b.
         Meint reich zu werden durch Jesum Christ
         Verkaufft jn gar vmb ein schnoedes gelt
         Vns das heyl/jm die verdamnuß bstelt
                                                   B iii

37.
JESAIA VOR DEM HERRN (Is 42,14-25)
   Isa.42.c.   *Der Herr schry hell zu dem Jsai*
   Isa.5.a.   *Was wer doch zu thůn gewesen ye*
   4.Esd.1.d.e.f. *Das ich nur nit thon het disem volck*
                      Sie haben aber selbst nit gewolt.
Jesaias Weinberglied; Is 5,1-7
Esra vor dem Herrn; IV Esd 1,12-40

37.
CHRISTI WEHKLAGE ÜBER JERUSALEM (Mt 23,37-39)
   Christus schry vber Hierusalem   *Matth.23.d.*
    Die du toedtest alle Propheten
    Versteynigst welch zu dir kommen sein
    Jch bgert zu samlen wie ein Henn

38.*
LOT WIRD VON DEN ENGELN AUS SODOM GEFÜHRT (Gn 19,1-26)
   Gen.19.a.b.c. *Der Engel Gots gen Sodoma kam*
        d.e.   *Des Loths weyb vnd toechter mit jm nam*
                 Bot jn Sodom nit mehr sehen an
                 Deß blib Loths weyb wie ein saltzsaul stan.

38.*
DIE NACHFOLGE CHRISTI (Jo 6,44-45)
   Christus sprach dermassen mit worten   *Ioan.6.g.*
    Wer begert zu der hymel porten
    Legt sein hend an pflug/sicht hindersich
    Jst meines vatters reych nit wirdig.

39.
ELIA AM BERG KARMEL (III Rg 18,17-40)
   3.Reg.18.c.d. *Durch die zeychen der bitt Elisa*
                 Entzündt sich sein opffer mans sah
                 Jn fewr sich erzeygt des hoechsten sterck
                 Mit regen das es das ganz volck merck.

39.
CHRISTUS AM ÖLBERG (Mt 26,36-47)
   Also Christus ein zeychen empfieng   *Matth.26.d.*
    Vom Engel do er an Olberg gieng
    Bat Gott trewlich fur die gantzen welt
    Zum heyl der suend von jm was bstelt.

40.
JOAB ERSTICHT AMASA (II Rg 20,1-10)
   2.Sap.3.f. [!]   *Bey dem sehr grossen stein Gibeon*
   Mach.12.e.   *Gab Joab dem Amase sein lohn*
   Iudic.3.d.   *Mit gar falschem kuß vnd jn erstach*
               Deß er sich zu jm mit nicht versach.
Der Verrat des Tryphon; I Mach 12,39-54
Ehud ermordet König Eglon; Jud 3,11-22

40.
DER JUDASKUSS (Lc 22,47-48)
   Also Judas am berg Oliuet   *Luc.22.d.*
    Am gruenen donnerstag dergleich thet
    Verkaufft den Juden am abent spaet
    Jesum vnd jn mit falschem kuß toedt.

41.*
AHAB VERURTEILT NABOT (III Rg 21,1-16)
   3.Reg.21.b.c. *Jesabel bot falsch zeugen zustellen*
                 Belials kind kundtschafft zu woelen
                 Vber Naboth den frum̄ vnd grechten
                 Das sie jn on mittel vm̄brechten.

41.*
CHRISTUS VOR DEM HOHEN RAT (Mt 26,57-66)
   Die hohen Priester vnd Eltisten   *Matth.26.e.*
    Sůchten wider Jesum falsch zeugen   *Act.6.B.*
    Obs schon wer wider ein gantzen Rath
    Schryens doch/er hat verschuldt den tod.
Anklage gegen Stephanus; Act 6,8-15

42.
SAMSON ERSCHLÄGT DIE PHILISTER (Jud 15,9-16)
   Iud.15.d.   *Bey der steynen klufft zu Etham*
             Drey tausent gerüster Held zsam kam
             Bunden Simson vnd fuerten mit spot
             Er vnuersehens schlug tausend ztodt.

42.
DIE NIEDERSTÜRZENDEN HÄSCHER (Jo 18,1-6)
   Also am Olberg die Juden all   *Ioan.18.a.*
    Empfiengen durchs wort Christi den fahl
    Als werens all zu todt geschlagen
    Christus sprach/wem thůt jr nachfragen.

43.
DER SÜNDENFALL (Gn 3,6-7)
   Gen.3.b.   *Jm garten Edom Eua Adam*
             Der verboten frucht der suend annam
             Meynten der schlang gleych witzig werden
             Des fahls menschlich gschlecht můst ent=
                                 (peren.

43.
GEFANGENNAHME CHRISTI (Mt 26,47-54)
   Biß Christus im garten wider wendt   *Matth.26.*
    Was Adam durchs annem̄en het gend
    Das was vnsers fahls widerkeren
    Der sich der vnschuld nit thet wehren

44.
VERSPOTTUNG DES JESAIA (Is 50,5-7)
   Isa.50.b.   *Gott gab Jsai außzusprechen*
   2.Mach.7.f. *Kůen zu reden wider die frechen*
              Bot jn auch den mund zu schlagen dar
              Zuuerspotten/speyen/ziehen beym har.
Die Verspottung des Antiochus; II Mach 7,30-39

44.
CHRISTUS VOR KAIPHAS (Mt 26,57-66)
   Dergleich sich Jesus willig bot dar   *Matth.27.e.* [!]
    In demuth vnd ghorsam Cayphas schar   *Ioan.19.a.*
    Speyt vnd schlůgen jn/nun sag vns war   *Matth.6.c.*
    Christe wer hat dich gnomen beym ħar.
Verspottung Christi; Jo 19,2-4
Vergebung von Verfehlungen; Mt 6,14-15

45.
DANIEL IN DER LÖWENGRUBE (Dan 6,16-18)
Dani.6.e. *Daniel ward vor Dario hart*
 Beklagt/yedoch der Koenig lang wart
 Zu werffen jn vnder die lowen
 Vn sprach/dein Gott woell dir gnad geben

46.*
DANIEL IN DER LÖWENGRUBE (Dan 6,16-18)
Dan.6.c. *Die feynd Danielis schryen hell*
 Zu den loewen werffet Daniel
 Die thetten jm weder leyd noch bissen
 Sein fahls Anklaeger sie zerüssen.

47.
HAMAN UND MARDOCHAI (Est 6,10-11)
Esd.9.b [!] *Mardachij huet vorm hof Aschweros*
 Das den stoltzen Amon seer verdroß
 Ließ Mardachij ein galgen anfangen
 Dran wurd Amon sambt zehn son ghange

48.*
HAMAN VOR SEINEN FREUNDEN UND SERES (Est 6,12-14)
Est.6.B. *Die freundschafft Amons propheciert*
Iudit.5.f. *Jst Mardachi von Gott eligiert*
 So wirst wider jn nit vermügen
 Er ob vnd du vnden müst ligen.
Achior vor Nebukadnezar; Jdt 5,1-26

49.
MOSES SCHLÄGT WASSER AUS DEM FELSEN (Ex 17,3-7)
Exod.17.a. *Wider Moysen murren was das volck*
3.Reg.19.a.b. *Das er sie wider heym fueren solt*
 Vnd verlaugneten Gott mit laster
 Noch gab jn Moses vom felß wasser.
Elia am Berg Horeb; III Rg 19,3-18

50.
UNTERGANG DER ÄGYPTER IM ROTEN MEER (Ex 14,9-31)
Exod.14. *Moyses fuert das Jsraelisch Heer*
4.Esd.13.e. *Auß befelch Gots trucken durchs rot Mar*
 Darinn Pharaon sein roß vnd wagen
 In Meeres grund alle tod lagen.
Vision des Esra vom Menschen, der mit erhobener Hand das feindliche Heer vernichtet; IV Esd 13,49-58

51.
MOSES SPRICHT ZUM VOLKE ISRAEL (Ex 34,29-35)
Exod.34.d. *Mosen das volck nit kundt sehen an*
 Er müst ein fuerhang fuers angsicht thon
 Dann der glast des wort Gotts was in zhell
 Das Gsetz band jn jr gweissen vnd seel.

52.
VERWANDLUNG DES STABES MOSES IN EINE SCHLANGE (Ex 4,1-5)
Exod.4.a. *Gott verkuendt dem Moysi in der wuest*
 Das er sich wider Pharaon rüst
 Und errett das volck von dem ellend
 Mit dem Wunderstab in seiner hend.

45.
ECCE HOMO (Mt 27,15-23)
 Also auch Pilatus het geren Matth.26.g. [!]
 Des todts Christi moegen entperen Matth.14.a.
 Sucht rettung jn zbalten beym leben
 Wolt jn darfuer Barrabam geben.
Herodias verlangt das Haupt des Täufers; Mt 14,6-10

46.*
GLEICHNIS VOM AUF FELS GEBAUTEN HAUS (Mt 7,24-27)
 Der sein hauß auff einen felß bawet Matth.7.c.
 Vnd dem Herren gentzlich vertrawet
 Der bleybt zu end in gutem gwissen
 Wirdt von keim boesen wind zerrissen.

47.*
GLEICHNIS VOM REICHEN MANN UND VOM ARMEN LAZARUS (Lc 16,19-31)
 Darumb seyt barmhertzig den armen
 Laßt euch jr in demuth erbarmen Luc.16.c.
 Das jr nit zletst mit dem reychen man
 Fuer Lazarus seel ind Hell muest gan.

48.*
DIE APOSTEL VOR DEM HOHEN RAT (Act 5,26-42)
 Ein alter sprach/hoert mir zü ich rath Acto.5.e.
 So das thün auß menschen stym außgaht
 Bald vergehts vnd wirdt zu grossem hon
 Jsts auß Gott so bleybt es ewig bston.
C

49.
DIE VERLEUGNUNG PETRI (Mt 26,57-75; Lc 22,54-62)
 Also Petrus Christum thet sehen Luc.22.e.
 Laugnet drey mal vorm hanen kraᵉen Matth.26.g.
 Beym fewr man fragt/bist du sein Junger
 Er sprach/koechin ich kenn sein nim̄er.

50.
GEISSELUNG CHRISTI (Mt 27,30; Jo 19,1)
 Also die Juden schlügen Christum Matth.27.d.
 Das blüt jn zur verdamnuß rhabruñ Ioan.9.a. [!]
 Vnd vns zü vnser seel seligkeit
 Dardurch er sein volck hat benedeyt.

51.
ECCE HOMO (Jo 19,5)
 Also die Juden all sambt verblendt Ioan.19.a.
 Jesum jren heyland keiner ken̄t Matth.26.
 Vnd schryen zü Pilato behend
 Vber ůns vnser kind sein blůt sey geend.
Ratschlag der Hohepriester, Christus zu täten; Mt 26,1-5

52.
VORBEREITUNG DES KREUZES CHRISTI (Act 5,30)
 Also auß dem wilden holtz wurd breyt Acto.5.d.
 Das Creuetz daran Christus fuer vns leyd
 Vnd errett vns auß des Teueffels band
 Solchs wirdt das holtz des lebens genant.

53.
DAS BITTERE WASSER VON MARA (Ex 15,22-25)

Gen.15.d.	Des bittern wassers das volck nit gnueß
4.Esd.1.d.	Biß man einen baumen darein stieß
	So mocht dann das volck trincken darauß
	Das vor darab hett ein grossen grauß.

Das Holz im Fluß Morah; IV Esd 1,22-23

54.
DIE OPFERUNG ISAAKS (Gn 22,1-14)

Gen.22.	Abraham was Gotts gepot ghorsam
	Sein Sun welcher das holtz auff sich nam
	Vnd gieng demuetigklich in den tod
	Darauß jm halff der allmechtig Gott.

55.
HIOB ERFÄHRT VON SEINEM UNGLÜCK (Job 1,6-2,13)

Prover.3.b.	Das gůt hab ich empfangen von Gott
Iob.1.2.c.	Drumb ich jm danckbar sol sein in not
	Bloß bin ich auß můter leyb komen
	Nichts hab ich mit mir wegk genomen.

Der Wert der Gottesfurcht; Prov 3,11-12

56.
ELIA BERUFT ELISA (III Rg 19,19-21)

3. Reg7.b. [!]	Elisa auff dem feld den pflůg streckt
	Den Elia mit seim mantel deckt
	Sein eltern vor kust Elisa bhend
	Vnd sich vom pflug zů Elia wendt.

57.
JAKOB RINGT MIT DEM ENGEL (Gn 32,22-30)

Gen.32.	Jacob was seins brůders zorn indenck
	Schickt seim brůder Esau die gschenck
	Rang mit dem Engel vnder wegen
	Vberwand Gott vnd menscheit mit segen.

58.
ABSALOMS TOD (II Rg 18,9-15)

2.Sam.18.b.	Absalon in seinem begeren
	Wolt an stat Dauids Koenig werden
	Dasselb mit aller falschheit anfieng
	Drumb jn Gott strafft vnd er am baum (bhing.

59.
SAMSON ZERSTÖRT DEN TEMPEL (Jud 16,28-30)

Iudic.16.G.	Simson gefangen wurd mit rauben
	Sein feind stachen jm auß sein augen
	Noch vberwand er sie also blind
	Bracht mit jm vmb das Philistrisch gsind.

60.
DIE EHERNE SCHLANGE (Nm 21,8-9)

Num.21.b.	Jsrael murret Moysi vnd Gott
	Drum̄ er jn durch schlangen schickt den tod
	Vnd welcher daruon wolt heyl werden
	Must sich zů der auffghangen keren.

53.
DAS KREUZ CHRISTI (Act 5,29-32)

Auß solchem bitterm holtz wurd geendt	Act.5.d.
Das creuetz daran Christus wurd gehenckt	
Vnd vns dunket all gar bitter sein	
Trag wirs mit dult/so loeßts vns auß pein.	

54.
KREUZIGUNG CHRISTI (Jo 19,17)

Also Christus das Creuetz fuer vns trůg	Ioan.19.b.
Das schickt jm Gott mit gedult vnd fůg	
Daran er fuer vns suender thet gnůg	
Lidt willig das man jn daran schlůg.	

C ij

55.
DER MENSCH TRÄGT DAS KREUZ CHRISTI (Mt 10,38)

Dann das mittragend Creutz in gedult	Luc.3.c.
Jesu vnd bey Gott erwerben huld	Matth.10.d.
Vnd wer drumb hie verleust sein leben	
Dem will Gott dort das ewig geben.	

Christus folgt Johannes dem Täufer; Lc 3,15-17

56.
EIN NACHFOLGER CHRISITI AM PFLUG (Lc 9,61-62)

Einer dem Herren nachuolgen solt	Luc.9.f.
Von den seinen er vor vrlaub wolt	
Nemen/vnd Jesu auch volgen nach	
Legt sein hand an pflůg hindersich sach.	

57.
CHRISTUS WIRD ANS KREUZ GESCHLAGEN (Jo 19,18)

Also Christus des Adams fahl dacht	Ioan.19.b.
Das er vns in dem Paradeyß bracht	
Rang am creütz mit Got vñ menscheit schnell	
Dardurch erloest das gantz Jsrael.	

58.
JUDAS BRINGT DIE SILBERLINGE ZURÜCK UND ERHÄNGT SICH (Act 1,15-19)

Judas dermassen mit falsch vnd list	Acto.1.e.
Verkaufft vnd verriet auch Jesum Christ	
Vnd dacht was er het angefangen	
Thet sich selbst an ein baumen hangen.	

59.
KREUZBESTEIGUNG CHRISTI (Lc 23,23)

Noch mer Christus am creutz vberwand	Luc.23.e.
Deßhalben von Gott war selb gesandt	Corinth.5.f.
Vnd den Teueffel Hell gar alles band	
Drumb er vnser erloeser ist gnant.	

Christus ist für alle gestorben; II Cor 5,14-15

60.
CHRISTUS AM KREUZ (Jo 19,18-22)

Auch durch list der schlang Adam Eue	Ioan.19.b.
Bracht vns vnser annemen in wee	
Solch besserung am creuetz auff gehenckt	
Mit seim tod vns die erloesung schenckt.	

C iij

61.
DIE AMALEKITERSCHLACHT (Ex 17,8-16)

Exo.17.c.d.   *Moyses mit außgestreckten armen*
            Bat Gott sich seins volcks zu erbarmen
            So sygt dann Israel mit genad
            Henckt er sein arm so schlůg mans zu tod.

62.
ERSCHAFFUNG EVAS (Gn 2,22)

Gen.2.d.   *Auß der seyten Adams entsprung dsuend*
            Das sich noch in aller natur findt
            Die kundt vnd mocht nicht bessert werden
            Drumb Christus thet komen auff erden.

63.
DAVID SIEGT ÜBER GOLIATH (I Rg 17,20-51)

1.Reg.17.   *Durch hon Golie schlůg jn Dauid*
            Do das gantz volck Jsrael mit strit
            Vnd erloeßt sie auß allen noeten
            Thet jren widersacher toedten.

64.
KAINS BRUDERMORD UND FLUCHT (Gn 4,3-16)

Gen.4.a.b.   *Abels opffer ruch auff gegen Gott*
            Darumb jn sein brůder Cain toedt
            Meynt jn darmit zu vndertrucken
            Das sah man an sein falschen stucken.

65.*
SALBUNG DES LEICHNAMS JAKOB (Gn 50,1-3)

Gen.50.   *Viertzig tag ließ Joseph Jsrael*
            Sein vatter salben Gott zu gefell
            Benedeyet jn auch biß ins grab
            Das Abraham seim gschlecht haufft vnd gab.

66.*
TOBIT BEGRÄBT TOTE (Tob 2,1-9)

Thob.2.   *Thobias was still dahin geneygt*
            Das er den armen alls gůts erzeygt
            Vnd wo er die todten fand/auff hůb
            Auß erbarmen sie heymlich vergrůb.

67.
JONA WIRD VOM FISCH VERSCHLUNGEN (Jon 1,15-2,1)

Ion.1   *Gott schickt auff dem Moer grausam wellen*
Gen.37.d.   *Das sie sich jm thetten befelhen*
Dan.6.d.   *Vnd wurffen den Jonam auß dem schiff*
            Jns Walfisch rachen er drey tag schlieff.

Joseph wird in die Zisterne geworfen; Gn 37,23-24
Daniel in der Löwengrube; Dan 6,10-23

68.
JONA WIRD VOM FISCH AUSGESPIEN (Jon 2,11)

Ion.2.   *Jns Walfisch leyb Jonas was behuet*
Iud.16.a.   *Das gschach auß des allmechtigen guet*
            Blib also vnuersert vnd gesund
            Am dritten tag er wider rauß kumbt.

Samson hebt die Tore Gazas aus; Jud 16,3

61.
CHRISTUS BEKOMMT DEN ESSIGSCHWAMM GEREICHT (Jo 19,28-30)

Also Christus auffgstreckt am Creuetz schreyt   *Ioan.19.c.*
   Für vns all/vatter vergib jn heut
   Der woell vns bschuetzen in sein henden
   Das wir mit zteyl werden den feinden.

62.
ÖFFNUNG DER SEITE CHRISTI (Jo 19,33-34)

Der thet vns wider dahin leyten   *Ioan.19.d.*
   Wie die gantz Schrifft auff jn was deuten
   Das er der welt suend solt außreueten
   Solch bessrung gschach auß seiner seyten.

63.
CHRISTUS IN DER VORHÖLLE (Eph 4,9-10)

Also auch Gott des Lucifers hon   *Ephes.4.a.*
   Nit wolt das er darinnen solt bstan
   Vnd gab Christo wie Dauid den gwalt
   Drum fuert er auß der Hell jung vnd alt

64.
BEWEINUNG CHRISTI (Jo 19,38)

Also die Juden in einer sum   *Ioan.19.d.*
   Meynten wan sie nur toedten Christum
   So wer jr anligen nimer schwer
   Vor Gott was er das gerecht opffer.

65.*
DIE SALBUNG IN BETHANIEN (Mt 26,6-13)

Zu den fuessen Jesu traten weyb   *Matth.16.a. [!]*
   Mit riechender salb schmirt sie sein leyb
   Den zanck der Juengern merckt Christus wol
   Das deuet das man mich begraben sol.

66.*
GRABLEGUNG CHRISTI (Mc 15,42-47; Jo 19,38-42)

Also Joseph von Armathia   *Marc.15.e.*
   Bat zu begraben Christum/quia   *Ioan.19.d.*
   Er thet heymlich gůts von jm sagen
   Thet jn in seim eygen grab tragen.

67.
DIE WÄCHTER AM GRAB CHRISTI (Mt 27,62-66)

Die Schrifftglerten kamen vberein   *Matth.27.a.*
   Christum zu toedten fuer die gemein
   Vnd legten jn in ein grab was tieff
   Verhuet drey tag er darinnen schlieff.

68.
AUFERSTEHUNG CHRISTI (Lc 24,1-7; Jo 20,9)

Also Christus auffstůnd am dritten   *Ioan. 20.b.*
   Der von vnsert wegen hat glidten   *Luc.24.a.*
   Vnd vns erloest auß todes banden
   Deß sing wir all/Christ ist erstanden.

69.*
SAMSON MIT DEN TOREN GAZAS (Jud 16,3)

Iudic.16.a.   Zů Gasa lag vber nacht Samson
               Am morgen trůg er das thor daruon
               Sein feind meynten jm vbels zu thůn
               So thet er drauß vber das feld gon.

70.*
DAS PURIMFEST (Est 9,20-32)

Hest.9.e.   Purim im Jar ein tag wirdt gepreyst
2.Mach.15.e.   Der der Juden errettung außweyßt
               Den fasten vnd feyren sie noch all
               Durch Ester kam der erloesung fahl.
Der Tag des Sieges über Nikanor wird zum Festtag; II Mach 15,36

71.*
DER LEIDENDE GOTTESKNECHT (Is 53,1-12)

Isa.53.   Er nimbt an sich all vnser kranckheit
               Auff seinem rucken wie ein schaff treit
               Willig den tod fuer vnser suend leydt
               Das er mit seinen wunden anzeygt.

72.*
DER ZWEIFELNDE MOSE (Ex 4,6-7)

Exod.3.b. [!] Auff Horeb der Herr mit Mose redt
               Noch glaubt Moses nit wie der Herr thet
               Hieß jn sein hend in bůsen stecken
               Aussetzig thet ers herauß strecken.

73.
JOSEPH ERZÄHLT SEINE TRÄUME (Gn 37,5-11)

Gen.32.a. [!] Joseph durch sein wunderbarlich gsicht
Thob.12.13.   Den vatter sambt sein aylff bruder bricht
               Und erklaert des hoechsten heymlichkeyt
               Die jm der Geyst Gottes het anzeygt.
Tobias und Raphael; Tob 12 und 13

74.
HIMMELFAHRT DES ELIA (IV Rg 2,9-13)

4.Reg.2.b.c.   Helias fur auff in fewrin flam̄
               Vnd růffet Eliseo mit nam
               Macht auß jm eines Propheten stam̄
               Der verkuendt sein befelch gar mitsam.

75.
MOSES EMPFÄNGT DIE GESETZESTAFELN (Ex 32,15-19)

Exod.32.   Moyses von Gott auff dem berg Horeb
3.Reg.18.   Empfieng das gsetz das ers seim volck geb
               Das thet jn ir gewissen binden
               So lang biß das Christus thet linden.
Elia am Berg Karmel; III Rg 18,17-40

76.
NADAB UND ABIHU VOM FEUER VERZEHRT (Lv 10,1-2)

Leuit.10.a.   Jorams soen Abihu und Nadab
Num.16.e.   Sich gegen Gott in falsch opffer gab
               Solches vor dem hoechsten wurd erkeñt
               Das sie jr eygens opffer verbreñt.
Untergang der Rotte Korah; Nm 16,20-35

69.*
DAS LEERE GRAB CHRISTI (Mt 28,1-8)

               Vber nacht was Christus ins grab gleg   Matth.28.a.
               Do man zů morgens den steyn auffdeckt
               Do was er schon erstanden vom tod
               Deß dancken wir all vnd loben Gott.

70.*
DAS OSTERFEST (Mt 28,1-8; Lc 24,1-11; Jo 20,1-20)

               Den tag der Ostern wir all feyren   Ioan.20.a.
               Deß danck wir all Christo dem tewren   Matth.28.a.
               Erretter/der vns erloesen thůt   Luc.24.a.
               Hat fuer vns geben sein leyb vnd blůt.

71.*
DER AUFERSTANDENE ERSCHEINT MARIA MAGDALENA (Mc 16,9-13)

               Vnd lest sich sehen Magdalenam   Marc.16.B.
               Zů morgens Gertners weyß vor jr stan
               Sag den Aposteln son Jesu Christ
               Das er vom tod aufferstanden ist.

72.*
DER UNGLÄUBIGE THOMAS (Jo 20,24-29)

               Dergleychen Thomas Christo glaubt nit   Ioan.20.d.
               Biß das er selber zům Herren trit
               Steckt jm zwen finger in sein wunden
               Da glaubt er ob ers het empfunden.
                                D

73.
CHRISTUS ERSCHEINT DEN JÜNGERN (Lc 24,36-49)

               Christus dermassen erkleren thet   Luc.24.c.
               Was jm der vatter befohlen het
               Vnd preyset Gott den aller groesten
               Der vns all im glauben helff troesten.

74.
HIMMELFAHRT CHRISTI (Lc 24,50-52)

               Also Christus auch auff thet geben   Matth.6.b. [!]
               Sein pot den Jüngern nach seim leben
               Fůr auff zům vatter in die wolcken
               Wir fueren jm nach wann wir volgten.

75.
AUSGIESSUNG DES HEILIGEN GEISTES (Act 2,1-4)

               Und zeygst jn an den rechten segen   Act.2.b.
               Der jm vom vatter ward gegeben
               Den sandt er jn durch den heyling Geyst
               Der vns auß dem gsetz ind warheit weyst.

76.
ANANIAS UND SAPHIRA FALLEN ZU BODEN UND STERBEN (Act 5,1-11)

               Drumb Ananias mit falsch umbgieng   Acto.5.a.b.
               Vnd jm sein weyb Saphira anhieng
               Brachten falsch opffer huld zu werden
               Vor Petro thettens gaͤhling sterben.

77.
DER VERWORFENE STEIN WIRD ZUM ECKSTEIN (Ps 118,22)

    Psal.11.8.a.   Do der Tempel Gottes ward gebawt
    Isai.28.c.   Durch Bawleuet ein ecksteyn gehawt
        Der ward verworffn in allen gebew
        Gestelt auff Christum der macht jn new.

Der kostbare Eckstein; Is 28,16

78.
AUFRICHTUNG DER ZWÖLF GEDENKSTEINE (Jos 3,1-4,9)

    Iosu3.a.   Moses schickt die Bundlad durchn Jordan
    4.a.b.   Vnd zeygt den eltisten im volck an
        Das sie zsamen truegen grosse stain
        Wenn sie kämen ins land Canaan.

79.*
DIE UNGLÄUBIGEN ISRAELITEN IN MERIBA (Ex 17,7)

    Exod.17.b.   Do Moyses auß dem felß wasser gab
        Was vnder den vngleubigen dsag
        Ob der Herr bey jn wer oder nit
        Das was doch ein vnnotiger strit

80.*
DER HERR BEZEICHNET DIE VÖLKER (Is 66,19)

    Isai.66.d.   Durch Jsaiam Gott melden thůt
    Ezech.9.a.b.   Mit dem geyst seines Goettlichen blut
        Zů bezeychnung aller nation
        Den glaubigen zu geben jrn lohn.

Bezeichnung der Gerechten mit dem Tau; Ez 9,3-4

81.
DAS HAUS GOTTES (Is 66,1-2)

    Isai.66.a.   Wo woelt ir mir ein wonung bawen
        Darinn jr mich moechtet beschawen
        Hat nit diß alles mein hend gemacht
        Die Erd ein schemel meinr fůeß geacht.

82.
DAS MARTYRIUM DER SIEBEN MAKKABÄERBRÜDER (II Mach 7)

    2.Mach.7.   Bey Antiochus zeyten ein weyb
        Stelt sambt syben soen dar jren leyb
        Ee sie woltn thůn wider Moyses pot
        Gaben sich gar willig in tod.

83.*
DIE BERUFUNG MOSE (Ex 3,1-10)

    Exod.3.a.   Moyses ein eyfer der grechtigkeit
        Vor Got sein angsicht blendt mit seim kleid
        Noch braucht jn Gott wider sein willen
        Můst des Herren gepot erfuellen.

84.*
VISION DES JESAIA VOM VERSAMMELN DER VÖLKER (Is 43,8-21)

    Isai.43.   Got zů Jsai spricht/bring herfür
    Mich.4.B.   Gsehend/blind/stum̃/frembd/kers alls zů
    1.Esd.1.   Die wilden thier werden außschreyen (mir
        Vnd den nam Gots all benedeyen.

Das Zusammenkommen des zersprengten Volkes in Zion; Mi 4,6-8
Heimkehr der Juden aus der Verbannung; I Esd 1

77.
DREIFALTIGKEIT (Mc 9,2-10)

    Daran sich stieß die vnglaubig welt   *Mar.9.a.*
        Daß menschlich wyßheit darueber felt
        Der wirdt von Gott also gepriesen
        Das auch die Engel auff jn wisen.

78.
AUSSENDUNG DER APOSTEL (Mc 16,15-20)

    Also Christus zwoelff Apostel sandt   *Mar.26.b.* [!]
        Das sie wanderten in alle land
        Zů predigen sein wort in der welt
        Wer gleubt vnd taufft wirdt/den syg be=
        D ij   (helt.

79.*
DIE UNGLÄUBIGEN KORINTHER (I Cor 11,17-34)

    Also stritten bey Paulus zeyten   *Corin.11.c.*
        Im brot brechen vnd woltens deueten
        Etlich dahin die andern daher
        Ob der Herr drinn oder herauß wer.

80.*
BEZEICHNUNG DER 144 000 AUSERWÄHLTEN ISRAELS (Apc.7,2-7)

    Der Engel der Apocalipsis   *Apoc.7.*
        Zeychnet mit dem blůt des Creütz ipsis
        Zwoelff tausent yedes gschlecht Israel
        Des glaubens halb ghabens dar jr seel.

81.*
GOTT WOHNT NICHT IN TEMPELN (Act 17,24-25)

    Gott der die welt vnd alles gmacht hat   *Acto.17.d.*
        Wont nit in der menschlichen werckstat
        Als wann jm not wer vil zugeben
        er vns doch alln gibt das Leben.

82.
STEINIGUNG DES STEPHANUS (Act 7,54-60)

    Vor den syben außerwoelten man   *Acto.7.g.*
        Versteynten sie den frumen Steffan
        Als er den Hymel offen sach an
        Fund er Jesum zůr rechten Gots stan

83.*
DIE BEKEHRUNG PAULI (Act 9,1-9)

    Paulus ein vermeynter eyferer   *Acto.9.a.*
        Vnd der diener Jesu verfolger   *Timoth.1.b.c.*
        Wurd an der straß gen Damasco blind
        Darnach den heyland der welt verkuendt.

Berufung des Timotheus; I Tim 1,18-20

84.*
VISION DES PETRUS VOM REINEN UND UNREINEN (Act 10,9-16)

    Petro wurd gschickt von hymel herab   *Act.10.a.b.*
        Ein tůch darinn er jm zessen gab
        Allerley thier reyn vnd auch vnreyn
        Sprach/was Got gweiht hat mach du nit
        D iij   (gmein.

85.
ELISA VON DEN KNABEN VERSPOTTET (IV Rg 2,23-25)

4.Reg.2.e.	Die kindtheit den Eliseum sach
3.Reg.13.e.f.	Schryen jm laut kalkopff hindennach
	Deß strafft er sie deß hoertens nit gern
	Wie sie zerreyssen wueren die Bern.

Der ungehorsame Prophet vom Löwen zerrissen; III Rg 13,20-24

86.
FALL DER MAUERN JERICHOS (Jos 6)

Iosu.6.	Vmb Jericho gieng man syben tag
	Da Josua mit seim volck vorlag
	Syben Priester bliesen mit schallen
	Das die maur gegen jn thet fallen.

87.*
ANKÜNDIGUNG DER SINTFLUT (Gn 6,13-22)

Gen.6.c.	Auß vrsach der vil suend Gott hrab sach
4.Esd.15.b.	Vnd befalch zů machen dem Noah
	Ein Kast/darein die seinen legen
	Sunst die gantz welt strafft mit regen.

Der Herr erläst sein Volk; IV Esd 15,7-15

88.*
DER TAG DES HERRN (Ez 32,1-12)

Ezech.32.a.	Schlagt an die Sichel die erd die reysst
Isai.13.	Die drot der boßheit gar vberleüfft
	Sonn vnd Mon werden gar verfinstert
	Das auch kein stern mer leucht noch glin=
	(stert.

Babels Untergang; Is 13

89.
DIE WEHERUFE ÜBER DIE FREVLER (Is 5,8-24)

Isai.5.a.b.	Wee den die ein hauß ans ander stelln
17.d.	Wee wee denen die stets prassen woelln
Mich.7.a.	Wee wee den sie das boeß gůt machen
Abac.2.	Wee den die des vnrechten lachen.
4.Esd.15.	

Untergang der Assyrer; Is 17,12-14
Die Klage über Verderbnis; Mi 7,1-6
Die Weherufe über die Gottlosen; Hab 2,5-20
Die Weherufe des Herrn; IV Esd 15,14

90.
DIE REUE DER GOTTLOSEN (Sap 5,1-15)

Sap.5.a.	Vor zeyten haben wir der gespot
Pro.3.b.	Die yetzund sein die nechsten bey Gott
Amos.6.a.	Sich wie sie yetz kinder Gots seind zelt
4.Esd.2.f.	Vnd beym aller hoechsten außerwolt.
9.d.	

Die Mahnung zur Gottesfurcht; Prov 3,1-12
Amos' Drohworte gegen Üppigkeit; Am 6,1-8
Der Zorn des Herrn gegen Israel; IV Esd 2,1-3

85.
JUDAS MAKKABÄUS SIEGT ÜBER NIKANOR (II Mach 8)

Also der kinder Jsrahel hon	2.Mach.8.
Gstrafft vom Propheten wurd jn der lohn	
Do Jerusalem thet vndergan	
Dreyssig vmb ein pfennig verkaufft man	

86.
DAS ERSCHEINEN DER SIEBEN POSAUNENENGEL (Apc 8)

Syben Engel blisen vor Gott hell	Apoc.8.
Ein yeder verkuendt verdamnuß schnell	
Drunder schry einer lenger ye mee	
Der gantzen welt sey nichts als wee wee.	

87.*
ANKÜNDIGUNG DES LETZTEN TAGES (Mt 24,29-31)

Gleych aber wie zů der zeyt Noe	Matth.24.d.
Wirdt sein der letzt tag dermaß vnd wee	
Sie assn vnd truncken/griffen zůr Ehe	
So gehling wird sein das end verstehe.	

88.*
DER ENGEL MIT DER SICHEL (Apc 14,14-20)

Mit der sichel schlůg an der auffm gwolck	Apo.14.d.e.
Der ander vnd drit Engl jm nachfolgt	
Den schnit des zorns in die preß thetten	
Gab schroecklich blut was man thet jetten.	

89.
DIE WEHERUFE ÜBER DIE SCHRIFTGELEHRTEN UND PHARISÄER
(Mt 23, 13-36)

Wee euch Phariseeren vnd schrifttglerten	Matth.23.
Wee wee euch gleyßnern vnd verkerten	
Wee wee euch die jr nit hinein gand	
Wee wee euch jr verschließt die rauß stand.	

90.
SCHEIDUNG DER GUTEN UND BÖSEN IM ENDGERICHT
(Mt 25,31-46)

Von mir geht jr vermaledeyten	Matth.25.
Die yetz stehn bey meinr lincken seyten	2.Pet.3.a.
Gott vnd des naechsten habt jr nit kent	Isai.13.a.b.c.
Drumb jr pein muest leyden biß ans end.	

Die Wiederkunft Christi; II Pet 3,1-10
Das Gericht über die Völker; Is 13

6. Alphabetisches Verzeichnis der biblischen Themen

Die nicht als Illustration vorliegenden, sondern nur in der Textfassung der „Concordantz" oder nur als zusätzliche Verweise angeführten biblischen Erzählungen sind mit einem * nach der Angabe der Versnummer gekennzeichnet, wobei „a" für Altes Testament, „b" für Neues Testament steht.

A

Aarons blühender Stab   3.a
Abendmahl   34.b
Der abgestorbene Baum   29.a*
Abimelek gibt David von den Schaubroten   24.a*
Absaloms Verschwörung gegen König David   35.a*
– Tod   58.a
Achior vor Nebukadnezar   48.a*
Ahab verurteilt Nabot   41.a*
Ährenessen der Jünger am Sabbat   24.b*
Amalekiterschlacht   61.a
Amos' Drohworte gegen Üppigkeit   90.a*
Ananias und Saphira fallen zu Boden und sterben   76.b
Anbetung des Kindes   4.b
– der Könige   6.b
Anklage gegen Stephanus   41.b*
Ankündigung des letzten Tages   87.b*
– der Sintflut   87.a*
Apostel vor dem Hohen Rat   48.b*
Der Auferstandene erscheint Maria Magdalena   71.b*
Auferstehung Christi   68.b
Auferweckung des Jünglings zu Nain   27.b*
– des Lazarus   28.b*
Auffindung des Mosesknaben   10.b
Aufrichtung der zwölf Gedenksteine   78.a
Ausgießung des Heiligen Geistes   75.b
Aussendung der Apostel   78.b

B

Babels Untergang   88.a*
Bekehrung Pauli   83.b*
Bergpredigt   14.b*
Die Berufung Mose   83.a*
– des Timotheus   83.b*
Der Bethlehemitische Kindermord   8.b*
Beweinung Christi   64.b
Bezeichnung der Gerechten mit dem Tau   80.a*
– der 144000 Auserwählten Israels   80.b*
Bileams Weissagung   5.a
Das bittere Wasser von Mara   53.a
Brotvermehrung durch Elisa   21.a
Bundeslade   II/7.a*

C

Christi Wehklage über Jerusalem   37.b
Christus am Kreuz   60.b
– am Ölberg   39.b
– bekommt den Essigschwamm gereicht   61.b
– entgeht der Steinigung   18.b*
– erscheint den Jüngern   73.b
– folgt Johannes dem Täufer   55.b*
– heilt den Blindgeborenen   25.b*
– in der Vorhölle   63.b
– ist für alle gestorben   59.b*
– lehrt im Tempel   14.b*
– und die Ehebrecherin   26.b*
– und die Söhne der Frau des Zebedäus   31.b*
– vertreibt die Händler aus dem Tempel   17.b
– vor dem Hohen Rat   41.b*
– vor Kaiphas   44.b
– wird ans Kreuz geschlagen   57.b

D

Daniel in der Löwengrube   45.a/46.a*/67.a*
Darbringung Jesu im Tempel   9.b
David siegt über Goliath   63.a
– soll getötet werden   8.*
– von den Frauen empfangen   33.a
– weicht dem Speer Sauls aus   18.a*
– kehrt aus Hebron zurück   11.b*
Drei Könige vor Herodes   5.b
Dreifaltigkeit   77.b

E

Ecce Homo   45.b/51.b
Die Eherne Schlange   60.a
Ehud ermordet König Eglon   40.a*
Einzug Christi in Jerusalem   33.b
– des siegreichen Königs von Jerusalem   33.b*
Elias am Berg Horeb   49.a*
– am Berg Karmel   39.a/75.a*
– beruft Elisa   56.a
– von Raben genährt   21.a*
– erweckt den Sohn der Witwe von Sarepta   27.a*/28.a*
Elisa bestraft Gehasi mit dem Aussatz Naamans   36.a

– erweckt den Sohn der Sunamitin   1.a/16.a*/28.a*
– folgt Elia durch den Jordan   30.a*
– von den Knaben verspottet   85.a
– von den Prophetenknaben empfangen   33.a*
Engel Gottes steigen auf und nieder   13.b*
– mit der Sichel   88.b*
Die Ephraimiten pflegen die Gefangenen   20.a
Erschaffung Evas   62.a
Erscheinen der sieben Posaunenengel   86.b
Esau verkauft sein Erstgeburtsrecht   15.a*
Esaus Groll gegen Jakob   8.a*
Esra vor dem Herrn   37.a*

F
Fall der Mauern Jerichos   86.a
Fest der Tempelweihe   33.a*
Flucht nach Ägypten   10.b

G
Geburt Christi   3.b
Gefangennahme Christi   43.b
Geißelung Christi   50.b
Das Gericht über die Völker   90.b*
Gideons Opfer   9.a
Gleichnis vom auf Fels gebauten Haus   46.b*
– von den bösen Weingärtnern   19.b
– vom Guten Samariter   20.b
– vom reichen Mann und armen Lazarus   47.b*
– vom Sabbattag   23.b*
Gott wohnt nicht in Tempeln   81.b*
Grablegung   66.b

H
Haman und Mardochai   47.a
– vor seinen Freunden und Seres   48.a*
Das Haus Gottes   81.a
Heilung am Teich Bethesda   16.a
Heimkehr der Juden aus der Verbannung   84.a*
Herodias verlangt das Haupt des Täufers   45.b*
Der Herr bezeichnet die Völker   80.a*
– erlöst sein Volk   87.a*
– macht das Gesetz groß   7.b*
Der Herrscher von Israel   4.b*
Himmelfahrt Christi   74.b
– Elia   74.a
Hiob erfährt von seinem Unglück   55.a
Das Holz im Fluß Morah   53.a*
Husai folgt David   30.a*

I
Isai sendet David zu seinen Brüdern   2.a

J
Jakob flieht vor Esau   10.a*
– kehrt nach Kanaan zurück   11.a*
– ringt mit dem Engel   57.a
– segnet die Söhne Josephs   31.a*
Jakobs Traum von der Himmelsleiter   13.a*
Jeder tote Baum wird verbrannt   29.b*
Jesaia vor dem Herrn   37.a
Jesaias Weinberglied   37.a*
Joab ersticht Amasa   40.a/40.a II
Jonas wird vom Fisch ausgespien   68.a
– wird vom Fisch verschlungen   67.a
Joseph erzählt seine Träume   73.a
– wird in die Zisterne geworfen   19.a/67.a*
– wird von seinen Brüdern verkauft   35.a
Josia läßt aus dem Gesetzbuch vorlesen   14.a*
Judas bringt die Silberlinge zurück und erhängt sich   58.b
– erbietet sich zum Verrat   35.b
– nimmt Geld von den Hohepriestern   36.b
– Makkabäus siegt über Nikanor   85.b
Der Judaskuß   40.b

K
Kains Brudermord und Flucht   64.a
Klage über Verderbnis   89.a*
Königin von Saba vor Salomo   6.a
König Hiram schickt Salomo Gold   6.a*
Der kostbare Eckstein   77.a*
Das Kreuz Christi   53.b
Kreuzbesteigung Christi   59.b
Kreuztragung Christi   54.b

L
Lamm Gottes   I/7.b*
Das leere Grab Christi   69.b*
Der leidende Gottesknecht   7.b*/71.a*
Lot wird von den Engeln aus Sodom geführt   38.a*

M
Mannalese   22.a*/34.a*
Die Männer von Sichem werden Abimelek untreu   35.a*
Mahnung zur Gottesfurcht   90.a*
Das Martyrium der sieben Makkabäerbrüder   82.a
Melchisedek segnet Abraham   34.a
Der Mensch trägt das Kreuz Christi   55.b
Michal verhilft David zur Flucht   10.a*
Moses kehrt aus Midian zurück   11.b
– empfängt die Gesetzestafeln   75.a
– schlägt Wasser aus dem Felsen   49.a
– spricht zum Volke Israel   4.a*/51.a
– vor dem brennenden Dornbusch   4.a

183

N

Naaman wird im Jordan geheilt 12.a
Die Nachfolge Christi 38.b*
Ein Nachfolger Christi am Pflug 56.b
Nadab und Abihu vom Feuer verzehrt 76.a
Die niederstürzenden Häscher 42.b

O

Öffnung der Seite Christi 62.b
Die Opferung Isaaks 54.a
Das Osterfest 70.b*

P

Petrus folgt Christus auf dem See Genezareth 30.b*
Das Purimfest 70.a*

R

Ratschlag der Hohepriester, Christus zu töten 51.b*
Rettung des Ochsen oder Esels des Feindes 23.a*
Reue der Gottlosen 90.a
Rückkehr der Hl. Familie aus Ägypten 11.b
Ruth folgt Naemi 30.a*

S

Salbung des Leichnams Jakobs 65.a*
 – in Bethanien 65.b*
Samson erschlägt die Philister 42.a
 – hebt die Tore Gazas aus 68.a*
 – mit den Toren Gazas 69.a*
 – zerstört den Tempel 59.a
Scheidung der Guten und Bösen im Endgericht 90.b
Speisung der Fünftausend 21.b
Steinigung des Stephanus 82.b
Sündenfall 43.a

T

Der Tag des Herrn 88.a*
 – des Sieges über Nikanor wird zum Festtag 70.a*
Tanz um das Goldene Kalb 17.a
Taufe Christi 12.b
Tobias heilt seinen Vater 25.a*
 – und Raphael 73.a*
Tobit begräbt Tote 66.a*
Die törichten Jungfrauen 32.b*
Tötung der Knaben Israels 8.a*

U

Der ungehorsame Prophet vom Löwen zerrissen 85.a*

Der ungläubige Thomas 72.b*
Die ungläubigen Israeliten in Meriba 79.a*
 – Korinther 79.b*
 – Schwiegersöhne Lots 32.a*
Untergang der Ägypter im Roten Meer 50.a
 – der Assyrer 89.a*
 – der Rotte Korah 76.a*
Urteil Salomonis 27.a*

V

Vergebung von Verfehlungen 44.b*
Verkündigung an Maria 1.b/2.b
 – der Geburt Isaaks 1.a*
 – der Geburt Samsons 1.a*
Verleugnung Petri 49.b
Verrat des Tryphon 40.a
Verspottung Christi 44.b*
Verspottung des Jesaia 44.a
 – des Antiochus 44.a*
Versuchung im Paradies 15.a
Versuchungen Christi 15.b
Verwandlung des Stabes Mose in eine Schlange 52.a
Der verworfene Stein wird zum Eckstein 77.b
Vision des Esra vom Menschen, der mit erhobener Hand das feindliche Heer vernichtet 50.a*
 – des Jesaia vom Versammeln der Völker 84.a*
 – des Petrus vom Reinen und Unreinen 84.b*
Vom Schätzesammeln 22.b*
Vorbereitung des Kreuzes Christi 52.b

W

Die Wächter am Grab Christi 67.b
Wahre Frömmigkeit 20.a*
Warnung vor Ehebruch 26.a*
Weherufe des Herrn 89.a*
 – über die Frevler 89.a
 – über die Gottlosen 89.a*
 – über die Schriftgelehrten und Pharisäer 89.b
Wert der Gottesfurcht 55.a*
Wiederbelebung des Eutychus 27.b*
Die Wiederkunft Christi 90.b*
Wunderheilungen Christi 16.b

Z

Zorn des Herrn gegen Israel 90.a*
Das Zusammenkommen des zersprengten Volkes in Zion 84.a*
Der zweifelnde Moses 72.a*

7. Verzeichnis der Bibelstellen

Folgende Bibelstellen sind in der „Concordantz" eingesetzt worden. Die Bezeichnungen der biblischen Bücher folgen den in der „Concordantz" verwendeten. Wie in Kap. III. 6. bezeichnet ein * Bibelstellen, die nur in der Textfassung vorkommen, wobei „a" für die alttestamentliche, „b" für die neutestamentliche Seite steht.

ALTES TESTAMENT			Nm	16,20-35	76.a*
				17,1-8	3.a
Gn	2,22	62.a		21,8-9	60.a
	3,1-6	15.a		22,22-24,17	5.a
	3,6-7	43.a	Jos	3,1-4,9	78.a
	4,3-16	64.a		6	86.a
	6,13-22	87.a*	Jud	3,11-22	40.a*
	14,17-20	34.a		6,11-24	9.a
	18,9-16	1.a*		9,22-34	35.a*
	19,1-26	38.a*		13,1-6	1.a*
	19,14	32.a*		15,9-16	42.a
	22,1-14	54.a		16,3	68.a*/ 69.a*
	25,29-34	15.a*		16,28-30	59.a
	27,41-42	8.a*	Rt	1,15-18	30.a*
	27,42-43	10.a*	I Rg	17,17-18	2.a
	28,10-22	13.a*		17,20-51	63.a
	31,13-21	11.a*		18,6-7	33.a
	32,22-30	57.a		19,1-3	8.a*
	37,5-11	73.a		19,9-17	18.a*
	37,23-24	19.a/67.a*		19,11-12	10.a*
	37,23-28	35.a		21,4-7	24.a*
	48,17-21	31.a*	II Rg	2,1-3	11.a
	50,1-3	65.a*		15	35.a*
Ex	1,15-22	8.a*		15,32-35	30.a*
	2,5	10.a		18,9-15	58.a
	3,1-5	4.a		20,8-10	40.a
	3,1-10	83.a*	III Rg		
	4,1-5	52.a		3,16-28	27.a*
	4,6-7	72.a*		9,27-28	6.a*
	4,18-23	11.a		10,1-13	6.a
	14,9-13	50.a		13,20-24	85.a*
	15,22-25	53.a		17,1-6	21.a*
	16,11-18	34.a*		17,17-24	27.a*/28.a*
	16,13-36	22.a*		18,17-40	39.a/ 75.a*
	17,3-7	49.a		19,3-18	49.a
	17,7	79.a*		19,19-21	56.a
	17,8-16	61.a		21,1-16	41.a*
	23,4-6	23.a*	IV Rg	2,1-6	30.a*
	32,15-19	75.a		2,9-13	74.a
	32,19	17.a		2,15	33.a*
	34,29-35	4.a*/51.a			
	37,1-9	7.a*			
Lv	10,1-2	76.a			
	20,10	26.a*			

	2,23-25	85.a
	4,32-37	1.a/16.a*/28.a*
	4,42-44	21.a
	5,9-14	12.a
	5,19-27	36.a
	22,8-23,3	14.a*
II Par	28,15	20.a
I Esd	1	84.a*
Est	6,10-11	47.a
	6,12-14	48.a*
	9,20-32	70.a*
Job	1,6-2,13	55.a
Ps	118,22	77.a
Prov		
	3,1-12	90.a*
	3,11-12	55.a*
Is	5,1-7	37.a*
	5,8-24	89.a
	13	88.a*/90.b*
	17,12-14	89.a*
	28,16	77.a*
	42,14-25	37.a
	42,21	7.b*
	43,8-21	84.a*
	50,5-7	44.a
	53	7.b*
	53,1-12	71.a*
	58,6-19	20.a*
	66,1-2	81.a
	66,19	80.a*
Jer	11,19	29.a*
Ez	9,3-4	80.a*
	32,1-12	88.a*
Dan	6,10-23	67.a*
	6,16-18	45.a/46.a*
Am	6,1-8	90.a*
Jon	1,15-2,1	67.a
	2,11	68.a
Mi	4,6-8	84.a*
	5,1-5	4.b*
	7,1-6	89.a*

Hab	2,5-20	89.a*
Sach	9,9-10	33.b*

APOKRYPHEN DES ALTEN
TESTAMENTS BZW. PSEUDOEPIGRAPHEN

Jdt	5,1-26	48.a*
Sap		
	5,1-15	90.a
Tob		
	2,1-9	66.a*
	11,7-15	25.a*
	12-13	73.a*
I Mach	12,39-54	40.a
II Mach	7	82.a
	7,30-39	44.a*
	8	85.b
	10,5-8	33.a*
	15,36	70.a*
IV Esd	1,12-40	37.a*
	1,22-23	53.a*
	2,1-3	90.a*
	13,49-58	50.a*
	15,7-15	87.a*
	15,14-15	89.a*

NEUES TESTAMENT

Mt	2,7	5.b
	2,8-11	6.b
	2,13-15	10.b
	2,16	8.b*
	2,19-23	11.b
	3,10	29.b*
	3,13-17	12.b
	4,1-11	15.b
	5,1-7,29	14.b*
	6,14-15	44.b*
	6,19-21	22.b*
	7,24-27	46.b
	10,38	55.b
	12,1	24.b*
	12,9-14	16.b

	12,22-23	16.b
	14,6-10	45.b*
	14,28-33	30.b*
	20,20-23	31.b*
	21,1-11	33.b
	21,33-39	19.b
	23,13-36	89.b
	23,37-39	37.b
	24,29-31	87.b*
	25,1-13	32.b*
	25,31-46	90.b
	26,1-5	51.b
	26,6-13	65.b*
	26,14-16	36.b
	26,20-29	34.b
	26,36-47	39.b
	26,47-54	43.b
	26,57-66	41.b*/44.b
	26,57-75	49.b
	27,15-23	45.b
	27,30	50.b
	27,62-66	67.b
	28,1-8	69.b*/ 70.b*
Mc	9,2-10	77.b
	15,42-47	66.b
	16,9-13	71.b*
	16,15-20	78.b
Lc	1,28-31	1.b/2.b
	2,6-7	3.b
	2,15-16	4.b
	2,22-39	9.b*
	3,9	29.b*
	3,15-17	55.b*
	4,16-22	14.b*
	6,1	24.b*
	7,11-17	27.b*
	9,61-62	56.b
	10,30-37	20.b
	14,5	23.b*
	16,19-31	47.b*
	19,45-46	17.b
	22,3-6	35.b
	22,47-48	40.b
	22,54-62	49.b
	23,23	59.b
	24,1-7	68.b
	24,1-11	70.b*
	24,36-49	73.b
	24,50-52	74.b

Jo	1,29	7.b*
	1,51	13.b*
	5,1-4	16.b
	6,1-13	21.b
	6,44-45	38.b*
	8,3-11	26.b*
	8,48-59	18.b
	9,1-7	25.b*
	11,1-46	16.a/28.b*
	18,1-6	42.b
	19,1	50.b
	19,2-4	44.b*
	19,5	51.b
	19,17	54.b
	19,18	57.b
	19,18-22	60.b
	19,28-30	61.b
	19,33-34	62.b
	19,38	64.b
	19,38-42	66.b
	20,1-20	70.b*
	20,9	68.b
	20,24-29	72.b*
Act	1,15-19	58.b
	2,1-4	75.b
	5,1-11	76.b
	5,26-42	48.b*
	5,29-32	53.b
	5,30	52.b
	6,8-15	41.b*
	7,54-60	82.b
	9,1-9	83.b*
	10,9-16	84.b*
	17,24-25	81.b*
	20,7-20	27.b*
I Cor	11,17-34	79.b*
II Cor	5,14-15	59.b*
Eph	4,9-10	63.b
I Tim	1,18-20	83.b*
II Pet	3,1-10	90.b*
Apc	7,2-7	80.b*
	8	86.b
	14,14-20	88.b

8. Übersicht zu den Entstehungsdaten der Radierungen und zur Verwendung der Druckplatten

Diese nach Illustrationsnummern geordnete Zusammenstellung gibt an, in welchen Jahren die Radierungen entstanden sind. In Klammern ist jeweils hinter die Jahreszahl die Angabe gesetzt, ob ein typologisch zusammengehörendes Illustrationspaar von einer gemeinsamen Platte (1) oder jede Illustration von einer einzelnen Platte gedruckt wurde (2).

I. Selbstbildnis 1548			47.a	1549	(1)	67.a/b	1548	(1)
						68.a/b	1548	(1)
			49.a/b	1548	(1)			
II. Titelblatt 1550			50.a/b	1548	(1)	73.a/b	1547	(1)
						74.a/b	1547	(1)
1.a/b	1547	(1)	51.a/b	1548	(1)			
2.a/	1548	(1)	52.a/b	1548	(1)	75.a/b	1548	(1)
			53.a/b	1548	(1)	76.a/b	1549	(2)
3.a/b	1548	(1)	54.a/b	1547	(1)			
4.a/b	1548	(1)				77.a/b	1548	(1)
			55.a/b	1549	(2)	78.a/b	1548	(1)
5.a/b	1549	(1)	56.a/b	1549	(2)			
6.a/b	1548	(1)				81.a	1551	(1)
			57.a/b	1548	(1)			
9.a/b	1549	(2)	58.a/b	1548	(1)	82.a/b	1549	(2)
10.a/b	1548	(1)						
			59.a/b	1547	(1)	85.a/b	1547	(1)
11.a/b	1549	(2)	60.a/b	1547	(1)	86.a/b	1549	(2)
12.a/b	1547	(1)						
			61.a/b	1547	(1)	89.a/b	1549	(2)
15.a/b	1548	(1)	62.a/b	1547	(1)	90.a/b	1549	(2)
16.a/b	1548	(1)						
			63.a/b	1547	(1)			
17.a/b	1549	(2)	64.a/b	1548	(1)			
19.a/b	1549	(2)						
20.a/b	1549	(2)						
21.a/b	1549	(2)						
33.a/b	1547	(1)						
34.a/b	1547	(1)						
35.a/b	1547	(1)						
36.a/b	1547	(1)						
37.a/b	1551	(2)						
39.a/b	1548	(1)						
40.a/b	1547	(1)						
40.a II	1547	(1)						
42.a/b	1548	(1)						
43.a/b	1548	(1)						
44.a/b	1549	(2)						
45.a/b	1549	(2)						

Anzahl der Radierungen

1547: 32
1548: 47
1549: 32
1550: 1
1551: 3

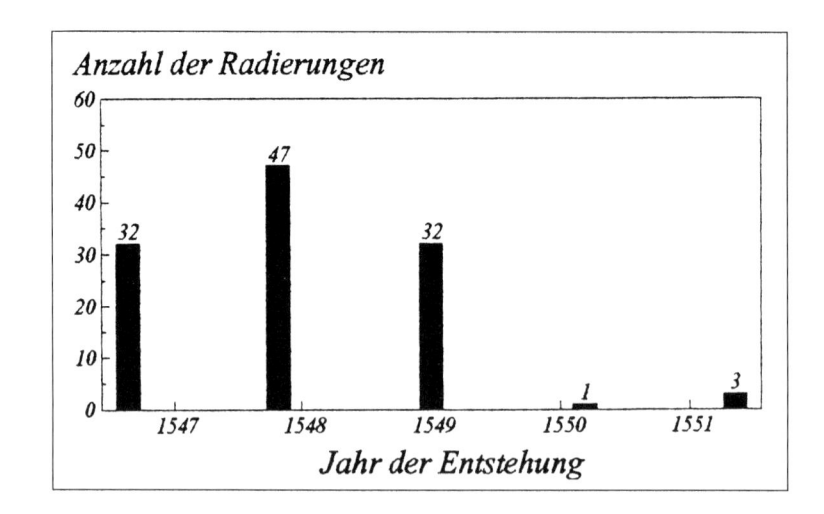

Jahr der Entstehung

9. Nachweis der Exemplare und Einzelblätter der „Concordantz" in Bibliotheken und Graphischen Sammlungen

Mit dieser Liste wird der Versuch unternommen, einen möglichst vollständigen Sammlungsnachweis der Gesamtausgaben der „Concordantz", der aus ihnen herausgelösten Einzelblätter und der einzeln erhaltenen Radierungen zu erstellen.

Steht vor dem Ortsnamen ein *, so wurde der Bestand von mir vor Ort durchgesehen; falls vorhanden, wurde die Inventarnummer in Klammern hinter die Radierungsnummer gesetzt. Dort findet der Benutzer auch weitere Hinweise auf Besonderheiten der Blätter (z.B. frühere Besitzerstempel, vertauscht gedruckte Verse). Für nicht vor Ort nachgeprüfte Sammlungen dienten als Nachweis die Kataloge der jeweiligen Sammlung (Prag) oder die Angaben bei Hollstein Bd. XIII A, S. 240 f., letztere erwiesen sich jedoch als außerordentlich unvollständig und als zumeist nicht korrekt.

Für die Nachweise der Radierungen im Kunsthandel wurden die gängigen Nachschlagewerke verwendet: Jahrbuch der Auktionspreise, Stuttgart (Erscheinungsweise jährlich) und Almanach der Graphikpreise, Berlin (Erscheinungsweise jährlich).

AMSTERDAM, Rijksprentenkabinet
8 Radierungen

* BAMBERG, Graphiksammlung der Staatsbibliothek
114 Radierungen: Aufgelöster Folioband (Selbstporträt, Titelblatt und Vorrede fehlen) aus der Büchersammlung Joseph Hellers (1798–1849). Die Doppelseiten sind auf Kartons gezogen. Starke Benutzungsspuren an der jeweils äußeren Ecke der Seiten, teilweise Löcher und Risse im Papier. Jede Seite von späterer Hand mit Bleistift in der äußeren oberen Ecke numeriert von „1" bis „52".
Inv. Nr. der Folioserie: I.N.1.d – af. Außerdem vorhanden: Abzüge der Einzelradierungen: 17.a/b (I.N.1.ac), 21.a/b (I.N.1.ad), 37. a/b (I.N.1.ad), 47.a (I.N.1.c), 81.a (I.N.1.c), 82.a/b (I.N.1.ac).

* BERLIN, Kupferstichkabinett SMPK
(Kasten LA 4–47) Die Radierungen (1896 erworben) sind mit einem verbliebenen Rand von etwa 1 cm pro Seite aus der Folioausgabe herausgeschnitten worden. Je zwei Seiten sind in zufälliger Folge auf die Kartons geklebt. Vielfach sind Benutzungsspuren an den unteren äußeren Seitenecken erkennbar.
87 Radierungen (gemeinsame Inv. Nr. für alle Blätter: 81–1896): 1.a/2.a, 1.b/2.b, 3.a/ 4.a, 3.b/4.b, 5.a/6.a, 9.a/10.a, 9.b/10.b, 11.a/12.a, 11.b/12.b, 15.a/16.a, 15.b/16.b, 19.a/20.a, 19.b/20.b, 33.a/34.a, 33.b/34.b, 35.a/36.a (bei 36.a sind die Verse von 36.b hinzugedruckt), 35.b/36.b (bei 36.b sind die Verse von 36.a hinzugedruckt), 39.a/40.a, 39.b/ 40.b, 42.a/43.a, 42.b/43.b, 44.a/45.a, 44.b/45.b, 49.a/50.a, 51.a/52.a, 51.b/52.b, 53.a/ 54.a, 53.b/54.b, 55.a/56.a, 55.b/56.b, 57.a/58.a, 57.b/58.b, 59.a/60.a, 59.b/60.b, 61.a/ 62.a, 61.b/62.b, 63.a/64.a, 63.b/64.b, 67.a/68.a, 67.b/68.b, 74.a, 75.a/76.a, 89.b/90.b.
Die Radierungen 37.b und 40.a liegen in Neudrucken von alten Platten vor (Geschenk Frau Anna Demus/Wien): Inv.Nr.154–1986/2 und 154–1986/1. 40.a gibt einen 2. Zustand wieder (Abb. Bd. 2, 40.a II).
Aus der Folioserie fehlen: 49.b/50.b, 73.a, 73.b/74.b, 75.b/76.b, 77.a/78.a, 77.b/78.b, 85.a/86.a, 85.b/86.b, 89.a/90.a.

BUDAPEST, Graphische Sammlung des Museums der Bild. Künste/Szépmüvészeti Múzeum

* COBURG, Kupferstichkabinett der Kunstsammlungen der Veste

Die Radierungen sind mit einem Rand von etwa 1 cm pro Seite aus der Folioausgabe herausgeschnitten worden. Teilweise wurden die Verse nachträglich wieder an die Radierungen geklebt (wobei es zu Fehlern kam, s.u.), teilweise fehlen sie ganz – in diesen Fällen sind die Radierungen direkt am Plattenrand beschnitten. Zumeist sind starke Benutzungsspuren an den unteren äußeren Seitenecken erkennbar.

90 Radierungen: 1.a (I 202.35), 1.b (I 202.46), 2.a (I 202.29), 2.b (I 202.48), 3.b (I 202.49) ohne Verse, 4.a (I 202.11) ohne Verse, 4.b (I 202.50) ohne Verse, 5.b (I 202.92) ohne Verse, 6.b (I 202.51) ohne Verse, 9.a (I 202.24), 9.b (I 202.47), 10.a (I 202.10), 10.b (I 202.54), 11.a (I 202.13), 11.b (I 202.52), 12.a (I 202.39), 12.b (I 202.55), 15.a (I 202.2), 15.b (I 202.53), 16.a (I 202.56), 16.b (I 202.57), 19.a (I 202.8), 19.b (I 202.60), 20.a (I 202.23), 20.b (I 202.58), 33.a (I 202.93) ohne Verse, 34.a (I 202.91) ohne Verse, 35.a (I 202.9), 35.b (I 204.89), 36.a (I 202.41), 36.b (I 202.62), 39.a (I 202.36), 39.b (I 202.63), 40.a (I 202.27), 40.b (I 202.65), 42.a (I 202.26), 42.b (I 202.64), 43.a (I 202.3), 43.b (I 202.66), 44.a (I 202.43), 45.a (I 202.34), 45.b (I 202.71) ohne Verse, 49.a (I 202.18), 49.b (I 202.68), 50.a (I 202.14), 50.b (I 202.70), 51.a (I 202.17), 51.b (I 202.69), 52.a (I 202.12) ohne Verse, 52.b (I 202.73), 53.a (I 202.16), 53.b (I 202.74), 55.b (I 202.75) ohne Verse, 56.a (I 202.40), 56.b (I 202.59), 57.a (I 202.6), 57.b (I 202.77), 58.a (I 202.45), 58.b (I 202.72), 59.a (I 202.25), 59.b (I 203.80), 60.a (I 202.20), 60.b (I 202.78), 61.a (I 202.21) Verse von 52.a fälschlicherweise nachträglich hinzugeklebt, 62.a (I 202.1) ohne Verse, 62.b (I 203.79) ohne Verse, 63.a (I 202.30), 63.b (I 203.82), 64.a (I 202.4), 64.b (I 203.81), 68.a (I 202.42) ohne Verse, 73.a (I 202.7), 73.b (I 203.82) ohne Verse, 74.a (I 202.33) Verse von 55.a fälschlicherweise nachträglich hinzugeklebt, 74.b (I 203.86), 75.a (I 202.15), 75.b (I 203.87), 76.a (I 202.31 und Dublette I 246.137), 76.b (I 202.88 und Dublette I 202.28), 77.a (I 202.44), 77.b (I 202.61), 78.a (I 202.19), 78.b (I 203.85), 85.a (I 202.38), 85.b (I 202.32) ohne Verse, 86.a (I 202.22), 86.b (I 202.90), 90.a (I 202.37) Verse von 74.a fälschlicherweise nachträglich hinzugeklebt.

Aus der Folioserie fehlen: Selbstporträt, Titelblatt und Vorrede; 5.a, 6.a, 33.b, 34.b, 61.b, 67.a, 67.b, 68.b, 89.a, 89.b und 90.b.

Außerdem besitzt die Sammlung in Coburg einzelne Ausschnitte von den Versen zu 45.b, 55.b und 73.b.

* DARMSTADT, Graphische Sammlung des Hessischen Landesmuseums

(Sign.: Schrank 10/Kasten 42) Die Radierungen sind alle direkt am Plattenrand beschnitten, so daß die Verse fehlen.

8 Radierungen: 15.a (Gr. 1006), 33.b (Gr. 1007), 34.b (Gr. 1008), 39.b (Gr. 1009), 43.b (Gr. 1010), 49.b (Gr. 1011), 50.b (Gr. 1012), 51.b (Gr. 1013), 52.b (Gr. 1014), 54.b (Gr. 1017), 59.b (Gr. 1016), 60.b (Gr. 1019), 61.b (Gr. 1018), 62.a (Gr. 1005), 62.b (Gr. 1020), 64.b (Gr. 1015), 68.b (Gr. 1021), 75.b (Gr. 1022).

* Dresden, Kupferstichkabinett

(Sign.: Kasten A 158 1) Die Radierungen wurden in den Jahren 1831 und 1930 erworben. Alle sind direkt am Plattenrand beschnitten, so daß die Verse fehlen.

24 Radierungen: 10.b (1930-164), 15.a (A 3535), 15.b (A 3550), 16.b (A 3549), 33.a (A 3543), 34.a (A 3545), 39.a (A 3537), 39.b (A 3551), 40.b (A 3552), 49.a (A 3541), 49.b (A 3553), 50.a (A 3539), 51.a (A 3542), 54.a (A 3536), 56.b (1930-165), 57.a (A 3538), 58.b (A 3546), 60.a (A 3540), 67.b (A 3554), 68.a (A 3548), 68.b (A 3554a), 73.a (A 3544), 74.a (A 3547), 74.b (A 3554b).

* GÖTTWEIG (NÖ), Graphisches Kabinett des Benediktinerstiftes
    Vollständige, auf Karton gezogene Einzelblätter der Folioausgabe *(104 Radierungen)*; es fehlen: Selbstporträt, Titelblatt und Vorrede sowie die Einzelblätter 17.a, 17.b, 21.a, 21.b, 37.a, 37.b, 47.a, 81.a, 82.a, 82.b.

* HAMBURG, Kupferstichkabinett der Kunsthalle
    98 Radierungen: 1.a/2.a (53681/2), 1.b/2.b (53733/4), 3.a/4.a (53683/4), 3.b/4.b (55735/ 6), 5.a/6.a (53685/6), 5.b/6.b (53737/8), 9.a/10.a (53678/88), 9.b/10.b (53740), 11.a/ 12.a (53691/2), 11.b/12.b (53741/2), 15.a/16.a (53689/90), 15.b/16.b (53743/4), 19.a/ 20.a (53693/4), 19.b/20.b (53745/6), 21.a (53777), 35.a/36.a (53695/6), 35.b/36.b (53747/8), 37.b (53778), 39.a/40.a (53697/8), 39.b/40.b (53749/50), 42.a/43.a (53699/ 700), 42.b/43.b (53751/2), 44.a/45.a (53701/2), 44.b/45.b (53753/5), 49.a (53703, Verse von der Radierung getrennt darübergesetzt), 49.b/50.b (53754/6; Verse zu 49.b fehlen), 50.a (53704; mit kopfstehend gedruckten Versen von 49.b), 51.a/52.a (53705/6), 51.b/52.b (55757/8), 55.a (53708; mit Versen von 56.a unter der Radierung), 55.b (53759), 56.a (53707; mit Versen von 55.a über der Radierung), 56.b (53760), 57.a/58.a (53709/10), 57.b./58.b (53761/2), 59.a/60.a (53711/2), 59.b (53763), 60.b (53764), 61.a/62.a (53713/4), 61.b (53765), 62.b (53766), 63.a/64.a (53715/6), 63.b/64.b (53767/8), 67.a/68.a (53717/8), 67.b/68.b (5369/70), 73.a/74.a (53719/20), 73.b (53771), 74.b (53772), 75.a (53721), 75.b (53773), 76.a (53722), 76.b (53774), 77.a (53723), 77.b (53775), 78.a (53724), 78.b (53776), 85.a/86.a (53727/8), 85.b/86.b (53725/6), 89.a/90.a (53729/ 30), 89.b/90.b (53731/2; mit Stempel der Hofbibliothek Wien: „BIBLIOTH.PALAT.VINDOBON." und doppelköpfiger Adler).
    Aus der Folioserie fehlen: 33.a/b, 34.a/b, 53.a/b, 54.a/b.

* LONDON, Print Room of the British Museum
    Vollständige Folioserie *(104 Radierungen)*, also ohne: 17.a, 17.b, 21.a, 21.b, 37.a, 37.b, 47.a, 81.a, 82.a, 82.b.

* MÜNCHEN, Staatliche Graphische Sammlung
    5 Radierungen: 12.a (o. Inv.Nr.), 15.a (207022), 16.b (o. Inv.Nr.), 60.b/61.b (207023).
    Die noch bei Hollstein Bd. XIII A, S. 241 verzeichnete Folio-Serie verbrannte im II. Weltkrieg.

* NÜRNBERG, Kupferstichkabinett des Germanischen Nationalmuseums
    (Sign.: Kapsel 123)
    99 Radierungen: I. – Selbstbildnis (St.N. 13.858), II. – Titelblatt der Folioausgabe (St.N. 13.859), 1.a/2.a (St.N. 13.860), 1.b/2.b (St.N. 13.861), 3.a/4.a (St.N. 13.862), 5.a/6.a (St.N. 13.863), 5.b/6.b (St.N. 13.864), 9.a/10.a (St.N. 13.865), 9.b/10.b (St.N. 13.866), 11.b/12.b (St.N. 13.867), 15.b (St.N. 13.868), 16.b (St.N. 13.868), 19.a/20.a (St.N. 13.869), 19.b/20.b (St.N. 13.870), 33.a/34.a (St.N. 13.871), 33.b/34.b (St.N. 13.872), 35.a/36.a (St.N. 13.873), 35.b/36.b (St.N. 13.874), 39.b/40.b (St.N. 13.875), 42.a/43.a (St.N. 13.876), 42.b/43.b (St.N. 13.877), 44.a/45.a (St.N. 13.878), 44.b/45.b (St.N. 13.879), 49.a/50.a (St.N. 13.880), 49.b/50.b (St.N. 13.881), 51.a/52.a (St.N. 13.882), 51.b/52.b (St.N. 13.883), 53.a/54.a (St.N. 13.884), 55.a/56.a (St.N. 13.885), 55.b/56.b (St.N. 13.886), 57.a/58.a (St.N. 13.887), 57.b/58.b (St.N. 13.888), 59.a/60.a (St.N. 13.889), 61.a/62.a (St.N. 13.890), 61.b/62.b (St.N. 13.891), 63.a/64.a (St.N. 13.892), 63.b/64.b (St.N. 13.893), 67.a/68.a (St.N. 13.894), 67.b/68.b (St.N. 13.895), 73.a/74.a (St.N. 13.896), 73.b/74.b (St.N. 13.897), 75.a/76.a (St.N. 13.898), 75.b/76.b (St.N. 13.899), 77.a/78.a (St.N. 13.900), 77.b/78.b (St.N. 13.901), 85.a/86.a (St.N. 13.902), 85.b/86.b (St.N. 13.903), 89.b/90.b (St.N. 13.904).

Teilkolorierte Radierungen ohne Verse:
11.a (K. 13.872), 19.a (K.18.737), 33.b (K. 13.870), 35.a (K.13.8119), 36.a (K. 13.809), 36.b (K.13.812), 40.b (K.13.678), 58.a (K.13.810), 58.b (K.13.813). Es sind nur neun der noch bei Hollstein Bd. XII A, S. 241 verzeichneten insgesamt 65 kolorierten Radierungen erhalten; die übrigen 56 sind Kriegsverlust.

Aus der Folioserie fehlen: 3.b, 4.b, 12.a, 15.a, 16.a, 39.a, 40.a, 53.a, 54.a, 59.a, 60.b, 89.a und 90.a.

P<small>ARIS</small>, Cabinet des Estampes
16 Radierungen

P<small>RAG</small>, Graphische Sammlung der Nationalgalerie
84 Radierungen: Aus der ehem. Sammlung Lanna, Prag: 1.a/b, 2.a/b, 3.a/b, 4.a/b, 6.a/b, 9.a/b, 10.a/b, 12.a/b, 16.a/b, 19.a/b, 20.a/b, 33.a/b, 34.a/b, 35.a/b, 36.a/b, 40.a/b, 42.a/b, 43.a/b, 44.a/b, 45.a/b, 49.a/b, 50.a/b, 51.a/b, 52.a/b, 53.a/b, 54.a/b, 55.a/b, 57.a/b, 58.a/b 59.a/b, 61.a/b, 62.a/b, 63.a/b, 64.a/b, 73.a/b, 74.a/b, 75.a/b, 77.a/b, 78.a/b, 85.a/b, 86.a/b, 90.a/b. (Nachweis in: Sammlung Lanna, Prag – Das Kupferstichkabinett – Wissenschaftliches Verzeichnis von Dr. Hans Wolfgang Singer, Prag 1895, S. 387).

* W<small>IEN</small>, Graphische Sammlung Albertina
Sog. Handschriftenexemplar mit *111 Radierungen* (Sign.: B.84 Cim. Kasten Fach VI, Nr.13a). Es fehlen nur die Radierungen 37.a/b und 81.a.

Vollständige Folioserie *(104 Radierungen*; Sign.: K.S.D. 425), also ohne die Einzelblätter 17.a, 17.b, 21.a, 21.b, 37.a, 47.a, 81.a, 82.a, 82.b.

* W<small>IEN</small>, Österreichische Nationalbibliothek
Textausgabe (Sign.: 20.Dd. 327).

* W<small>OLFENBÜTTEL</small>, Herzog August Bibliothek
Textausgabe (Sign.: 248.43 Theol. 4° [2]).

Ausgabe ohne Verse *(112 Radierungen)*, also ohne: 47.a und 81.a (Sign.: 35.3 Geometr. 2°).

RADIERUNGEN IM KUNSTHANDEL

B<small>ASEL</small>, Antiquariat Gerber (*103 Radierungen*, d.h. Folioausgabe ohne Selbstporträt und Titelblatt); s. Kat. Basel 1984, S. 196.

* B<small>ERLIN</small>, Auktionen Gerda Bassenge (*14 Radierungen*, 2.b, 9.a, 20.a, 39.b, 40.b, 49.b, 50.a, 55.a, 58.b, 73.b, 74.b, 75.b, 76.b, 89.a, alle ohne Verse, auf den Auktionen Dezember 1992 und Dezember 1993).

B<small>ERN</small>, Galerie Kornfeld (*103 Radierungen*, d.h. Folioausgabe ohne Selbstporträt und Titelblatt auf der Auktion im Juni 1988).

H<small>EIDELBERG</small>, Kunstantiquariat Arno Winterberg (unbestimmte Anzahl einzelner Radierungen auf der Auktion 1983, 78.a und 75.a auf der Auktion Oktober 1989 und 61.a im April 1990).

M<small>ÜNCHEN</small>, Karl & Faber, München (10.b auf der Auktion November/Dezember 1988).

10. ABBILDUNGEN DER WASSERZEICHEN DER VERWENDETEN PAPIERE

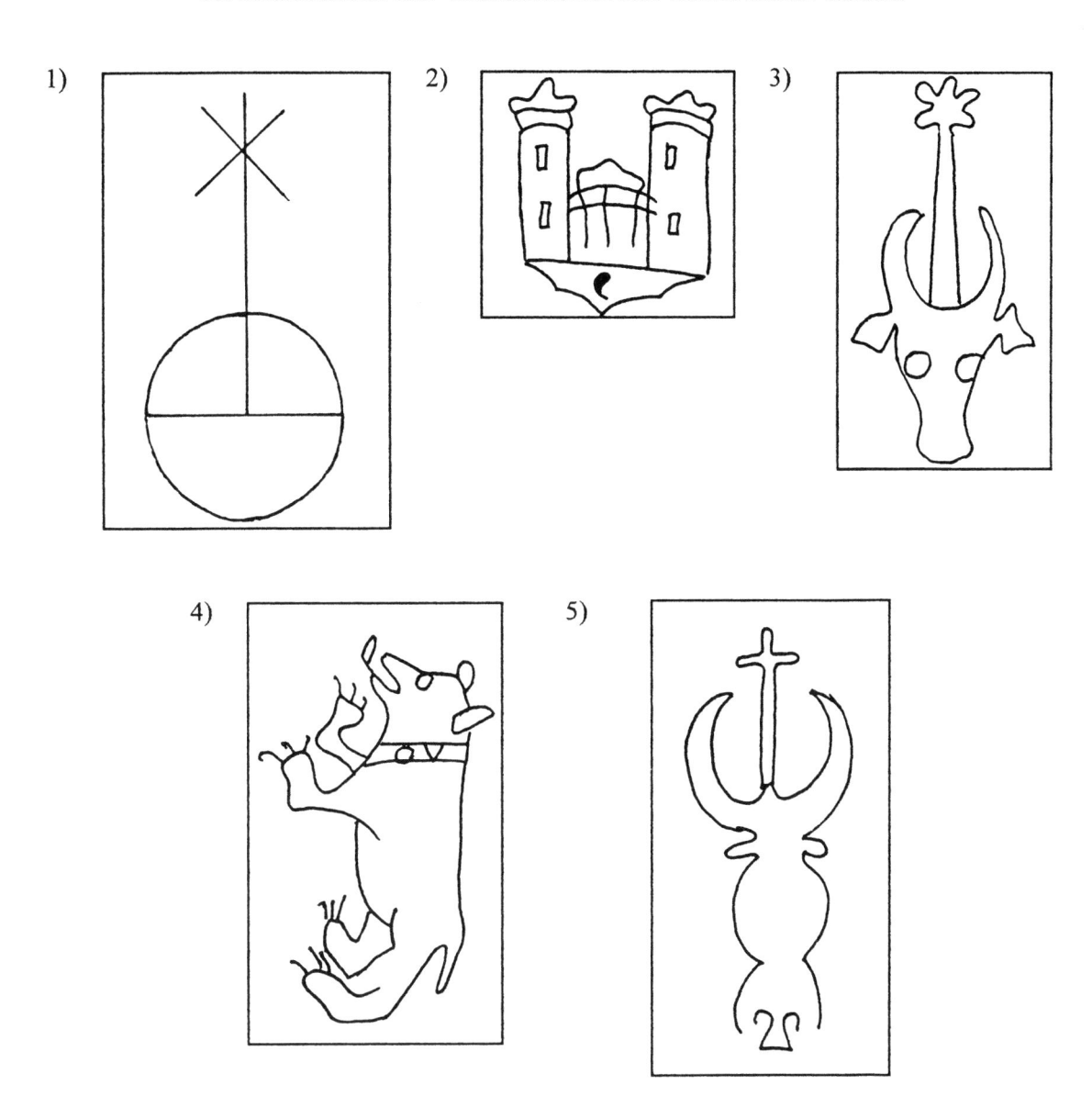

1) Reichsapfel mit Andreaskreuz: *Innsbruck 1542* (BRIQUET 1923, Bd. I, S. 209, Nr. 3055).

2) Turm, zwei große Türme mit je drei Zinnen, mit zwei Fenstern, Fallgitter, Buchstabe „l" im Sockel: *Ulm 1545* (BRIQUET 1923, Bd. IV, S. 802, Nr. 15919).

3) Ochsenkopf mit zweikonturiger Stange und fünfblättriger Blume: Prag 1532-35 oder *Olmütz 1543* (BRIQUET 1923, Bd. IV, S. 742, Nr. 14743).

4) Bär, dreikrallig, Zunge herausstreckend, Stummelschwanz: unidentifizierbar, da zu häufig.

5) Sog. „Hohe Krone". Konnte bei BRIQUET 1923 nicht gefunden werden.

11. STAMMTAFEL DER FAMILIE HIRSCHVOGEL

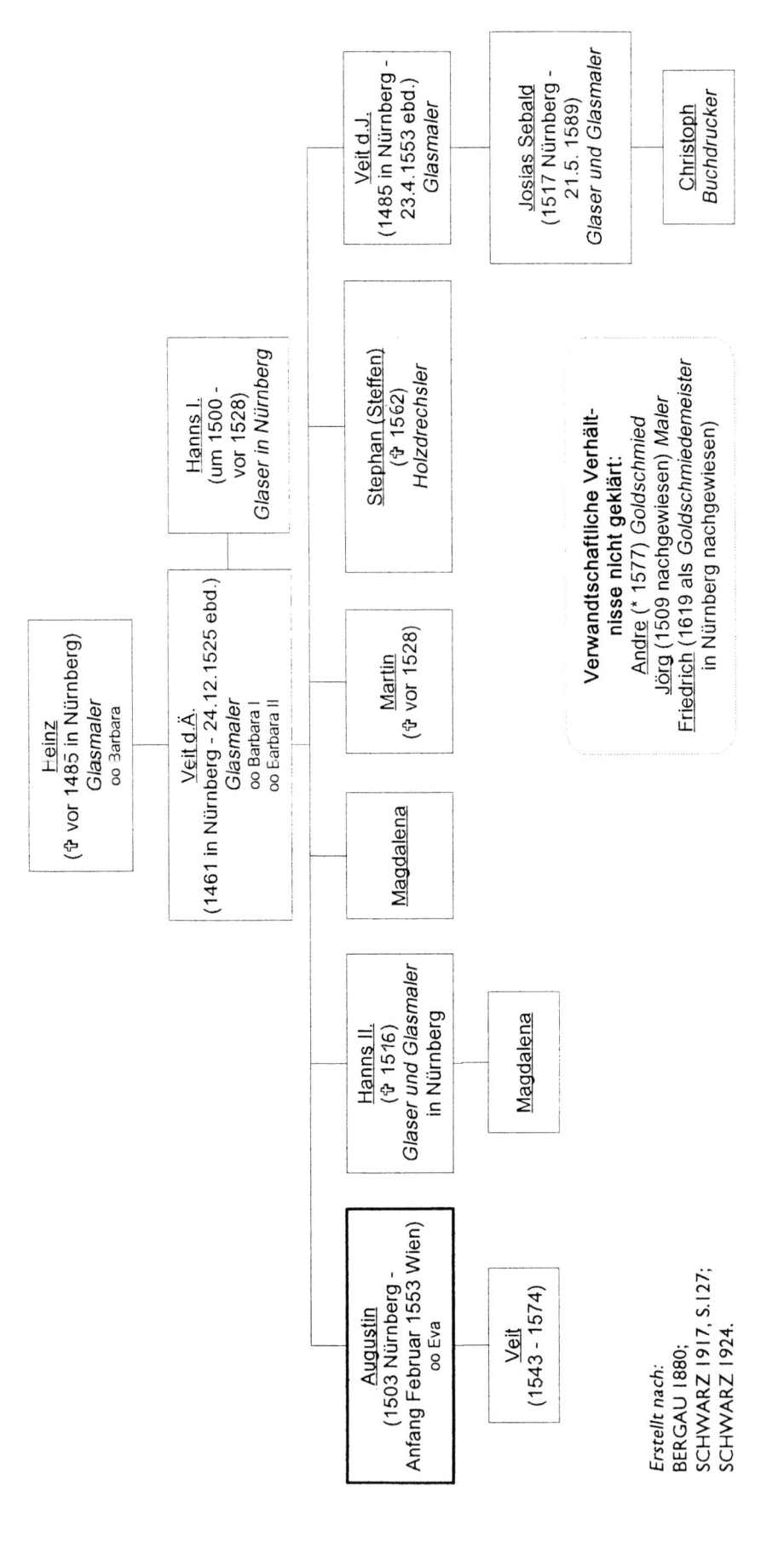

```
                         Heinz
                    († vor 1485 in Nürnberg)
                         Glasmaler
                         ∞ Barbara
                              |
                         Veit d.Ä.
              (1461 in Nürnberg - 24.12.1525 ebd.)
                         Glasmaler
                         ∞ Barbara I
                         ∞ Barbara II
    ┌────────────┬──────────┬──────────┬──────────┐
 Hanns II.   Magdalena    Martin    Hanns I.    Veit d.J.
(† 1516)              († vor 1528) (um 1500 -  (1485 in Nürnberg -
Glaser und                         vor 1528)   23.4.1553 ebd.)
Glasmaler                         Glaser in    Glasmaler
in Nürnberg                        Nürnberg         |
    |                                 |        Josias Sebald
    ├──────────┐                 Stephan       (1517 Nürnberg -
Augustin   Magdalena             (Steffen)      21.5. 1589)
(1503 Nürnberg -                 († 1562)      Glaser und Glasmaler
Anfang Februar 1553 Wien)        Holzdrechsler      |
∞ Eva                                          Christoph
    |                                          Buchdrucker
  Veit
(1543 - 1574)
```

Verwandtschaftliche Verhältnisse nicht geklärt:
Andre (* 1577) Goldschmied
Jörg (1509 nachgewiesen) Maler
Friedrich (1619 als Goldschmiedemeister in Nürnberg nachgewiesen)

Erstellt nach:
BERGAU 1880;
SCHWARZ 1917, S.127;
SCHWARZ 1924.

IV. Verzeichnis der grundlegenden, abgekürzt und häufiger zitierten Literatur

Achtnich (1949): Walter H. Achtnich, Katalog der biblischen Bilder aus Albert Schramms Bilderschmuck der Frühdrucke, Diplom-Arbeit, Bern 1949.

Adler, Ernst (1987): Jeremy Adler und Ulrich Ernst, Text als Figur. Visuelle Poesie von der Antike bis zur Moderne, (Acta humaniora, Weinheim), Ausst.-Kat. Wolfenbüttel, Herzog August Bibliothek 1987.

Aland (1970): Kurt Aland, Hilfsbuch zum Lutherstudium, Witten 1970³.

Altaner, Stuiber (1980): Berthold Altaner und Alfred Stuiber, Patrologie – Leben, Schriften und Lehre der Kirchenväter, Freiburg/Basel/Wien 1980⁹.

Althaus (1962): Paul Althaus, Die Theologie Martin Luthers, Gütersloh 1972³.

Appuhn (1981): Horst Appuhn, Heilsspiegel. Die Bilder des mittelalterlichen Erbauungsbuches Speculum humanae salvationis, Dortmund 1981.

Auerbach (1938): Erich Auerbach, Figura (Archivum Romanicum, Bd. 22), Rom 1938, S. 436–489.

Auerbach (1953): Erich Auerbach, Typologische Motive in der mittelalterlichen Literatur (Schriften und Vorträge des Petrarca-Institutes, Köln, Bd. 2), Krefeld 1953.

Aurenhammer (1967): Hans Aurenhammer, Lexikon der christlichen Ikonographie, Bd. 1 (mehr nicht erschienen), Wien 1967.

Badstübner (1983): Ernst Badstübner, Protestantische Bildprogramme – Ein Beitrag zu einer Ikonographie des Protestantismus, in: Von der Macht der Bilder – Beiträge des C.I.H.A-Kolloquiums Kunst und Reformation, hg.v. Ernst Ullmann, Leipzig 1983.

Bainton (1963): Roland H. Bainton, The Bible in the Reformation, in: The Cambridge History of the Bible, Vol. 2: The West from the Reformation to the Present Day, ed. by S.L. Greenslade, Cambridge 1963, S. 1–37.

Bange (1926): E.F. Bange, Peter Flötners Holzschnitte, Leipzig 1926.

Barr (1966): James Barr, Old and New in Interpretation – A Study of the Two Testaments, London 1966.

Barrett (1970): C.K. Barrett, The Interpretation of the Old Testament in the New, in: The Cambridge History of the Bible, Vol. 1: From the Beginnings to Jerome, ed. by Peter R. Ackroyd and C.F. Evans, Cambridge 1970, S. 377–411.

Bartsch (1803–1821): Adam Bartsch, Le Peintre-Graveur, Wien 1803–1821.

Baumeister (1938/39): Engelbert Baumeister, Zeichnungen Augustin Hirschvogels aus seiner Frühzeit, in: Münchner Jahrbuch der Bildenden Kunst, N.F. 13 (1938/39), S. 203–211.

Baumgart (1927): Fritz Baumgart, Hans Holbein der Jüngere als Bibelillustrator, Diss., Berlin 1927.

Bautz (1992–98): Traugott Bautz, Biographisch – Bibliographisches Kirchenlexikon, 15 Bde, Herzberg 1992–99.

Begrow (1962) Leo Begrow, At the Sources of the Cartography of Russia, in: Imago Mundi 16 (1962), S. 33–48.

Benzing (1982): Josef Benzing, Die Buchdrucker des 16. und 17. Jahrhunderts im deutschen Sprachgebiet, Wiesbaden 1963.

Bergau (1880): Karl Bergau, *Hirschvogel, Augustin*, in: Allgemeine Deutsche Biographie, Bd. 12, Berlin 1880, ND Berlin 1969, S. 474–476.

Berliner, Egger (1981): Rudolf Berliner und Gerhart Egger, Ornamentale Vorlageblätter des 15. bis 19. Jahrhunderts, 3 Bde, München 1981.

Bernhard (1978): Marianne Bernhard (Hrsg.), Hans Baldung Grien – Handzeichnungen/Druckgraphik, München 1978.

Bertoli (1986): Bruno Bertoli, Wladimiro Dorigo und Antonio Niero: Iconografia dell'Antico e Nuovo Testamento, Mailand 1986.

Berve (1969): Markus Berve, Die Armenbibel – Herkunft, Gestalt, Typologie – Dargestellt anhand von Miniaturen aus der Handschrift Cpg. 148 der Universitätsbibliothek Heidelberg (Kult und Kunst, Bd. 4), Beuron 1969.

Beth (1910): Ignaz Beth, Die Baumzeichnung in der deutschen Graphik des XV. und XVI. Jahrhunderts – Ein Beitrag zur Geschichte der deutschen Landschaftsdarstellung (Studien zur deutschen Kunstgeschichte, Bd. 130), Straßburg 1910.

Biblia pauperum (1867): Nach dem Original der Lyceumsbibliothek zu Constanz herausgegeben und mit einer Einleitung begleitet von Laib und Schwarz, Zürich 1867.

Biblia pauperum (1967): Faksimile-Ausgabe aus der Bibliothek der Erzdiözese Esztergom, Hanau/Main 1967.

Bloch (1969): Peter Bloch, Typologische Kunst, in: Miscellanea mediearalia, Bd. 6, Berlin 1969, S. 126–142.

Boeck (1947): Wilhelm Boeck, Augustin Hirschvogel – Zwölf Landschaftsradierungen, Baden Baden 1947.

Boerner (1866): J.A. Boerner, Ueber das Kupferstichwerk des Augustin Hirschvogel, in: Archiv für die zeichnenden Künste 12 (1866), S. 73–100.

Bornkamm (1948): Heinrich Bornkamm, Luther und das Alte Testament, Tübingen 1948

Breitenbach (1930): Edgar Breitenbach, Speculum Humanae Salvationis – Eine typengeschichtliche Untersuchung (Studien zur deutschen Kunstgeschichte, Bd. 272), Straßburg 1930.

Briquet (1923): C.-M. Briquet, Les filigranes – Dictionnaire historique des marques du papiers dès leur apparition vers 1282 jusqu'en 1600, 4 Bde., Genf 1907, Leipzig 1923^2, ND Amsterdam 1968.

Brulliot (1970): Francois Brulliot, Dictionnaire des monogrammes, marques figurées, lettres, initiales, noms abrégés etc., Paris 1832, ND Wiesbaden 1970.

Brunhölzl (1975): Franz Brunhölzl, Geschichte der lateinischen Literatur des Mittelalters, 2 Bde., München 1975 und 1992.

Buchholz (1928): Friedrich Buchholz, Protestantismus und Kunst (Studien über christliche Denkmale, Bd. 17), Leipzig 1928.

Busch (1982): Werner Busch, Lucas van Leydens „Große Hagar" und die augustinische Typologieauffassung der Vorreformation, in: Zeitschrift für Kunstgeschichte 45 (1982), S. 97–129.

Buschhausen (1980): Hellmut Buschhausen Der Verduner Altar – Das Emailwerk des Nikolaus von Verdun im Stift Klosterneuburg, Wien 1980.

Byam Shaw (1935/36): J. Byam Shaw, *Augustin Hirschvogel*, in: Old Master Drawings 10 (1935/36), S. 51–54.

Chojecka (1980): Ewa Chojecka, Zur Stellung des gedruckten Bildes im 15. und 16. Jahrhundert – Zwischen Kunstwerk und „Massenmedium", in: Reform, Reformation, Revolution, hg. v. Siegfried Hoyer, Leipzig 1980, S. 123–127.

Christensen (1979): Carl C. Christensen, Art and Reformation in Germany, Athens (Ohio) 1979.

Clemen (1910): H.S. Clemen, Hans Sebald Behams Holzschnitte zum alten Testament, Zwickau 1910.

Cornell (1925): Henrik Cornell, Biblia Pauperum, Stockholm 1925.

Corpus Reformatorum (1834ff.): Corpus Reformatorum, hg. v. C.G. Bretschneider u.a., Halle 1834ff.

Czeike (1984): Felix Czeike, Wien – Geschichte in Bilddokumenten, München 1984.

Dacos (1971): Nicole Dacos, La Bible de Raphael – Quelques observations sur le programme et sur les auteurs des fresques, in: Paragone 22 (1971), S. 11–36.

Dahm (1989): Friedrich Dahm, Studien zur Ikonographie des Klosterneuburger Emailwerkes des Nikolaus von Verdun, Wien 1989.

Davidson (1985): Bernice F. Davidson, Raphael's Bible – A Study of the Vatican Logge, University Park/London 1985.

Denis (1782): Johann Nepomuk Cosmas Michael Denis: Buchdruckergeschichte Wiens, Wien 1782.

Détshy (1987): Mihály Détshy, Adalékok Perényi Péter Sárospataki várépitkezésének és mestereinek kérdéséhez (Beiträge zur Frage des Schloßbaus Peter Perényis zu Sarospatak und seiner Meister), in: Ars Hungarica 15 (1987), S. 123–132 (mit dt. Zusammenfassung).

Dodgson (1903): Maria Campbell Dodgson, Hans Sebald Beham and a New Catalogue of His Works, in: Burlington Magazine 1 (1903), S. 189–201.

Dodgson (1908): Maria Campbell Dodgson, Eine Holzschnittfolge Matthias Gerungs, in: Jahrbuch der Königlich Preußischen Kunstsammlungen 29 (1908), S. 195–216.

Dornik-Eger (1969): Hanna Dornik-Eger, Albrecht Dürer und die Graphik der Reformationszeit (Schriften der Bibliothek des Österreichischen Museums für Angewandte Kunst 2), Wien 1969.

Drucke des XVI. Jahrhunderts: Verzeichnis der im deutschen Sprachbereich erschienenen Drucke des 16. Jahrhunderts, hg. v. der Bayerischen Staatsbibliothek in München in Verbindung mit der Herzog August Bibliothek in Wolfenbüttel, Stuttgart seit 1988.

Dülberg (1990): Angelica Dülberg, Privatporträts – Geschichte und Ikonologie einer Gattung im 15. und 16. Jahrhundert, Berlin 1990.

Eichenberger/Wendland (1977): Walter Eichenberger und Henning Wendland, Deutsche Bibeln vor Luther, Hamburg 1977.

Engelhardt (1927): Hans Engelhardt, Der theologische Gehalt der Biblia Pauperum (Studien zur deutschen Kunstgeschichte, Bd. 243), Straßburg 1927.

Erffa (1989/1995): Hans Martin von Erffa, Ikonologie der Genesis. Die christlichen Bildthemen aus dem Alten Testament und ihre Quellen, 1. Band (1989), 2. Band (1995), München-Berlin 1989, 1995.

Euw/Plotzek (1982): Anton von Euw und Joachim M. Plotzek, Die Handschriften der Sammlung Ludwig, hg. vom Schnütgen-Museum der Stadt Köln, 4 Bde, Köln 1982–1985.

Evangelisches Kirchenlexikon (1986): Evangelisches Kirchenlexikon – Kirchlich-theologisches Handwörterbuch, hg. v. H. Brunotte und O. Weber, Göttingen 1956–1963, 3. Auflage Göttingen seit 1986.

Fava/Toesca (1924): Domenico Fava und Pietro Toesca, La vita di Gesù miniata da Nicola Glockendon per il Cardinale Alberto di Brandeburgo nel 1534 – XLVIII tavole da un codice della Biblioteca Estense in Modena, con prefazioni di D. Fava e P. Toesca, Modena 1924.

Fava/Salmi (1973): Domenico Fava und Mario Salmi, I manoscritti miniati della Biblioteca Estense di Modena, 2 Bde., Mailand 1973.

Forster (1973): Michael Forster, Die Landschaftsradierungen des Augustin Hirschvogel, Masch. Diss. Wien 1973.

Frenzel (1960): Gottfried Frenzel, Veit Hirschvogel – Eine Nürnberger Glasmalerwerkstatt der Dürerzeit, in: Zeitschrift für Kunstgeschichte 23 (1960), S. 193–210.

Friedrich (1885): Carl Friedrich, Augustin Hirschvogel als Toepfer – Seine Gefaessentwuerfe, Oefen und Glasgemaelde, Nürnberg 1885.

Gassen (1983/83): Richard W. Gassen, Die Leien Bibel des Straßburger Druckers Wendelin Rihel – Kunst, Religion, Pädagogik und Buchdruck in der Reformation, in: Memminger Geschichtsblätter 1983/84, S. 5–272.

Geisberg (1930): Max Geisberg, Die deutsche Buchillustration in der ersten Hälfte des 16. Jahrhunderts, 2 Bde., München 1930/31.

Geisberg (1974): The German Single-Leaf Woodcut 1500–1550 – Revised and edited by Walter L. Strauss, 4 Bde., New York 1974.

Gibson (1989): Walter Gibson Old Testament Narratives in the Prints of the German Little Masters, in: Register of the Spencer Museum of Art 6 (1989), S. 9–24.

Glück (1953): Franz Glück, Augustin Hirschvogel und Wien, in: Wiener Geschichtsblätter 68 (1953), S. 102–104.

Goette (1897): Alexander Goette, Holbeins Totentanz und seine Vorbilder, Straßburg 1897.

Goppelt (1981): Leonhard Goppelt, Typos – Die Deutung des Alten Testaments im Neuen, Gütersloh 1939, ND Darmstadt 1981.

Green (1869): Henry Green (Hrsg.), Holbein's Icones Historiarvm Verteris Testamenti. A Photolith Facsimile Reprint from the Lyons Edition of 1547. With an Introduction On Pictorial Art in Illustration of the Bible Histories and Wolthmann's Especial Remarks on Holbein's Figures. Also Fortyeight Illustrative Photolith Plates. And Some Account of Their Sources (The Holbein-Society's Facsimile Reprints 2), Manchester 1869.

Grimm (1965): Heinrich Grimm, Deutsche Buchdruckersignete des 16. Jahrhunderts, Wiesbaden 1965.

Grohne (1936): Ernst Grohne Die bremischen Truhen mit reformatorischen Darstellungen und der Ursprung ihrer Motive, in: Abhandlungen und Vorträge der Bremer wissenschaftlichen Gesellschaft 10 (1936), S. 7–88.

Groll (1990): Karin Groll, Das „Passional Christi und Antichristi" von Lucas Cranach d.Ä., Frankfurt am Main/ Bern/New York/Paris 1990.

Guldan/Riedinger (1960): Ernst Guldan und Utto Riedinger OSB, Die protestantischen Deckenmalereien der Burgkapelle auf Strechau, in: Wiener Jahrbuch für Kunstgeschichte 18 (1969), S. 28–86.

Habich (1929): G. Habich, Die deutsche Schaumünze des 16. Jahrhunderts, Bd. I,1, München 1929.

Harasimowicz (1990): Jan Harasimowicz, 'Scriptura sui ipsius interpres' – Protestantsiche Bild–Wort–Sprache des 16. und 17. Jahrhunderts, in: Text und Bild, Bild und Text – DFG-Symposion 1988, hg. v. Wolfgang Harms (Germanistische Symposien – Berichtband XI), Stuttgart 1990, S. 262–282.

Harbison (1976): Craig Harbison, The Last Judgement in Sixteenth Century Northern Europe – A Study of the Relation Between Art and the Reformation, New York/London 1976.

Heider (1861): Gustav Heider, Beiträge zur christlichen Typologie aus Bilderhandschriften des Mittelalters, in: Jahrbuch der kaiserl. königl. Central-Commission zur Erforschung und Erhaltung der Baudenkmale V (1861), S. 1–128.

Heinz (1987): Günther Heinz, Der Romanismus der Niederländer und die Maniera, in: Zauber der Medusa – Europäische Manierismen, Ausst.-Kat. Wien, Künstlerhaus 1987, Wien 1987, S. 43–54.

Heller (1846): Joseph Heller, Wie viele Ausgaben existieren von Hirschvogels Concordanz, und welche ist die erste?, in: Serapeum 7 (1846), S. 172–175.

Henry (1987): Avril Henry, Biblia Pauperum – A Facsimile and Edition of the Forty-Page Blockbook, Aldershot 1987.

Henry (1991): Avril Henry, The Iconography of the Forty-Page Blockbook Biblia Pauperum – Form and Meaning, in: Blockbücher des Mittelalters, Mainz 1991, S. 265–288.

Hoefer (1971): Hartmut Hoefer, Typologie im Mittelalter – Zur Übertragbarkeit typologischer Interpretation auf weltliche Dichtung (Göppinger Arbeiten zur Germanistik 54), Göppingen 1971.

Hoffmann (1978) Konrad Hoffmann, Typologie, Exemplaristik und reformatorische Bildsatire, in: Kontinuität und Umbruch – Theologie und Frömmigkeit in Flugschriften und Kleinliteratur an der Wende vom 15. zum 16. Jahrhundert (Spätmittelalter und frühe Neuzeit 2), Stuttgart 1978, S. 189–210.

Holländer (1988): Hans Holländer, '... inwendig voller Figur' – Figurale und typologische Denkformen in der Malerei, in: Typologie – Internationale Beiträge zur Poetik, hg. v. Volker Bohn, Frankfurt am Main 1988, S. 166–205.

Hollstein (1954ff.): F.W.H. Hollstein, German Engravings, Etchings and Woodcuts c. 1400–1700, Amsterdam seit 1954.

Hütt (1988): Albrecht Dürer – Das gesamte graphische Werk, Einleitung von Wolfgang Hütt, 2 Bde., München 1988.

Illustrated Bartsch (1978ff): Walter L. Strauss (Ed.), The Illustrated Bartsch, New York 1978ff.

Jahn (1972): Lucas Cranach 1472–1553 – Das gesamte graphische Werk – Mit Exempeln aus dem graphischen Werk Lucas Cranachs d.J. und der Cranachwerkstatt, Einleitung von Johannes Jahn, München 1972.

Jürgens (1931): Walther Jürgens, Erhard Altdorfer – Seine Werke und seine Bedeutung für die Bibelillustration des 16. Jahrhunderts, Lübeck 1931.

Kästner (1985): Manfred Kästner, Die Icones des Hans Holbein des Jüngeren – Ein Beitrag zum graphischen Werk des Künstlers und zur Bibelillustration Ende des 15. und in der ersten Hälfte des 16. Jahrhunderts, 2 Bde., Heidelberg 1985.

Kästner (1986): Manfred Kästner, Programmdifferenzierung in der Bibelillustration des 16. Jahrhunderts am Beispiel der Illustrationen zur Schöpfungsgeschichte und zum Sündenfall, in: Gutenberg-Jahrbuch 61 (1986), S. 81–100.

Kat. Augsburg (1973): Hans Burgkmair 1473–1973 – Das gesamte graphische Werk, Ausst.-Kat. Augsburg, Staatsgalerie 1973.

Kat. Basel (1960): Die Malerfamilie Holbein in Basel, Ausst.-Kat. Basel, Kunstmuseum 1960.

Kat. Basel (1974): Lukas Cranach – Gemälde, Zeichnungen, Druckgraphik, 2 Bde. hg. v. Dieter Koepplin und Tilman Falk, Ausst.-Kat. Basel, Kunstmuseum 1974.

Kat. Basel (1984): Spätrenaissance am Oberrhein – Tobias Stimmer 1539–1584, Ausst.-Kat. Basel, Kunstmuseum 1984.

Kat. Berlin (DDR) (1983): Kunst der Reformationszeit, Ausst.-Kat. Berlin (DDR), Altes Museum 1983.

Kat. Coburg (1975/76): Meisterwerke europäischer Graphik, 15.–16. Jahrhundert aus dem Besitz des Kupferstichkabinetts Coburg, Ausst.-Kat. Coburg, Kunstsammlungen der Veste 1975/76.

Kat. Darmstadt (1983): Szenen der Passion – Druckgraphik aus sechs Jahrhunderten, Ausst.-Kat. Darmstadt, Hessisches Landesmuseum 1983.

Kat. Dresden (1971): Deutsche Kunst der Dürerzeit, Ausst.-Kat. Dresden, Albertinum 1971.

Kat. Florenz (1964): Grafica tedesca nel tempo di Albrecht Dürer, Ausst.-Kat. Florenz, Gabinetto degli disegni e stampe degli Uffizi 1964/65.

Kat. Frankfurt (1981/82): Dürers Verwandlung in der Skulptur zwischen Renaissance und Barock, Ausst.-Kat. Frankfurt am Main, Liebieghaus 1981/82.

Kat. Göttweig (1991): Das Wort ward Bild – Quellen der Ikonographie, Ausst.-Kat. Göttweig, Graphisches Kabinett des Stiftes 1991.

Kat. Heidelberg (1982): Biblia – Deutsche Bibeln vor und nach Martin Luther, Ausst.-Kat. Heidelberg, Universitätsbibliothek 1982/83.

Kat. Hamburg (1983): Luther und die Folgen für die Kunst, Ausst.-Kat. Hamburg, Kunsthalle 1983.

Kat. Karlsruhe (1959): Hans Baldung Grien, Ausst.-Kat. Karlsruhe, Staatliche Kunsthalle 1959.

Kat. Lawrence (1981): The Engravings of Marcantonio Raimondi, Ausst.-Kat. Lawrence, Spencer Museum of Art, Chapel Hill, Auckland Art Museum und Wellesley, College Art Museum 1981/82.

Kat. London (1988): John Rowlands, The Age of Dürer and Holbein – German Drawings 1400–1550, Ausst.-Kat. London British Museum, Print Room 1988.

Kat. London (1992): Andrea Mantegna, Ausst.-Kat. London, Royal Academy of Arts und New York, Metropolitan Museum of Art 1992.

Kat. Mainz (1990): Albrecht von Brandenburg – Kurfürst – Erzkanzler – Kardinal 1490 – 1545, hg. v. B. Roland, Ausst.-Kat. Mainz, Landesmuseum 1990.

Kat. New Haven (1969): Prints and Drawings of the Danube School, Ausst.-Kat. New Haven, Yale University, St. Louis, Art Museum und Philadelphia, Museum of Art 1969/70.

Kat., Nürnberg (1971): Albrecht Dürer 1471–1971, Ausst.-Kat., Nürnberg, Germanisches Nationalmuseum 1971.

Kat. Nürnberg (1983): Martin Luther und die Reformation in Deutschland – Ausstellung zum 500. Geburtstag Martin Luthers, veranstaltet vom Germanischen Nationalmuseum Nürnberg in Zusammenarbeit mit dem Verein für Reformationsgeschichte, Ausst.-Kat. Nürnberg, Germanisches Nationalmuseum 1983.

Kat. Nürnberg (1987): Fünf Jahrhunderte Buchillustration – Meisterwerke der Buchgraphik aus der Bibliothek Otto Schäfer, Ausst.-Kat. Nürnberg, Germanisches Nationalmuseum 1987 und München, Bayerische Staatsbibliothek 1988.

Kat. Paris (1983): Raphael dans les collections francaises – Hommage à Raphael, Ausst.-Kat. Paris, Grand Palais 1983/84.

Kat. Paris (1984): Altdorfer und der fantastische Realismus in der deutschen Kunst, Ausst.-Kat. Paris, Centre Culturel du Marais 1984.

Kat. Princeton (1969): Symbols in Transformation – Iconographic Themes of the Time of the Reformation – An Exhibition of Prints in Memory of Erwin Panofsky, Ausst.-Kat. Princeton, Art Museum 1969.

Kat. Rom (1972/73): Il paesaggio nel disegno del Cinquecento, Ausst.-Kat. Rom, Villa Medici 1972/1973.

Kat. St. Florian (1965): Die Kunst der Donauschule 1490–1540, Ausst.-Kat. Stift St. Florian und Linz, Schloßmuseum 1965.

Kat. Schallaburg (1974): Renaissance in Österreich – Geschichte–Wissenschaft–Kunst, Ausst.-Kat. Schloß Schallaburg (NÖ.) 1974.

Kat. Stuttgart (1979/80): Heinrich Geissler, Zeichnungen in Deutschland – Deutsche Zeichnungen 1540–1640, Ausst.-Kat. Stuttgart, Graphische Sammlung der Staatsgalerie 1979/80.

Kat. Stuttgart (1983): Die Bibel in Bildern – Illustrierte Bibeldrucke des 15.–20. Jahrhunderts (bearb. v. Herbert Hummel), Ausst.-Kat. Stuttgart, Landespavillon 1983.

Kat. Wien (1953): Katalog der Gedenkschau zu Augustin Hirschvogel (1503–1553), bearb. v. Franz Glück und Alfred May, Ausst.-Kat. (Typoskript) Wien, Historisches Museum der Stadt 1953.

Kat. Wien (1966): Die Kunst der Graphik III – Renaissance in Italien: Das 16. Jahrhundert, Werke aus dem Besitz der Albertina, Ausst.-Kat. Wien, Albertina 1966.

Kat. Wien (1967/68): Die Kunst der Graphik IV – Zwischen Renaissance und Barock: Das Zeitalter von Brueghel und Bellange, Werke aus dem Besitz der Albertina, Ausst.-Kat. Wien, Albertina 1967/68.

Kautzsch (1896): Rudolf Kautzsch, Die Holzschnitte der Kölner Bibel von 1479, Straßburg 1896, ND Baden-Baden 1971.

Klapper (1953): Josef Klapper, Spiegel der menschlichen Seligkeit, in: Die deutsche Literatur des Mittelalters – Verfasserlexikon, Bd. 4, Berlin 1953, Sp. 237–244.

Kluckert (1974): Ehrenfried Kluckert, Die Erzählform des spätmittelalterlichen Simultanbildes, Diss. Tübingen 1974.

Knab/Mitsch/Oberhuber (1983): Eckhart Knab, Erwin Mitsch und Konrad Oberhuber, Raphael – Die Zeichnungen, Stuttgart 1983.

Knappe (1980): Karl-Adolf Knappe, Bibelillustration, in: TRE, Bd. VI, Berlin 1980, S. 131–160.

Koch (1963): Robert A. Koch, Original or Copy? Two Renaissance Landscapes, in: Record of the Art Museum Princeton University (N.J.) 22 (1963), S. 2–7.

Kohls (1972): Ernst-Wilhelm Kohls, Die neu gefundene „Leien Bibel" des Straßburger Druckers Wendelin Rihel vom Jahre 1540 mit 200 unbekannten Holzschnitten von Hans Baldung Grien und seiner Schule – Ein Beitrag zur Schule Albrecht Dürers, in: Zeitschrift für Kirchengeschichte 83 (1972), S. 351–364.

Korshin (1988): Paul J. Korshin, Typologie als System, in: Typologie – Internationale Beiträge zur Poetik, hg. v. Volker Bohn, Frankfurt am Main 1988, S. 277–308.

Koschatzky (1975): Walter Koschatzky, Die Kunst der Graphik – Technik, Geschichte, Meisterwerke, München 1975.

Kranz (1981): Gisbert Kranz, Das Bildgedicht – Theorie – Lexika – Bibliographie, 3 Bde., Köln/Wien 1981.

Kranz (1981/87): Gisbert Kranz, Das europäische Bildgedicht, Bd. 1 und 2, Köln/Wien 1981; Bd. 3: Nachträge, Köln/Wien 1987.

Kratzsch (1982): Illuminierte Holzschnitte der Luther-Bibel von 1534 – Eine Bildauswahl, hg. und mit einem Nachwort versehen von Konrad Kratzsch, Berlin (DDR) 1982.

Künstle (1926/28): Karl Künstle, Ikonographie der christlichen Kunst, 2 Bde., Freiburg 1926 und 1928.

Kunze (1975): Horst Kunze, Geschichte der Buchillustration in Deutschland – Das 15. Jahrhundert, 2 Bde., Leipzig 1975.

Landau (1978): David Landau, I classici dell'incisione – Catalogo completo dell'opera grafica di Georg Pencz, Mailand 1978.

Lang (1972): Helmut W. Lang, Die Buchdrucker des 15. bis 17. Jahrhunderts in Österreich (Bibliotheca Bibliographica Aureliana, Bd. XLII), Baden-Baden 1972.

Lange (1897): K. Lange, Peter Flötner – Ein Bahnbrecher der deutschen Renaissance, Berlin 1897.

LCI: Lexikon der christlichen Ikonographie (hg. v. Engelbert Kirschbaum SJ und Wolfgang Braunfels), 8 Bde., Freiburg im Breisgau/Rom/Basel/Wien 1968–1976.

Leben und Werk (1983): Leben und Werk Martin Luthers von 1526 bis 1546 – Festgabe zu seinem 500. Geburtstag – Im Auftrag des Theologischen Arbeitskreises für reformationsgeschichtliche Forschung, hg. v. H. Junghans, Göttingen 1983.

LThK: Lexikon für Theologie und Kirche, 10 Bde., 2. Aufl. Freiburg im Breisgau 1957–1967, 3. Aufl., bisher 7 Bde, 1993–1998.

Lichtwark (1888): Alfred Lichtwark, Der Ornamentstich der deutschen Frührenaissance nach seinem sachlichen Inhalt, Berlin (1883 und 1887) 1888, ND Walluf bei Wiesbaden 1973.

Loesche (1909): Georg Loesche, Luther, Melanchthon und Clavin in Österreich-Ungarn, Tübingen 1909.

Lutz/Perdrizet (1907/09): Jules Lutz und Paul Perdrizet, Speculum Humanae Salvationis, 2 Bde., Mühlhausen 1907 und 1909

Marienlexikon: Marienlexikon, hg. v. Remigius Bäumer OSB und Leo Scheffczyk, 6 Bde., St. Ottilien 1988–1994.

Mayer (1883/87): Anton Mayer, Wiens Buchdrucker-Geschichte 1482–1882, 2 Bde., Wien 1883 und 1887.

Meder (1932): Joseph Meder, Dürer-Katalog – Ein Handbuch über Albrecht Dürers Stiche, Radierungen, Holzschnitte, deren Zustände, Ausgaben und Wasserzeichen, Wien 1932.

Meier (1909): Karl Ernst Meier, Fortleben der religiös-dogmatischen Kompositionen Cranachs in der Kunst des Protestantismus, in: Repertorium für Kunstwissenschaft 32 (1909), S. 415–435.

Meier (1976): Christel Meier, Überlegungen zum gegenwärtigen Stand der Allegorie-Forschung, in: Frühmittelalterliche Studien 10 (1976), S. 1–69.

Melanchthons Briefwechsel: Melanchthons Briefwechsel – Kritische und kommentierte Gesamtausgabe, hg. v. Heinz Scheible, Bd. 4: Regesten 3421–4529 (1544–1546), bearb. v. Heinz Scheible unter Mitwirkung von Walter Thüringer, Stuttgart-Bad Cannstadt 1983.

Mende (1978): Erich Mende, Ein fränkisches Universalgenie – Vor 475 Jahren wurde Augustin Hirschvogel geboren, vor 425 Jahren starb er, in: Frankenland 30 (1978), S. 388–391.

Mende (1978): Hans Baldung Grien – Das graphische Werk – Vollständiger Bildkatalog der Einzelholzschnitte, Buchillustrationen und Kupferstiche, bearb. v. Matthias Mende, Unterschneidheim 1978.

Mielke (1988): Hans Mielke, Albrecht Altdorfer – Zeichnungen, Deckfarbenmalerei, Druckgraphik, Ausst.-Kat. Berlin, Kupferstichkabinett 1988.

Molsdorf (1926): Wilhelm Molsdorf, Christliche Symbolik der mittelalterlichen Kunst, Leipzig 1926.

MPG: Patrologiae cursus completus – Series graeca, hg. v. J.-P. Migne, Paris 1862–1886.

MPL: Patrologiae cursus completus – Series latina, hg. v. J.-P. Migne, Paris 1841–1864.

Muther (1883): Richard Muther, Die ältesten deutschen Bilder – Bibeln – Bibliographisch und kunstgeschichtlich beschrieben, München 1883.

Netter (1953): Maria Netter, Freiheit und Bindung in der Bibelillustration der Renaissance – Eine ikonographische Studie zu Hans Holbein d.J. 'Icones', Diss. Basel 1943, Basel 1953.

Neudörfer (1875): Johann Neudörfer, Nachrichten von Künstlern und Werkleuten daselbst aus dem Jahr 1547 nebst der Fortsetzung des Andreas Gulden (Quellenschriften für Kunstgeschichte und Kunsttechnik des Mittelalters und der Renaissance, Bd. X), hg. v. Rudolf Eitelberger von Edelberg, Wien 1875.

Neumüller (1972): Vollständige Faksimile-Ausgabe des Codex Cremifanensis 243 des Bendiktinerstiftes Kremsmünster, kommentiert von Willibrord Neumüller, Graz 1972.

Neumüller (1997): Speculum humanae salvatianis. Codex Cremifanensis 243 des Benediktinerstiftes Kremsmünster hg. von Willibrord Neumüller OSB, Graz 1997.

Neuß (1948): Wilhelm Neuß, Bibelillustration, in: RDK, Bd. 2, Stuttgart 1948, Sp. 478–517.

Niesner (1995): Manuela Niesner, Das „Speculum Humanae Salvationis" der Stiftsbibliothek Kremsmünster. Edition der mittelhochdeutschen Versübersetzung und Studien zum Verhältnis von Bild und Text, in: Pictura et Poesis 8, Köln/Weimar/Wien 1995.

Oberheide (1933): Albert Oberheide, Der Einfluß Marcantonio Raimondis auf die nordische Kunst des 16. Jahrhunderts – Unter besonderer Berücksichtigung der Graphik, Masch. Diss. Hamburg 1933.

Oertel (1977): Hermann Oertel, Das Bild in Bibeldrucken vom 15. bis zum 18. Jahrhundert – Die Wolfenbütteler Bibelsammlung, in: Jahrbuch der Gesellschaft für niedersächsische Kirchengeschichte 75 (1977), S. 9–37.

Ohly (1976): Friedrich Ohly, Halbbiblische und außerbiblische Typologie, in: ders.: Schriften zur mittelalterlichen Bedeutungsforschung, Darmstadt 1983, S. 361–400.

Ohly (1985): Friedrich Ohly, Gesetz und Evangelium – Zur Typologie bei Luther und Lucas Cranach (Schriftenreihe der Westfälischen Wilhelms-Universität Münster 1), Münster 1985.

Ohly (1988): Friedrich Ohly, Typologie als Denkform der Geschichtsschreibung, in: Typologie – Internationale Beiträge zur Poetik, hg. v. Volker Bohn, Frankfurt am Main 1988, S. 22–63.

Oldenbourg (1962): Maria Consuelo Oldenbourg, Die Buchholzschnitte des Hans Baldung Grien – Ein bibliographisches Verzeichnis ihrer Verwendung (Studien zur deutschen Kunstgeschichte, Bd. 335), Straßburg 1962.

Oldenbourg (1964): Maria Consuelo Oldenbourg, Die Buchholzschnitte des Hans Schäufelein (Studien zur deutschen Kunstgeschichte, Bd. 340), Straßburg 1964.

Pallas-Lexikon (1897): A Pallas Nagy Lexikona, Budapest 1897.

Panofsky (1984): Erwin Panofsky, Albrecht Dürer, 2 Bde., New York 1948.

Parshall (1986): Linda B. und Peter W. Parshall, Art and Reformation – An Annotated Bibliography, Boston 1986.

Pauli (1901): Gustav Pauli, Hans Sebald Beham – Ein kritisches Verzeichnis seiner Kupferstiche, Radierungen und Holzschnitte (Studien zur deutschen Kunstgeschichte, Bd. 33), Straßburg 1901.

Peters (1976): Jane Susan Peters, Augustin Hirschvogel – The Budapest Series of Hunts and Other Early Drawings, Diss. University of Wisconsin, Madison 1976, 2 Bde., Ann Arbor 1976 (University Microfilms 76–10682)

Peters (1979): Jane Susan Peters, Early Drawings by Augustin Hirschvogel, in: Master Drawings 17 (1979), S. 359–401.

Peters (1980): Jane Susan Peters, Frühe Glasgemälde von Augustin Hirschvogel, in: Anzeiger des Germanischen Nationalmuseums 1980, S. 79–92.

Piccard (1970): Gerhard Piccard, Wasserzeichen-Findbücher (Veröffentlichungen der staatlichen Archivverwaltung Baden-Württemberg, Sonderreihe), 15 Bde. Stuttgart 1970.

Pope-Hennessy (1966): John Pope-Hennessy, The Portrait of the Renaissance, London/New York 1966.

Preus (1969): James Samuel Preus, From Shadow to Promise – Old Testament Interpretation from Augustine to the Young Luther, Cambridge (Mass.) 1969.

Raphael invenit (1985): Raphael invenit – Stampe da Raffaelo nelle collezioni dell'istituto nazionale per la grafica, Rom 1985.

Ratgebs (1987): Jörg Ratgebs, Wandmalereien im Frankfurter Karmeliterkloster, hg. v. der Stadt Frankfurt am Main, Frankfurt am Main 1987.

RDK: Reallexikon zur deutschen Kunstgeschichte, hg.v. Otto Schmitt und Karl-August Wirth, bisher 8 Bde., Stuttgart 1937–1972, seit 1973 München.

Réau (1955–59): Louis Réau, Iconographie de l'art chrétien, 6 Bde. Paris 1955–1959, Reprint: Milwood, N. Y. 1988.

Reichl (1933): Otto Reichl, Die Illustrationen in vier geistlichen Büchern des Augsburger Kupferstechers Johann Ulrich Krauss (Studien zur deutschen Kunstgeschichte, Bd. 294), Straßburg 1933.

Reinitzer (1983): Heimo Reinitzer, Biblia deutsch – Luthers Bibelübersetzung und ihre Tradition, Ausst.-Kat. Wolfenbüttel, Herzog August Bibliothek und Hamburg, Stadt- und Universitätsbibliothek 1983/84.

Reitz (1959): Hildegard Reitz, Die Illustrationen der „Kölner Bibel", Dresden 1959.

RGG: Religion in Geschichte und Gegenwart, 7 Bde. Tübingen 3. Aufl. 1962–1965.

Röhrig (1955): Floridus Röhrig, Der Verduner Altar, Wien/München 1955, Neuauflage: Klosterneuburg/Wien 1995[7].

Röhrig (1959): Floridus Röhrig, Rota in medio rotae – Forschungen zur biblischen Typologie des Mittelalters, Diss. Wien 1959.

Röhrig (1965): Floridus Röhrig, Rota in medio rotae. Ein typologischer Zyklus aus Österreich, in: Jahrbuch des Stiftes Klosterneuburg, N.F. Bd. 5, 1965, S. 1–113.

Röll (1992): Walter Röll, Figuren-Bände (Bilderbücher) des 16. Jahrhunderts als Buchtyp, in: Gutenberg-Jahrbuch 67 (1992), S. 198–235.

Röttinger (1923): Heinrich Röttinger, Die Lyoner Bibelbilder Springinklees und Schöns, in: Zeitschrift für Bücherfreunde N.F. (1923), S. 107–116.

Röttinger (1925): Heinrich Röttinger, Erhard Schön und Niklas Stör, der Pseudo-Schön – Zwei Untersuchungen zur Geschichte des alten Nürnberger Holzschnittes (Studien zur deutschen Kunstgeschichte, Bd. 229), Straßburg 1925.

Rosenfeld (1935): Hellmut Rosenfeld, Das deutsche Bildgedicht – Seine antiken Vorbilder und seine Entwicklung bis zur Gegenwart – Aus dem Grenzgebiet zwischen bildender Kunst und Dichtung (Palestra – Untersuchungen und Texte aus der deutschen und englischen Philologie, Bd. 199), Leipzig 1935.

Saur (1998): Allgemeines Künstlerlexikon. Die Bildenden Künstler aller Zeiten und Völker (hg. v. K. G. Saur), bisher 20 Bde, München/Leipzig bis 1998.

Schaper (1973): Christa Schaper, Die Hirschvogel von Nürnberg und ihr Handelshaus (Nürnberger Forschungen – Einzelarbeiten zur Nürnberger Geschichte, hg. v. Verein für Geschichte der Stadt Nürnberg, Bd. 18), Nürnberg 1973.

Schiller (1966–91): Gertrud Schiller, Ikonographie der christlichen Kunst, Bd. I–V, Gütersloh 1966–1991.

Schlosser (1924): Julius von Schlosser, Die Kunstliteratur – Ein Handbuch zur Quellenkunde der neueren Kunstgeschichte, Wien 1924.

Schmid (1954): Alfred A. Schmid, Concordantia caritatis, in: RDK, Bd. 3, Sp. 833–853.

Schmidt (1959): Gerhard Schmidt, Die Armenbibeln des 14. Jahrhunderts, Graz/Köln 1959.

Schmidt (1974): Gerhard Schmidt, Rezension zu Speculum humanae salvationis – Vollständige Faksimile-Ausgabe des Codex Cremifanensis 243 des Benediktinerstifts Kremsmünster – Mit einem Kommentar von Willibrord Neumüller OSB, Graz 1972, in: Kunstchronik 27 (1974), S. 152–166.

Schmidt (1935): Philipp Schmidt, Die Bibelillustration als Laienexegese. in: Festschrift für Gustav Binz, Basel 1935, S. 228–239.

Schmidt (1962): Philipp Schmidt, Die Illustration der Lutherbibel 1522–1700 – Ein Stück abendländische Kultur- und Kirchengeschichte, mit Verzeichnissen der Bibeln, Bilder und Künstler, Basel 1962, 1977².

Schmitt (1954): Annegrit Schmitt, Eine Ansicht von Neuburg an der Donau aus dem 16. Jahrhundert, in: Berliner Museen N.F. 4 (1954), S. 8–11.

Schmitt (1954): Annegrit Schmitt, Hans Lautensack (Nürnberger Forschungen – Einzelarbeiten zur Nürnberger Geschichte, hg.v. Verein für Geschichte der Stadt Nürnberg, Bd. 4), Nürnberg 1957.

Schnelbögl (1966): Fritz Schnelbögl, Dokumente zur Nürnberger Kartographie – Mit Katalog der Ausstellung anläßlich des 15. Kartographentages der deutschen Gesellschaft für Kartographie in Nürnberg, Juni 1966 (Beiträge zur Geschichte und Kultur der Stadt Nürnberg, hg. im Auftrag des Stadtrats Nürnberg von der Stadtbibliothek, Bd. 10), Nürnberg 1966.

Schott (1986): Clausdieter Schott, Sachsenspiegel und Biblia pauperum, in: Text-Bild-Interpretation – Untersuchungen zu den Bilderhandschriften des Sachsenspiegels (Münstersche Mittelalter-Schriften, Bd. 55), Textband (hg.v. Ruth Schmidt-Wiegand), München 1986, S. 45–58.

Schramm (1923): Albert Schramm, Luther und die Bibel, Leipzig 1923.

Schramm (1929): Albert Schramm, Der Bilderschmuck der Frühdrucke, Leipzig 1920ff.

Schreyl (1990): Hans Schäufelein – Das druckgraphische Werk, hg.v. den Stadtgeschichtlichen Museen Nürnberg und dem Verein Rieser Kulturtage e.V. Nördlingen, bearb. v. Karl-Heinz Schreyl, 2 Bde., Nördlingen 1990.

Schuster (1983): Klaus-Peter Schuster, Abstraktion, Agitation und Einfühlung – Formen protestantischer Kunst im 16. Jahrhundert, in: Luther und die Folgen für die Kunst, Ausst.-Kat. Hamburg, Kunsthalle 1983, S. 115–125.

Schwarz (1915): Karl Schwarz, Augustin Hirschvogel – Lebensbeschreibung und Zeichnungen (nebst Probe eines Kataloges), Diss. Heidelberg 1915.

Schwarz (1917): Karl Schwarz, Augustin Hirschvogel – Ein deutscher Meister der Renaissance, Berlin 1917.

Schwarz (1917) II: Karl Schwarz, Augustin Hirschvogel und Peter Perényi, in: Zeitschrift für bildende Kunst N.F. 28 (1917), S. 197–203 (auch in Schwarz 1917, S. 36–42).

Schwarz (1924): Karl Schwarz, Hirschvogel, Augustin, in: Thieme-Becker, Bd. 16, Leipzig 1924, S. 138–140.

Schwarz (1971): Karl Schwarz, Augustin Hirschvogel – Ein deutscher Meister der Renaissance, 2 Bde., ND New York 1971.

Scribner (1981): R.W. Scribner, For the Sake of Simple Folk – Popular Propaganda for the German Reformation, Cambridge (Mass.) 1981.

Shearman (1972): John Shearman, Raphael's Cartoons in the Collection of Her Majesty the Queen and the Tapestries for the Sistine Chapel, London 1972.

Shoemaker (1981): Innis H. Shoemaker, Marcantonio and His Sources, in: Kat. Lawrence 1981, S. 2–19.

Sick (1959): Hansjörg Sick, Melanchthon als Ausleger des Alten Testaments (Beiträge zur Geschichte der biblischen Hermeneutik, Bd. 2), Tübingen 1959.

Stange (1964): Alfred Stange, Malerei der Donauschule, München 1964.

Starke (1983): Elfriede Starke, Luthers Beziehungen zu Kunst und Künstlern, in: Leben und Werk 1983, S. 531–548.

Steinböck (1975): Wilhelm Steinböck, Kunstwerke der Reformationszeit in der Steiermark – Ein Beitrag zur protestantischen Ikonographie und zur Kunstgeschichte der Steiermark des 16. Jahrhunderts, in: Johannes Kepler 1571–1971 – Gedenkschrift der Universität Graz, S. 478–483.

Steinmann (1964): Ulrich Steinmann, Das Andachts-Gebetbuch vom Leiden Christi des Kardinals Albrecht von Brandenburg, in: Aachener Kunstblätter 29 (1964), S. 139–177.

Stengel (1924): Walter Stengel, Öfen, Krüge und Bilder auf antiquitätische Art – Hirschvogel-Studien, in: Jahrbuch für Kunstwissenschaft 1 (1924), S. 26–46.

Stirm (1977): Margarete Stirm, Die Bilderfrage in der Reformation, Gütersloh 1977.

Strachan (1957): James Strachan, Early Bible Illustration – A Short Study Based On Some Fifteenth and Early Sixteenth Century Printed Texts, Cambridge 1957.

Strauss (1975): Walter L. Strauss, The German Single-Leaf Woodcut 1550–1600, 4 Bde., New York 1974.

Suckale (1990): Robert Suckale, Süddeutsche szenische Tafelbilder um 1420–1450 – Erzählung im Spannungsfeld zwischen Kult und Andachtsbild, in: Text und Bild, Bild und Text – DFG-Symposion 1988, hg. v. Wolfgang Harms (Germanistische Symposien – Berichtband XI), Stuttgart 1990, S. 262–282.

Thieme-Becker: Allgemeines Lexikon der bildenden Künstler von der Antike bis zur Gegenwart (hg. v. Ulrich Thieme und Felix Becker), 37 Bde., Leipzig 1907–1950.

Thomas (1970): Michael Thomas, Zur kulturgeschichtlichen Einordnung der Armenbibel mit Speculum Humanae Salvationis, in: Archiv für Kulturgeschichte 52 (1970), S. 192–225.

Tietze (1905): Hans Tietze, Die Handschriften der Concordantia caritatis, in: Jahrbuch der Zentralkommission für Erforschung der Kunst und historischen Denkmäler, N.F. 3, 2 (1905), S. 27–94.

TRE: Theologische Realenzyklopädie, 28 Bde, Berlin 1977–1997.

Tümpel (1985): Christian Tümpel, Die Entfaltung der protestantischen Ikonographie auf den Titelblättern in Lutherbibeln, in: Kunstchronik 38 (1985), S. 208–210.

Typus, Symbol, Allegorie (1982): Typus, Symbol, Allegorie bei den östlichen Vätern und ihren Parallelen im Mittelalter, hg.v. Margot Schmidt in Zusammenarbeit mit Carl Friedrich Geyer (Eichstädter Beiträge, Bd. 4, Abteilung Philosophie und Theologie), Regensburg 1982.

Unterkircher / Schmidt (1962): Franz Unterkircher und Gerhard Schmidt, Die Wiener Biblia Pauperum – Codex Vindobonensis 1198, hg., transkribiert und übersetzt von Franz Unterkircher, eingeleitet von Gerhard Schmidt (Österreichische Nationalbibliothek Wien – Illuminierte Handschriften in Faksimile), Graz/Wien/ Köln 1962.

Urbach (1989): Susanne Urbach, Eine unbekannte Darstellung von Sündenfall und Erlösung in Budapest und das Nachleben des Cranachschen Rechtfertigungsbildes, in: Niederdeutsche Beiträge zur Kunstgeschichte 28 (1989), S. 33–63.

Vetter (1994): Ewald M. Vetter, Speculum salutis. Arbeiten zur christlichen Kunst, Münsterschwarzach 1994.

Volz (1978): Hans Volz, Martin Luthers deutsche Bibel – Entstehung und Geschichte der Lutherbibel, Berlin/Altenburg 1978.

Voss (1907): Hermann Voss, Der Ursprung des Donaustils, Leipzig 1907.

WA: Martin Luthers Werke – Kritische Gesamtausgabe, Weimar seit 1883, ND Graz 1966.

WA DB: Martin Luthers Deutsche Bibel, Weimar 1906–1961.

Warncke (1979): Carsten-Peter Warncke, Die ornamentale Groteske in Deutschland 1500–1650 (Quellen und Schriften zur Bildenden Kunst, hg. v. Otto Lehmann-Brockhaus und Stephan Waetzold, Bd. 6), 2 Bde., Berlin 1979.

Warncke (1987): Carsten–Peter Warncke, Sprechende Bilder – Sichtbare Worte – Das Bildverständnis in der frühen Neuzeit (Wolfenbütteler Forschungen, hg. v. der Herzog August Bibliothek, Bd. 33), Wiesbaden 1987.

Weismann (1981): Christoph Weismann, Die Beschreibung und Verzeichnung alter Drucke – Ein Beitrag zur Bibliographie von Druckschriften des 16. bis 18. Jahrhunderts, in: Flugschriften als Massenmedium der Reformationszeit – Beiträge zum Tübinger Symposion 1980, hg. v. Hans-Joachim Köhler (Spätmittelalter und Frühe Neuzeit, hg. v. Volker Press und Ernst Walter Zeeden, Bd. 13), Stuttgart 1981, S. 447–614.

Wetzel/Drechsler (1995): Christoph Wetzel, Heike Drechsler, Biblia Pauperum – Armenbibel. Die Bilderhandschrift des Codex Palatinus latinus 871 im Besitz der Biblioteca Apostolica Vaticana, Stuttgart/Zürich 1995.

Wilson (1984): Adrian Wilson und Joyce Lancaster Wilson, A Medieval Mirror – Speculum humanae salvationis 1324–1500, Berkeley/Los Angeles/London 1984.

Winkler (1939): Friedrich Winkler, Die Zeichnungen Albrecht Dürers, Berlin 1939.

Winzinger (1960): Franz Winzinger, Neue Zeichnungen Albrecht und Erhard Altdorfers, in: Wiener Jahrbuch für Kunstgeschichte 18 (1960), S. 7–17.

Winzinger (1963): Franz Winzinger, Albrecht Altdorfer – Graphik, Holzschnitte, Kupferstiche, Radierungen – Gesamtausgabe, München 1963.

Winzinger (1979): Franz Winzinger, Wolf Huber – Das Gesamtwerk, 2. Bde., München/ Zürich 1979.

Wirth (1963): Karl-August Wirth, Neuerworbene Armenbibel-Fragmente in der Bayerischen Staatsbibliothek, in: Münchner Jahrbuch der bildenden Kunst 14 (1963), S. 51–78.

Wirth (1978): Karl-August Wirth, Biblia pauperum, in: Die deutsche Literatur des Mittelalters – Verfasserlexikon, Bd. 1, Berlin/New York 1978, Sp. 843–852.

Wirth (1985): Karl–August Wirth, Auf den Spuren einer frühen Heilsspiegel-Handschrift vom Oberrhein, in: Jahrbuch des Zentralinstituts für Kunstgeschichte 1 (1985), S. 115–194.

Zimmermann (1927): Hildegard Zimmermann, Beiträge zum Werk einzelner Buchillustratoren der ersten Hälfte des 16. Jahrhunderts, in: Buch und Schrift – Jahrbuch des deutschen Vereins für Buchwesen und Schrifttum 1 (1927), S. 62–94.

Zink (1982): Fritz Zink, Bestimmung bisher unbekannter Landschaftsdarstellungen in der Graphik, in: Kunstspiegel 4 (1982), S. 260–279.

V. Bildteil 1

Der Zyklus

Vorbemerkung

Die Reproduktion der „Concordantz" in diesem Band basiert auf der Folioausgabe des Werkes, in der die Radierungen zu Vierergruppen zusammengestellt sind. Die Blätter sind im Original nur einseitig bedruckt. Zwischen einige der Vierergruppen sind jene Radierungen eingefügt, die nur als einzelne Abzüge überliefert sind und bei denen die Verse fehlen. Diese Einzelblätter sind hier an den von Hirschvogel und Perenius vorgesehenen Stellen hinzugefügt, die sich durch die Zusammenstellung der aufgenommenen Themen (nämlich durch die Bibelstellenangaben) in der Textausgabe der "Concordantz" ermitteln ließen.

Für die Numerierung der Illustrationen konnte diejenige des ILLUSTRATED BARTSCH, Bd. 18 (German Masters of the Sixteenth Century, hg. v. Jane S. Peters, New York 1982) nicht beibehalten werden, weil darin die Radierungen vielfach in der falschen Abfolge zusammengestellt und durchgezählt wurden und nun auch neue Radierungen einzufügen waren. Die neue Numerierung folgt den Versnummern in der Textausgabe der „Concordantz". Darin finden sich mehr Verspaare als in der Folioausgabe (s. Kap. I.2.1. und III.5.), so daß es bei der vorliegenden Reproduktion zu Lücken in der Zählung kommt, weil Augustin Hirschvogel nicht zu jedem Verspaar eine Illustration schuf.
Die Abbildungen entsprechen weitestgehend den Originalmaßen (H x B):
 Größe einer Seite: 229 x190 mm,
 Größe des Selbstbildnisses (I.): 197 x 120 mm,
 Größe der Titelblattradierung (II.): 98 x 119 mm,
 Größe der Radierungen (1.a - 90.b): 114 x 144 mm.

ÜBERSICHT DER TAFELN

I. Selbstbildnis Augustin Hirschvogels
II. Titelblatt der Folioausgabe
III. Vorrede

Taf. 1.a Elisa erweckt den Sohn der Sunamitin
Taf. 2.a Isai sendet David zu seinen Brüdern

Taf. 3.a Aarons blühender Stab
Taf. 4.a Moses vor dem brennenden Dornbusch

Taf. 5.a Bileams Weissagung
Taf. 6.a Die Königin von Saba vor Salomo

Taf. 9.a Gideons Opfer
Taf. 10.a Auffindung des Mosesknaben

Taf. 11.a Moses kehrt nach Midian zurück
Taf. 12.a Naaman wird im Jordan geheilt

Taf. 15.a Die Versuchung im Paradies
Taf. 16.a Die Heilung am Teich Bethesda

Taf. 17.a Tanz um das Goldene Kalb

Taf. 19.a Joseph wird in den Brunnen geworfen
Taf. 20.a Die Ephraimiten pflegen die Gefangenen

Taf. 21.a Die Brotvermehrung durch Elisa

Taf. 33.a David von den Frauen empfangen
Taf. 34.a Melchisedek segnet Abraham

Taf. 35.a Joseph wird von seinen Brüdern verkauft
Taf. 36.a Elisa bestraft Gehasi mit dem Aussatz Naamans

Taf. 37.a Jesaia vor dem Herrn

Taf. 39.a Elias am Berg Karmel
Taf. 40.a Joab ersticht Amasa

Taf. 40.a II Joab ersticht Amasa

Taf. 42.a Samson erschlägt die Philister
Taf. 43.a Der Sündenfall

Taf. 44.a Verspottung des Jesaia
Taf. 45.a Daniel in der Löwengrube

Taf. 47.a Haman und Mardochai
Taf. 49.a Moses schlägt Wasser aus dem Felsen

Taf. 1.b Verkündigung an Maria
Taf. 2.b Verkündigung an Maria

Taf. 3.b Geburt Christi
Taf. 4.b Anbetung des Kindes

Taf. 5.b Die drei Könige vor Herodes
Taf. 6.b Anbetung der Könige

Taf. 9.b Darbringung im Tempel
Taf. 10.b Flucht nach Ägypten

Taf. 11.b Rückkehr der Heiligen Familie aus Ägypten
Taf. 12.b Taufe Christi

Taf. 15.b Die Versuchungen Christi
Taf. 16.b Die Wunderheilungen Christi

Taf. 17.b Christus vertreibt die Händler aus dem Tempel

Taf. 19.b Gleichnis von den bösen Weingärtnern
Taf. 20.b Gleichnis vom Guten Samariter

Taf. 21.b Speisung der Fünftausend

Taf. 33.b Einzug Christi in Jerusalem
Taf. 34.b Abendmahl

Taf. 35.b Judas erbietet sich zum Verrat
Taf. 36.b Judas nimmt Geld von den Hohepriestern

Taf. 37.b Christi Wehklage über Jerusalem

Taf. 39.b Christus am Ölberg
Taf. 40.b Der Judaskuß

Taf. 42.b Die niederstürzenden Häscher
Taf. 43.b Gefangennahme Christi

Taf. 44.b Christus vor Kaiphas
Taf. 45.b Ecce Homo

Taf. 49.b Verleugnung Petri

Taf. 50.a Untergang der Ägypter	Taf. 50.b Geißelung Christi
Taf. 51.a Moses spricht zum Volke Israel	Taf. 51.b Ecce Homo
Taf. 52.a Verwandlung des Stabes Mose in eine Schlange	Taf. 52.b Vorbereitung des Kreuzes Christi
Taf. 53.a Das bittere Wasser von Mara	Taf. 53.b Das Kreuz Christi
Taf. 54.a Die Opferung Isaaks	Taf. 54.b Kreuztragung
Taf. 55.a Hiob erfährt von seinem Unglück	Taf. 55.b Der Mensch trägt das Kreuz Christi
Taf. 56.a Elias beruft Elisa	Taf. 56.b Ein Nachfolger Christi am Pflug
Taf. 57.a Jakob ringt mit dem Engel	Taf. 57.b Christus wird ans Kreuz geschlagen
Taf. 58.a Absaloms Tod	Taf. 58.b Judas bringt die Silberlinge zurück und erhängt sich
Taf. 59.a Samson zerstört den Tempel	Taf. 59.b Kreuzbesteigung Christi
Taf. 60.a Die eherne Schlange	Taf. 60.b Christus am Kreuz
Taf. 61.a Die Amalekiterschlacht	Taf. 61.b Christus bekommt den Essigschwamm gereicht
Taf. 62.a Erschaffung Evas	Taf. 62.b Öffnung der Seite Christi
Taf. 63.a David siegt über Goliath	Taf. 63.b Christus in der Vorhölle
Taf. 64.a Kains Brudermord und Flucht	Taf. 64.b Beweinung Christi
Taf. 67.a Jonas wird vom Fisch verschlungen	Taf. 67.b Die Wächter am Grab Christi
Taf. 68.a Jonas wird vom Fisch ausgespien	Taf. 68.b Auferstehung Christi
Taf. 73.a Joseph erzählt seine Träume	Taf. 73.b Christus erscheint den Jüngern
Taf. 74.a Himmelfahrt des Elia	Taf. 74.b Himmelfahrt Christi
Taf. 75.a Moses empfängt die Gesetzestafeln	Taf. 75.b Ausgießung des Heiligen Geistes
Taf. 76.a Nadab und Abihu vom Feuer verzehrt	Taf. 76.b Ananias und Saphira fallen zu Boden und Sterben
Taf. 77.a Der verworfene Stein wird zum Eckstein	Taf. 77.b Dreifaltigkeit
Taf. 78.a Aufrichtung der zwölf Gedenksteine	Taf. 78.b Aussendung der Apostel
Taf. 81.a Das Haus Gottes	
Taf. 82.a Das Martyrium der sieben Makkabäerbrüder	Taf. 82.b Steinigung des Stephanus
Taf. 85.a Elisa von den Knaben verspottet	Taf. 85.b Judas Makkabäus siegt über Nikanor
Taf. 86.a Fall der Mauern Jerichos	Taf. 86.b Das Erscheinen der sieben Posaunenengel
Taf. 89.a Die Weherufe über die Frevler	Taf. 89.b Die Weherufe über die Schriftgelehrten und Pharisäer
Taf. 90.a Die Reue der Gottlosen	Taf. 90.b Scheidung der Guten und Bösen im Endgericht

HIC AVGVSTINI PICTA EST PICTORIS IMAGO
    ILLE NOVEM POSTQVAM VIXIT OLYPIADES

I. Selbstbildnis Augustin Hirschvogels

Vorredt vnd eingang der Concordantzen alt vnd news Testaments/Durch Pereny Petri eins tails/Vnd nachuolgents durch Augustin Hirßfogel/ sampt mer Figuren vnd Schrifften erweytert/ vnd in druck pracht.

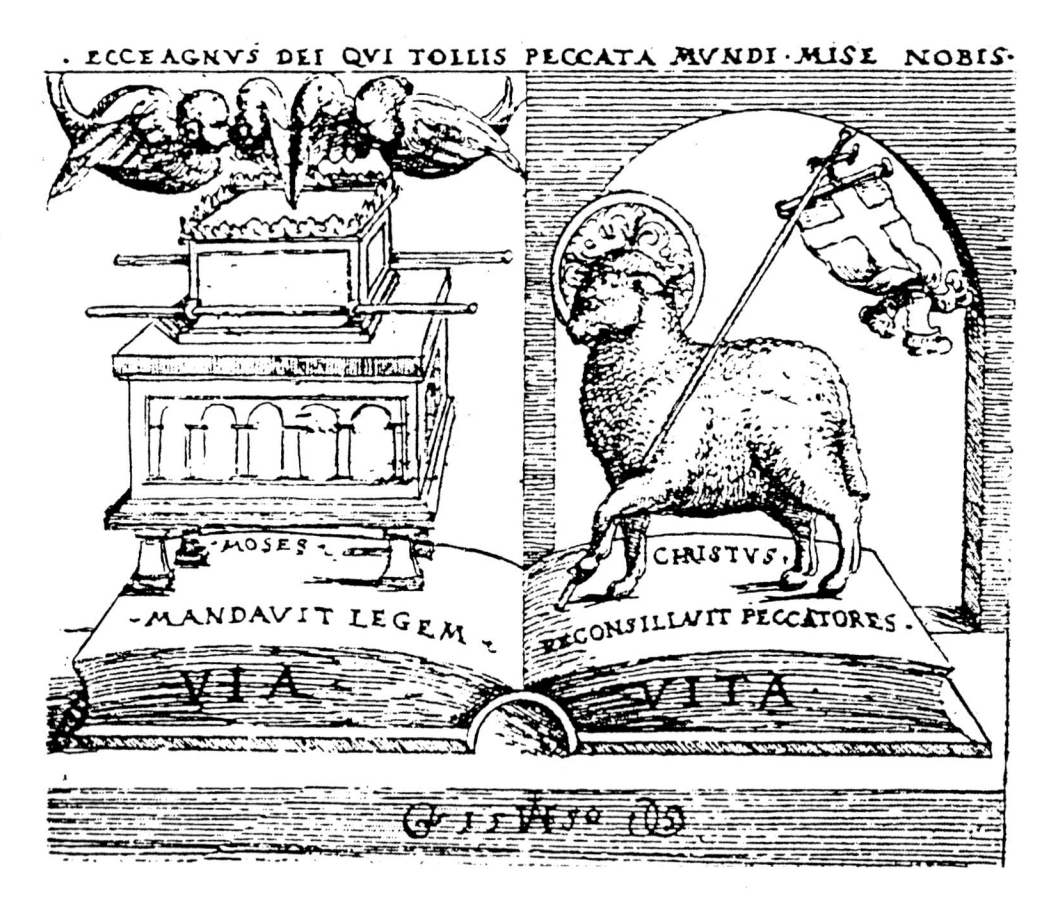

· ECCE AGNVS DEI QVI TOLLIS PECCATA MVNDI · MISE NOBIS ·

· MOSES ·
· CHRISTVS ·
· MANDAVIT LEGEM ·
· RECONSILIAVIT PECCATORES ·
VIA
VITA

II. Titelbild der Folioausgabe

Im anfang schueff Gott hymel vnd erdt/ Sunn vnd Mon/ grundt vnd wasser/ vnd allerlay Creatur auff erden/ das sich ein jetliches zu seines gleichen paret/ auch Man vnd Weib/ den macht er vnderthenig die andern Creatur alle/ vnnd gab einem jeden sein gegenwurf/ dem rechten aug das linck/ der rechten handt die linck/ das je ein jetliches dem andern zu dienstparkait vnd fürderung des andern sein werck volfüret vnd erkleret/ wie im von Gott geben were/ Also hat auch Gott das alt vnd New Testament solcher maß zusamen gefüget vnd geordnet das zu gleicher weiß/ eines an das ander nit verstanden mag werden/ als wenig als die recht handt an die linck sich nit seußern kan/ vnd sprechen ich darff dein nit oder mag dein geraten/ Also hat auch Gott das alt vnd new Testament figürlicher weiß gegen vnd in einander geflochten/ das keines an das ander nicht volkhummen sein mag noch sol oder wil/ recht wie die zwen Jerußin auff dem gnaden deckel der Ladt des pundt Gottes/ So haß auch ich mich nit den hochgelerten/ sunder denen die eines geringen verstandts sindt beflissen auf alt vnd newem Testament die zusamen fügung etlicher Figuren verglichen/ der massen als wen einer etwas für ein spiegel helt/ allweg desselben gleichen endtgegensicht/ oder darin des gleichen art erfert oder erkent/ dermassen hat auch Christus selbest alles durch Exempel vnnd Concordantzen geredt/ waist vnnd lert auch vns da hinter sich zu geen/ sprechende/ geht in die schrifft die gibt zeugnuß von mir/ vnd in den letzten tagen spricht der Herr/ werden sie in gleichnussen reden darmit der nam des Herrn in all seinen geschepffen gepreiset werde von nun an biß in ewigkait/ Amen.

4.Reg. 4 e. Sunamitin vngelaubig hertz
Gen. 18. b. Gebar irs alters ein sun on schmertz
Iudic. 15.   Der entschlieff in seiner muter schoß
             Elisa weckt jn auff das er gnoß.

1.a Elisa erweckt den Sohn der Sunamitin

2.a Isai sendet David zu seinen Brüdern

1. Reg. 17. c. Isai schickt sein sun Dauid auß
                Speyß zu bringen von seins vatters hauß
                Seinen Brüdren sampt Saul zeygt er an
                Erlösungs volcks vnd Goliaths hon.

Lucæ 1.b.   Von Gott was vns gesandt auß befelh
           Marie sagen durch Gabriel
           Gelaubt sie wie Sunamitin nit
           Jedoch Gots will gschech wie ich bit.

1.b Erzengel Gabriel begrüßt Maria bei der Verkündigung

2.b Verkündigung an Maria

Lucæ 1. c.   Gsandt von Gott der Engel Marie
            Verkündt zu peren Jesum on wee
            Auß dem samen David den Heyland
            Was jr vngleubig vnd vnbekandt.

Num. 17. a. Die zwölff rüten legt man zusamen
Darunder des Aarons was grünen
Vnd wurd getragen zu dem Altar
Das jr aller heyl gesundtheit war.

3.a Aarons blühender Stab

4.a Moses vor dem brennenden Dornbusch

Exod. 3. a. Das ellend Egypti wurd erhört
Exo. 34. d. Im Busch Horeb in Midian glert
Das Gott Moysen wolt schicken auß
Zurlösen das Jsrahelisch hauß.

218

Lucæ 2. a. Also vns der Heyland Christus grünt
Der geporen was auß Gottes hand
Vnd was das recht opffer für vns all
Bey ochsen vnd esel in eim stall.

3.b Geburt Christi

4.b Anbetung des Kindes

Luc. 2. b.
Mich. 5. A. Also den Hirten im feld wurd kund
Das geboren wirdt ein mensch on sünd
Von Gott auß Junckfrewlichem stammen
Erlößt die welt/ Christus sein namen.

Iudic. 6. Der Engel Gots zeygt dem Gedeon
Was er für wunder der welt wolt thůn
Das sah er durch zeychen stets grösser
Zu sein gantz Israels erlöser.

9.a Gideons Opfer

10.a Auffindung des Mosesknaben

Exo. 2. a. Moses wurd gflecht in ein wasser tieff
Gen. 27. g. Die Küngin jren Jungfrawen rüff
1. Reg. 19. A. Liebe ziehet verborgen das kind
Das darnach Israel fürt auß sünd.

222

Lucæ 2. e. f. Also Maria in dem Tempel
Opffert Christum zu eim exempel
Den der Simeon benedeyet
Vnd Hanna von jm propheceyet.

9.b Darbringung Jesu im Tempel

10.b Flucht nach Ägypten

Matth. 2. e. Vnd wie Christus lag in der krippen
Auß befelch wirdt gflecht in Egypten
Dardurch errett von Herodis hend
Das Gott der welt zu dem besten wendt.

2. Reg. 2. a.
Gen. 31. b.
Exod. 4. d.

Mose in Midian würdt verkündt
Zkeren zum Israhelischen gsind
Dann seine feind all abgstorben sind
Fürt mit eim esel heym weyb vnd kind.

11.a Moses kehrt nach Midian zurück

12.a Naaman wird im Jordan geheilt

4. Reg. 5. a.
b. c. d.

Namans aussatz wurd widrumb gmacht gsund
Das jm sein gefangne diern macht kundt
Durch Eliseum empfangen schon
Zu waschen siben mal im Jordan.

Matth. 2. c. Vnd wie Herodes sturb der Tyrann
Der Engel zu Joseph kam mit sam
Befalh jm das er Mariam näm
Sambt Jesu auff eim esel heym käm.

11.b Rückkehr der Heiligen Familie aus Ägypten

12.b Taufe Jesu

Matth. 3. b. Dermassen auch Joannes zeygt an
Zu tauffen Christum in dem Jordan
Zu vergebung all vnserer sünd
Von Got durch den heyling Geyst verkündt.

225

Gen. 3. Von Gott beschaffen was die menscheit
Gen. 25.b. Die gaß sich in eygensinnigkeit
Auß list der schlangen Adam Eue
Des kam wir in versuchung vnd wee.

15.a Die Versuchung im Paradies

16.a. Die Heilung am Teich Bethesda

2.Reg. 4. d. Durch bewegung des Engels was gsund
Ioan. 5. a. Der erst im jar in Bethseda kumbt
Da lag einer acht vnd dreyssig jar
Der vor schwacheit nit mocht kommen dar

Math. 4. a. b. Also Christus vom bösen Sathan
Der jn mit betrug vnd list griff an
Aber jm felet noch alles das
Dann Gott in versuchung bey jm was.

15.b Die Versuchungen Christi

16.b Die Wunderheilungen Christi

Matth. 12.
Ioan. 11. e.
Aber do jn Christus sah bleyßen
Macht jn gsund/thet teüffel außtreyßen
Auß den grebern die todten wecket
Von seiner gnad krum lam sich strecket.

17.a Tanz um das Goldene Kalb

17.b Christus vertreibt die Händler aus dem Tempel

Gen.37.d.e. Israel thet Joseph aussenden
Zu seinen brüdern in die frembden
Do sie jn sahen/schryen sie hell
Jetz laßt vns tödten den träumer schnell

1549

19.a Joseph wird in den Brunnen geworfen

20.a Die Ephraimiten pflegen die Gefangenen

2.Para.28.c. Die kinder Ephraims legten an
Isa.58.b.c. Den gefangnen kleyder vnd salbtens schon
Fürtens auff eseln gen Hiericho
Zu jren brüdern/des warens fro.

1549

Matt.21.d.e. Also die knecht vom Haußuatter gsendt
Wurden erschlagen im weingart bhend
Zuletzt der recht Erb kam jn ind hend
Den erschlugens auch an solchem end.

19.b Gleichnis von den bösen Winzern

20.b Gleichnis vom Guten Samariter

Luc.10.d, Von Hierusalem gen Hiericho
Ein man gieng/ vom feind wurd gschlagen do
Fürgieng der Priester vnd der Leuith
Der Samaritan jm güts teilt mit.

21.a Die Brotvermehrung durch Elisa

21.b Speisung der Fünftausend

1. Reg. 18.b. Empfangen Dauid mit weiber gsang
4. Reg. 2.d.   Schlůg Goliam / selig sein eingang
2. Mach. 10.b Aber Saul thet das hart verdriessen
               Darnach mit wehr auff jn thet schiessen.

33.a David von den Frauen empfangen

34.a Melchisedek segnet Abraham

Gen. 14.d. Lotho von feinden wurd erledigt
Exo. 16.d. Bliß also bey jn vngeschedigt
            Abraham bringt jn auch auß dem streyt
            Melchisedech jm das opffer breyt.

Matth. 2. a. Also sangen die Juden gemein
Zach. 9. b. Selig der im Herzen reyt herein
Vber ein kleines wurden sie stum
Auß blindtheit tödten sie selbs Christum.

33.b Einzug Christi in Jerusalem

34.b Letztes Abendmahl

Matth. 21. a. Also auch Christus vngeschedigt was
Biß er mitn Jüngern das nachtmal aß
Gab jnen das opffer brot vnd wein
Das sie seins tods solten indenck sein.

Gen. 37.e
Reg. 2.15.
Iudit. 9.i.

Der Brüder neyd bracht Joseph vnrath
Dann in Juda verkaufft vmb ein spot
Das in darnach ir gewissen sagt
Vnd ein yeder in jm selbst verzagt.

35.a Joseph wird von seinen Brüdern verkauft

36.a Elisa bestraft Gehasi mit dem Aussatz

4. Reg. 5.e. Gehasi still von Elisa kam
Von Naman zwen centner silber nam
Vnd feyrkleyder/ meynts verborgen hon
Darumb jm der aussatz wurd zu lohn.

Luc. 22. a. Dergleichen Judas was auch verblendt
Vnd Christum in seim hertzen nit kendt
Vermeint durch dreyssig pfenning willen
Seins verderbens fürnemen zufüllen.

35.b Judas erbietet sich zum Verrat

36.b Judas nimmt Geld von den Hohenpriestern

Matth. 26. b. Judas dermassen auch mit vil list
Meynt reych zuwerden durch Jesum Christ
Verkaufft jn gar vmb ein schnödes gelt
Vns das heyl/ jm die verdamnuß bstelt.

37.a Jesaia vor dem Herrn

37.b Christi Weh-
klage über Jerusalem

3. Reg. 18. c.
d. e.
Durch die zeychen der bit Elisa
Entzündt sich sein opffer das mans sah
In fewr sich erzeygt des höchsten sterck
Mit regen das es das gantz volck merck

39.a Elia am Berg Karmel

40.a Joab ersticht Amasa

2. Sap. 3. f.
Mach. 12. e.
Iudic. 3. d.
Bey dem seer grossen stein Gibeon
Gab Joab dem Amase den lohn
Mit gar falschem kuß vnd jn erstach
Des er sich zu jm mit nicht versach.

Matth. 26. d. Also Christus ein zeychen empfieng
Vom Engel da er an Ölberg gieng
Bat Gott trewlich für die gantzen welt
Zum heyl der sünd von jm was bestelt.

39.b Christus am Ölberg

40.b Der Judaskuß

Luc. 22. d. Also Judas am berg Oliuet
Am grün donnerstag dergleychen thet
Verkaufft den Juden am abent spet
Jesum vnd jn mit falschem kuß tödt.

Iud. 15. d. Bey der groß steynen klufft zu Etham
Drey tausent gerüster Held zsam kam
Bunden Simson vnd fürten mit spot
Er vnuersehens schlüg tausent ztodt.

42.a Samson erschlägt die Philister

43.a Der Sündenfall der Stammeltern

Gen. 3. b. Jm garten Edom Eua Adam
Der verboten frucht der sünd annam
Meynten der schlang gleych witzig werden
Des fahls menschlichs gschlecht müst entperen

Ioan. 18. a. Also am Ölberg die Juden all
Empfiengen durchs wort Christi den fal
Als werens all zu tod geschlagen
Christus sprach/ wem thūt jr nachfragen.

42.b Die niederstürzenden Häscher

43.b Gefangennahme Christi

Matth. 26. Biß Christus im garten wider wendt
Was Adam durchs annemen het gendt
Das was vnsers fahls widerkeren
Der sich der vnschuld nit thet wehren.

Ifa. 50. b.
2. Mach. 7. b.

Gott gab Jſai auß zu ſprechen
Kün zu reden wider die frechen
Bot jn auch den mund zu ſchlagen dar
Zu verſpottn / ſpeyen / ziehen beym har.

44.a Verspottung des Jesaia

45.a Daniel in der Löwengrube

Dan. 6. e.
Daniel wurd vor Dario hart
Beklagt / yedoch der König lang wart
Zu werffen jn vnder die löwen
Vnd ſprach / dein Gott wöll dir gnad geben

Matth.27.e. Dergleich sich Jesus willig Bot dar
Ioan.19.a.   In demut vnd ghorsam Cayphas schar
Math.6.c.   Speyt vnd schlügen jn/nun sag vns war
             Christe wer hat dich gnommen beym har.

44.b Christus vor Kaiaphas

45.b Ecce Homo

Matth 26.g Also auch Pilatus het geren
Matth.14.a. Des tods Christi mögen entperen
            Sücht rettung jn zbhalten beym leben
            Wolt jn darfür Barrabam geben.

245

47.a Haman und
Mardochai

Exo.17.a.
1.Reg.19.a.b.

Wider Mosen murren was das volck
Das er sie wider heym füren solt
Vnd verlaugneten Gott mit laster
Noch gab jn Moses vom felß wasser.

49.a Moses schlägt Wasser aus dem Felsen

50.a Untergang der Ägypter im Roten Meer

Exo.14.
4.Esd.13.c.

Moses fürt das Jsrahelisch Heer
Auß befelch Gotts trucken durchs rot Meer
Darinn Pharon sein roß vnd wagen
Jn Meeres grund all sam todt lagen.

Lu.22.c.
Matth.26.g.
Also Petrus Christum thet sehen
Laugnet drey mal vorm Hanen kräen
Beym fewr man fragt/bist du sein Jünger
Er sprach/ köchin/ ich kenn sein nimmer.

49.b Verleugnung Petri

50.b Geißelung Christi

Matth.27.d.
Io. 9. a.
Also die Juden schlügen Christum
Das Blüt jn zur verdamnus hrab runn
Vnd vns zu vnser seel seligkeyt
Dardurch er hat sein volck benedeyt.

Exo.34.d. Moſen das volck nit kundt ſehen an
Er müſt ein fürhang fürs angſicht thon
Dañ der glaſt des wort Gots was jn zhell
Das Gſetʒ band jn jr gwiſſen vnd ſeel.

51.a Moses spricht
mit verhülltem Antlitz
zum Volke Israel

52.a Verwandlung
des Stabes Mose in
eine Schlange

Exo.4.a Gott verkündt dem Moſe in der wüſt
Das er ſich wider Pharaon rüſt
Vnd errett das volck von dem ellend
Mit dem Wunderſtab in ſeiner hend.

Ioan.19.a. Also die Juden all sambt verblendt
Jesum jren heyland keiner kent
Vnd schryen zu Pilato behend
Vber vns vnser kind sein blůt sey gendt.

Acto.5.d. Also auß dem wilden holtz wurd breyt
Das creütz daran Christus für vns leyd
Vnd errett vns auß des Teüfels band
Solchs wirdt das holtz des lebens genant.

51.b Ecce Homo mit Pilatus

52.b Vorbereitung des Kreuzes Christi

Gen. 15. d.
4. Esd. 1. d.

Des bittern wassers das volck nit gnuß
Biß man einen baumen darein stieß
So mocht dann das volck trincken darauß
Das vor darab hett ein grossen grauß.

53.a Das bittere Wasser von Mara

54.a Die Opferung Isaaks durch Abraham

Gen. 22.   Abraham was Gotts gepot ghorsam
Sein Sun welcher das holtz auff sich nam
Vnd gieng demütigklich in den tod
Darauß jm halff der allmechtig Gott.

Act.5.d.   Auß solchem bitterm holtz wurd geendt
           Das creütz daran Christus wurd gehenckt
           Vnd vns duncket all gar bitter sein
           Trag wirs mit dult/ so löst vns auß pein.

53.b Das Kreuz Christi

54.b Kreuztragung

Ioan.19.b.   Also Christus das Creütz für vns trüg
             Das schickt jm Gott mit gedult vnd füg
             Daran er für vns sünder thet gnüg
             Lidt willig das man jn daran schlüg.

Prouer. 3.b. Das gůt haß ich empfangen von Gott
Iob. 1. 2. c. Drumb ich im danckbar sol sein in not
Bloß bin ich auß můter leyb komen
Nichts haß ich mit mir wegk genomen.

55.a Hiob erfährt
von seinem Unglück

56.a Elia beruft Elisa

3.Reg.7.b. Elisa auff dem feld den pflůg streckt
Den Elia mit seim mantel deckt
Sein eltern vor kůst Elisa bhend
Vnd sich vom pflůg zů Elia wendt.

Luc. 3. c.
Matth. 10. d.
Dann das mittragend Creütz in gedult
Jesu vnd bey Gott erwerben huld
Vnd wer drumb hie verleust sein leben
Dem will Gott dort das ewig geben.

55.b Der Mensch trägt das Kreuz Christi und folgt ihm

56.b Ein Nachfolger Christi am Pflug

Luc. 9. f.
Einer dem Herren nachuolgen solt
Von den seinen er vor vrlaub wolt
Nemen/ vnd Jesu auch volgen nach
Legt sein hand an pflůg hindersich sach.

Gen. 32. Jacob was seins bruders zorn indenck
Schickt seim bruder Esau die geschenck
Rang mit dem Engel vnder wegen
Vberwand Gott vnd menscheit mit segen.

57.a Jakob ringt mit dem Engel am Jabok

58.a Absaloms Tod

2. Sam. 18. b. Absalon in seinem begeren
Wolt an stat Dauids König werden
Dasselb mit aller falschheit anfieng
Drumb jn Gott strafft vnd er am Baum bhieng

Ioan. 19. b. Also Christus des Adams fahl dacht
Das er vns in dem Paradeyß bracht
Rang am creütz mit Got vnd menscheit schnell
Dardurch erlößt das gantz Israel.

57.b Christus wird an das Kreuz geschlagen

58.b Judas bringt die Silberlinge zurück und erhängt sich

Acto. 1. e. Judas dermassen mit falsch vnd list
Verkaufft vnd verriet auch Jesum Christ
Vnd dacht was er het angefangen
Thet sich selbst an ein Baumen hangen.

Iudic. 16. G. Simson gefangen wurd mit rauben
Sein feind stachen jm auß sein augen
Noch vberwand er sie also blind
Bracht mit jm vmb das Philistrisch gsind.

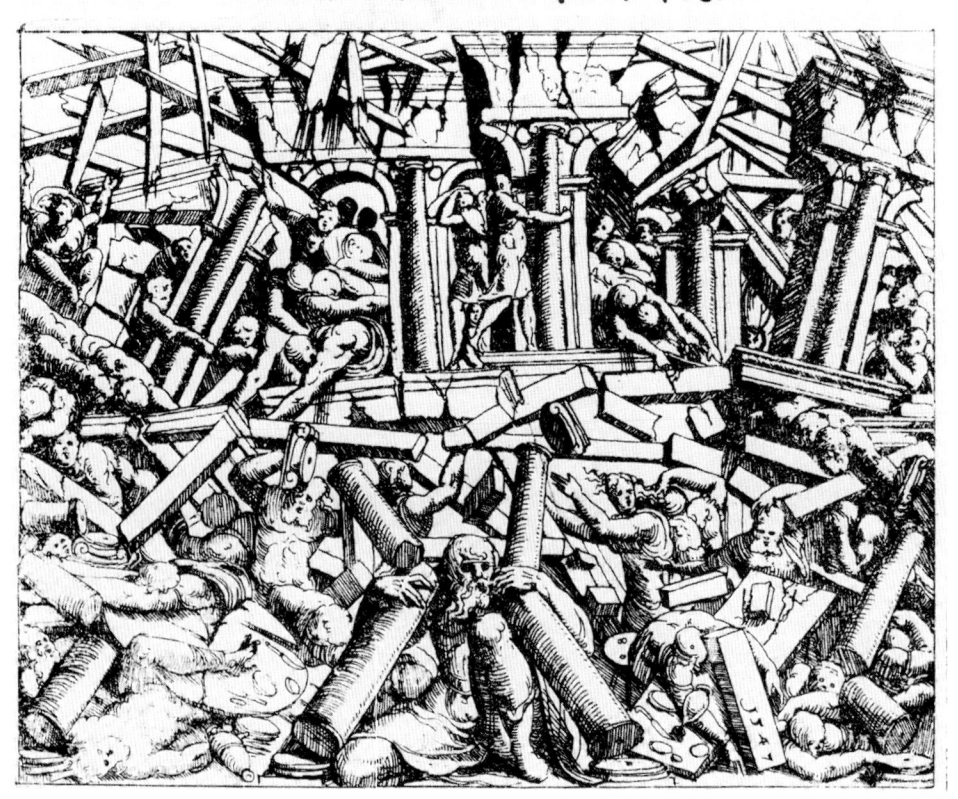

59.a Samson zerstört den Tempel

60.a Die eherne Schlange

Num. 21. b. Israel murret Moysi vnd Gott
Drum er jn durch schlangen schickt den tod
Vnd welcher daruon wolt heyl werden
Müst sich zu der auffghangen keren.

Luc. 23.c.
Corinth. 5.f.

Noch mer Christus am creütz vberwand
Deßhalben von Gott war selb gesandt
Vnd den Teüffel Hell gar alles Band
Drumb er vnser erlöser ist gnant.

59.b Kreuzbesteigung Christi mit Sünde und Tod

60.b Christus am Kreuz zwischen den Schächern

Ioan. 19. b. Auch durch list der schlang Adam Eue
Bracht vns vnser annemen in wee
Solch besserung am creütz auff gehenckt
Mit seim tod vns die erlösung schenckt.

Exo. 17. c. d. Moyses mit außgestreckten armen
Bat Gott sich seins volcks zu erbarmen
So sygt dann Israel mit genad
Henckt er sein arm so schlüg mans zutod.

61.a Die Amalekiterschlacht mit Moses

62.a Erschaffung Evas

Gen. 2. d. Auß der seyten Adams entsprung dsünd
Das sich noch in aller natur findt
Die kundt vnd mocht nicht bessert werden
Drumb Christus thet kosten auff erden.

Ioan. 19. c. Also Christus auffgstreckt am Creütz schreyt
Für vns all/vatter vergiß jn heut
Der wöll vns bschützen in sein henden
Das wir nit zteyl werden den feinden.

61.b Christus bekommt den Essigschwamm gereicht von Stephaton

62.b Öffnung der Seite Christi durch Longinus

Ioan. 19. d. Der thet vns wider dahin leyten
Wie die gantz Schrifft auff jn was deüten
Das er der welt sünd solt außreüten
Solch besserung gschach auß seiner seyten.

1. Reg. 17. Durch hon Golie schlüg jn Dauid
Do das gantz volck Jsrael mit strit
Vnd erlößt sie auß allen nöten
Thet jren widersacher tödten.

63.a David siegt über Goliath

64.a Kains Brudermord und Flucht

Gen. 4. a. b. Abels opffer ruch auff gegen Gott
Darumb jn sein bruder Cain tödt
Meynt jn damit zu vndertrucken
Das sah man an sein falschen stucken.

Eph. 4. a. Also auch Gott des Lucifers hon
Nit wolt das er darinnen solt bstan
Und gab Christo wie David den gwalt
Drumb fürt er auß der Hell jung vnd alt

63.b Christus in der Vorhölle

64.b Beweinung Christi

Ioan. 19. d. Also die Juden in einer sum̄
Meynten wan̄ sie nur tödten Christum
So wer jr anligen nim̄er schwer
Vor Gott was er das gerecht opffer.

Ion. 1.
Gen. 37. d.
Dan. 6. d.

Gott schickt auff dem Mör grausam wellen
Das sie sich im thetten befelhen
Und wurffen den Jonam auß dem schiff
Ins Walfisch rachen er drey tag schlieff.

67.a Jonas wird vom Fisch verschlungen

68.a Jonas wird vom Fisch ausgespien

Ion. 2.
Iud. 16. a.

Ins Walfisch leyß Jonas was behüt
Das gschach auß des allmechtigen güt
Bliß also vnuersert vnd gesund
Am dritten tag er wider rauß kumbt.

Matth. 27. g. Die Schrifftgelerten kamen vber ein
Christum zu tödten für die gemein
Vnd legten jn in ein grab was tieff
Verhüt drey tag er darinnen schlieff.

67.b Die Wächter am Grab Christi

68.b Auferstehung Christi

Ioan. 20. b. Also Christus auffstünd am dritten
Luc. 24. a. Der von vnsert wegen hat glidten
Vnd vns erlöst auß todes banden
Deß sing wir all / Christ ist erstanden.

Gen.37.a.
Thob.12.13.

Joseph durch sein wunderbarlich gsicht
Den vatter sambt sein aylff Brüder bricht
Vnd erklärt des höchsten heymlichkeyt
Die jm der Geyst Gottes het anzeygt.

73.a Joseph erzählt den Brüdern seine Träume

74.a Himmelfahrt des Elia mit Mantelspende an Elischa

4.Reg.2.b.e. Helias für auff im fewrin flam
Vnd rüffet Eliseo mit nam
Macht auß jm eines Propheten stam
Der verkündt sein befelch gar mitsam.

Luc.24.c. Christus dermassen erkleren thet
Was jm der vatter befolhen het
Vnd preyset Gott den aller grösten
Der vns all im glauben helff trösten.

73.b Christus erscheint den Jüngern bei verschlossenen Türen

74.b Himmelfahrt Christi

Matth. 6. b. Also Christus auch auff thet geben
Sein pot den Jüngern nach seim leben
Für auff zum vatter in die wolcken
Wir füren jm nach wann wir volgten.

Exod. 32.
1. Reg. 18.

Moyses von Gott auff dem berg Horeb
Empfieng das gsetz das ers seim volck geb
Das thet jn jr gewissen binden
So lang biß das Christus thet linden.

75.a Moses empfängt die Gesetzestafeln

76.a Nadab und Abihu vom Feuer verzehrt

Leuit. 10. a.
Num. 16. c.

Jorams sön Abihu vnd Nadab
Sich gegen Gott in falsch opffer gab
Solches vor dem höchsten wurd erkent
Das sie jr eygens opffer verbrent.

Act. 2.b. Vnd zeygt jn an den rechten segen
Der jm vom vatter ward gegeben
Den sandt er jn durch den heyling Geyst
Der vns auß dem gsetz ind warheit weyst.

75.b Ausgießung des Heiligen Geistes

76.b Ananias und Saphira fallen zu Boden und sterben

Acto. 5.a.b. Drumß Ananias mit falsch vmbgieng
Vnd jm sein weyß Saphira anhieng
Brachten falsch opffer huld zu werben
Vor Petro thettens gähling sterben.

269

Pfal. 11.8.a.
Ifai. 28. c.

Do der Tempel Gottes ward gebawt
Durch die Bawleüt ein eckſteyn gehawt
Der ward verworffn in allem gebew
Geſtelt auff Chriſtum der macht jn new.

77.a Der verworfene Stein wird zum Eckstein

78.a Aufrichtung der zwölf Gedenksteine

Ioſu. 3. a.
4. a. b.

Moſes ſchickt die Bundlad durchn Jordan
Vnd zeygt den eltiſten im volck an
Das ſie zſamen trügen groſſe ſtain
Wenn ſie kämen ins land Canaan.

Mar. 9.a. Daran sich stieß die vnglaubig welt
Daß menschlich weyßheit darüber felt
Der wirdt von Gott also geprisen
Das auch die Engel auff jn wisen.

77.b Die Heilige Dreifaltigkeit

78.b Aussendung der Apostel

Mar. 26.b. Also Christus zwölff Apostel sandt
Das sie wanderten in alle land
Zu predigen sein wort in der welt
Wer glaubt vnd taufft wirdt / den syg behelt.

81.a Das Haus Gottes

82.a Das Martyrium der sieben Makkabäerbrüder

82.b Steinigung des Stephanus

4.Reg.2.e.　Die kindheit den Eliseum sach
3.Reg.13.e.f.　Schryen jm laut kalkopff hindennach
　　　　　　Deß strafft er sie deß hörtens nit gern
　　　　　　Wie sie zerreyssen würen die Bern.

85.a Elisa von den Knaben verspottet

86.a Fall der Mauern Jerichos

Iosu.6.　Vmß Jericho gieng man syben tag
　　　　Da Josua mit seim volck vor lag
　　　　Syben Priester bliesen mit schallen
　　　　Das die maur gegen jn thet fallen.

2.Mach. 8. Also der kinder Israhel hon
Gstrafft vom Propheten wurd jn der lohn
Do Jerusalem thet vndergan
Dreyssig vmb ein pfenning verkaufft man

85.b Judas Makka-
bäus siegt über
Nikanor

86.b Das Erscheinen
der sieben Posaunen-
engel

Apoc. 8. Syben Engel bliesen vor Gott hell
Ein yeder verkündt verdamnuß schnell
Drunder schry einer lenger ye mee
Der gantzen welt sey nichts als wee wee.

Isai.5.a.b.
Mich.7.a.
Abac.2.
4.Esd.15.

Wee den die ein hauß ans ander stelln
Wee wee denen die stets prassen wölln
Wee wee den die das böß gůt machen
Wee den die des vnrechten lachen.

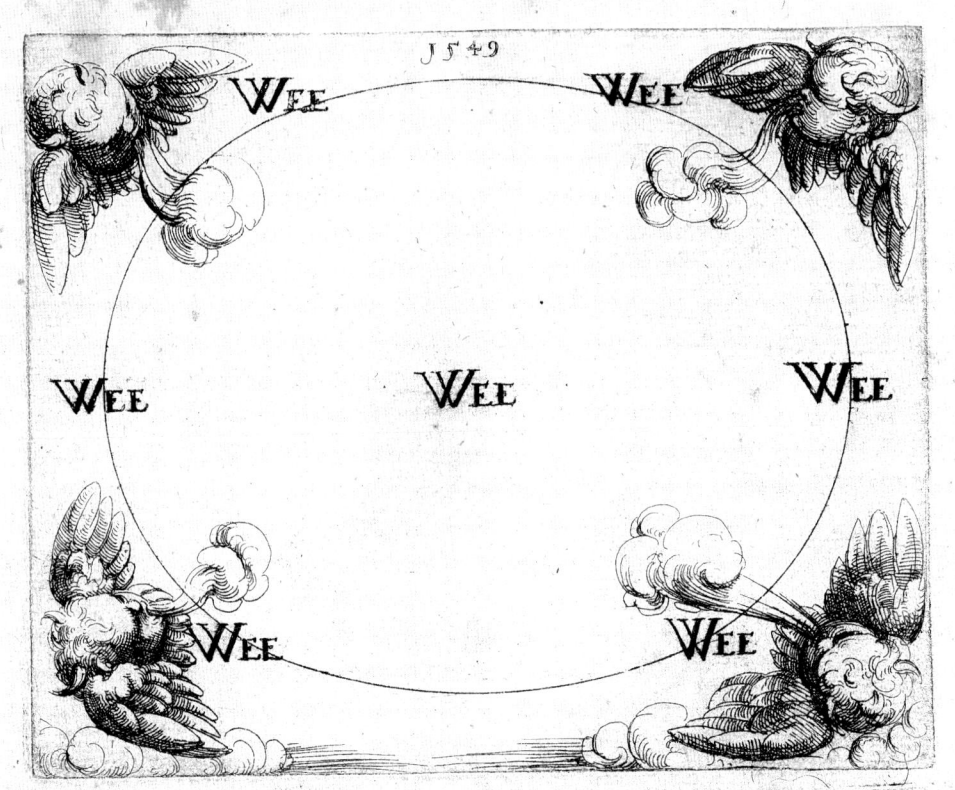

89.a Die Weherufe über die Frevler

90.a Die Reue der Gottlosen

Sap.5.a.
Pro.3.b.
Amos.6.a.
4.Esd.2.f.

Vor zeyten haben wir der gespot
Die yetzund sein die nechsten bey Gott
Sich wie sie yetz kinder Gots seind zelt
Vnd beym aller höchsten außerwölt.

Matth. 23. Wee euch Phariseern vnd schrifftglerten
Wee wee euch gleyßnern vnd verkerten
Wee wee euch die jr nit hinein gand
Wee wee euch jr verschließt die rauß stand.

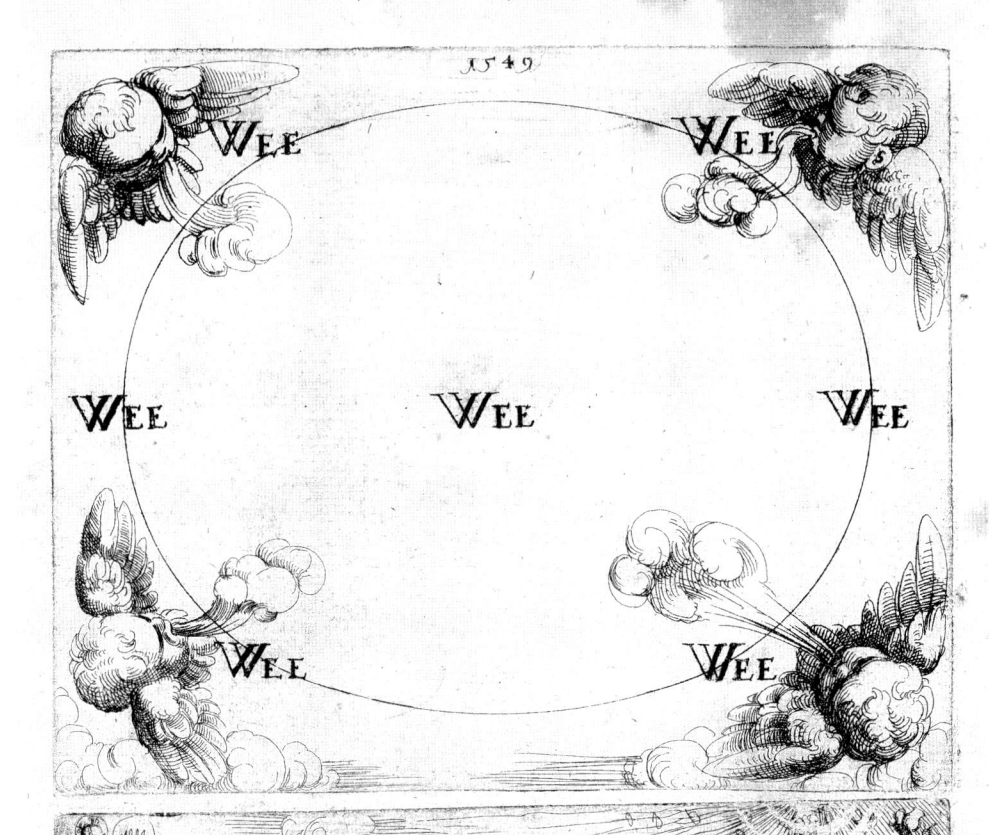

1549

Wee   Wee

Wee   Wee   Wee

Wee   Wee

89.b Die Weherufe über die Schriftgelehrten und Pharisäer

90.b Scheidung der Guten und Bösen im Endgericht

1549

Matth. 25. Von mir geht jr vermaledeyten
2. Pet. 3.a.   Die yetz stehn bey meiner lincken seyten
Isai. 13.a.b.c. Gott vnd des nächsten habt jr nit kent
Drumb jr pein müßt leyden biß ans end.

Abbildungsnachweis:
Alle Abbildungen nach dem Folioexemplar der „Concordantz" im Graphischen Kabinett des Benediktinerstiftes in Göttweig (NÖ). Abbildungen 47.a und 81.a mit freundlicher Genehmigung der Graphiksammlung der Staatsbibliothek zu Bamberg. Abbildung 40.a II mit freundlicher Genehmigung des Kupferstichkabinetts zu Berlin, Abbildungen III., 17.a/b, 21.a/b, 37.a/b und 82.a/b mit freundlicher Genehmigung der Herzog August Bibliothek zu Wolfenbüttel.

VI. Bildteil 2

Die Vergleiche

2. Abbildungsnachweis:

Illustrated Bartsch: 1, 2, 3, 9, 11, 12, 13, 15, 16, 17, 18, 19
Wolfenbüttel, Herzog Anton Bibliothek: 4, 5
Kat. Basel 1974: 6
Henry 1991: 7
P. Schmid. Band 4,1: 8
Cranach, Das gesamte graphische Werk: 10
Geisberg 1974: 14

Abb. 1:
Augustin Hirschvogel:
Wappen des Bischofs
Friedrich Nausea von Wien
Radierung, 1544

FRIDERICVS DEI SANCTÆ SEDIS APOSTOLICÆ GRACIA EPISCO-
PVS VIENNENSIS ROMANOR EC REGIS CONSILIARIVS EC

Abb. 2:
Augustin Hirschvogel:
Dolchscheide.
Radierung 1543

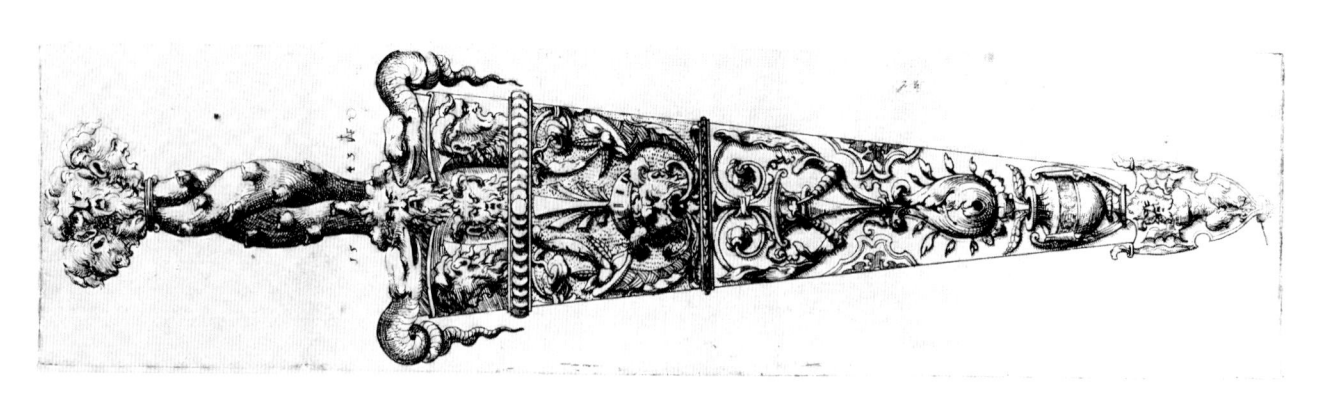

Abb. 3: Augustin Hirschvogel: Titelblatt der „Geometria", Wien 1543

Abb. 4: Titelseite der Textausgabe der „Concordantz", Wien 1550

Abb. 5: Beispielseite der Textausgabe der „Concordantz" mit den typologischen Paaren 19. bis 24.

19

Gen.37.d.e. Israel thet Joseph aussenden
Zu seinem Brüdern in die frembden
Do sie in sahen/schryen sie hell
Jetz laßt vns tödten den träumer schnell

20.

2.Para.18.c. Die kinder Ephraims legten an
Isa.58.b.c.   Den gefangnen kleyder vnd salbtens schon
Fürtens auff eseln gen Hiericho
Zu jren Brüdern/des warens fro.

21.

4.Reg.4.c. Dem Propheten bracht man zweintzig Brot
3.Reg.17.a. Vnd new korn von Balisa der stat
Darmit settiget er hundert man
Vberblibens trügens das meist daruon.

22.

Exod.16.d. Moses sagt durch Gott sorgt nit vmb speyß
Der Herr ewrn mangel vñ notdurfft weyß
Geyt euch Mann von hymel zu der zeyt
Der vil meynt zuhaben hunger leydt.

23.

Exo.23.a. Deins widersachers esel hilff du
So du kumbst vngeferlich darzu
Darmit erfüllst du Gottes willen
Thüst dein widersacher mit stillen.

24.

3.Reg.21.a.b. Von Abimelech David begert
Auß hunger das jn der Priester gwert
Gab jm verbotne schawbrot zu essen
Das wurd des hungers not zugmessen.

19.

Also die knecht vom Haußvatter gsendt   Matth.11.d.e.
Wurden erschlagen im weingart Bhend
Zu letst der recht Erb kam jn jnd hend
Den erschlügens auch an solchem end.

20.

Von Hierusalem gen Hiericho   Luc.10.d.
Ein man gieng/vom feind wurd gschlagen do
Fürgiengen der Priester vnd Levit
Der Samaritan jm güts teylt mit.

21.

Christus segnet fünff Brot vnd zwen visch   Io.6.a.
Hieß setzen fünff tausent man zu tisch
Vnd speyßets das sie all hetten gnüg
Zwölff körb vol vbrig man daruon trüg.

22.

Samlet güt schetz die nit verderben   Math.6.e.d.
Auff das das gwürm nit sein die erben
Thüt auff den andern tag nit sorgen
Gott gibt/was jr essen solt morgen.

23.

Im Gsetz Mosi klerlich gschriben stat   Luc.14.a.
Volkommen zu feyren den Sabath
So dir aber dein ochs in Brunn felt
Jn herauß zuhelffen bist du bstelt.

24.

Dergleich die Apostel giengen nach   Math.12.a.
Jesu/am Sabath vnd assen roch   Luc.6.a.
Die außgerauffren ehern auß not
Das doch sonst verboten was von Gott.

B

Abb. 6: Lucas Cranach d.Ä.: „Gesetz und Evangelium". Holzschnitt, um 1530

Abb. 7: Elias erweckt den Sohn der Witwe von Sarepta, Auferweckung des Lazarus, Elisa erweckt den Sohn der Sunamitin. Aus der Blockbuchausgabe der Biblia Pauperum (nach 1460), Ausschnitt des Mittelfeldes

Abb. 8: Meister der Werkstatt Lucas Cranachs d. Ä:
Die Stiftshütte mit Vorhof. Holzschnitt aus dem
„Alten Testament deutsch", Wittenberg 1523

Abb. 9: Hans Sebald Beham: Die Geräte der Stiftshütte. Holzschnitt aus den „Biblischen Historien", Frankfurt/Main 1533

283

Abb. 10: Werkstatt Lucas Cranachs d.Ä.: König Salomo auf seinem Thron. Aus: „Der Ander teyl des alten Testaments", Wittenberg 1524

Abb. 11: Hans Schäufelein: Auffindung des Mosesknaben. Holzschnitt aus dem „Memorial der Tugend", Augsburg 1534

Abb. 12: Schule des Marcantonio Raimondi: Theodosius und der hl. Ambrosius. Undatierter Kupferstich

Abb. 13: Hans Baldung Grien: Das bittere Wasser von Mara. Holzschnitt aus dem „Beschlossen Gart", Nürnberg 1505

Abb. 14: Nürnberger Meister: Hiob im Elend. Holzschnitt, vor der Mitte des 16. Jahrhunderts

Abb. 15: Hans Baldung Grien: Ein Nachfolger Christi. Holzschnitt aus dem „Beschlossen Gart", Nürnberg 1505

Abb. 16: : Hans Baldung Grien: Christus überwindet Sünde und Teufel. Holzschnitt aus dem „Beschlossen Gart", Nürnberg 1505

Abb. 17: Christus siegt über den Teufel. Holzschnitt aus dem „Spiegel menschlicher Behaltnis", Augsburg 1473

Abb. 18: Hans Baldung Grien: Christus der Eckstein. Holzschnitt aus dem „Beschlossen Gart", Nürnberg 1505

Abb. 19: Der verworfene Eckstein. Holzschnitt aus dem Speculum, Humanae Salvationis, Basel 1476